文/白/对/照

群書治要

五

〔唐〕魏徵 褚亮 虞世南 蕭德言 撰

劉余莉 蕭祥劍 主編

團結出版社

目 录

卷四十一 淮南子 …………………2364
卷四十二 盐铁论 …………………2416
　　　　 新序 ……………………2438
卷四十三 说苑 ……………………2474
卷四十四 桓子新论 ………………2512
　　　　 潜夫论 …………………2536
卷四十五 崔寔政论 ………………2562
　　　　 昌言 ……………………2588
卷四十六 申鉴 ……………………2612
　　　　 中论 ……………………2632
　　　　 典论 ……………………2644
卷四十七 刘廙政论 ………………2676
　　　　 蒋子万机论 ……………2694
　　　　 政要论 …………………2702

卷四十八	体论	2740
	时务论	2770
	典语	2776
卷四十九	傅子	2794
卷五十	袁子正书	2846
	抱朴子	2886

子二

卷四十一　淮南子

刘安及其门客编撰

原道

夫道者，覆天地而和阴阳，节四时而调五行。故达于道者，处上而民弗重也，居前而众不害也。天下归之，奸邪畏之，以其无争于万物也，故莫能与之争。故体道者，逸而不穷；任数者，劳而无功。夫峭法刻诛者，非霸王之业也；峭，峻。捶策繁用者，非致远之御也。离朱之明，察针末于百步之外，而不能见渊中之鱼；师旷之聪，合八风之调，而不能听十里之外。故任一人之能，不足以治三亩之宅；修道理之数，因天地之自然，则六合不足均也。

本经

凡人之性，心平欲得则乐，歌舞节则禽兽跳矣；有忧则悲哀；有所侵犯则怒；怒则有所释憾矣。故钟鼓管箫，所以饰喜也；衰绖苴杖，苴，麻。所以饰哀也；金鼓鈇钺，所以饰怒也。必有其质，乃为之文。古者圣王在上，上下同心，君臣辑睦，衣食有余，家足人给，父慈子孝，兄良弟顺，天下和洽，人得其愿。故圣人为之作礼乐，以和节之。末世之政，田渔重税，关市急征，民力竭于徭役，财用殚于会赋，会，计。居者无食，行者无粮，老者不养，死者不葬，赘妻鬻子，以给上求，犹不能

原道

　　道，覆被天地，调和阴阳，使四时有序、五行相配。所以，凡得道之人，居于上位而百姓不会感到有压力，处于人前而众人不会感到有妨害，天下的人都归附他，奸邪小人都害怕他。因为他不与万物相争，所以没有谁能够和他相争。依道行事者安逸而顺达，凭依权术者辛劳而无功。严厉的刑法、苛刻的诛罚，不是成就霸业的手段；快鞭驱马，不是到达远方的驾驭办法。离朱的眼睛明亮，能看到百步之外的针尖，却看不见深渊中的鱼；师旷的听觉灵敏，能分辨出八音的音调，却不能听到十里外的声音。所以，凭一个人的能力，不足以治好三亩见方的家业；遵循道的规律，顺应天地自然之性，则天地四方还不够他治理。

本经

　　大凡人性，总是心情平和、欲望满足就快乐（快乐了就会歌舞），歌舞符合节拍就会像鸟兽一样蹦跳；心里忧愁或亲友离世就伤悲；受到侵犯就发怒，发怒就会借机报复。所以，钟鼓管箫之类的乐器，用来修饰喜悦之情；丧服孝杖，借以表现悲哀之情；金鼓刀斧，用来发泄愤怒之情。一定是因为有这样的内在情感，才制定相应的礼乐制度。从前圣人居于上位，上下同心，君臣和睦，百姓衣食有余，家用丰足，人人都有衣食供给，父亲慈爱，子女孝顺，兄长温良，弟弟恭顺，天下安定融洽，人人随心如愿。所以圣人为其制礼作乐，使人们和乐而又有节制。衰世的政治情况则是：农民和渔夫需要缴

赡其用。愚夫惷妇，皆有流连之心，凄怆之意。乃始为之撞大钟，击鸣鼓，吹竽笙，弹琴瑟。则失乐之本矣。

古者上求薄而民用给。君施其德，臣尽其力，父行其慈。子竭其孝，各致其爱，而无憾恨其间矣。夫三年之丧，非强引而致之也，听乐不乐，食旨不甘，思慕之心未能弛。晚世风流俗败，嗜欲多而礼义废。君臣相欺，父子相疑，怨尤充胷，思心尽亡，被衰戴绖，戏笑其中，虽致之三年，失丧之本矣。古者天子一畿，千里为畿。诸侯一同，百里为同也。各守其分地，不得相侵。有不行王道，暴虐万民，乱政犯禁者，乃举兵而伐之。戮其君，易其党，卜其子孙以代之。天子不灭同姓，诸侯不灭国，自古之正也。晚世务广地侵壤，并兼无已，举不义之兵而伐无罪之国，杀不辜之民，而绝先圣之后，大国出攻，小国城守，驱人之马牛，系人之子女，毁人之宗庙，徙人之重宝，流血千里，暴骸满野，以赡贪主之欲，非兵之所为主也。故兵者，所以讨暴也，非所以为暴也；乐者，所以致和也，非所以为淫也；丧者，所以尽哀也，非所以为伪也。故事亲有道矣，而爱为务；朝廷有容矣，而敬为上；处丧有礼矣，而哀为主；用兵有术矣，而义为本。本立而道行，本伤而道废矣。

纳苛重的赋税,(官吏)在位于交通要道的市集急迫地征敛赋税;民力被徭役耗尽,百姓的财用被赋税耗尽;居家的人无饭吃,外出者无干粮;老人得不到赡养,死者没有人安葬;抵押妻子,卖掉子女,来供给官府的索求,却还是不能满足他们的需要。(像这样)即便是愚夫蠢妇也会生出流离转徙之意、凄凉悲怆之情,此时才开始为他们撞大钟、击响鼓、吹竽笙、弹琴瑟,就失去了制作乐曲的本意了。

古时候,在上位者需求少(赋税轻)而百姓财用充足;君主布施恩德,臣民尽心效忠;父亲行其慈爱,子女尽其孝道,各自都奉献爱心,所以人与人之间没有什么遗憾和怨恨。人子为父母服丧三年,并非(法令)强制使其做到,是因为(他在这期间)听到音乐也感受不到快乐,吃着美食也不觉得香甜,怀念逝去的父母之情未减弱。近世之时,风尚习俗败坏,人们的嗜好和欲望增多,礼义被废弃懈怠,君臣间相互欺骗,父子间相互怀疑。怨恨充满心胸,痛思父母之心已失。人子虽然披麻戴孝,却在那里嬉戏欢笑,虽然也做到了服丧三年,但却失去了服丧的根本意义。古代天子有方圆千里的国土(方圆千里的土地为一畿),诸侯有方圆百里的封地(方圆百里的土地为一同)。他们各守本分,不得相互侵犯。出现不行仁义的君王、诸侯,残害百姓,败坏政治,违反禁令,便发兵征讨他。杀掉作乱的君主,更换他的朋党,选择他子孙中贤能的人来取代他。天子不除尽同祖之人,诸侯不夺取其封地,这是自古以来的准则。近世以来,诸侯致力于扩大领土,兼并不休,发动不义之师,攻打无罪之国,残杀无罪的百姓,灭绝前代圣人的后嗣,大国发动进攻,小国死守城池,赶走他人的牛马,拘囚别人的子女,毁掉他国的宗庙,拿走人家的国宝,血流千里,尸横遍野,以满足贪婪君主的欲望。这不是建立军队的根本目的。原本军队是用以讨伐暴乱的,不是用来制造暴乱的;音乐是用来陶冶

主术

人主之术,处无为之事,行不言之教,清静而不动,一动而不摇,因循而任下,责成而不劳。是故心知规,而师傅喻道。口能言,而行人称辞;足能行,而相者前导;耳能听,而执正者进谏。是故虑无失策,举无过事,言成文章,而行为仪表于天下。进退应时,动静循理,不为丑美好憎,不为赏罚喜怒,事由自然,莫出于己。故古之王者,冕而前旒,所以蔽明;冕,冠也。前旒,冕前珠饰也。黈纩充耳,所以掩聪;黈纩。所以塞耳。天子外屏,所以自障也。故所理者远,则所在者近,所治者大,则所守者小。目妄视则淫,耳妄闻则惑,口妄言则乱。三关者,不可不慎守也。

和乐心性的，不是用来助长淫纵享乐的；丧制是用来充分表达哀悼之情的，不是用它（装模作样）表现虚情假意的。所以，侍奉父母有定则，而以真心敬爱为要务；进入朝堂有礼仪，而以敬而无失为上；居丧有礼节，而以表达发自内心的哀悼之情为主；用兵有策略，而以正义为根本。根本确立以后，道义才能顺畅施行；根本受到破坏，道义就会废弃。

主术

君主治理天下的策略，应该是实行无为之治，以遵循自然法则来施行教化；身心清静而不轻举妄动，统一法度而不随意变更；遵循旧制，任用臣下，责令百官各成其事而不亲自劳作。因此，自己心里虽怀有韬略，却还要辅政大臣来告以正道；口虽能言善辩，却还要外交使臣去陈说辞令；双脚虽能行走，却要让负责礼仪的傧相在前面引导；耳虽善于听政，却让执政大臣规劝指正。因此考虑问题就不会失策，谋划大计就不会出错；言谈皆成为礼乐法度，行为成为天下人效法的准则；一进一退都合乎时宜，一举一动都遵循客观规律；不因为美丑而产生喜好和憎恶之情，不因奖赏和处罚而表现喜怒；万事万物都是顺其自然，而不独出于个人意见。所以古代的君主皇冠前垂挂玉串，这是为了遮挡（不依仗自己的）视力之明（冕，皇冠。前疏，皇冠前面的玉珠装饰）；用黄色的丝绵塞住耳孔，这是为了掩蔽（不依仗自己的）听觉之敏（黈纩，用来堵塞耳朵）；天子宫门外设立垣墙，是用来阻隔自己（表示自己要远离奸邪小人）。因此天子所管理的地方很远，但其活动的地方却很近；所管理的事情重大，但所持守的道理却很简约。眼睛胡乱观看就会失去节制，耳朵胡乱听受就会产生迷惑，信口胡乱言谈就会发生混乱。这三个关口，不能不谨慎地守住.

夫明主之听于群臣,其计可用也,不羞其位;其言可行也,不责其辩。暗主则不然。信所爱习亲近者,虽邪枉不正不能见也;疏远卑贱者,虽竭力尽忠不能知也。有言者穷之以辞,有谏者诛之以罪,如此而欲炤海内,存万方,是犹塞耳而听清浊,掩目而视青黄也,其离聪明亦远矣。

汤、武,圣主也,而不能与越人乘艘舟、浮江湖;伊尹,贤相也,而不能与胡人骑原马、服駼騵。原,国名,在益州西南,出千里马。駼騵,野马。孔、墨博通,而不能与山居者入榛薄、出险阻。由此观之,则人智之于物浅矣,而欲以炤海内、存万方,不因道理之数,而专己之能,则其穷不达矣。故智不足以为治,勇不足以为强,则人才不足以任明矣。然而君人者,不下庙堂之上,而知四海之外者,因物以识物,因人以知人也。故人主深居隐处,以避燥湿;闺门重袭,以避奸贼。内不知闾里之情,外不知山泽之形。帷幕之外,目不能见十里之前,耳不能闻百步之外。然天下之物,无所不通者,其灌输者大,而斟酌者众也。是故不出户知天下,不窥牖知天道。乘众人之智,则天下不足有也;专用其心,则独身不能守也。

贤明的君主听取群臣的建议，如果臣下的计策可用，就不应当因说话人的地位低下而耻于采用；如果臣下的言论可行，就不会责求他们能言善辩。昏庸的君主则不然，他信任、偏爱平素与自己亲近的人，虽然他们奸邪枉法、品行不端，他却看不见；他疏远地位卑贱的人，虽然他们竭尽忠诚奉献才智，他却不知道；有人进言时，他要追根问底使对方理屈词穷；有直言规劝的，他就用某种罪名予以惩处。这样做还想要光耀海内、抚恤天下的百姓，就像是塞着耳朵去听辨乐声的清浊、蒙上眼睛却想看清楚颜色，这样的君王离耳聪目明也太远了。

　　商汤和周武王，是圣明的君王，却不能和南方的越人一样乘坐小船泛游在江河湖泊之上；伊尹，是贤良的卿相，却不能和北方的胡人一样骑骏马、驯野马（原，国家的名称，在益州西南，出产千里马，駒騄即是野马）；孔子和墨子，是通晓经典、学识广博的人，却不能和山里人一样出入于草木丛生的险阻之地。由此看来，人们有限的才智相对于万物的复杂情况来说就太浅薄了。君主若想光耀海内、抚恤天下百姓，却不遵循事物的规律，而仅用自己的才能治理国家，就会遭遇困窘不通的情形。所以，凭借个人的智慧不足以治理天下，凭借个人的勇力不足以使国家强盛，那么个人才智不够胜任重大的责任已经是很明显了。可是君主不必走出朝廷就能知道四海之事，是因为他能够通过身边的事物来推知其他的事物，通过身边的人来了解其他人。因此，君主居住在深宫、处于隐蔽之地以避开气候的燥湿，重门紧闭以来避开奸人和贼党的陷害，对内没有体察过民情，对外没有视察过远处山川的形貌，在宫室的帷幕之外，他的眼睛不能看到十里开外，两耳不能听到百步远的声音，然而他却能对天下之事没有不通晓的，这是因为向他传递资讯的管道十分宽敞，为他出谋划策的

主道圆者，运转而无端，化育如神，虚无因循，常后而不先者也。臣道方者，论是处当，为事先唱，守职分明，以立成功者也。是故君臣异道则治，同道则乱。各得其宜，处得其当，则上下有以相使也。夫载重而马羸，虽造父不能以致远。车轻而马良，中工可以追速。是故圣人之举事也，岂能咈道理之数，诡自然之性，以曲为直，以诎为伸哉？未尝不因其资而用之也。是以积力之所举，则无不胜也；众智之所为，则无不成也。

贤主之用人，犹巧匠制木。大小修短，皆得所宜；规矩方圆，各有所施。殊形异材，莫不可得而用也。天下之物，莫凶于奚毒。奚毒，附子。然而良医橐而藏之，有所用也。是故竹木草莽之材，犹有不弃者，而又况人乎？

今夫朝廷之所不举，而乡邑之所不誉，非其人不肖。其所以官之者，非其职也。麋之上山也，大獐不能跂也，及其下也，牧竖能追之。才有修短也。是故有大略者，不可责以捷

人员众多。所以，君主能够足不出户就了解天下大事，不用向窗外观看就知道自然规律。君主如果凭借众人的才智，那么整个天下也不够他治理。如果只运用个人心智治国，那么连他自身也不能保全。

君主治国之道要圆，要能周而复始地不停运转，化育万物功效如神，清静无为，随顺事物的本性，常甘愿处于人后而不为人先。百官为臣之道要方，要能议论合理，处事得当，临事率先倡导，忠于职守，职责分明，从而建功立业。所以，君臣所行之道有别，就能使国家太平安定；君臣所行之道相同，就会使国家混乱。如果君臣各自遵循合宜的处事之道，处在各自恰当的位置上，那么君臣上下便能互相促进。如果车辆承载过重，马匹又疲弱，即使是造父这样高明的御手也不能驾它到达遥远的地方。如果车辆载物较轻，马匹又优良，即使是中等的御手也可以驾着它跑得很快。因此，圣人做事又怎能违反事物的规律、背离自然的本性，把弯当作直而把卷曲说成伸展呢？他们没有不遵循事物的本性而加以利用的。因此，凝聚众人的力量来行事，没有不胜利的；集中众人的智慧来行事，没有不成功的。

贤德的君主任用人才，就像技艺高超的工匠裁取木料，无论大小长短，都各尽其用，无论规矩方圆，都能各有所施，就是奇异的形状以及有特殊材质的木料，也没有不能使用的。天下的植物，没有比附子毒性更猛烈的，然而良医却将它用袋子装着收藏起来，是因为它有用处。所以，竹木野草之类的材料，尚有不应抛弃的原因，更何况人呢！

现在那些朝廷不选用、乡邑不赞誉的人，并非他们不贤能，而是给他们所封的官职不是他们适于担任的。麋鹿上山时，大獐子也不能赶上它；等到它下山，连牧童都能追上它，这是因为它的才能有

巧；有小智者。不可任以大功。人有其才，物有其形，有任一而大重，有任百而尚轻。是故审于毫厘之计者，必遗天地之数；不失小物之选者，惑于大事之举。犹狸之不可使搏牛，虎之不可使捕鼠也。今人之才，有欲平九州、并方外、存危国，而乃责之以闺阁之礼，隩窔之间。或佞巧小具，修乡曲之俗，卑下众人之耳目，而乃任之以天下之权，治乱之机。是犹以斧翦毛，而以刀伐木也，皆失其宜矣。

人主之赋敛于人也，必先计岁收，量民积聚，知民饶馑有余不足之数，然后取车舆衣食，供养其欲。高台层榭，非不丽也，然民无窟室狭庐，窟室，土室。则明主不乐也；肥醲甘脆，非不香也，然民无糟糠菽粟，则明主不甘也；匡床衽席，非不宁也，然而民有处边城、犯危难、泽死暴骸者，则明主不安也。故古之君人者，甚憯怛于民也。国有饥者，食不重味；民有寒者，而冬不被裘。岁丰谷登，乃始悬钟鼓陈干戚，君臣上下同心而乐之，国无哀人。故古之为金石管弦者，所以宣乐也；兵革斧钺，所以饰怒也；觞酌俎豆，所以效喜也；衰绖菅屦，所以喻哀也。此皆有充于内，而成象于外者也。及至乱主，取民则不裁其力，求下则不量其积，男女不得事耕织之业以供上之求，力勤财匮，君臣相疾，而乃始撞大钟、击鸣鼓、吹竽笙、弹琴瑟。是由贯介胄而入庙，被绮罗而从军也，失乐

长有短。所以，有雄才大略的人，不能苛求他们敏捷和灵巧；有小才智者，不可委任他们去做大事业。人各有其才能，物各有其形貌。有人承担一件事就已感到沉重，有人肩负百倍的重担仍然觉得轻松。所以，那些详究毫厘小数的人，必定要失误于天下大事；无误于小事拣择的人，往往迷惑于大事的谋划。这就像狸猫不能让它与牛搏斗、老虎不能用来捕捉老鼠一样。有些人的才能，可以平定九州，兼并外族，保全危亡之国，却要求他们去主管君主宫内的礼节、君主宫内的事务；有些人只具有小聪明，他们随顺乡野偏僻处人的陋俗，低下地哗众取宠，却委任他们来掌管天下的大权、关乎治乱的大事，这些就犹如用斧子去割剪毛发、用剃刀来砍伐大树，都没有发挥他们的才能啊。

君主向百姓征收赋税，一定要首先计算当年的收成，估量百姓的积蓄，了解百姓的饱和饥、粮食有余与不足的情况，然后适度（向百姓）征取车舆、衣食的费用来供给自己的需求。高耸的楼台、层叠的亭榭，不是不华丽，但是民众有的连土屋、狭小的陋室都没有，那么明君住在华丽的宫室里也不会感到快乐；肥肉烈酒、甘甜酥脆的食物，不是不香，但百姓有的连糟糠杂粮都吃不上，那么明君吃着佳肴也不会觉得美味；方正舒适的卧床与床席，不是睡上去不安宁，但百姓还有的身在边城，遭逢危难，死于荒野洼泽，尸骨暴露在外，则明君不会以寝卧舒适为安。所以，古时候为人君者，真正为百姓的痛苦遭遇而悲伤。国民中有挨饿的，君主吃饭时就不要第二道菜；民众中有受冻的，君主冬天就不穿裘衣。只有年终五谷丰登、百姓富足的时候，才开始悬挂起钟鼓，陈列起干戚，君臣官民同心欢乐，国内没有悲哀的人。所以，古代制作铜钟、石磬、箫管、琴瑟等乐器，是用来抒发快乐之情的；制造兵刃、铠甲、斧钺，是用来表示愤怒之情的；

之所由生矣。

食者,民之本也;民者,国之本也;国者,君之本也。是故君人者,上因天时,下尽地财,中用人力。是以群生遂长,五谷蕃殖,各因其宜。所以应时修备,富利国民,实旷来远者,其道备矣,非能目见而足行之也,欲利之也。欲利之也,不忘于心,则官自备矣。心之于九窍四支也,不能一事焉,然而动静听视,皆以为主者,不忘乎欲利之也。故尧为善而众善至,桀为非而众非来矣。

凡人之论,心欲小而志欲大,智欲圆而行欲方,能欲多而事欲鲜。尧置欲谏之鼓,舜立诽谤之木,汤有司直之人,武王有戒慎之铭,过若毫厘,而既已备之矣。夫圣人之于善也,无小而不举;于过也,无微而不改。战战栗栗,日慎一日。由此观之,则圣人之心小矣。武王克殷,发巨桥之粟,散鹿台之

设置酒器、礼器,是显示喜悦之情的;披着麻服,系着孝带,穿着草鞋,是用来表达哀悼之情。这一切都是发自内心并且通过一定的外在形式流露出来的。及至乱世的君主,征敛民财而不考虑百姓的财力,求取于民而不估量百姓的积蓄,使得男女不能从事耕织的本业来满足君主的贪求,百姓辛勤劳作,而财物匮乏,君臣相互嫌怨。这时却开始撞击大钟,敲击响鼓,吹起竽笙,弹起琴瑟。这犹如穿戴着甲胄进入宗庙祭祀、披着绫罗锦衣而去参军,完全失去了制定礼乐的本意。

粮食,是百姓生存的根本;百姓,是国家存在的根本;国家,是君主立身的根本。所以,为人君者,如果能对上顺应(四季)自然运行的时序,对下充分运用大地产出的财富,中间充分运用人力,这样万物就能顺利生长,五谷繁育增长,就能各依其适宜的条件而成长。其所以能顺应天时,将各项措施完备,使国家富足、百姓得利,使国库丰足、百姓富裕、远方之民归附,是因为他的治国之道完善。(所谓治国之道完善)并不是先圣君王能亲眼去查看、亲自迈开双脚去行动,而是想对民众有利。想对民众有利,就会在心中念念不忘,这样各级官府就会自行备办。(君主治理国家)就像心脏对于九窍四肢一样,不能做任何器官的具体工作,然而一举一动、一看一听都由心来掌管,是因为心不忘想要有利于它们。所以,尧帝施行善举而各种善事相应而至,夏桀为非作歹而各种恶事也随之而来。

大凡衡量人的标准是:内心要谨小慎微而志向要远大,智虑要圆融而品行要方正,能力要全面而行事要简约。尧帝设置专门供直谏用的大鼓,舜帝树起专门供人议论并书写其过恶的木牌,商汤设立专门掌管直言进谏的官员,周武王刻制专门用来警诫自己的铭文,过错只有毫厘大小的时候,他们已经加以戒备了。圣人对于善举,不

钱,封比干之墓,解箕子之囚,无故无新,唯贤之亲,用非其有,使非其人,晏然若其故有之。由此观之,则圣人之志大矣。文王周观得失,遍览是非,尧舜所以昌,桀纣所以亡者,皆著之于明堂。由是观之,则圣人之智圆矣。成康继文武之业,守明堂之制,观存亡之迹,见成败之变,非道不言,非义不行,言不苟出,行不苟为,择善而后从事焉。由此观之,则圣人之行方矣。孔子之通,智过苌弘,苌弘,周景王之史臣,通天下鬼方之术也。勇服孟贲,孟贲,卫人。能亦多矣。然而勇力不闻,伎巧不知,专行孝道,以成素王,事亦鲜矣。夫圣人之智,固已多矣,其所守者约,故举而必荣;愚人之智,固以少矣,其所事者又多,故动而必穷矣。

缪称

主者,国之心也,心治则百节皆安,心扰则百节皆乱。治犹理也,节犹事也。以体喻也。故其心治者枝体相遗,遗,忘。其国治者,君臣相忘也。各得其所,无所思念。

因其小就不施行；对于过错，不因其小就不改正。战战兢兢，小心翼翼，时时谨慎。由此看来，圣人可谓是谨慎小心的了。周武王攻破殷商后，发放巨桥的粮食，散发鹿台的库钱；封修比干的陵墓，把箕子从囚禁中释放出来；不分旧臣还是新人，只要贤能就亲近。使用的不都是原有的东西，任用的不一定都是亲近的人，但武王安然放心，就像他本来就拥有的一样。由此看来，圣人的志向远大啊！周文王全面地观察得失，广泛地鉴览是非，举凡尧帝、舜帝昌盛的原因和夏桀、商纣灭亡的教训，都记载下来存放于明堂。由此看来，圣人的才能智虑可谓是圆融的了。周成王和周康王继承文王和武王的基业，谨守明堂制度，明察前代兴亡的事迹，看清国家成败演变的原因，不合道义的话不说，不合义理的事不做，言论不随便出口，举动不随便作为，先选择出好的方法然后根据它去行事。由此看来，圣人的品行可谓是方正的了。孔子学识广博，他的才智超过苌弘（苌弘，周景王的史官，通晓天下神秘莫测及医卜星相之方术），勇力可以制服孟贲（孟贲，卫国人），才能算是很多了。可是他的勇力并不为人所知，技能也不被人了解，他专心于从事孝道，因而被人们称为（有帝王之德而未居帝王之位的）"素王"，他做的事可谓是少而简了。圣人的才智本已广博，而他们所奉行的事又很简约，所以凡有行动，必会兴旺；愚人的才智本来就浅薄，而他们所做的事又很繁杂，所以一举一动必然困窘不顺。

缪称

君主好比是国家的心脏。心安则全身都会安定，心乱则全身都会紊乱（治等于顺，节等于事。这句是用身体来作比喻）。所以，如果一个人心神安定，肢体就相安无事；如果国家安定，君臣之间就会各守其职，相安无扰（君臣都处在适当的位置各行其事，没有其他思虑）。

君子非义无以生，失义则失其所以生；小人非嗜欲无以活，失嗜欲则失其所以活。故君子惧失义，小人惧失利，观其所惧，知居殊矣。

凡人各贤其所悦，而悦其所快。世莫不举贤，贤其所悦者，而悦其所行之快性。人无不举与己同者，以为贤也。或以治，或以乱，非自遁也。求同于己者，遁，失。己未必贤，而求与己同者也，而欲得贤，亦不几几。近也。矣。

齐俗

子路拯拯，举也。溺。而受牛谢。孔子曰："鲁国必好救人于患矣。"子贡赎人，而不受金于府。鲁国之法，赎人于他国者，受金于府。孔子曰："鲁国不复赎人矣。"子路受而劝德，子贡让而止善。孔子之明，以小知大，以近知远，通于论者也。由此观之，廉有所不在，而不可公行也。故行齐于俗可随也，事周于能易为也。矜伪以惑世，伉行以违众，圣人不以为民俗也。

日月欲明，浮云盖之；河水欲清，沙石秽之；人性欲平，嗜欲害之。夫纵欲而失性，动未尝正也，以治身则失，以治国则

君子若没有了仁义就不能生存,失去了仁义,就等于失去了他赖以生存的支柱;小人如果没有了嗜欲就不能活命,失掉了嗜欲,也就失去了他活命的依托。所以,君子担心不能行仁义之道,而小人害怕失去利益。观察他们所担心的,就能看出君子与小人各自的不同。

人都认为自己喜欢的是贤才,且喜欢其能让自己称心。世人没有不举荐贤者的(器重自己喜欢的人,并且喜欢他所做的事让自己快意。人没有不推举与自己趣味相同的人,并认为这样的人很贤能的),可有的因此达到国家的治平,有的却导致了国家的混乱。这不是他们自己举人有失,而是因为其访求的是和自己一类的人。自己未必贤能,却访求和自己一类的人,而又希望得到(真正的)贤才,那便相去甚远了!

齐俗

子路救起溺水的人,因而接受了对方一头牛的谢礼。孔子说:"鲁国定会兴起乐于救人于危难的风气。"子贡出钱从他国赎回国人,却拒绝接受官府的奖金。孔子说:"鲁国不会再出现赎人的举动了。"子路接受了谢礼而勉励了人们行善修德(鲁国的法律规定,从其他国家赎回鲁国的百姓,政府会给予奖金),子贡谢绝奖励却遏止了善行的发扬。孔子的智慧明彻,表现在能从小处推知到大处、从近处推知到远处,能够普遍地通晓事理。从这些方面可以看出,廉洁能在部分人中存在,却难以普遍地推行。所以,行为同社会风俗一致时,就可以追从效仿;事情与能力相称,就容易办成。做出矜持虚伪的样子来迷惑世人,操行看似高尚却背离民众,圣人不以这种品行来整治民俗。

日月本欲明亮,却有浮云遮蔽它;河水本欲清澈,却有沙石污染它;人性本欲宁静,却有嗜欲妨害它。如果放纵欲望而丧失了本性,

败,是故不闻道者,无以反性。故古之圣王,能得诸己,故令行禁止,名传后世,德施四海。是故凡将举事,必先平意清神,神清意平,物乃可正。

夫载哀者,闻歌声而泣;载乐者,闻哭者而笑。何者?载使然也。是故贵虚。虚者,无所载于哀乐。故水激则波兴,气乱则智昏。智昏不可以为政,波水不可以为平。故圣王执一而勿失,万物之情测矣,四夷九州服矣。

天下是非无所定,世各是其所是,非其所非。所谓是与所谓非各异,皆自是而非人。今吾欲择是而居之,择非而去之,不知世之所谓是非者,孰是孰非。

客有见人于季子者,季子,子贱也。客出,季子曰:"子之所见客,独有三过,望我而笑,是僭;僭,慢也。谈语而不称师,是反也;交浅而言深,是乱也。"客曰:"望君而笑,是公也;谈语而不称师,是通也;交浅而言深,是忠也。"故客之容一体也,或以为君子,或以为小人,所自见之异也。故趣舍合,则言忠而益亲,身疏则谋当而见疑也。

那么行动就没有正确的时候。以这种心态修身则身心会陷入危殆，以这种心态治国则会使国家衰败。所以，不了解道的人，无法回归本性。因而古代圣明之君能够回归自己清明的本性，因此有令即行，有禁即止，名传后世，恩德布于天下。所以凡是治事，一定要先平心静气，使心神清净。平心静气，心神清净，才能使事物各得其当。

怀有哀痛心情的人听到欢歌却流泪，怀有欢乐心情的人见人哭泣却发笑，这是为什么呢？是其所怀的心情使他们这样啊！所以人们保持心中虚静是很重要的（虚表示心中没有悲伤和喜乐）。水流腾涌就会兴起波浪，情绪迷乱就会头脑糊涂。头脑糊涂便不能够处理政事，荡起波浪的水面不能作为测平的水准。所以圣明的君主掌握根本之道而不背离，那么万事万物的情理就都可以掌握了，四夷和九州的百姓就都归服了。

天下的是非没有什么定论，世人各自肯定其所认为正确的，而否定其所认为不正确的。所认为正确的和所认为不正确的各不相同，但都是自以为自己正确而别人错误。现在我想选择正确的东西来坚守它，找出错误的东西来抛弃它，但不知道世人所谓的是与非，到底哪个是正确的，哪个是错误的。

宓子贱的一位门客向他荐举宾客，宾客离开后，宓子贱对门客说："您引见的宾客有三个过错：对着我笑，这是傲慢的表现；和我谈话却不以师礼相待，这是违反礼节的表现；与我交情浅而言事深切，这是心性迷乱（言谈没有分寸）的表现。"门客说："他看着您笑，是恭敬您；谈论时却不以师礼相待，是他学识渊博；交浅而言深，是忠厚的表现。"所以宾客的言谈举止是一样的，但有人认为他是君子，有人认为他是小人，这是由于各人看问题的角度和观点不同造成的。所以志趣相投之人，就会言语忠诚并愈加亲近；（与自

亲母为其子治扢秃，血流至耳，见者以为爱之至也。使在于继母，则过者以为嫉也。事之情一也，所从观者异也。从城上视牛如羊，视羊如豚，所居高也。窥面于盘水则圆，于杯水即椭，面形不变其故，有所圆，有所椭者，所自窥之异也。

今吾虽欲正身而待物，庸遽知世之所自窥我者乎？治世之职易守也，其事易为也，是以人不兼官，官不兼事，各安其性，不得相干。故伊尹之兴土功也，修胫者使之踏锸，长胫以蹋插者，使入深。强脊者使之负土，脊强者，任重也。眇者使之准，伛者使之涂，伛人涂地，因其俯也。各有所宜，而人性齐矣。胡人便于马，越人便于舟，异形殊类，易事而悖，失处而贱，得势而贵，圣人总而用之，其数一也。

夫擎轻重，不失铢两，圣人弗用，而悬之乎权衡。视高下不差尺寸，明主弗任，而求之乎浣准。浣准，水望之平。何则？人材不可专用，而度量可世传也。夫待要褭、飞兔而驾之，要褭、飞兔，皆一日万里也。则世莫乘车；待西施、络慕而为妃，西施、络慕，古好女也。则终身不家矣。然不待古之英俊，而人自足

己)关系疏远之人,即使计策恰当也会被怀疑。

　　亲生母亲为儿子治头上的疙瘩时,(弄得)血流到儿子耳朵上,见此情者认为是爱得深切。假如此事发生在继母身上,那么见到的人会认为这是继母嫉恨孩子。事情的情况是一样的,但人们(的看法不同是因为)看问题的角度不同。从城墙上俯瞰,牛就像羊那么大,羊就像猪那么大,这是所处位置高的缘故。用盘子里的水照脸是圆的,用杯子里的水照脸是椭圆的。脸并没有改变原样,可有时照成圆形,有时照成椭圆,是由于用来映照自己的盛水器皿的形状不同的缘故。

　　现在我虽想端正自身来正确地对待外物,可怎能知道世人从什么角度来看待我呢?太平盛世时各人的职责容易遵行,事情也容易做,所以一人不兼任多个官职,一职不兼管数事,各行各业的人都安于本职,就不会出现相互干扰的现象。所以伊尹兴建土木工程时,让腿长的人来踩锹(让长腿者来踩锹,使锹能深入土中),让背力强的人背土,让独眼的人做测量,让驼背的人涂抹地坪(让驼背的人涂抹地坪,是因为他们驼背弯腰),使每个人都做自己适宜的事情,于是人的特点在这里得到同等的发挥。胡人善于骑马,越人善于驾船。地形不同,种族各异,如果让双方交换所做之事,便会(因与个人的特性不符而)出现悖乱,所处的位置不利就会被人瞧不起,处在有利的位置就受人尊重。圣人对所有的人和(与每个人相应的)特点统筹安排,合理应用,他所使用的方法是一样的。

　　有人用手掂量物体轻重不差铢两,但圣人不任用他称量,而是将重物挂在秤上称量;有人目测地平高低不差尺寸,但明君不任用他测量,而依靠于测水准的器具(浣准,与水准比量使之均平齐一)。这是为什么呢?因为使用人才不能只考虑一时一事有用,而度量器具却能够世代相传下去。如果要等有了要褭、飞兔那样的良马才驾车(要褭、

者，因其所有，而遂用之也。

治国之道，上无苟令，官无烦治，士无伪行，工无淫巧，其事任而不扰，其器完而不饰。乱世则不然。为行者相扬以高，扬，举。为礼者相矜以伪，车舆极于雕琢，器用遽于刻镂，求货者争难得以为宝，调文者遽于烦绕以为慧，争为诡辩，久稽而不决，无益于治，工为奇器，历岁而后成，不周于用。故神农之法曰："丈夫丁壮而不耕，天下有受其饥者；妇人当年而不织，天下有受其寒者。"故身自耕，妻亲织，以为天下先。

其道民也，不贵难得之货，不器无用之物。是故其耕不强者，无以养生；其织不力者，无以掩形。有余不足，各归其身，衣食饶裕，奸邪不生，安乐无事，而天下均平。故孔丘、曾参，无所施其善；孟贲、成荆，无所行其威。成荆，古勇士也。衰世之俗，以其智巧诈伪，饰众无用，贵远方之货，珍难得之财，不积于养生之具，浇天下之淳，以清为浊，人失其情。

飞兔,都是一日可以行万里路的良马),那么世上就没有乘车的人了;如果要等遇见西施、络慕那样的美女才娶妻(西施、络慕,古代美貌的女子),那么人们终身也不能成家。然而不必等待古代那些才智出众的人物出现,而现有的人才就足够使用,是根据现有人才的特点,而充分加以任用的缘故。

太平国家的治理方法是,君主没有随意发布的政令,官府没有繁琐的管理方式,士人没有虚伪的品行,百工不滥施技巧,各种事务安排有关部门去做而不乱加干扰,各种器物完备而不加雕饰。乱世则不一样,行仁义者互相吹捧抬高身价,修礼仪者虚伪地互相夸耀;车舆极力雕琢,器用争相修饰;求取财物者争贪难以得到的器物并视为珍宝,书写文章的人陷入繁杂纷乱的文辞之中还自以为聪慧;官吏们争相诡辩,政事积压着长久不能决断,对国家的治理无丝毫益处;工匠们制造珍异的器具,经年历岁才可以完工,不适合实用。所以古帝神农的法令说:"男子中的青壮年不耕种田地,天下就有人因此挨饿;妇女成年后不从事纺织,天下就有人因此受冻。"所以他亲自耕种,其妻子亲自织布,以此来作为天下人的表率。

神农氏教导百姓,不看重难以得到的财物,不重视没有实用价值的器物。所以那时不努力耕种的人,就无法维持生活;不努力纺织的人,就无法遮蔽身体。不论衣食有余还是不足,都各归结于其自身(是勤劳还是懒惰)。百姓衣食丰足,奸佞邪僻的事情就不会萌生;百姓安居乐业,天下就太平无事。于是,就是孔丘、曾参那样的仁人也无处实施他们的善行,就是孟贲、成荆那样的勇士也无处施展他们的威猛(成荆,古代有力气有胆量的人)。衰败之世的风俗,是人们凭借机谋与巧诈弄虚作假,雕饰众多无用的器具,贪爱来自远方的奇货,珍视难以得到的财宝,不积储生活必需的物品,使天下质朴敦厚

故其为编户齐民无以异,然贫富之相去也,犹人君与仆虏,不足伦之。夫乘奇伎为邪施者,自足乎一世之间,守正修理,不为苟得者,不免乎饥寒之患,而欲民之去末反本,是犹发其源而壅其流也。

　　且夫雕文刻镂,伤农事者也;锦绣纂组,害女功者也。农事废业,饥之本也;女功不继,寒之源也。饥寒并至,而能无犯令干诛者,古今未之闻也。

　　故江河决流,一乡父子兄弟相遗而走,争升陵阪、上高丘。轻足者先,能相顾也。世乐志平,见邻国人溺,尚犹哀之,况亲戚乎?而人不能解也。游者不能拯溺,手足有所急也;灼者不能救火,身体有所痛也。夫民有余即让,不足即争。让则礼义生,争则暴乱起。扣门求火水,莫不与者,所饶足也;林中不卖薪,湖上不鬻鱼,所有余也。故物隆则欲省,求赡则争止。故世治则小人守正,而利不能诱也;世乱则君子为奸,而刑不能禁也。

道应

　　惠子为惠王为国法,惠王,魏惠王。惠子,惠施也。已成,王

之风日见淡薄,把清澈当成污浊,人们都失去了(善良的)天性。

所以已编入户籍的平民百姓,他们并没有什么不同,然而贫富的差距之大,犹如人君与奴仆一样,不能相提并论。那些凭借奇特的技艺弄虚作假的人,能在社会上自给自足;那些坚守正道、讲求义理、不苟且获取的人,却不能免于饥寒的祸患。这样却想要百姓抛开末业、返归农耕,就像是扩大河水的源头又去阻塞河道一样。

况且追求雕琢刻镂之物,是有害于农业生产的;热衷锦绣之衣、五彩丝带,是有害于纺织生产的。农事荒废,是造成饥饿的根本原因;纺织不继,是遭受寒冷的根本原因。在饥寒交迫的情况下,人们能够不触犯法令、刑罚,从古至今还未听说过。

所以江河决堤溃口,一乡的父子兄弟相互遗弃,各自逃命,争相登上山坡高地,脚步轻快的先上去,不能顾及别人。如果在太平盛世,人们心气平和,看见邻国的人溺水,尚还哀怜他,更何况是亲人呢?可是一些人对此却不能理解。游水自救的人不能拯救落水的人,因为他的手脚着急于自己浮游;烧伤的人不能去救火,是因为他身体疼痛。百姓财物富余便会相互谦让,财物不足便会相互争抢。相互谦让,礼仪就会产生;相互争夺,暴乱就会发生。有人敲门讨水讨火,没有谁不给,这是因为水火丰足;在林中卖不出柴薪,在湖区卖不出鱼,是因为这里柴、鱼有余。所以财物丰足,贪欲便会减少;所求得到满足,争抢便会停止。所以在太平盛世,连小人都能坚守正道,财利也不能引诱他们;世道混乱,连君子都做奸邪之事,刑罚也不能禁止。

道应

惠施为魏惠王制定国法,完成后拿给惠王,惠王很高兴,便让

甚悦之，以示翟煎。翟煎曰："善！"王曰："可行耶？"煎曰："不可。"王曰："善而不可行。何也？"对曰："今举大木者，前呼邪许，后亦应之，此举重劝力之歌也。岂无郑卫激楚之音哉？然而不用者，不若此其宜也。治国在礼，不在文辩。"故老子曰："法令滋彰，盗贼多有。"此之谓也。

赵襄子使攻翟而胜之，襄子方将食而有忧色。左右曰："一朝而两城下，此人之所喜也。今君有忧色，何也？"襄子曰："江河之大也，不过三日；三日而减。飘风暴风，日中不须臾。言其不能终日。今赵氏之德行无积，一朝而两城下，亡其及我乎？"孔子闻之曰："赵氏其昌乎！"夫忧所以为昌也，而喜所以为亡也。胜非其难者也，持之其难者也。贤主以此持胜，故其福及后世。齐楚吴越，皆尝胜矣，然而卒取亡焉，不通乎持胜也。唯有道之主能持胜。

齐王后死，欲置后而未定，使群臣议。薛公欲中王之意，薛公，田婴。因献十珥而美其一。旦日，因问美珥之所在，因劝立以为王后，齐王大悦，遂重薛公。故人主之嗜欲见于外，则为人臣之所制。故《老子》曰："塞其兑，闭其门，终身不

大臣翟煎过目。翟煎看后说:"写得好。"魏惠王说:"可以颁布执行了吧?"翟煎说:"不可以。"魏惠王说:"既然好,却不能颁布执行,为什么呢?"翟煎说:"抬大木料的人,前头的高呼'呀嘿',后头的人也跟着应和,这是抬重物时互相鼓劲的歌号。难道没有郑国、卫国那种激越、齐整的音调可用吗?然而之所以不使用那些音调,是因为它们不如这种歌号更适宜。治理国家在于礼的实施教化,而不在(法令)文辞的华美、巧妙。"所以《老子》中说:"法令越多越详明,盗贼就越多。"说的就是这个道理。

赵襄子派兵攻打翟大获全胜,(得知获胜的消息时)赵襄子正要吃饭,却面露忧色。他的近侍不解地问:"一早晨就攻下了两座城池,这是平常人都会高兴的事。现在您却面露忧色,为什么呀?"赵襄子说:"江河发大水不会超过三天(三天过后便会退去),飓风刮不了一早晨,暴雨下不了一整天,太阳当顶只一会儿即要偏西,都不能持续太久,都是片刻的现象。如今我们赵家的德行没有积累多少,又一早晨攻下两城,恐怕衰亡也就会接踵而至吧!"孔子得知后说:"赵氏会昌盛的!"这种得胜后反而忧患就是昌盛(的原因),(为点小胜而)沾沾自喜就是衰亡(的祸根)。打胜仗并不难,但要保持胜利果实并不容易。贤明的君主用这种忧患意识来保持胜利果实,所以他缔造的幸福能泽及后世。齐、楚、吴、越四国都曾战胜诸侯称霸天下,然而最终还是自取灭亡,这是因为它们不懂得保持胜利果实的道理。只有有德行的君主才能保持胜利果实。

齐威王的王后死了,威王打算新立王后却没有定下来,便命群臣议定此事。薛公田婴想迎合威王的心意,便献上十只玉耳饰而赞美其中一只。第二天,田婴便问那只最美的玉耳饰在谁处,就劝威王立那位妃子为王后。齐威王极为高兴,从此便格外器重田婴。所以,

勤。"

宓子治单父三年，宓子，子贱也。而巫马期巫马期。孔子弟子也。往观化焉。微视之。见夜渔者，得鱼则释之，问焉，渔者对曰："宓子不欲人之取小鱼也，所得者小鱼，是以释之。"巫马期归以报孔子曰："宓子之德至矣！使人暗行。若有严刑在其侧者，宓子何以至于此？"孔子曰："丘尝问之以治，言曰'诚于此者形于彼。'宓子必行此术也。"

泛论

天下岂有常法哉？当于世事，得于人理，顺于天地，则可以正治矣。夫神农、伏羲不施赏罚，而民不为非，然立政者，不能废法而治民；舜执干戚而服有苗，然征伐者，不能释甲兵而制强暴。由此观之，法度者，所以论民俗而节缓急也；器械者，因时变而制宜适也。圣人作法，而万民制焉；贤者立礼，而不肖者拘焉。制法之民，不可与远举；拘礼之人，不可以应变。耳不知清浊之分者，不可令调音；心不知治乱之源者，不可令制法。必有独闻之听，独见之明，然后能擅道而行也。

君主的意图嗜好一旦显现于外,那么就会受到臣子的挟制。所以老子说:"堵塞住流露欲望的洞口,关闭上接触外物的门户,便终身不会劳苦。"

宓子贱治理单父的第三年,孔子的弟子巫马期去暗中察访宓子贱的教化成效如何(微服暗查之)。巫马期见有人在夜间捕鱼,捕得后又将鱼放了,便询问捕鱼人这样做的原因。渔夫回答说:"宓子贱不愿让人捕捞正在成长的小鱼。我刚捕到的是些小鱼,因而就把它们放了。"巫马期回去后把所见所闻向孔子做了汇报,说:"宓子贱的德政好到极点了!他能使人暗夜做事时也像严刑峻法就在身边一样。宓子贱为什么能达到这种治理成效呢?"孔子说:"我曾经询问宓子贱治政的窍门,他告诉我:'(为政者)精诚的仁爱之心表现在身边小事上,就能在(百姓中)产生深远的影响。'宓子贱一定实施了这种治理方法。"

泛论

天下哪有一成不变的治国方法呢!只要切合世事,顺乎人性,遵循自然规律,就可以让天下大治了。神农、伏羲并不施行赏罚而百姓不干坏事,可是(后来的)执政者却不能废弃法令来治理百姓;舜帝手持盾牌战斧起舞便使有苗族归顺,可是(后来的)征伐之君却不能放下武器来制止暴乱。由此看来,法令制度是用来根据民风调节为政宽严程度的,器械用具是随着时代的变化来制作以方便使用的。圣人制定法令,而百姓遵从;贤人建立礼法,而普通人受到约束。遵守法令的百姓不可能与之一同远走他乡,受礼法约束的人不可能靠他来应对变化。耳朵不能分辨清浊声调的人,不可以让他调整音律;心里不懂治乱根源的人,不可以让他制定法令。一定要有超常的听

夫殷变夏，周变殷，春秋变周。三代之礼不同，何古之从？今儒墨称三代文武而不行也，是言其所不行也。儒墨之所言，今皆不行也。非今时之世而不改，是行其所非也。称其所是，行其所非，是以尽日极虑而无益于治，劳形竭精而无补于主。

今夫图工好画鬼魅，而憎图狗马，鬼魅无信验，而狗马切于前也。夫存危治乱，非智不能，而道先称古，虽愚有余。故不用之法，圣主不行；不验之言，明主不听也。

今谓强者胜，则度地计众；富者利，则量粟称金。如此则千乘之君，无不霸王；万乘之国，无破亡者矣。国之亡也，大不足恃；道之行也，小不可轻。由此观之，存在得道，而不在于大；亡在失道，而不在于小也。

乱国之君，务广其地而不务仁义，务高其位而不务道德，

觉和超常的视觉，（能看到事实真相）然后才能（依据时世变化）按道而行。

殷商更改了夏朝的法度，周朝更改了殷商的法度，春秋时期各诸侯国更改了周王室的法度。三代的礼乐制度有所不同，遵从哪一种古制呢？现在儒家、墨家称扬夏商周三代和周文王、周武王的法度，而这些在今天已经不通行了，这就是在称扬那些法度中不能实施于今天的方面（儒家、墨家所称扬的法度，当今世人皆未予施行）；非议当今之世，而当世并不因此而改变，这可见今天通行着他们所非议的东西。称赞的是古制中他们认为好的东西，而通行的却是他们所非议的东西，因此整天殚精竭虑却无益于治国，劳身耗神却对君主毫无帮助。

现在有些画工喜欢画鬼魅而不喜欢画狗和马，这是因为鬼魅没法验证，而狗和马却近在眼前啊！要挽救危局、治理混乱，没有智慧是不行的，但是口头上谈论先王、称赞古制，即使是愚笨者也绰绰有余。所以不合时宜的法度，圣明的君王不会施行；不经实际检验的言论，贤明的君王不会听信。

现在有人认为只要国家强大必然会（作战）胜利，于是便丈量土地的多少、统计人口的多少（来评定国家的强弱）；认为只要富有了，对国事就有好处，所以醉心于计量储备的粮食、称量金银财宝。如果是这样，那么千乘小国的君主无不可以称霸诸侯，万乘的大国更是永远不会灭亡。一个国家将要灭亡，即使国力强大也是靠不住的；如果君主按照道义治国，国虽小也不能轻视。由此看来，一个国家之所以能够存在，在于以道义治国而不在于土地面积大；一个国家之所以灭亡，在于其失去道义，而不在于其面积小。

败乱国家的君王，只致力于扩大其领土而不行仁义，只致力于

是释其所以存,而就其所以亡也。故桀困于焦门,而不能自非其所行,而悔不杀汤于夏台;纣拘于宣室,而不反其过,而悔其不杀文王于牖里。尝试处强大之势,而修道德之论。汤武救罪之不给,何谋之敢虑乎?若上乱三光之明,下失万民之心,虽微汤武,孰弗能夺?今不审其在已者,而反备诸乎人。天下非一汤武也,杀一人即必或继之者矣!且汤武之所以处小弱而能著者,以其有道也;桀纣之所以处强大而终见夺者,以其无道也。今不行人之所以王,而反益己之所以夺者,趋亡之道也。

　　事有可行而不可言者,有可言而不可行者;或易为而难成者,或难成而易败者。所谓可行而不可言者,趣舍也;可言而不可行者,伪诈也;易为而难成者,事也;难成而易败者,治也。此四策者,圣人之所独视而留志也。

　　未有功而知其贤者,唯尧之知舜也;功成事立,而知其贤者,市人之知舜也。夫物之相类者,世主之所乱惑也;嫌疑肖象者,众人之所眩燿也。故狠者类智,而非智也;狠,慢也。愚者类仁,而非仁也;戆者类勇,而非勇也。使人之相去也,若玉之与石也,葵之与苋也,则论人易矣。

加强自己的权力地位而不修养道德，这是抛弃使其存在的东西而走上灭亡的道路。所以，夏桀被（商汤）关在焦门，不自责自己的胡作非为，却后悔没有在夏台杀了商汤；殷纣王被（周武王）困在宣室，不反思自己的过失，反而懊悔当初没有在羑里杀死周文王。假若这两位君王处在势力强大的时候，能够遵道修德来治国，商汤、周武王改过都来不及，哪里还敢有什么图谋呢？若是对上扰乱日、月、星辰的光辉，对下失去万民之心，即使没有商汤、周武的出现，谁不能夺走他的江山呢？如今不检查自己的过错，反而去防备别人。殊不知普天之下并不只有一个商汤、一个武王，杀掉一个，一定会有后继的人。并且商汤、周武王之所以能处在弱小的地位而最终成就王业，是因为他们有道义；夏桀、殷纣王虽处在强大的地位却最终被夺走天下，是因为他们丧失道义。如果现在有人不采用前人所以称王的经验，却反而更多采用前人政权被剥夺的做法，这是趋向灭亡之道。

事情有的可以做但不能说，有的可以说但不能做，有的容易做但难以成功，有的难于成功而容易败坏。所谓可以做但不能说的，是指取舍；可以说但不能做的，是指欺诈；容易做但难以成功的，是指事业；难于成功而容易败坏的，是指治国。这四种策略，是圣人所独立观察并且时刻予以关注的。

尚未有功劳而知其为贤才的，就像只有尧能了解舜；功成业就后才知其是贤才的，就像普通人的了解舜。事物中相近似的东西，君王常被迷惑；彼此酷似难以区分的现象，一般人常被迷惑。所以傲慢自恃的人看上去好像有智慧，而实际上那不是智慧（而是独断）；愚笨的人好像宽厚仁慈，而实际上那不是仁慈（而是懦弱）；迂愚而刚直的人看上去似乎勇敢，而实际上那不是勇敢（而是鲁莽）。假使人与人之间（善恶）的差别就像美玉和石头、冬葵和苋菜那样明显的

天下莫易于为善，而莫难于为不善。所谓为善者，静而无为也。所谓为不善者，躁而多欲也。适情辞余，无所诱慕，修性保真，无变于己。故曰："为善者易也。"越城郭，逾险塞，篡杀矫诬，非人之性也。故曰："为不善难也。"

今人之所以犯囹圄之罪，而陷于刑戮之患者，由嗜欲无厌，不修度量之故也。何以知其然？今夫陈卒设兵而相当，将施令曰："斩首者拜爵，而曲桡者要斩。"然而队伯之卒，皆不能前遂斩首之功，而后被要斩之罪，是去恐死而就必死也。故事或欲之，适足以失之；或避之，适足以就之。有人乘船而遇大风者，波至而恐，自投水中，非不贪生而畏死，惑于恐死而反忘生也。故人之嗜欲亦犹此也。

故达道之人，不苟得，不让福；其有不弃，非其有不索也；恒盈而不溢，常虚而易足。今夫溜水足以溢壶榼，而江河不能实漏卮。故人心犹此也。自当以道术度量，食充虚，衣御寒，则足以养七尺之形矣。若无道术度量，则万乘之势不足以为尊，天下之富不足以为乐矣。

话，那么评定人（的优劣）便容易了。

　　天下（的事情）没有比为善更容易的，也没有什么是比作恶更难的。所谓为善，就是清静无为；所谓行为不善，就是浮躁而多欲。调适心情，排遣杂念，不受外界诱惑；修养天性，保持真诚，不改变自己的本来。所以说为善很容易。翻越城墙，跨越险关，篡位弑君，假托君命，诬陷无辜，这些行为都是违背人的本性的，所以说作恶是件很难的事情。

　　如今，人们之所以犯监禁之罪而遭刑罚、杀戮之祸，是因为其嗜欲没有止境，不按照法度做事的缘故。怎么知道是这样的呢？现在战场上两军对垒，摆开阵势，将帅下令道："砍下敌兵首级的士兵封授爵位，后退逃跑的将受腰斩。"然而队伍里的士兵都不能冲上去完成杀敌之功，而是纷纷后退，受到腰斩的惩治，这就是因怕死而逃跑，反而走向必定死亡（的境地）。有些事是想要得到却恰会失去、本想避开却因此而偏偏会撞到的。有一个人乘船时遭上大风，江上巨浪袭来，他非常惊恐，（为了躲避翻船之祸）便纵身跳进江中。其实这个人不是不贪生怕死，而是被怕死的念头吓昏了头，反而忘掉了还有生的机会。所以人的嗜欲也是如此。

　　因此明白道理的人，不随便获得好处，也不推让属于自己的利益；自己该享有的不放弃，不该有的绝不索取；能经常保持充实但不外溢，保持清净无欲而容易满足。屋檐上滴下的水能把水壶装满，而江河之水却装不满漏水的酒杯。人心也像这样，应当以道的法则来约束自己，食物能填饱肚子，衣服能抵御风寒，也就足以养护七尺之躯了。如果不用道的法则来约束自己，那么即使拥有极高的地位也会嫌不够尊贵，富甲天下也会嫌不够快乐。

诠言

为治之本,务在于安民;安民之本,在于足用;足用之本,在于勿夺时;勿夺时之本,在于省事;省事之本,在于节欲;节欲之本,在于反性。释道而任智者必危,弃数而用材者必困。有以欲多亡者,未有以无欲危者也;有以欲治而乱者,未有以守常失者也。故智不足以免患,愚不足以至于失宁。守其分,循其理,失之不忧,得之不喜,因春而生,因秋而杀,所生者不德,所杀者不怨,则近于道矣。

圣人守其所以有,不求其所未得。求其所未得,则所有者亡矣;修其所有,则所欲者至矣。故用兵者,先为不可胜,以待敌之可胜也;治国者,先为不可夺也,以待敌之可夺也。舜修之历山,而海内从;文王修之岐周,而天下移。使舜趋天下之利,而忘修己之道,身犹弗能保,何尺地之有乎。故福莫大无祸,利莫美不丧。动之为物,不损则益,动,有为也。不成则毁,利则病。皆险也。险,言危难不可行。道之者危。

诠言

　　（君主）治理国家的根本，在于使百姓安定；安定百姓的根本，在于使百姓衣食丰足；百姓衣食丰足的根本，在于不使其失去农时；不使百姓失去农时的根本，在于减少徭役；减少徭役的根本，在于君主节制物欲；节制物欲的根本，在于返归其清净安逸的天性。放弃大道而单凭自己的聪明行事，一定会很危险；放弃方法而任用特异的才能，必然会陷于困境。只有因为贪欲多而灭亡的，没有因为无欲而面临危险的；只有以私欲治理国家而使天下大乱的，而没有遵循（道的）规律却失去天下的。所以仅凭个人的聪明不足以免除祸患，而愚蠢还不至于失去安宁。安守本分，遵循事理，失去了不忧伤，得到了不欢喜，顺应春天而生养，随着秋天而刑杀，被生养者不感恩戴德，被刑杀者也无恨无怨，（达到这种境界）就接近"道"了。

　　圣人安守自己所具有的（德），而不追求自己没有的（名利）。如果追求自己所没有的（名利），那么已有的（德）也会丧失掉；如果修养自己已有的（德），那么想得到的也会得到。所以用兵的人，先求不能被战胜，从而等待可以战胜敌人（的时机）；治国的人，先求不能被夺取，以等待可以夺取敌国（的时机）。舜在历山修治其身，却使天下人都顺从归化；周文王在岐山修明德政，而使天下改朝换代。假使舜只顾追逐天下的利益，而忽略修养自身的德行，那他连自身都难以保全，哪里会得到尺寸之地呢？所以没有什么比无祸患更幸福的，没有什么比不丧失（已得到的）更为有利的。人为地去做事情，不获得益处就会受到损害，不成功就会被毁灭，没有利就会有害，都是危险的（险，是说人为有目的地做事情是有危难的，不可行）。照这样做，都会遇到危难。

说山

上求材,臣残木;上求鱼,臣干谷;上求楫,而下致船;上言若丝,下言若纶;上有一善,下有二誉;上有三衰,下有九杀。衰、杀,皆喻侈也。传曰:"上之所好,下尤甚焉。"故有九杀也。

人间

夫言出于口者,不可止于人;行发于迩者,不可禁于远。事者,难成而易败也;名者,难立而易废也。千里之堤,以蝼蚁之穴漏;百寻之屋,以突隙之烟焚。突,灶突也。尧戒曰:"战战栗栗,日慎一日。莫蹟于山,而蹟于垤。"蹟,蹟。垤,蚍封也。是故人者,皆轻小害,易微事,是以多悔。患至而后忧之,是犹病者已惓惓,剧。而索良医也。虽有扁鹊、俞夫之巧,犹不能生也。俞夫,黄帝时医。

天下有三危:少德而多宠,一危也;材下而位高,二危也;身无大功,而有厚禄,三危也。

贤主不苟得,忠臣不苟利。何以明之?中行缪伯,攻鼓弗能下。中行缪伯,晋大夫。鼓,北翟。馈间伦曰:"鼓之啬夫,间伦知之。馈间伦。晋大夫。请无疲武丈夫,而鼓可得也。"缪伯弗

说山

在上位的人要用木材,在下位的人就会毁坏林木。在上位的人要吃鱼,在下位的人就会放干河谷的水。在上位的人要用船桨,在下位的人就会献纳船只。在上位的人说的话若像一根细丝,在下位的人就会像一根粗丝绳。在上位的人有一分优点,在下位的人就有两分赞誉。在上位的人的奢欲减少三分,臣下就会减少九分(古书上说:"在上位的人喜好的,在下位的人会更过分。"所以在上位的人减少三分,在下位的人就会减少九分)。

人间

话从自己口中说出,不会终止于听的那个人;所做的事发生在近处,不可能禁止它(的影响)传到远方。事情成功困难却容易失败,名声树立很难却容易毁掉。千里大堤,会因蝼蚁之穴而发生渗漏;近百丈的高楼,会因烟囱缝隙冒出的火星而焚毁。《尧戒》上告诫说:"要经常怀着畏惧之心,一天比一天谨慎。人不会因为遇到山而跌倒,却会在蚂蚁洞外的小土堆前摔倒。"因此说,人们往往都轻视小害,不看重小事,以至酿成大祸后才后悔不迭。祸患降临时才忧虑,好比病情况重才去求良医。(到那时)即使医生有扁鹊、俞夫那样高超的医术,也难以让病人起死回生了。

天下有三种危险情况:缺少德行却倍受尊宠,是第一种危险;才能低下却地位高贵,是第二种危险;自身没有大功却享有优厚俸禄,是第三种危险。

贤明的君主不苟且贪得,忠诚的臣子不苟且取利。怎么证明这一点呢?晋国大夫中行缪伯攻打被北狄人占据的鼓地,很久未能攻克。馈间伦对他说:"鼓地的啬夫,我认识。请您不要劳累军中

应。左右曰:"不折一戟,不伤一卒,而鼓可得也,君奚为弗取?"缪伯曰:"间伦为人,佞而不仁,若使间伦下之,吾可以勿赏乎。若赏之,是赏佞人。佞人得志,是使晋国之武,舍仁而为佞。虽得鼓,将何所用之?"

泰族

圣王在上位,廓然无形,寂然无声;官府若无事,朝廷若无人;无隐士,无逸民;无劳役,无冤刑。四海之内,莫不仰上之德,象主之指;夷狄之国,重译而至。非户辨而家说之也,推其诚心,施之天下而已矣。

诗曰:"惠此中国,以绥四方。"内顺外宁矣。大王亶父处邠,狄人攻之,杖策而去,百姓携幼扶老,而国乎岐周,非令之所能召也。秦穆公为食骏马之伤也,饮之美酒,以其死力报,非券之所责也。券,契也。季子治单父,夜渔者得小即释之,非刑之所能禁也。孔子为鲁司寇,田渔皆让长,长者得多。而斑白不负载,斑白,须有白发。非法之所能致也。

夫矢之所以射远贯坚者,弩力也;其所以中的剖微者,人

将士,我有办法得到鼓地。"缪伯没有答应。他身边的人问:"不折一戟,不伤一卒,却可以得到鼓地,您为什么不派馈间伦去收取鼓地呢?"缪伯说:"间伦的为人,巧言谄媚而不仁德。如果他夺下鼓地,我能不奖赏他吗?如果奖赏了他,便是奖赏了不仁德的人。不仁德的人得志,会使晋国的武将舍弃仁德而追求奸佞,果真这样的话,即使得到鼓地,又有什么用呢?"

泰族

圣明的君主处在君位上,空廓没有身形,寂静没有声响;官府就像无事可做似的,朝廷就像没有人似的;民间没有隐士,没有避世的民众;百姓没有劳役,牢狱没有冤屈受刑的人。四海之内,无不仰慕君主的仁德,依从君主的旨意;周边外族之邦,通过译使前来朝拜。这不是靠挨家挨户地说教能实现的,而是君王以自己的精诚之心施于天下人(的结果)。

《诗经》中说:"君主施恩惠于国中,这样来安抚四方诸侯。"国内政治和顺,外部就能安宁了。太公亶父在邠地时,狄人常常攻打他,于是亶父便骑马离去,百姓们扶老携幼地跟随他,来到岐周建立了国都,这不是简单的命令能够招致的。秦穆公为避免盗去他骏马的人吃马肉生病(他听说吃马肉不喝酒,就会伤及身体),便拿美酒给他们喝,(因此在与晋国的战斗中)这些人(指吃马肉的人)便拼死报效穆公,这不是凭契约要求他们这样的。宓子贱治理单父之地时,夜间打渔的人捕到小鱼便自觉地放掉,这不是刑罚所能阻止的。孔子做鲁国司寇时,农夫渔夫都谦让长者(长者得到的多些),老年人不用去背负重物,这不是法律(的要求)所能够达到的。

箭之所以能远射并穿透坚硬之物,靠的是弩的力量,然而它之

心也。赏善罚暴者，政令也；其所以行者，精诚也。故弩虽强，不能独中，令虽明，不能独行，必有精气所与之。故总道以被民，而民不从，诚心弗施也。

天地四时，非生万物者，神明接，阴阳和，而万物生之。圣人之治天下，非易民性也，拊循其所有，而涤荡之。故因则大，化则细矣。能因循则大矣，化而欲作则小。先王之制法也，因民之所好，而为之节文者也。因其好色，而制婚姻之礼，故男女有班；因其好音，而正雅颂之声，故风俗不流；因其宁室家，乐妻子，教之以孝，故父子有亲；因其喜朋友，而教之以悌，故长幼有序。然后修朝聘，以明贵贱；乡饮习射，以明长幼；时搜振旅，以习用兵；搜，简车马也。入学庠序，以修人伦。此皆人所有于性，而圣人所匠成也。

民无廉耻，不可治也。非修礼义，廉耻不立。民不知礼义，法弗能正也。非崇善废丑，不向礼义。无法不可以为治也，不知礼义不可以行法。法能杀不孝者，而不能使人为孔墨之行；法能刑窃盗者，而不能使人为伯夷之廉。孔子养徒三千人，皆入孝出悌，言为文章，行为仪表，教之所成也。墨子服役百八十人，皆可使赴火蹈刃，死不还踵，化之所致也。

所以能正中目标并分辨出细微之处，还是靠人的意念。奖赏善行、惩罚暴虐，靠的是政令，而政令所以能施行，靠的又是执政者的精诚。所以弩虽有力但不能（凭此）就能射中目标，法令虽然严明但不能（凭此）孤立推行，一定要有人的精诚来配合施行。所以（君主）阐明道理和主张来让民众接受，如果民众不听从，是由于诚心还没有普被（民众）。

天地、四季，不能直接产生万物。精气相接，阴阳二气融合，万物便自然产生。圣人治理天下，不是强制改变民众的天性，而是依循人们已经具有的天性，引导其改变。因势利导效果良好，人为地改变则成效不大（能够顺应自然就会效果显著，人为地想要改变成效反而不大）。先王制定礼法，都是依据人们的爱好来调节典章制度。根据人们的好色之欲，于是制定婚姻礼法，所以男女有别；因人喜爱音乐，于是创作纯正的雅乐、颂乐，所以风俗不会变坏；因人皆希望家庭安宁、妻儿快乐，于是教育他们孝顺事亲，所以父子间有了亲情；因人皆喜欢交朋友，于是教育他们敬重年长的人，所以长幼之间礼节有序。做到这些之后，再制定朝拜天子、出使诸侯国的礼节，以明确高低贵贱；制定乡饮和习射的礼节，来明确长幼之间的次序；适时检查车马、整顿军队，来练习用兵；让人们进学堂学习，修明伦理道德。这些都是人们本性中具有的，而经由圣人的培养造就得以实现。

民众如果没有廉耻之心，就无法治理好。而不学习礼义，民众的廉耻观念就不会树立。民众不懂礼义，法律也无法使他们行为端正。不推崇善举、废除恶习，民众就不会向往礼义。没有法令不能治理好国家，民众不懂礼义不会按法令办事。法律能处罚不孝的人，但不能让人效法孔子、墨子弟子们的品行；法律能惩处偷盗的人，却不能让人学伯夷的正直。孔子培养的门徒三千人，都是在家讲孝道，出

夫刻肌肤，镌皮革，被创流血，至难也。然越人为之以求荣也。越人以箴刺其皮，为龙文。圣王在位，明好憎以示人，经诽誉以导之，亲贤而进之，贱不肖而退之，无被疮流血之患，而有高世尊显之名，民孰不从？

古者法设而不犯，刑措而不用，非可刑而不刑也。百工维时，庶绩咸熙，礼义修而任贤德也。故举天下之高，以为三公；一国之高，以为九卿；一县之高，以为二十七大夫；一乡之高，以为八十一元士。各以小大之材，处其位得其宜。由本流末，以重制轻，上唱而民和，上动而下随，四海之内，一心同归，背贪鄙而向义理。于其以化民也，若风之摇草木，无之而不靡。

今使愚教智，使不肖临贤，虽严刑罚，民弗从者，小不能制大，弱不能使强也。故圣主者，举贤以立功，不肖主举其所与同。文王举太公望、召公奭而王，桓公任管仲、隰朋而霸。此举贤以立功也。夫差用大宰嚭而灭，秦任李斯、赵高而亡，此举所与同也。故观其所举，而治乱可见也；察其党与，而贤不肖可论也。

门讲友爱，言辞有文采，行为可作表率，这都是教育的结果。墨子的门徒一百八十人，都可以赴火踩刃，至死不后退，这也是教化使然。

刀划肌肤、针刺皮肉，受伤流血，这是人很难忍受的痛苦，但越人却刻肌刺肤来求取荣耀（越人用针在皮肤上刺成龙形花纹）。圣明的君主居于高位，阐明好恶来昭示国人，通过对人们的毁谤、称誉来加以引导，亲近贤人并提拔他，鄙弃不贤的人并罢免他，没有受伤流血之苦，却有盛世尊显的名声，民众谁不服从这样的君王呢？

古代制定了法律却无人触犯，设置了刑罚却不施用，不是该施刑而不用刑，而是因为百官都想着做好本职工作，各项事业都兴盛成功，礼仪建立起来，贤德之人得到任用。所以选拔天下的贤才来任为三公，选拔一国的贤才任为九卿，选拔一县的贤才任为二十七大夫，选拔一乡的贤才做八十一元士。各以其才能大小安排在恰当的位置上，做其适宜做的事。教化由根本（天子）达于枝末（下级官吏），以位重者制约位轻者。于是在上位的人倡导一声，人民便应和；在上位的人一有行动，下边的人便紧随其后。四海之内，归于一心，背弃贪婪和卑污，趋向义理。如此教化民众，就像风吹动草木，草木没有不随风而倒伏的。

现在让愚笨的人去教诲聪明的人，让不贤的人居于贤人之上，即使严明刑罚，民众也不会顺从。这是因为小不能制约大，弱不能支配强。所以圣明的君主任用贤人来建立功业，不贤的君主任用习性与他相同的人。周文王举用太公吕望、召公奭而成就王业，齐桓公任用管仲、隰朋而成就霸业，这些都是任用贤能建立功业的典范。夫差任用太宰伯嚭导致灭亡，秦始皇、秦二世任用李斯、赵高而使秦国败亡，这是任用的人习性与自己相同的恶果。所以观察他们所举用的人，其国家是大治还是混乱不堪便可以预见；考察一个人的同党，他

夫圣人之屈者，以求申也；枉者，以求直也。故虽出邪僻之道，行幽昧之涂，将欲以兴大道、成大功，犹出林之中，不得直道，拯溺之人，不得不濡足。夫观逐者于其反也，观行者于其终也。

故百川并流，不注海者，不为川谷；趋行踏驰，不归善者，不为君子。故善言归乎可行，善行归乎仁义。君子之过也，犹日月之蚀也，何害于明？小人之可也，犹狗之昼吠，鸱之夜见，何益于善？夫智者不妄为，勇者不妄发，择善而为之，计义而行之，故事成而功足赖也，身死而名足称也。虽有智能，必以仁义为之本，而后可立也。智能踏驰，百事并作，圣人以仁义为之准绳，中之者谓之君子，不中者谓之小人。

人莫不知学之有益于己也，然而不能者，嬉戏害之也。人皆多以无用害有用，故知不博而日不足。以凿观池之力耕，则田野必辟矣；以积土山之高修堤防，则水用必足矣；以食狗马鸿雁之费养士，则名誉必荣矣；以弋猎博奕之日诵诗书，则闻识必博矣。

故上下异道则治，同道则乱。位高而道大者从，事大而道

自身的贤明与不贤明便可以推知了。

圣人暂时的屈从是为了日后的伸展,暂时的弯曲是为了日后的挺直。所以他们虽然有时行走出没在偏僻幽暗的路上,但那为的是振兴大道、成就大业,就好像走在山林中没有笔直的路、拯救溺水的人不能不沾湿双脚一样。观察逐猎者,要看他们返回时的情况(是否收获猎物);观察走路的人,要看他们达到终点时的情形(是否坚持到达目的地)。

所以百川奔流,不能注入大海的,算不上(真正的)河谷;人忙忙碌碌地急行快走,不归向善良的,不能算是君子。所以好的言论要归结到可行,好的行为要符合仁义。君子的过失,如同日月亏蚀,怎能减损它的光明呢?小人认为正确的事,如同狗白天吠叫、鸱鸟夜里能看见东西,对行善又有什么益处呢?智者不随意行事,勇者不胡作非为,(他们一定要)选择善事去做,考虑到符合道义再行动,所以事情得以成功而功业足可以带来利益,死去以后名声还能为人称颂。即使拥有智慧和才能,一定要以仁义为根本,然后才能有所建树。聪明能干者日日奔忙,百事同时而兴起,圣人只是以仁义作为准绳来评判(那些人和事),符合仁义的称为君子,不符合仁义的称为小人。

人没有谁不懂得学习对自己有益处的,然而却不能好好求学,是贪图玩乐害了他。人多是以无用之事来妨碍有用之事,所以造成才智无法广博并且日渐贫乏。假如用开凿供游观的池塘的劲头去翻土犁田,那么田野一定会被开垦出来;倘若用堆积土山修高台的功夫去兴修堤防,那么用水就一定会很充足;如果用喂养狗马鸿雁所花的费用来供养士人,那么名望和声誉定会显扬荣耀;假使用射猎博弈的时间去诵读经典,那么见闻和知识一定会广博。

所以君臣异道(各司其职),国家就能治理好;君臣同道(职分

小者凶。

　　故小快害义,小惠害道,小辩害治,苛峭伤德。大政不险,故民易遵;至治宽裕,故下不相贼;至德朴索,故民无愿。原蚕一岁再收,非不利也。然而王法禁之者,为其残桑也。家老异粮而食之,殊器而烹之,子妇跣而上堂,跪而酌羹,非不费也。然而不可省者,为其害义也。待媒而结言,娉纳而取妇,绂緫而亲迎,非不烦也。然而不可易者,可以防淫也。使民居处相司,有罪相告,于以禁奸,非不辍也。然而不可行者,为伤和睦之心,而构仇雠之怨也。故事有凿一孔而生百隙,树一物而生万叶者,所凿不足以为便,而所开足以为败;所树不足以为利,而所生足以为秽。愚者惑于小利,而忘其大害,不可以为法也。

　　故仁、智,人材之美者也。所谓仁者,爱人也,所谓智者,知人也。爱人则无虐刑矣,知人则无乱政矣,三代之所以昌也。智伯有五过人之材,智伯,美髯长大,一材也;射御足力,二材也;伎艺毕极,三材也;巧文辩惠,四材也;强毅果敢,五材也。而不免于身死人手者,不爱人也。齐王建有三过人之巧,力能引强,

相混),国家就会混乱。地位高且德行深厚者做事就会顺畅,职事重大而德行浅薄者就会多凶险。

所以贪图小的快活会损害大义,玩弄小聪明会妨碍大道,小的巧辩会妨碍国家治理,刻薄严峻会损害德行。善政没有险恶之法,所以民众容易遵行;最好的治理政策宽裕,所以百姓不互相伤害;最高的德行是质朴无饰,所以民众没有邪恶之念。蚕本一年可以再次孵化而两次收获蚕丝,(这样做)并不是没有利,但是王法禁止这样做,是因为这样做会损害桑树;家中长者(与家人)吃不同的饭,用不同的食具烹调,儿媳光着脚走上堂去,跪着给长辈斟倒羹汤,这种礼法不是不烦劳,然而却不能省减,是因为省减了会损害义理;等有了媒人才订婚约、下聘礼以后迎娶新妇,夫婿穿上盛服亲至女家迎新娘入室,行交拜合卺之礼,这样做不是不烦杂,但是不能改变这套礼法,是因为这样做可以防止淫乱;让百姓左邻右舍相互监视,发现有人犯罪便相互告发,这样来查禁奸恶,并非不能终止作恶,但是却不能那样做,(是因为这样)会伤害和睦相处之心,而结成仇怨。所以事情有时像凿开一个小孔就会生成百条缝隙、栽一棵树就会长出万片叶子一样,凿开一个小孔不会带来什么方便,而裂开的缝隙足以坏事;所栽之树不会带来什么收益,而长出的枝叶足以带来污秽(落叶满地)。愚蠢的人迷恋小利,而忘掉(这样做)会产生大祸,因此不可以效法。

所以,仁德和智慧,是人的美好资质。所谓仁德,就是亲爱他人;所谓智慧,就是了解他人。亲爱他人就没有残酷的刑罚,了解(谁是贤人)就没有腐败的政治,这就是夏、商、周三代之所以昌盛的原因。(晋国执政者)智伯有五种超众的资质(胡须长、体貌高大壮伟,为其一;射箭、驾车的力气都很大,为其二;才艺技能无不具备,为其

走先驰马,超能越高。而身虏于秦者,不知贤也。齐王建任用后胜之计,不用淳于越之言。故仁莫大于爱人,智莫大于知人。二者不立,虽察惠捷巧,不免于乱矣。

三；擅长文辞、富于辩才，为其四；刚强坚定、果决勇敢，为其五）。却免不了死于别人之手，其原因就是他对人不仁爱。齐王建有三种过人的技艺（力气可以挽拉强弓，奔跑的速度超过疾跑的马，起跳能越过高处）。但自己却被秦国俘虏，就因为他辨识不出贤人（齐王建任用后胜，秦国军临城下，后胜劝齐王投降，齐王建听从其计，而不听淳于越的谏言，导致齐国灭亡）。所以"仁"没有比爱人更重要的，"智"没有比了解人更高明的。如果不具备二者，即使聪慧过人、敏捷灵巧，也不会幸免于动乱之祸。

卷四十二　盐铁论

桓宽　编撰

贪富

行远道者假于车,济江海者因于舟。故贤士之立功成名,因于资而假物者也。公输子能因人主之材木以构宫室台榭,而不能自为专屋狭庐,材不足也。欧冶能因君之铜铁以为金炉大钟,而不能自为壶鼎槃杅,无其用也。君子能因人主之正朝,以和百姓,润众庶,而不能自饶其家,势不便也。故舜耕于历山,恩不及州里;太公屠牛于朝歌,利不及妻子。及其见用,恩流八荒,德溢四海。故舜假之尧,太公因之周,君子能修身以假道者,不能枉道而假财也。

相刺

扁鹊不能治不受针药之疾,贤圣不能正不食善言之君。故桀有关龙逢而夏亡,纣有三仁而商灭。故不患无夷吾、由余之论,患无桓、穆之听耳。是以孔子东西无所遇,屈原放逐于楚国也。故曰:"直道而事人,焉往而不三黜。枉道而事人,何必去父母之邦。"此所以言而不见从,行不得合者也。

贪富

走远路的人要依靠车子,渡江海的人要利用船只。因此,贤士之所以能建树功绩、得名于世,是因为凭借自己的天资,同时也是依靠外在的物质条件。鲁班能够利用君主的木材来建筑宫殿台阁,但不能给自己盖一间简陋的小屋子,就是因为自己的木材不足。欧冶能够利用国君的铜铁来铸造香炉和大钟,但不能给自己造一些壶鼎盘盆,也是因为没有可供使用的材料。君子能够借助君主的朝政来安和百姓,加惠众民,但不能使自己的家里富足,这是因为地位不允许的缘故。所以,舜在历山耕田的时候,他的恩惠还达不到他的乡里;姜太公在朝歌宰牛为生的时候,就连他的妻子儿女也得不到一点利益;到了他们得到重用的时候,恩惠遍及全国,德泽流溢天下。所以,大舜凭借尧帝而利益天下,姜太公依托周王朝而利益天下。君子可以借助道义来修身,不可以借着财富来违背正道。

相刺

扁鹊不能医治不接受针灸和药物的疾病,贤人和圣人也不能纠正不接受规劝过失的国君。因此,夏桀虽有关龙逢,夏朝还是灭亡了;殷纣虽有微子、箕子、比干三个仁人,但商朝还是灭亡了。可见不用担心臣子没有像管仲、由余那样好的见解,就怕国君不能像齐桓公、秦穆公那样听取建言。所以,孔子东奔西走而得不到任用,屈原也是被楚国流放。所以柳下惠才会说:"用正直的心来事奉国君,到哪里不是屡屡被罢官呢?如果是用邪曲的心来事奉国君,那又何必

后刑

　　古者笃教以导民，明辟以正刑。刑之于治，犹策之于御也。良工不能无策而御，有策而勿用也。圣人假法以成教，教成而刑不施，故威厉而不杀，刑设而不犯。今废其纪纲而不能张，坏其礼义而不能防，民陷于罪，从而猎之以刑，是犹开其阑牢，发以毒矢也。不尽不止矣。曾子曰："上失其道，民散久矣。如得其情，则哀矜而勿喜。"夫不伤民之不治而伐己之能得奸，犹弋者睹鸟兽挂罻罗而喜也。今天下之被诛者，不必有管、蔡之邪，邓晢之伪也。孔子曰："人而不仁，疾之以甚，乱也。"故民乱反之政，政乱反之身，身正而天下定。是以君子嘉善而矜不能，恩及刑人，德润穷夫，施惠悦尔，行刑不乐也。

授时

　　周公之相成王也，百姓饶乐，国无穷人，非代之耕织也。

要离开自己的国家呢？"这就是君子的建言往往不被采纳，所作所为也往往不能被世人所认同的原因所在啊！

后刑

　　古时候，圣人竭诚用仁义的教化来引导百姓，把法令宣讲清楚以依法执行刑律。用刑律来治理国家，就像用马鞭驾车一样。技艺再高的驾车者也不能没有马鞭驾车，而是拿着马鞭但不轻易使用。圣人借助于法令来做好教化工作，教化成功了，也就不用实行刑法了。所以，他们虽然很威赫严厉，但不轻易杀人；设置了刑律，但无人敢违反。如今废除了圣人的治国法度，而不能发扬；败坏了古代的礼义，就不能防止犯法。百姓陷入法网，就抓起来法办，就好比打开栏圈放出野兽，再用毒箭去射死它一样，不射完不罢休呀。曾子说过："当政的人不按正道行事，民心离散已经很久了。如果知道了他们的真实情况，就会哀怜他们而不会沾沾自喜。"不忧虑百姓没有治理好，反而自我夸耀能制裁奸人，就好像捕鸟的人看到飞鸟陷入自己悬挂的罗网中一样的高兴。现在天下被杀的人，不一定有管叔和蔡叔那样的邪恶，有邓皙那样的伪诈。孔子说："对待不仁的人，憎恶得太过分了，那就必然立即作乱了。"因此，下民乱了，要从朝政上反省原因；朝政乱了，要从执政者自身反省原因。自身行得端正，天下自然安定。所以，君子能够赞美善良的人，又能够同情那些不能为善的人，对受刑的人要给予恩惠，对穷人也要施与恩德；在施与恩惠时内心满怀喜悦，而在不得已需要执行刑罚时就会感到难过。

授时

　　周公辅助周成王时，百姓生活富裕，安居乐业，国家没有穷人，

易其田畴,薄其税敛,则民富矣;上以奉君亲,下无饥寒之忧,则教可成也。语曰:"既富矣,又何加焉?"曰:"教之。教之以德,齐之以礼,则民徙义而从善,莫不入孝出悌。夫何奢侈暴慢之有乎?"管子曰:"仓廪实而知礼节,衣食足而知荣辱。"故富民易与适礼。

水旱

古者,政得则阴阳调、星辰理、风雨时。故行修于内,声闻于外;为善于下,福应于天。周公在上而天下太平,国无夭伤,岁无荒年。当此时,雨不破块,风不鸣条,旬而一雨,雨必以夜,无丘陵高下皆孰。今不省其所以然,而曰阴阳之运也,非所闻也。孟子曰:"野有死殍,不知收也。狗豕食人食,不知敛也。为民父母见饥而死,则曰:'非我,岁也。'何异乎以刃杀之。则曰:'非我,兵也。'"方今之务,在除饥寒之患,罢盐铁、退权利、分土地、趣本业、养桑麻,尽地力也。寡功节用,则民自富。如是,则水旱不能忧,凶年不能累也。

这并不是周公替代老百姓耕种纺织，而是教导百姓治理田地，减轻百姓的赋税，这样百姓就会富裕了。这样上可事奉君主与父母，下则百姓也没有饥寒的忧患，那么礼教就可以推行了。《论语》上说："百姓富裕了，还要怎么办呢？"孔子回答说："要教育他们。"用道德教化他们，用礼仪规范他们，百姓明白了道义就会改变意念，从而一心向善，没有不是在家孝敬父母、在外则严守长幼之礼的。这样哪里还有什么挥霍浪费、凶暴傲慢的现象呢？管子说："粮仓充实，百姓才能够有条件学习礼仪规矩；衣食富足，百姓才会去关心自己的荣誉和耻辱。"所以，百姓在基本生活条件得到了保障以后，就容易接受有关礼仪的教育了。

水旱

古时候，政令得当，于是阴阳二气调和，星辰循轨运行，风雨适合农时。所以，只要自己内修仁德，美名就会传扬在外；在人间做好事，上天就会预示福德的征兆。周公在上位谦已修身，因而天下安宁和平，国家没有灾难，年年没有灾荒。这个时候，下雨时没有毁坏农田，刮风时树枝不响，往往隔十来天便下一次雨，每次下雨都在夜里。不论是丘陵还是高地、低洼地，所有的庄稼都能成熟。如今不去反思过去为什么会这样，反而说什么"这是阴阳二气的运数"，没有听说过这种说法。《孟子》上说："田野有饿死的尸首而不去收殓。猪、狗吃供人食用的粮食也不加遏止。做为百姓的父母，看到百姓饿死时，却说'这不是我的过错，而是年景不好的缘故'。这和用刀子杀了人，却推说这不是我杀的，是刀子杀的，有什么两样呢？"当务之急，在于消除饥寒的忧患，终止盐、铁官方专营，解除山海禁令放权让利于百姓，将土地分给百姓，致力于农业耕作，养蚕种麻，充分发

崇礼

王者崇礼施德，尚仁义而贱怪力，故圣人绝而不言。孔子曰："言忠信，行笃敬，虽之蛮貊，不可弃也。"今万方绝国之君，奉贽献见者，怀天子之威德，而欲观中国之礼，宜设明堂辟雍以示之，扬干戚，昭雅颂以风之。今乃以玩好不用之器、奇虫不畜之兽、角抵之戏、炫耀之物陈夸之，殆与周公之待远方殊也。

昔周公处谦让以交卑士，执礼德以下天下。故辞越裳之贽，见恭敬之礼也。既与入文王之庙，是见大孝之礼也。目睹威仪干戚之容，耳听升歌雅颂之声，心充以至德，欣然以归，此四夷所以慕义内附，非重译狄鞮来观猛兽熊罴也。夫犀象兕虎，南夷之所多也；驴骡駃驼，北狄之常畜也。中国所鲜，外国贱之。南越以孔雀珥门户，昆山之旁，以玉璞抵乌鹊。今贵人之所贱，珍人之所饶，非所以厚中国而明盛德也。隋和，世之名宝也，而不能安危存亡，故喻德示威，唯贤臣良相，不在戎马珍怪也。是以圣王以贤为宝，不以珠玉为宝。昔晏子修之樽俎之间，而折冲乎千里，不能者虽隋和满箧，无益于

挥土地的出产能力。少搞土木建设，节省费用，那百姓自然就会富裕起来。如果能这样，即使是遇上水旱灾害也不会忧愁，荒年也不会受苦啊。

崇礼

作为治理天下的君主，应当尊崇礼仪，施予恩惠，崇尚仁义，而轻视那些怪异、勇力之事，所以圣人从来不谈这些。孔子说："一个人说话要忠实守信，行为要笃厚恭敬，即使到了蛮貊这样的国家，也不应该改变。"当今四面八方偏远地区的国君都带着礼物来进见，这是感怀皇上的威严与圣德，同时也是想看看我们中原大国的礼仪。所以应该设置明堂、开办大学给他们看；跳起干戚舞蹈，表演雅颂的乐曲来感化他们。如今却拿那些只供玩赏而没有实用的宝器、奇异而不易喂养的动物、摔跤之类的游戏、以及陈列一些光彩夺目的物品来夸耀自己，这恐怕和周公接待远方宾客的方式不一样吧！

过去周公谦卑礼让地接待身份卑微的士人，用礼仪仁德屈尊来对待天下之人。辞谢越裳国君进献的礼物，这表现了周公恭让的礼仪；行礼完毕后，将礼品供奉到文王的祠堂里，这是显示大孝的礼节啊！来宾亲眼看到干戚舞的盛容，耳听到雅颂庄严的乐馨，心中充满了盛德，高高兴兴地回去了。这就是四方的民族之所以仰慕仁义而亲近归附的原因，并不是通过译使翻译观赏猛兽熊罴后的结果。犀牛、大象和老虎，南方多的是；骡子、毛驴、骆驼，是北方常见的牲畜。中原地带很稀罕的，而外族人却认为很平常。广东、广西一带的人用孔雀的尾羽插在门户上作装饰，昆仑山附近的人却用玉石来投掷飞鸟。现在看重人家不稀罕的东西，珍藏别人多得不得了的东西，这并不是厚爱中国以显明朝廷的盛德。隋侯珠与和氏璧，都是世间

存亡矣。

取下

　　卫灵公当隆冬兴众穿池,海春以谏曰:"天寒,百姓冻馁,愿公之罢役也。"公曰:"天寒乎哉?寒乎哉?"海春曰:"人之言曰:安者不能恤危,饱者不能食饥。故余粱肉者,难为言隐约;处逸乐者,难为言勤苦。夫高堂邃宇,广厦洞房者,不知专屋狭庐,上漏下湿者之痛也。系马百驷,货财充内,储陈纳新者,不知有旦无暮称贷者之急也。乘坚驱良,列骑成行者,不知负担步行者之劳也。匡床荐席,侍御满侧者,不知服辂挽船,登高绝流者之难也。衣轻暖,处温室,载安车者,不知乘长城,眺胡代,向清风者之危寒也。妻子好合,子孙保之者,不知老母之憔悴,匹妇之悲恨也。耳听五音,目视弄优者,不知蒙流矢,推敌方外之死亡也。东向仗几振笔而调文者,不知木索之急,捶楚之痛也。"昔商鞅之任秦也,刑人若刈菅茅,用师若弹丸,从军旅者暴骨长城,戍漕者辎车相望,生而往,死而还,彼独非人子耶?故君子仁以恕,义以度,所好恶与天下共之。

有名的宝贝，但对国家的安危存亡却没有什么帮助。所以，要想显示国家的盛德和威望，只有依靠贤臣良相，并不在于战马之类的珍宝异兽。因此，圣明的帝王把贤人视为宝贝，而不是把珍珠美玉当作宝贝。从前晏子在宴会上讲究礼义，便使得千里之外的晋军退却；不能遵修礼义的人，即使有满箱子隋侯珠、和氏璧，对国家的存亡也是没有什么益处的。

取下

卫灵公在严冬季节召集老百姓挖池塘，他的臣子宛春就规劝他说："天气太冷了，老百姓又冻又饿，希望您停止这项工程吧！"卫灵公说："天气很寒冷吗？天气很寒冷吗？"宛春回答说："人们常说安居的人不能体恤处于危困的人，吃饱饭的人想不到分给饥饿者食物。所以粮食、鱼肉吃不完的人，很难和他说关于节俭的道理；生活安逸快乐的人，很难跟他说关于勤劳与辛苦的道理。那些身居高楼深院、大厦宽屋的人，不知道居住在狭小简陋、屋顶漏雨、地面潮湿的房屋之人的苦。车马成群、财物满屋、储藏旧粮、收入新粮的人，不知道吃了上顿没下顿、负债累累者的焦虑。乘坐坚车、驾驭良马、随从排列成行的人，不知道挑着担子赶路者的劳累。睡在安适的床上、铺着垫席、妻妾奴婢围满了身边的人，不知道驾车拉船、爬山涉水者的艰难。穿着轻盈暖和的衣服、住着温暖的房子、坐着安适的车子的人，不知道守卫长城、观望胡人和代族人的动静、冒着寒风守卫边防者的寒冷和危险。妻子儿女和好团圆、子孙守在身边的人，不知道老母思念儿子的忧愁和妇女想念丈夫的痛苦。耳听音乐、眼观杂技的人，不知道在边境上冒着飞来的利箭、抵抗远方敌人而时时面临着死亡之人的威胁。伏在公案上提笔舞文弄墨的人，不知道

击之

地广而不德者国危,兵强而陵敌者身亡。虎兕相搏而蝼蚁得志,两敌相机而匹夫乘闲。是以圣王见利虑害,见远存近。

刑德

道径众,民不知所由也;法令众,人不知所避也。故王者之制法也,昭乎如日月,故民不迷;旷乎若大路,故民不惑。幽隐远方,折乎知之,愚夫童妇,咸知所避。是故法令不犯,而狱犴不用也。昔秦法繁于秋荼,而网密于凝脂,然而上下相遁,奸伪萌生,有司治之,若救烂扑焦不能禁,非网疏而罪漏,礼义废而刑罚任也。方今律令百有余篇,文章繁,罪名重,群国用之,疑惑或浅或深,自吏明习者不知所处,而况愚民乎?律令尘蠹于栈阁,吏不能遍睹,而况愚民乎?此断狱所以滋众而民犯禁滋多也。亲服之属甚众,上附下附,而服不过五;五刑之属三千,上杀下杀,而罪不过五。故治民之道,务

刑具束缚下的忧急和鞭棍拷打的痛苦。过去商鞅在秦国做官,杀人如同割茅草,出兵像抛弹丸一样随便;出征的人尸骨扔在长城下无人掩埋,运送军需的辎车络绎不绝;人们活着出去,死着回来。难道他们不是父母所生养的吗?所以君子立身处世,当以仁爱之心宽待别人,凡事都依据道义来衡量,与天下百姓同好恶共哀乐。"

击之

土地广阔而不实行德政的人,国家就会有危险;兵力强大而侵犯他国的人,自身就会灭亡。猛虎和犀牛相互搏斗,蝼蛄和蚂蚁就会得志;两敌互寻战机,无名之辈就会有机可乘。因此,圣明的君主,看到有利的一面,还会考虑有害的一面;既会考虑未来,也会注意眼前的形势。

刑德

道路多了,人们就不知道该走哪一条;法令多了,百姓就不知道怎样避免触犯法禁。因此,圣明的君主制定法律,如同太阳和月亮一样昭明,所以百姓不会迷惘;如同大路一样宽广,所以百姓不会疑惑。即使是再隐蔽、再偏远地区的人,通过判断也能了解法令;愚昧无知的人和妇女儿童,也都知道怎样回避犯法。这样,没人违犯法律和政令,监狱也就没有用处了。从前,秦朝的法律比秋天的茅草还多,法网比凝结的油脂还细密,然而上下都能逃过制裁,奸诈虚伪的事层出不穷,有关官员惩处这些,就像挽救腐烂之品、扑灭烧焦之物那样困难。这并不是法律松弛、罪犯漏网造成的,而是废弃礼仪、滥用刑法的结果。现在制定的法律和政令有一百多篇,章目繁琐,罪名众多,就是各郡施行起来,多少也会感到一些疑惑不解,定罪时或轻

笃于教也。

申韩

　　法能刑人而不能使人廉，能杀人而不能使人仁。所贵良医者，贵其审消息而退邪气也，非贵其下针石而钻肌肤也。所贵良吏者，贵其绝恶于未萌，使之不为非，非贵其拘之囹圄而刑杀之也。今之所谓良吏者，文察则以祸其民，强力则以厉其下，不本法之所由生，而专己之残心。文诛假法以陷不辜，累无罪，以子及父，以弟及兄。一人有罪，州里惊骇；十家奔亡，若痈疽之相漫；色淫之相连，一节动而百枝摇。诗云："舍彼有罪，既伏其辜。"若此无罪，沦胥以铺，伤无罪而累也。非患铫锄之不利，患其舍草而芸苗也；非患无准平，患其舍枉而绳直也。故亲近为过不必诛，是锄不用也；疏远有功不必赏，是苗不养也。故世不患无法，而患无必行之法也。

或重,就连通晓法律的官吏也不知道该怎么办,更何况那些无知的百姓呢!法律与政令的典籍被尘土覆盖、被蠹虫蛀坏,放在阁楼上,连官吏都不能全部过目,又何况无知的百姓呢?这就造成要决断的案件越来越多,百姓犯法也日益增多了。穿丧服的亲属很多,按亲疏关系分别穿不同的丧服,但丧服的种类最多也不会超过五种。五刑的条例多达三千余条,但上下比较、归类,也不过五种刑法。所以,治理百姓的根本方法,在于务必加强礼仪的教育感化。

申韩

　　法律可以惩罚人,但不能使人廉洁;可以把人处死,但不能使人心怀仁义。医道高明的医生之所以可贵,在于他能明察气脉盛衰,使邪气消退,而不在于他用石针去刺皮肉。贤能的官吏之所以可贵,在于能把坏事消灭在没有发生之前,使人不去为非作歹,而不在于他把犯人逮捕到监狱,并处以死刑。可是现在所谓贤能的官吏,深文苛察来祸害百姓,使用暴力强权来残害下民,不根据法律制定的本意,而是凭着自己一颗残忍的心独断专行。深文罗致,假借法令,陷害无辜,连累无罪的人,儿子牵连父亲,弟弟连累哥哥。一人受罪,整个乡里都惊慌害怕,以致许多家的人都逃亡了。好像毒疮一样互相传染,像好色和淫乱互相联系,一个枝节动摇,牵连百根枝条都晃动起来。《诗经》上说:"赦免那个有罪的人,因为他已经服罪;如果此人无罪,那便是受到牵连而受苦难。"这是在哀伤其无罪而受连累啊!不怕锄头不锋利,只怕留着杂草不锄,反而把禾苗锄掉了;不怕没有测量平直的仪器,只怕放过凹曲不平直的反而去纠正平直的。所以执政者对亲近的人,虽有过错而不处罚他,这就等于见到杂草却不将它锄去;对关系疏远的人,虽有功劳而不奖赏他,这就等于见到禾苗生

周秦

古者，周其礼而明其教。礼周教明，不从者，然后等之以刑。刑罚中，民不怨矣。故舜施四罪而天下咸服，诛不仁也。轻重各伏其诛，刑必加而无赦，赦维疑者。若此，则世安得不轨之人而罪之乎。今废其德教而责之礼义，是虐民也。《春秋传》曰："子有罪，执其父；臣有罪，执其君。听失之大者也。"今以子诛父，以弟诛兄，亲戚相坐，什伍相连，若引根本而及华叶，伤小指而累四体也。如此，则以有罪反诛无罪。反诛无罪，则天下之无罪者寡矣。故吏不以多断为良，医不以多刺为工。子产杀一人刑二人，道不拾遗，而民无诬心。故为民父母，似养疾子，长恩厚而已。自首匿，相坐之法立，骨肉之恩废，而刑罪多矣。闻父母之于子，虽有罪犹匿之，其不欲服罪尔。子为父隐，父为子隐，未闻父子之相坐也。闻兄弟能缓追以免贼，未闻兄弟之相坐也。闻恶恶止其人，疾始而诛首恶，未闻什伍而相坐也。

长出来了，却不用心去培育。所以，国家不怕没有法律，怕的是没有真正能够切实可行的法律。

周秦

古时候，君王制定周全的礼义，继而宣扬教化。礼义完备，教化严明，不顺从的人再按其轻重的不同程度，处以不同的刑罚。刑罚恰当，百姓就不会有怨言。所以，舜惩办了四个罪人而天下人都信服，这是因为惩办的是没有仁爱之心的恶人。根据罪行的轻重，分别处以不同的刑罚，必须判刑的绝不宽赦，宽赦的只是由于证据不足、一时无法准确定罪的疑犯。这样下去，世间哪能找到不守法规的人来判罪呢？现在废除了仁德教化，却要求百姓要懂礼义，这是残害老百姓啊。《春秋公羊传》上说："儿子犯罪，抓捕他的父亲；臣子犯了罪，追究他的国君。这样处理案件的人错失就太大了。"现在因为儿子犯了罪，制裁父亲；因为弟弟犯了罪，惩办兄长，亲戚和邻居也都牵连有罪，这就像拔树根而连及花和叶子、伤一小指而牵连四肢一样。这样做，就是以一人犯罪而加罪于无罪之人啊。归罪于无罪之人，那么天下的无罪之人就很少了！所以，官吏不以多断案为高明，医生不以多施针为本领。子产治理郑国，只是杀掉一人、处罚二人，便使郑国出现了路不拾遗的景象，百姓也没有了欺诈的念头。所以做官的人对待百姓，就像父母对待自己有病的孩子一样，只要更多的施与恩惠就行了。自从施行"首匿相坐"之法以后，人与人之间连骨肉亲情也被抛弃了，于是违法犯罪的现象也就随之越来越多。从前听说父母对待自己的儿子，虽然明知道他犯了罪还是要替他隐瞒，因为不忍心看到他伏法受刑；只听说儿子为父亲隐瞒罪恶，父亲为儿子隐瞒罪恶的，从来没听说过父子互相连坐的事情；只听说过兄弟之间

纣为炮烙之刑，而秦有收帑之法。赵高以峻文决罪于内，百官以峭法断割于外，死者相枕席，刑者相望，百姓侧目重足，不寒而栗。方此之时，岂特冒火蹈刃哉？然父子相背，兄弟相嫚，至于骨肉相残，上下相杀，非刑轻而罚不必，令太严而仁恩不施也。故政宽则下亲其上，政严则臣谋其主。晋厉以幽，二世以弑，恶在峻法之不犯，严家之无悍虏也。圣人知之，是以务和而不务威。故高皇帝约秦苛法，以慰怨毒之人，而长和睦之心，唯恐刑之重而德之薄也。是以恩施无穷，泽流后世。商鞅、吴起以秦、楚之法为轻而累之，上危其主，下没其身。或非特慈母乎。

诏圣

民之仰法，犹鱼之仰水。水清则静，浊则扰，扰则不安其

明知对方犯罪却故意放走他以免其罪咎的骨肉相怜之事，从来没听说过兄弟互相连坐的道理。只听说憎恨恶人只恨恶人本人、痛恨带头作恶的人而惩办那些罪魁祸首，从没有听说十家连保、五家相坐的事。

商纣王设有炮烙的刑罚，秦国立有收孥的法律。赵高在朝廷内以苛刻的法律判决罪人，百官们在各郡县以严酷的刑法惩治罪犯。死尸纵横相枕，受刑的人一个接着一个，百姓不敢正眼相看，害怕得连脚都不敢移动，真是让人不寒而栗。当此之时，人民所受的苦难，岂止是在刀山火海上行走所能形容的啊！然而，父子互相背弃，兄弟之间互相轻侮，甚至骨肉之间互相残害，上下之间互相残杀，这不是因为刑罚轻和该惩罚的没有惩罚，而是法令严苛、不施仁德和恩惠的缘故。所以，刑法宽恕，百姓就亲近君主；法律苛严，臣子就谋害君主。正是因此，晋厉公被囚禁而死，秦二世被杀。怎么说在严峻的刑法之下就没有犯罪的人，严厉的人家就没有强悍不驯的奴仆呢？圣人懂得这个道理，所以致力于教化，而不用刑罚威慑。所以，汉高祖简化了秦朝的苛刻刑法，安慰那些心中充满怨毒的百姓，长养大家的和睦之心。这样做是因为怕刑罚太重而恩德显得太薄，所以高祖在位之时施恩没有穷尽，德泽一直流传到后代。当年商鞅、吴起认为秦国和楚国的刑法太轻，而不断地加重刑法，结果对上危害自己的君主，往下则断送了自己的性命。或许这不只是慈母没教育好而造成的后果吧！

诏圣

老百姓依赖法律，就像鱼儿依赖水一样。水清澈，就生活得安

居。静则乐其业，乐其业则富；富则仁生，赡则争止。是以成、康之世，赏无所施，法无所加，非可刑而不刑，民莫犯禁也。非可赏而不赏，民莫不仁也。若斯，则吏何事而可理乎？今之治民者，若拙御之御马也。行则顿之，止则击之，身创于捶，吻伤于衔，而求其无失。何可得也。故疲马不畏鞭捶，疲民不畏刑法。虽增而累之，其有益乎？

古者明其仁义之誓，使民不逾。不教而杀，是虐民也。与其刑不可逾，不若义之不可逾也。闻礼义行而刑罚中，未闻刑罚任而孝悌兴也。高墙狭基，不可立也；严刑峻法，不可久也。二世信赵高之计，深督责而任诛断，刑者半道，死者日积，杀人多者为忠，敛民悉者为能，百姓不胜其求，黔首不胜其刑，海内同忧而俱不聊生。故过任之事，父不得于子；无已之求，君不得于臣。知死不再，穷鼠啮狸。匹夫奔万乘，舍人折弓，陈胜、吴广是也。闻不一朞而社稷为虚，恶在其能长制群下而久守其国也。

静；水混浊，就会受到惊扰。同样，社会秩序混乱，百姓就不能安居；社会稳定，百姓就安居乐业。百姓安居乐业，就能致富；生活富裕了，人民就会接受教育讲求仁义；家里富足了，过去因为求生存而发生的争夺也会渐渐停止。所以，周朝成王、康王的时代，没有施予什么赏赐，也没有施加什么刑罚。并不是应当判刑的没有判刑，而是百姓没有犯法的；也不是应当奖赏的没有奖赏，而是百姓没有不讲仁义的。如果这样，那官吏还有什么事情可干呢？今天的官吏，像一个笨拙的赶车人驾驭马车一样，马在行走，却要它停下；马停下了，又要鞭打它。马身上到处落满鞭痕，嘴角被马嚼子勒破，还要求它不出错，这怎么可能呢？极度疲惫了的马是不再害怕鞭打的，极度疲困了的百姓也是不再惧怕刑罚的，即使对他们不断地加重刑罚，又能起到什么作用呢？

　　古时候的贤明君王，宣明以仁义修身的誓约，使百姓不僭越礼义；认为如果不先进行教育而犯罪就杀，就是残害百姓。与其制定刑法使百姓不敢触犯，不如提倡礼义使百姓耻于违反。只听说推行礼义，刑罚就能运用得恰当；没有听说过施行刑罚，孝悌之风就能兴盛起来的。高高的大墙，地基狭窄，是不能立得住的；用严厉的刑法治理国家，是不能长久的。秦二世听信赵高的计谋，用繁重的刑罚任意杀人，路上行人一半是囚徒，被处死的人日益增多。使官吏以杀人多者为忠，以刮尽民财者为能。其结果是百姓再也承受不了他们的苛求，平民再也无法忍受他们的刑罚，全天下的人都忧愁终日，感到再也无法活下去了。所以，父亲不能要求儿子做他办不到的事情，君主不能对臣子提出无止境的要求。如果到了必死无疑的境地，被逼得走投无路的老鼠也敢于啮咬狸猫，普通老百姓也敢和天子拼命，寄食的舍人也敢杀害主人。陈胜、吴广就是这样的人啊。听说从那以

后,不到一年的时间,秦国就不复存在了,哪里是像有些人所说的,只要坚持不懈地用严刑峻法统治人民,就能永久保住政权呢?

新序

刘向　编撰

杂事

楚恭王有疾,召令尹曰:"常侍筦苏与我处,常劝我以义。吾与处不安也,不见不思也。虽然,吾有得也。其功不细,必厚爵之。申侯伯与我处,常纵恣吾。吾所乐者,劝吾为之;吾所好者,先吾服之。吾与处欢乐之,不见则戚。虽然,吾终无得也,其过不细,必亟遣之。"令尹曰:"诺。"明日王薨,令尹即拜筦苏为上卿,而逐申侯伯出之境。曾子曰:"人之将死,其言也善。"恭王之谓也。孔子曰:"朝闻道,夕死可矣。"于是以开后嗣,觉来世,犹愈没身不寤者也。

赵简子上羊肠之坂,群臣皆偏袒推车,而虎会独担戟行歌,不推车。简子曰:"群臣皆推车,会独担戟行歌,是会为人臣侮其主。为人臣侮其主者,其罪何若?"对曰:"为人臣而侮其主者,死而又死。"简子曰:"何为死而又死?"会曰:"身死,妻子为徒,若是谓死而又死也。君既已闻为人臣而侮其主者之罪矣,君亦闻为人君而侮其臣者乎?"简子曰:"何若?"会曰:"为人君而侮其臣者,智者不为谋,辨者不为使,勇者不

杂事

　　楚恭王生病了,把令尹召来,说:"常侍笔苏和我在一起的时候,常常用正义之言规劝我。我跟他相处时,感到心情不安宁,看不到他时也不会想念他。尽管如此,但我却有所收获,他的功劳不小,一定要赐给他更高的爵位。申侯伯和我在一起的时候,常常纵容我胡作非为。我所喜欢的,他都鼓动我去做;我所爱好的,他就会走到我前面去尝试。我跟他相处时,感到很快乐,看不到他时,心里就闷闷不乐。尽管如此,但我却一无所获。他的过失不小,一定要赶快把他打发走。"令尹回答说:"好的。"第二天,楚恭王去世了,令尹就马上拜笔苏为上卿,把申侯伯逐出国境。曾子曾经说:"人将要死去的时候,说出来的话也是善意的。"恭王就是这样。孔子也曾说过:"假如一个人早上听到了真理,即使他晚上就死去了,也不会有所遗憾。"楚恭王的做法可以用来启发后人,警惕来世,总比那些至死还不觉悟的人强得多了。

　　赵简子要上一条既狭小又曲折的山坡路,他的臣子们都光着一只膀子给他推车子,只有虎会一个人扛着戟,一边走一边哼着歌,没有去推车子。赵简子就质问他说:"大家都来帮忙推车子,只有你虎会却扛着戟,边走边唱,你这是身为人臣而侮慢君主。做臣子的侮慢他的君主,该当何罪?"虎会回答说:"臣子轻慢其君主应该死上加死。"简子又问:"什么叫死上加死呢?"虎会回答说:"自己要被杀死,连老婆和孩子也都要被杀死,像这样就叫做死上加死。主上您既然知道做臣子的人侮慢其君主该当何罪了,那么您也听说过作

为斗。智者不为谋,则社稷危;辨者不为使,则使不通;勇者不为斗,则边境侵。"简子曰:"善!"乃以会为上客。

魏文侯与大夫坐,问曰:"寡人何如君也?"群臣皆曰:"君仁君也。"次至翟黄,曰:"君非仁君也。"曰:"子何以言之?"对曰:"君伐中山,不以封君之弟,而以封君之长子,臣以此知君之非仁君也。"文侯怒而出之。次至任座,文侯问曰:"寡人何如君也?"任座对曰:"君仁君也。"曰:"子何以言之。"对曰:"臣闻之,其君仁者其臣直,向翟黄之言直,臣是以知君仁君也。"文侯曰:"善。"复召翟黄。

中行寅将亡,乃召其大祝,而欲加罪焉,曰:"子为我祝,牺牲不肥泽耶?且斋戒不敬耶?使国亡何也?"祝简对曰:"昔者吾先君中行穆子,皮车十乘,不忧其薄也,忧德义之不足也。今主君有革车百乘,不忧德义之薄,唯患车之不足也。夫船车饰则赋敛厚,赋敛厚则民怨谤诅矣。且君苟以为祝有益于国乎?则诅亦将为损世亡矣。一人祝之,一国诅之,一祝不

为君主而轻慢其臣下的结果吧!"赵简子问:"结果会怎么样?"虎会回答说:"做君主的人,如果侮慢其臣子的话,结果是有智谋的人不替他策划大事,有辩才的人不给他做外交使节,有勇力的人不为他冲锋陷阵。有智谋的人不替他策划大事,那国家就会有危险;有辩才的人不给他做外交使节,那国家就无法和他国往来;有勇力的人不为他冲锋陷阵,那边境就会受到别国的侵犯。"赵简子说:"你说得有道理。"于是就把虎会尊为上客。

魏文侯和大臣们闲坐时,就问大臣们说:"我是一个怎么样的国君呢?"大家都说:"君主您是一位仁明的国君!"轮到翟黄,他说:"君主您不是一位仁德的明君。"魏文侯追问说:"您凭什么这么说?"翟黄回答说:"君主您攻取中山国以后,不把它封赐给您的弟弟,却把它封赏给您的大儿子,我从这里就知道您不是一位仁君。"文侯听了大怒,就把翟黄赶了出去。接着轮到任座,魏文侯问他说:"我是一个怎么样的国君呢?"任座回答说:"君主您是一位仁明的国君。"魏文侯问:"您凭什么这么说呢?"任座回答说:"我以前听人说过,如果国君有仁德,他的臣子就敢于说真话。刚才翟黄敢说真话,我因此知道君主您是一位仁明的国君。"魏文侯说:"很好!"于是又召回了翟黄。

中行寅在出逃的前夕,把他的太祝召了进来,想问罪处治,说:"你替我祭拜祈祷的时候,所用的牛羊等祭品不够肥美吧?或者是斋戒时的心行不够恭敬吧?弄得我国家灭亡,这是什么原因呢?"祝简回答说:"从前我们的君主中行穆子只有皮车十辆,但他不忧愁车子太少,而是忧虑自己在道德仁义上还有欠缺。现在君主您有战车上百辆,您不忧虑自己道德仁义的欠缺,只是忧患兵车不够多。对战船兵车进行装饰,征收赋税就会相对加重;税赋太重,老百姓就会

胜万诅，国亡不亦宜乎？祝其何罪？"中行子乃惭。

秦欲伐楚，使使者往观楚之宝器。楚王闻之，召令尹子西而问焉，曰："秦欲观楚之宝器，吾和氏之璧、随侯之珠，可以示诸？"令尹子西对曰："不知也。"召昭奚恤而问焉，昭奚恤曰："此欲观吾国得失而图之。宝器在贤臣，珠玉玩好之物，非宝之重者也。"王遂使昭奚恤应之。昭奚恤为东面之坛一，为南面之坛四，为西面之坛一。秦使者至，昭奚恤曰："君客也，请就上位东面，令尹子西南面，太宗子敖次之，叶公子高次之，司马子反次之。"昭奚恤自居西面之坛，称曰："客欲观楚之宝器，楚国之宝者，贤臣也。理百姓，实仓廪，使民各得其所，令尹子西在此；奉珪璧使诸侯，解忿悁之难，交两国之欢，使无兵革之忧，太宗子敖在此；守封疆，谨境界，不侵邻国，邻国亦不见侵，叶公子高在此；理师旅，整兵戎，以当强敌，提枹鼓以动百万之众，所使皆趣汤火、蹈白刃，出万死不愿一生，司马子反在此；怀霸王之余议，撮治乱之遗风，昭奚恤在此。唯大国之所观。"秦使者瞿然无以对。使者反，言于秦君曰："楚多贤臣，未可谋也。"遂不伐楚。

怨恨、咒骂您了。况且君主您以为我祭拜天地就一定会有益于国家吗？可是，人民的咒骂也会使国家灭亡的呀！一个人替您祭神祈福，而全国的人民都咒骂您，一个人的祈祷是敌不过全国人民咒骂的呀。国家将要灭亡，那不是理所当然的吗？我这个太祝又有什么罪过呢？"中行文子听了之后，感到非常惭愧。

秦国想攻打楚国，于是派遣了一个使者去观看楚国的宝器。楚王听到了这个消息，便召见令尹子西，问他说："秦国要看我们国家的宝器，我们的和氏璧和随侯之珠，可以拿给他们看吗？"令尹子西回答说："我不知道。"楚王于是又召见昭奚恤来询问。昭奚恤回答说："秦国是想借此观察我国政治的得失，进而别有企图。一个国家的宝器，在于有贤能的臣子。珍珠、宝玉这些供玩赏的小物，实在算不上是国家最珍贵的宝器。"楚王于是便派昭奚恤来应对这件事。昭奚恤在东面建筑了一座高台，在南面建筑了四座高台，在西面建筑了一座高台。当秦国的使者来到之后，昭奚恤对他说："先生是客人，请您坐在东面的上位。"令尹子西坐在南面，依次是太宗子敖、叶公子高、司马子反，昭奚恤自己坐在了西面的高台上。他对秦国的使者说："客人您想观看楚国的宝器，而楚国所珍贵的是贤能的臣子。治理百姓，充实国库，使人民各得其所，有令尹子西在这里。手里拿着玉珪宝璧，出使诸侯各国，化解彼此的愤怒和怨仇，结交两国之间的友谊，使他们没有战争的忧虑，有太宗子敖在这里。保卫国土，严守疆界，不去侵犯邻国，邻国也不敢来侵犯楚国，有叶公子高在这里。治理军队，整修军备，来抵御强敌的侵扰，手提着战鼓，激励百万民众，所用的人都能够赴汤蹈火、脚踏刀刃，即使万死也不推辞，有司马子反在这里。缅怀先王霸业所留下的治国典范，摄取先王治理乱世的经验教诲，有我昭奚恤在这里。就请大国的使者随意看吧！"秦

昔者唐虞崇举九贤，布之于位，而海内大康，要荒来宾，麟凤在郊。商汤用伊尹，而文武用太公、闳夭，成王任周、邵，而海内大治，越裳重译，祥瑞并降，遂安千载。皆由任贤之功也。无贤臣，虽五帝三王，不能以兴。

齐桓得管仲，有霸诸侯之荣；失管仲，而有乱危之辱。虞不用百里奚而亡，秦穆用之而霸。楚不用子胥而破，吴王阖庐用之而霸。夫差非徒不用子胥也，又杀之，而卒以亡。燕昭王用乐毅，推弱燕之兵，破强齐之雠，屠七十城，而惠王废乐毅，变代以骑劫，兵立破，亡七十城。此父用之，子不用，其事可见也。故阖庐用子胥而兴，夫差杀之而以亡；昭王用乐毅以胜，惠王逐之而以败，此的的然若白黑也。

秦不用叔孙通，项王不用陈平、韩信，而皆灭，汉用之而大兴，此未远也。夫失贤者其祸如彼，用贤者其福如此。人君莫不求贤以自辅，然而国以乱亡者，所以贤者不贤也。或使

国的使者吃惊地看着，一时答不出话来。秦国的使者回国后对秦王说："楚国有很多贤明的臣子，现在还不可打他们的主意。"于是就没有攻打楚国。

从前，唐尧和虞舜两个圣君在位的时候，尊崇、选拔九位贤能之士，把他们安置在适当的职位上。因此国泰民安，四面八方偏远地区的人民，都带着贡品前来朝见，而麒麟和凤凰之类的祥兽瑞鸟，也都出现在郊外。商汤王任用伊尹为宰相，周文王、周武王重用吕尚和闳夭，周成王任用周公和召公，因而国家政治升平。远在南海边的越裳国，也通过译使前来朝贡。种种吉祥的征兆纷纷降临，千年以来社会也都是长治久安。这些都是由于任用贤才的缘故啊！没有贤明的臣子，即使是五帝三王，也不可能使国家兴盛起来。

齐桓公重用管仲为宰相，因此才有了称霸诸侯的光荣历史；但管仲去世后，齐国就遭到了危险变乱的耻辱。虞国因为不用百里奚以致亡国，但秦穆公因重用他而称霸诸侯。楚国不重用伍子胥而被打败，吴王阖庐重用他而称霸天下。吴王夫差不但不重用伍子胥，还杀了他，最后国亡身死。燕昭王重用乐毅，率领弱小的燕国军队，打败了像齐国那样强大的仇敌，攻占了七十多座城池。然而燕惠王却罢免了乐毅，让骑劫代替他当大将，燕军马上被打败，结果又失掉了七十座城池。这些都是父亲重用的人才而儿子却不用导致的，其事情的成败清楚可见啊！所以，阖庐重用伍子胥而国家兴盛，夫差杀伍子胥而导致国亡；昭王重用乐毅而取得胜利，惠王逼走乐毅而致使失败。这样的事实，的确像黑白两色一样地分明。

秦朝因为不用叔孙通，项羽因为不用陈平、韩信，结果都灭亡了；汉王因为重用了这些人，所以很快就兴起，这些都是距离现在不远的事。失去贤才的，他的危害就像上述那样；重用贤才的，他的福

贤者为之，与不肖者议之，使智者图之，与愚者谋之。不肖嫉贤，愚者妒智，是贤者之所以隔蔽也，所以千岁不合者也。或不肯用贤，或用贤而不能久也，或久而不能终也。或不肖子，废贤父之忠臣，其祸败难一二录也。然其要在于己不明，而听众口也。故谮诉不行，斯为明矣。

魏庞共与太子质于邯郸，谓魏王曰："今一人言市中有虎，王信之乎？"王曰："不信也。"曰："二人言，王信之乎？"曰："寡人疑矣。"曰："三人言，王信之乎？"曰："寡人信之矣。"庞共曰："夫市之无虎明矣，三人言而成有虎。今邯郸去魏远于市，议臣者过三人，愿王察之也。"魏王曰："寡人知之矣。"及庞共自邯郸反，谗口果至矣，遂不得见。

昔者邹忌以鼓琴见齐宣王，宣王善之，与语三日，遂拜以为相。有稷下先生淳于髡之属，七十二人，乃相与俱行，见邹忌曰："狐白之裘，补之以弊羊皮，何如？"忌曰："诺，请不敢杂贤以不肖。"髡曰："方内而圜缸，何如？"忌曰："诺，请谨

运也像上述的一样。君主没有不寻求贤才来辅佐自己的。然而国家仍会产生变乱或灭亡，原因就在于君主所认为贤能的人，其实并不贤能；或者是君主让贤能的人做事，却与无才无德的人一起非议他；让有智慧的人谋划一件事，却又同愚蠢的人一起商议；无才德的人嫉妒贤能的人，愚蠢的人妒忌聪明的人；这是贤人被隔阻遮蔽难以接近君主的原因，也是君主千载难以遭遇贤臣的原因。有的君主不肯重用贤士，或者任用了贤能之士，却不能长久；即或任用较久，也不能有始有终；或不成材的儿子，把贤明的父亲的忠臣废弃不用，这种做法招来的灾祸与失败，实在无法一一记述。出现这种情况的主要原因是君主自己不贤明，反而一味听信一般臣子的言辞。所以说，使诬陷之辞不起作用，那才是君主的贤明啊！

魏国的庞恭将陪同太子到赵国的邯郸去做人质，临行前对魏王说："现在有一个人来说集市里有老虎，大王相信吗？"魏王说："不相信。"庞恭说："两个人说集市里有老虎，大王信不信？"魏王说："我有些疑惑了。"庞恭再说："三个人来说集市里有老虎，大王会相信吗？"魏王说："我会相信有虎。"庞恭说："闹市没有老虎，这是清清楚楚的事，然而听了三个人的话，您就相信会有老虎了。如今邯郸到魏国的距离，比这里到集市的距离要远得多，如果非议我的人又不止三个，我希望大王明察。"魏王说："我明白你的意思了。"等到庞恭从邯郸回来，谗言果然出现了，庞恭最终也没有被魏王召见。

从前，邹忌以善于弹琴进见齐宣王，齐宣王非常赞赏他，和他一连谈了三天，于是就拜邹忌为相国。有一天，齐国稷下的学者以淳于髡为首的七十二个人，就结伴一道去拜见邹忌。淳于髡等人说"雪白的狐皮大衣，补上一块旧羊皮，您认为怎么样？"邹忌回答说："是

门户,不敢留客。"髡等曰:"三人共牧一羊,羊不得食,人不得息,何如?"忌曰:"诺,请减吏省员,使无扰民。"淳于髡等三辞,邹忌三知之,如应响。淳于髡等辞屈,辞而去。

梁君出猎,见白雁群,梁君下车,彀弩欲射之。道有行者,梁君谓行者止,行者不止,白雁群骇。梁君怒,欲射行者。其御公孙龙下车抚矢曰:"君止。"梁君忿然作色而怒曰:"龙不与其君,而顾与他人,何也?"公孙龙对曰:"昔者齐景公之时,大旱三年,卜之曰:'必以人祠乃雨。'景公曰:'凡吾所以求雨者,为吾民也。今必使吾以人祠,乃且雨,寡人将自当之。'言未卒,而天大雨,方千里。何也?为有德于天,而惠于民也。今主君以白雁之故,而欲射杀之,无异于虎狼矣。"梁君援其手与上车,归入郭门,呼万年,曰:"幸哉今日也!人猎皆得兽,吾猎得善言而归。"

晋文公出田,逐兽,砀入大泽,迷不知所出。其中有渔者,文公谓曰:"我若君也,道安从出?"渔者曰:"臣愿有

的是的,请相信我不敢把贤能之士与不材之徒相混杂。"淳于髡等人说:"榫头是方形的,卯眼是圆形的,您认为怎么样?"邹忌回答说:"是的是的,我会小心看守大门,不随便留宾客住宿。"淳于髡等人说:"三个人一起放牧一只羊,羊得不到草吃,而人也没工夫休息。您认为怎么办?"邹忌回答说:"噢,请相信我会裁减官吏,减少冗员,使他们不要侵扰百姓。"淳于髡等人三次设问,邹忌都理解其寓意,像回音那样迅速准确地作出回答。淳于髡等人理屈辞穷,只好告辞而去。

梁国国君出外打猎时,看见一群白雁,他下了车,用力拉开弓,想射白雁。路上恰好有人路过,梁君叫那个行人停下来,那个行人却没有停下,惊动了那群白雁。梁君十分生气,想射死那个行人,他的车夫公孙龙从车上下来,用手按住弓箭,说:"还请君上不要射。"梁君气愤得变了脸色,骂道:"你公孙龙不向着你的国君,反而向着别人,这算什么呢?"公孙龙回答说:"从前在齐景公的时候,天大旱三年,占卜的结果说:'必须用活人做祭品,天才会下雨。'齐景公说:'我祈求下雨的原因,就是为了我的人民。如今一定要我用活人来祭祀,然后才下雨,那就让我亲自去充当祭品吧!'他的话还没有说完,方圆千里的地域都下起了大雨。这是为什么呢?就是因为他的仁德感动了苍天,一心为民造福啊!而今主君您因为惊飞白雁的原故,就要射死行人,这跟虎狼没什么两样啊!"于是梁君拉着公孙龙的手,跟他一块儿上了车,回来刚进入外城的大门,就高呼"万年",说:"我今天是多么幸运呀!别人打猎得到的都是禽兽,而我却猎获了极好的谏言回来。"

晋文公出外打猎,因为追逐野兽,冲进了一片大沼泽地,迷失了方向,找不到出路。在这里遇到一位渔夫,晋文公对他说"我是你的

献。"文公曰:"出泽而受之。"于是送出泽。渔者曰:"鸿鹄保河海之中,厌而欲数移,徙之小泽,则必有丸矰之忧;鼋鼍保深渊,厌而出之浅渚,则必有罗网钓射之忧。今君逐兽,砀入至此,何行之太远也!"文公曰:"善哉!"谓从者记渔者名。渔者曰:"君何以名为?君其尊天事地,敬社稷,固四国,慈爱万民,薄赋敛,轻租税者,臣亦与焉。君不敬社稷,不固四国,外失礼于诸侯,内逆民心,一国流亡,渔者虽有厚赐,不得保也。"遂辞不受,曰:"君亟归国,臣亦反渔所。"

晋文公逐麋而失之,问农夫老古曰:"吾麋何在?"老古以足指曰:"如是往矣。"文公曰:"寡人问子,子以足指,何也?"老古振衣而起曰:"一不意人君之如此也。虎豹之居也,厌闲而近人,故得;鱼鳖之居也,厌深而之浅,故得。诸侯厌众,而亡其国。《诗》曰:'维鹊有巢,维鸠居之,君放不归,人将居之矣。"于是文公恐。归遇栾武子,栾武子曰:"猎得兽乎?侯有悦色。"文公曰:"吾逐麋而失之,得善言,故有悦色。"武子曰:"其人安在?"曰:"吾未与来。"武子曰:"处上位而不恤其下,骄也;缓令急诛,暴也;取人言而弃其身,盗也。"文公曰:"善。"还车载老古,与俱归。

国君,请问从哪条路能走出去呢?"那位渔夫说:"下民只求您听我的一点献言。"晋文公说:"等走出这片沼泽地再听吧!"于是那位渔夫就送晋文公走出了这片大沼泽。那位渔夫说:"天鹅安居在大河大海当中,但日久生厌而想迁移到小的湖泽里,那必然会有被弹丸和弓箭射中的危险;大鳖和扬子鳄安居在深渊里面,但日久生厌而想游到浅水的河洲旁,那必然会有遇到网捕和钩钓的危险。现在大王追逐野兽,竟然闯入到水泽的深处,您走得也太远了吧!"晋文公说:"你说得对呀!"于是吩咐随从的人记下渔夫的姓名。那位渔夫说:"君上何必记下我的姓名呢?君上若能尊崇天地,慎重对待祖宗基业,固守邻国的邦交,爱护百姓,减轻租税,草民也就会身受其福了。君上若不珍惜祖宗基业,不固守邻国邦交,在外对其他诸侯失礼,在内违背民意,使得全国百姓流离失所,草民即使得了重赏,最后也是不能保住啊。"于是谢绝了赏赐没有接受,并说:"请君上赶快回到国都吧!草民也该回打渔的地方去了。"

晋文公追赶一头麋鹿,可是跟丢了,于是问农夫老古说:"我的麋鹿跑哪去了?"老古用脚指着说:"朝这边跑去了。"文公说:"我问你话,你却用脚指头一指,这是什么意思呢?"老古抖了抖衣服,站了起来,说:"实在没想到一国的君主竟然是这个样子!虎豹有它该住的地方,因为厌倦了安静而接近人群,所以被射杀;鱼鳖有它该住的地方,因为厌倦了深水而游向浅水,所以被捕获。身为诸侯,假如厌弃了人民,那就会失掉他的国家。《诗经》里有这样的话:'喜鹊的窝,却让布谷鸟霸占了。'大王在外游荡而不回宫,别人就要取代您的位子了。"文公听后心里有些惶恐,回来的路上遇到了栾武子,栾武子问道:"看您面露喜色,大概是捕到野兽了吧?"晋文公回答说:"我追捕一只麋鹿,没有追上,反倒得到几句有益的劝告,所以我才

魏文侯出游，见路人反裘而负刍。文侯曰："胡为反裘而负刍？"对曰："臣爱其毛。"文侯曰："若不知其里尽，而毛无所恃矣。"明年，东阳上计，钱布十倍，大夫毕贺，文侯曰："此非所以贺我也。譬无异夫路人反裘而负刍也，将爱其毛，不知其里尽，毛无所恃也。今吾田地不加广，士民不加众，而钱十倍，必取之士大夫也。吾闻之，下不安者，其上不可居，此非所以贺我也。"

齐有妇人，极丑，号曰无盐女。臼头深目，长壮大节，卬鼻结喉，肥项少发，折腰出胸，皮肤若漆。行年三十，无所容入。于是乃自诣宣王曰："妾，齐之不售女也，闻君王之圣德，愿备后官之埽除。"谒者以闻。宣王方置酒于渐台，左右闻之，莫不掩口而笑，曰："此天下强颜女子也。"于是宣王乃召而见之。但扬目衔齿，举手拊肘，曰："殆哉，殆哉。"如此者四。宣王曰："愿遂闻命。"

有这样的喜色。"栾武子问到:"那个人现在哪里?"晋文公说:"我没有和他一块回来。"栾武子说:"身为君主而不体恤下面的人民,这是骄傲;法令还没发出,却忙着处罚违令的人,这是残暴;接受了人家的劝告,却把人家丢在一边,这是偷盗的行为。"文公说:"是啊!"于是调转车头去接老古,和他一起乘车回来。

魏文侯出外游玩,在路上看见一个人反穿皮衣背着柴草,于是魏文侯就问他:"你为什么反穿着皮衣来背草呢?"那个人回答说:"我是爱惜皮上的毛。"魏文侯说:"你难道不知道皮子磨掉了的话,那些毛不就无处依附了吗?"第二年,魏国东阳的地方,呈上的计簿显示上交的税款比往年多了十倍,朝臣全都来道贺。魏文侯说:"这不是应该祝贺我的事。这和路上那个反穿皮衣背着草的人没有什么不同,他只是爱惜皮上的毛,却不知道皮子磨没了,那些毛也就没有依附了。现在我们国家的耕地没有扩大,人民没有增多,而钱却增加了十倍,这一定是各级官吏从百姓那里剥削得来的。我听说过,人民生活不安定的,在上位的人也不会稳固,所以这不是什么值得向我道贺的事啊!"

齐国有位女子,容貌奇丑,人人都称她为"无盐女"。她头像捣臼,眼窝深陷,身材高大,骨节强壮,鼻孔朝天,喉结突出,脖子肥大,头发稀疏,腰部弯曲,胸骨突出,皮肤漆黑。年纪都三十岁了,还没有人愿意娶她。于是她自己去拜见齐宣王,对负责传达的人说:"我是齐国那个嫁不出去的女子,听说君王德行高尚,我愿意充当后宫打扫卫生的仆人。"负责传达的人就把这件事报告给了宣王,当时宣王正在渐台参加酒宴,左右的人听了以后,没有一个不捂着嘴笑的,都说"这真是天下脸皮最厚的女子了。"于是齐宣王就召见了无盐女,只见她睁大眼睛,咬着牙齿,举起手来拍打着胳膊肘儿,然后放声

对曰：“今大王之君国也，西有衡秦之患，南有强楚之雠，外有三国之难；内聚奸臣，众人不附；春秋四十，壮男不立，故不务众子而务众妇，尊所好而忽所恃。一旦山陵崩弛，社稷不定，此一殆也。渐台五重，黄金白玉，翡翠珠玑，莫落连饰，万民疲极，此二殆也。贤者伏匿于山林，谄谀强进于左右，邪伪立于本朝，谏者不得通入，此三殆也。酒浆沉湎，以夜续朝，女乐俳优，从横大笑，外不修诸侯之礼，内不秉国家之治，此四殆也。故曰'殆哉，殆哉'。”于是宣王掩然无声，喟然而叹曰：“痛乎无盐君之言，今乃一闻，寡人之殆，几不全也。”于是立毁渐台，罢女乐，退谄谀，去雕琢，选兵马，实府库，招进直言，延及侧陋，择吉日立太子，拜无盐君以为王后。而齐国大安，丑女之功也。

有司请事于桓公，桓公曰："以告仲父。"有司又请，桓公曰："以告仲父。"若是者三。在侧者曰："一则告仲父，二则告仲父，易哉为君。"桓公曰："吾未得仲父则难，已得仲父之

大叫:"危险呀!危险呀!"像这样大叫了四声。齐宣王说:"我愿意听听你的指教。"

无盐女回答说:"现在大王所统治的国家,西边有实行连横的秦国这样的忧患,南边又有像楚国这样强盛的仇敌;国外要应付这两个大国侵略的困难,而国内又聚集着大批的奸臣,民心不归附于您;大王的年纪已经四十岁了,孩子大了也不正式选立太子,不替儿子们操心,而致力于收纳众多姬妾;只重视自己喜爱的人,而轻忽那些可以依靠的人,假如大王一旦不幸归天,国家必然大乱,这是第一种危险。大王建造了五层高的渐台,里面所藏的都是一些黄金白玉,到处挂满了翡翠、珠宝等贵重的装饰品,然而全国的百姓却疲困至极,这是第二种危险。国内贤能的人都隐藏到山林草野当中,阿谀奉承之人拼命地朝大王身边靠近,奸邪虚伪的人成了朝中权贵,使得要进忠言的人没有法子见到大王,这是第三种危险。大王沉迷于饮酒作乐,日夜不停,歌伎和舞女在宫廷里毫无顾忌地大笑大闹;对外不设法谋求和诸侯的关系,对内不操持国家的治理,这是第四种危险。所以我才说'危险呀!危险呀!'"于是齐宣王哑口无言,长叹了一声,说:"寡人痛悔啊!听了无盐君的这番话,今日才确实明白了我的危险,差一点儿就使我国破家亡、性命不保了。"于是立刻下令拆掉渐台,解散歌舞队,黜免了那些阿谀奉承的人,不用华贵的器具,挑选精兵良马,充实国家府库,招纳直言正谏之士,门第很低者也在提拔重用之列,选择黄道吉日册立太子,并拜无盐女为王后。齐国因此国泰民安,这都是这位丑女的功劳啊!

有关官员向齐桓公请示一件事情,桓公说:"将此事报告给仲父。"官吏又有人来请示,桓公还是说:"将此事报告给仲父"。这样的请示与回答一连三次。在桓公身边侍候的人说:"一次是'报告

后,则曷为其不易也。故王者劳于求贤,逸于得人。舜举众贤在位,垂衣裳,恭己无为,而天下治;汤文用伊吕,成王任周、邵,刑措不用,用众贤故也。"

公季成谓魏文侯曰:"田子方虽贤人,然而非有土君也。君常与之齐礼,假有贤于子方者,君有何以加之?"文侯曰:"如子方者,非成所得议也。子方,仁人也。仁人也者,国之宝也;智士也者,国之器也;博通之士也者,国之尊也。故国有仁人,则群臣不争;国有智士,则无四邻诸侯之患;国有博通之士,则人主尊。固非成之所得议也。"公季成自退于郊。

孟尝君问于白圭曰:"魏文侯名过于齐桓,而功不及五伯者何?"白圭对曰:"文侯师子夏,友田子方,敬段干木,此名之所以过于桓公也。卜相则曰:'成与黄孰可',此功之所以不及五伯也。以私爱妨公举,在职者不堪其事,故功废也。然而名号显荣者,三士翊之也。如相三士,则王功成,岂特霸哉!"

给仲父'，二次还是'报告给仲父'，当个国君也太容易啦！"桓公说："我没有得到仲父辅佐以前是很难，现在有了仲父之后，怎么能不容易呢？"所以说，当君主的人寻求贤才是辛劳的，得到了贤才就轻松了。大舜举用了很多贤能的人，使他们各得其位，自己垂衣正身，恭谨律己，凡事不用亲为，就使得天下太平。商朝的汤王、周朝的文王重用伊尹、吕尚，周成王重用周公、邵公，结果刑法摆在那里都用不上，这是因为重用那些贤士的缘故啊。

魏成子对魏文侯说："田子方虽然是一位贤人，但并不是拥有封地的君王，国君您却常常以对待君王的礼节对待他，假如以后遇到一位比田子方更贤能的人，那您又要怎样去对待他呢？"文侯说："像田子方这样的人，可不是季成你能随意评论的。田子方是一个有仁德的人，而有仁德的人是国家的珍宝；有才智的人是国家的重器；博通的人是国家所尊贵的。因此，国中有仁者，那么群臣们就不会争权夺利；国家有智士，那么国家就没有四邻诸侯侵扰的担忧；国家有博通的人，那么国君就会受到尊崇。这不是你季成所能议论的。"魏成子就自觉地离开了都城。

孟尝君问白圭道："魏文侯的名声超过齐桓公，但是他的功业却比不上五霸，那是为什么呢？"白圭回答说："魏文侯以子夏为老师，以田子方为知友，敬重段干木，这是他的名声比齐桓公大的原因。但在选择相国时却问'公季成与翟黄哪一个可以任用？'这就是他的功业所以比不上五霸的原因。这是因个人的偏爱妨害了公正的选拔，致使在位的人不能胜任其本职工作，所以功业也就废堕了。然而他的名声之所以显赫荣盛，这是由于有三位贤者的辅佐。假如他能够举用这三位贤士为相国，就能够成就称王天下的大业，岂止成为一个霸主呢？"

晋平公问于叔向曰："昔齐桓公，九合诸侯，一匡天下，不识其君之力乎？其臣之力乎？"叔向对曰："管仲善制割，隰朋善削缝，宾胥无善补缘，桓公知衣而已，亦其臣之力也。"师旷侍曰："臣请譬之以五味。管仲善断割之，隰朋善煎熬之，宾胥无善齐和之。羹已熟矣，奉而进之，而君不食，谁能强之？亦其君之力也。"

晋文公田于虢，遇一老夫而问曰："子处此故也，虢亡其有说乎？"对曰："虢君断则不能，谋则不与也。不能断，又不能用人，此虢之所以亡也。"文公辍田而归，遇赵衰而告之，衰曰："古之君子，听其言而用其身；今之君子，听其言而弃其身。哀哉！晋国之忧也。"文公乃召赏之。于是晋国乐纳善言，文公卒以霸也。

晋平公过九原而叹曰："嗟乎！此地之蕴吾良臣多矣，若使死者可起也，吾将谁与归乎？"叔向对曰："赵武乎？"公曰："子党于子之师也。"对曰："臣敢言赵武之为人也，立若不胜衣，言若不出口，然其身所举士于白屋下者，四十六人，是其无私德也。臣故以为贤也。"平公曰："善。"

周文王作灵台，及为池沼，掘地得死人之骨，吏以闻于文

晋平公问叔向说:"从前齐桓公九次会和诸侯,匡正天下,不知道那是国君的功劳呢?还是臣子的功劳?"叔向回答说:"如制衣服,管仲擅长裁剪,隰朋擅长缝纫,宾胥无擅长镶边,而齐桓公只是知道穿衣罢了,这是他臣子的功劳。"师旷陪伴在旁边,说:"现在我就拿烹饪来做比喻吧!管仲善于掌刀,隰朋善于煎炒,宾胥无善于调配佐料,羹汤已经做熟了,端来进奉给桓公,但是齐桓公不吃,谁又能强迫他吃呢?这里面也有桓公的功劳!"

晋文公在虢地打猎,遇到一位老人,晋文公问他说:"您住在这里也很久了,对虢国的灭亡您有什么评议呢?"老人回答说:"虢国国君自己不能决断国事,与他谋划他又不赞成。自己不能决断国事而又不重用贤才,这就是虢国灭亡的原因了。"文公听了这话就停止打猎,回到都城,遇见了赵衰,就把这事说给他听。赵衰说:"古时候的君子,采纳了一个人的建言就任用这个人;现在的君子,采纳了人家的建议却把人家甩在一边。可悲啊!这是晋国令人担心之处啊!"于是晋文公就召见并赏赐了这位老人。从此晋国乐于采纳好的建言,文公也终于因此而成了诸侯的盟主。

晋平公经过卿大夫的墓地九原时,叹息地说:"唉!这块土地埋葬着我们晋国多少杰出的大臣,如果能让这些死去的人再活过来,我应该带哪位一起回去呢?"叔向回答说:"应该是赵武。"晋平公说:"您偏袒您的老师吧!"叔向说:"臣下冒昧地谈谈赵武的为人。他站起来时,好像连衣服都承受不住;说话的时候,半天都说不出一句,但是他亲身举荐的贫寒之士有四十六人,在赵文子死的那天,这些人都在宾客的席位,这说明他对人没有私人恩惠!臣下因此认为赵武是位贤德的人。"晋平公说:"说得好!"

周文王在建造灵台及修建池沼的时候,从地里面挖出了死人的

王。文王曰:"更葬之。"吏曰:"此无主矣。"文王曰:"有天下者,天下之主也;有一国者,一国之主也。寡人固其主,又安求主。"遂令吏以衣棺更葬之。天下闻之,皆曰:"文王贤矣,泽及朽骨,又况于人乎?"或得宝以危国,文王得朽骨以喻其意,而天下归心焉。

宁戚欲干齐桓公,穷困无以自进,于是为商旅赁车以适齐,暮宿于郭门之外。桓公郊迎客,夜开门,辟赁车。宁戚饭牛于车下,击牛角,疾商歌。桓公闻之,曰:"异哉此歌者,非常人也。"命后车载之。桓公反,宁戚见,说桓公以全境内。明日复见,说桓公以为天下。桓公大悦,将任之,而群臣争之,曰:"客卫人,去齐不远,不若使人问人,而贤也,用之未晚也。"桓公曰:"不然。问之恐有小恶,以其小恶,忘人之大美,此人主之所以失天下之士也。且人固难全权,用其长者。"遂举而授之以为卿。当此举也,桓公得之矣,所以成霸也。"

齐桓公见小臣稷,一日三至,不得见。从者曰:"万乘之主,见布衣士,一日三至而不得见,亦可以止矣。"桓公曰:

骨头，管理工地的官吏就把这事报告给了周文王。周文王说："给他改葬吧。"管理的官吏说："那是无主的尸骨。"周文王说："拥有天下的人，就是天下人的主人；拥有一个国家的人，就是一国的主人。我本来就是他的主人，你还到哪儿去找他的主人？"于是叫那位官吏用衣服和棺木装好尸骨，给他改葬。天下的人听到这件事，都说："文王真是贤君啊，就连死人的遗骨都受到他的恩泽，更何况是活生生的人呢！"有人得到珍宝，但给国家带来灾难；文王得到枯骨，以此表明他的仁德，继而天下人都诚心归附他。

宁戚想投靠齐桓公并为之效力，但因穷困而没有办法自我进荐，于是他便给流动商人赶车，因而到了齐国。夜晚在外城的大门外住宿。当时桓公到郊外迎接客人，夜间打开了城门，派人叫赶车的雇工回避，宁戚当时正在车下喂牛吃草，看见齐桓公就敲打着牛角，激切地唱起凄凉的商调歌曲。桓公听到歌声，说："奇怪！这位唱歌的人，不是个平常的人啊！"便命令后面的车子载上宁戚。桓公回来之后，宁戚就前来进见，劝齐桓公统一国内的领土。第二天又进见，又劝齐桓公去称霸天下。桓公听了非常高兴，打算任用他。一些大臣们却产生了争议，说："这位客人是卫国人，离齐国并不太远，不如先派人去查问清楚，如果真的是贤人的话，再任命他也不晚。"桓公说："不可这样。如果派人去查问的话，恐怕他会有些小缺点；因为他的小缺点，而忘记人家的大优点，这是一个国君失去天下贤士的原因。况且，人本来就难以十全十美，只需重用他的长处即可。"遂即提拔重用宁戚，授他为卿。由于此举得当，桓公得到了贤士，所以他后来成就了霸业。

齐桓公去拜访小臣稷，一天当中去了三次，都没有见到。随从的人员说："拥有万乘兵车的大国国君，拜见一个平民百姓，一天去了三

"不然。士之傲爵禄者,固轻其主;其主傲霸王者,亦轻其士。纵夫子傲爵禄,吾庸敢傲霸王乎?"五往而后得见。天下闻之,皆曰:"桓公犹下布衣之士,而况国君乎?"于是相率而朝,靡有不至。

魏文侯过段干木之闾而轼,其仆曰:"君何为轼?"曰:"此非段干木之闾与?段干木盖贤者也,吾安敢不轼。且段干木光于德,寡人光于地;段干木富乎义,寡人富乎财。地不如德,财不如义。寡人当事之者也。"遂致禄百万,而时问之,国人皆喜。居无几何,秦兴兵而欲攻魏。司马唐且谏秦君曰:"段干木,贤者也,而魏礼之,天下莫不闻,无乃不可加乎兵?"秦君以为然,乃案兵而辍,不攻魏。文侯可谓善用兵矣。夫君子之用兵也,莫见其形而功已成,此之谓也。野人之用兵也,鼓声则似雷,号呼则动地,尘气充天,流矢如雨,扶伤举死,履肠涉血,无罪之民,其死者已量于泽矣,而国之存亡、主之死生,犹未知也,其离仁义亦远矣。

晋平公问于叔向曰:"国家之患孰为大?"对曰:"大臣重禄而不极谏,近臣畏罪而不敢言,下情不上通,此患之大者

次都不能见到,这也可以就此作罢了。"齐桓公说:"不是这样。士人当中那些轻视官爵和俸禄的,当然就会轻视国君;如果国君轻视成就霸业之道,也就会轻视士人。纵然这位先生轻视官爵和俸禄,而我怎么敢轻视成就霸业之道呢?"齐桓公直到第五次拜访,才见到小臣稷。天下的诸侯听到这件事,都说:"齐桓公对平民百姓都能屈身去见,何况对国君呢?"因此,天下诸侯都相继朝见桓公,没有不来的。

魏文侯经过段干木住的巷子大门时,俯身靠在车前的横木上施以敬礼,他的仆人就问:"国君为什么要伏轼致敬?"魏文侯说:"这不是段干木住的那条街道吗?段干木是位贤德之士,我怎么敢不俯身行礼呢?况且,段干木因德行高尚而荣光,我只因国土广阔而荣光;段干木富有的是道义,我富有的仅仅是钱财。土地不如德行,钱财不如道义,我应当向他学习才对。"于是给段干木送去薪俸百万,经常向他请教,魏国人民都很高兴。过了不久,秦国起兵想要攻打魏国,司马唐且规谏秦国国君说:"段干木是位贤德之士,而魏文侯非常礼遇他,天下无人不知,不可以发兵去攻打它。"秦国国君认为此话有理,于是就屯兵不动,撤销了计划,不再攻打魏国。魏文侯可以说是善于用兵的人了。凡是有德行的君子用兵,未见其有所表露,而大功已告成,说的就是这个意思。那些野蛮之人用兵,打鼓的声音大得就像雷响,喊杀声震天动地,尘土满天飞扬,乱飞的箭就像下雨一般;扶持伤患,抬运死者,踩着死者的肠子,趟过满地的血水;无辜的老百姓,其战死者足以填平一大片洼地。但是国家的存亡、国君的死活,还不得而知,这离仁义之道也就远了。

晋平公问叔向说:"国家的祸患以什么为最大?"叔向回答说:"大臣只看重爵禄而不尽力规劝,左右亲近的臣子畏惧获罪而不

也。"公曰:"善。"

子张见鲁哀公,见七日,哀公不礼,托仆夫去,曰:"臣闻君好士,故不远千里之外,百舍重跰,不敢休息以见君,见七日,而君不礼。君之好士也,有似叶公子高之好龙也。叶公子高好龙,钩以写龙,凿以写龙,屋室雕文以写龙。于是也天龙闻而下之,窥头于牖,拖尾于堂,叶公见之,弃而还走,失其魂魄。是叶公非好龙也,好夫似龙而非龙者也。今臣闻君好士,故不远千里之外以见君,七日不礼。君非好士也,好夫似士而非士者也。《诗》曰:'中心臧之,何日忘之。'敢托而去。"

孟子见齐宣王于雪宫,王左右顾曰:"贤者亦有此乐耶?"孟子对曰:"有。人不得则非其上矣。不得而非其上者,非也;为人之上者,而不与民同乐者,亦非也。乐民之乐者,人亦乐其乐;忧人之忧者,民亦忧其忧。乐以天下,忧以天下,然而不王者,未之有也。"

邹穆公有令,食凫雁者必以秕,无以粟。于是仓秕尽,而求易于民,二石粟而得一石秕。吏以费,请以粟食之。穆公曰:

敢说真话,下面的情况不能传达给国君,这些才是国家最大的祸患啊。"晋平公说:"说得好!"

子张去拜见鲁哀公,求见七天,鲁哀公都没有以礼接见。子张就委托仆人带话给鲁哀公,说:"我听说国君您爱好贤士,所以不远千里而来,走了百里才休息一次,脚上磨起层层厚茧,一直都不敢休息就来拜见国君。求见了七天,而国君您却没有给予应有的礼遇。可见国君爱好贤士,就像叶公子高喜欢龙一样。叶公子高喜欢龙,衣服带钩上刻着龙,榫头卯眼的地方装饰着龙,房子里雕刻绘画的都是龙。于是,天上的真龙听说后就飞了下来,把头伸进窗子里偷看,尾巴拖在厅堂。叶公看见以后,丢开手上的东西掉头就跑,吓得魂飞魄散。这样看来叶公子高并不是爱好龙,而是爱好像龙而又不是龙的东西。如今臣下听说国君爱好贤士,所以不远千里而来拜见国君,求见了七天,您没有以礼接见。看来,国君爱好的不是贤士,而是爱好像贤士而又不是贤士的人。就如《诗经》里说的:'心里很喜欢他,究竟什么时候才能把他忘怀呢?'所以在我临走以前,冒昧地托人把这番话转达给您。"

齐宣王在雪宫接见孟子,齐宣王看着左右说:"贤德的人也有这样的享乐吗?"孟子回答说:"有的。人们要是得不到这种快乐,就会埋怨他们的国君。因得不到这种快乐就埋怨国君,是不对的;可是作为老百姓的领导人,而不与民同乐,这也是不对的。国君能以老百姓的快乐为快乐,老百姓也会以你的快乐为快乐;国君能忧老百姓所忧愁的,老百姓也会以你的忧愁为忧愁。以天下百姓的快乐为快乐,以天下百姓的忧愁为忧愁,这样还不能够称王天下,是从来没有的事啊!"

邹穆公下令,饲养鸭、鹅只能用瘪谷,不许用小米。结果邹穆公仓库里的瘪谷吃光了,就得到民间去换,两石的小米才换来一石的

"去!非汝所知也。夫百姓暴背而耕,勤而不敢惰者,岂为鸟兽也哉!米粟,人之上食也,奈何其以养鸟?且汝知小利,而不知大会也。周谚曰:'囊漏贮中。'汝独不闻耶?夫君者,人之父母也,取仓之粟,移之于民,此非吾粟耶?鸟食邹之秕,不害邹之粟而已。粟之在仓与在民,于我何择耶?"民闻之,皆知其私积之与公家为一体也。此之谓知富国矣。

谏言

齐有田巴先生者,行修于内,智明于外。齐王闻其贤,聘而将问政焉。田巴先生,改制新衣,髯饰冠带,顾谓其妾曰:"何若?"其妾曰:"佼。"将出门,问其从者曰:"何若?"从者曰:"佼。"过于淄水自窥,丑恶甚矣。遂见齐王,齐王问政焉,对曰:"政在正身。正身之本,在于群臣。今者大王召臣,臣改制髯饰,将造公门,问于妾,妾爱臣,谀臣曰'佼';将出门,问从者,从者畏臣,曰'佼'。臣临淄水而观影,然后自知丑恶也。今齐之臣妾谀王者,非特二人也。王能临淄水,见己之恶,过而自改,斯齐国治矣。"

瘪谷。主管的官吏认为这样耗费太多,建议用小米来饲养。穆公说:"你快点去吧!这种事不是你所能明白的。老百姓光着脊背来耕地,辛勤劳作,不敢怠惰,难道是为了禽兽而劳累吗?小米,这是人们上等的粮食,怎么可以拿它来喂养鸭鹅?而且,你只知道算计小帐,却不懂得大盘算。周地的俗话说:'盛粮食的袋子漏了,也都是漏在粮仓里。'你难道没听说过吗?身为一国的国君,那是百姓的父母,拿着仓里的小米,去换取百姓的瘪谷,难道就不是我们自己的粮食?让鸭鹅吃邹国的瘪谷,是为了不损失邹国的小米罢了!而小米贮存在国家仓库里,还是收藏在老百姓家中,对我来说有什么分别呢?"百姓听了邹穆公这样说,都懂得了自家的藏粮和公家的储存完全是一回事。这就叫做懂得使国家富裕的道理了。

谏言

齐国有一个叫田巴先生的人,他内在品行端正,聪慧显扬于外。齐王听说了他的贤明,于是就聘请他入朝,打算向他询问如何为政。田巴先生临行前,改穿了新作的衣服,修饰须发,戴冠束带,回头问他的嬖妾说:"怎么样?"嬖妾回答说:"很漂亮。"将要出门时,问跟从他的人说:"怎么样?"跟从的人回答说:"很漂亮。"经过淄河时,田巴先生观看水里的倒影,发现自己很丑。于是去见了齐王,齐王便向他询问如何为政,田巴先生回答说:"为政的根本在于端正自身,端正自身根本却在于群臣。今天大王召见我,我改穿了新制的衣服,修饰须发,准备造访大王时,我就问我的嬖妾,嬖妾因为偏爱我,恭维我说'很漂亮';将要走出大门时,我就问跟从我的人,跟从的人因为畏惧我,也说'很漂亮'。在我面对淄河水观看身影时,这才知道自己面貌很丑陋。现在齐国的大臣和妃妾恭维大王的,不仅仅

猛政

臧孙行猛政,子贡非之。臧孙召子贡而问曰:"我不法耶?"曰:"法矣。""我不廉耶?"曰:"廉矣。""我不能事耶?"曰:"能事矣。"臧孙曰:"三者吾唯恐不能,今尽能之,子尚何非耶?"子贡曰:"子法矣,好以害人;子廉矣,好以骄上;子能事矣,好以陵下。夫政者犹张琴瑟也,大弦急则小弦绝矣。是以位尊者,德不可以薄;官大者,治不可以小;地广者,制不可以狭;民众者,法不可以苛。天性然也。故曰:'罚得则奸邪止矣,赏得则下欢悦矣。'由此观之,子则贼心已见矣。

"独不闻夫子产之相郑乎?其论材推贤举能也,抑恶而扬善。故有大略者,不问其所短;有德厚者,不问其小疵;有大功者,宿恶灭息。成人之美,不成人之恶也。其牧民之道,养之以仁,教之以礼,使之以义,修法练教,必遵民所乐。故从其所便而处之,因其所欲而与之,顺其所好而劝之。赏之疑者从重,罚之疑者从轻。其罚审,其赏明,其刑省,其德纯,其治约,而教化行矣。

是两个人吧!大王如果能面对淄河水,发现自己的缺点和过失,进而自己改正,那样齐国就能治理好了。"

猛政

臧孙实行苛刻的政治,子贡指责他。于是他把子贡召来,问道:"我没有依循法制行事吗?"子贡回答说:"是依循法制行事的。""我不够廉洁吗?"子贡回答说:"您很廉洁。""我没有执政能力吗?"子贡回答说:"有执政能力。"臧孙说:"这三方面,我唯恐自己达不到,如今我全部都能达到,您为什么还指责我呢?"子贡说:"您能依循法制行事,却喜欢用刑法杀害人;您也廉洁,但喜欢以廉洁在国君面前表现出骄慢;您有执政能力,但喜欢欺侮下属。为政,就好像调紧琴瑟,老弦上得太紧音太高,细弦就会被崩断。因此,地位尊贵的人,德行不能浅薄;官位高的人,管理不能琐碎;辖地广大宽阔,制度就不能偏狭;辖区百姓众多,法律就不能苛刻。自然法则就是这样。所以有人说:'处罚得当,奸邪就能制止;奖赏得当,下属就会高兴。'由此看来,您的残忍之心已经显露了。

"难道您没有听说过子产在郑国为相的事吗?他选择人才都是推荐贤能的人,能抑制人的陋习,而发扬人的长处。所以对于有大谋略的人,他不计较人的短处;拥有仁厚德行的人,他不计较人的小缺点;对于有大功业的人,旧日的罪错隐灭不究;帮助别人成就善事,不助人成就恶事。子产治理人民的办法是,以仁政培养人,用礼法教导人,用公义使用人,无论是修治法律还是训练教育人,一定遵遁民众所喜好的。所以,顺着方便民众的方式处理民事,按照民众的愿望而给予分配,顺应民众的喜好而劝导。奖赏的多少难于确定时宁可加重,惩罚的轻重难于确定时宁可减轻。处罚慎重,奖赏明确。其

"治郑七年，而风俗和平，灾害不生，国无刑人，囹圄空虚。及死，国人闻之，皆叩心流涕，曰：'子产已死，吾将安归？夫使子产命可易，吾不爱家一人。'其生也，则见爱；其死也，而可悲。仕者哭于廷，商人哭于市，农人哭于野，处女哭于室，良人绝琴瑟，大夫解佩玦，妇人脱簪珥，皆巷哭。然则思者仁恕之道也。君子之治，始于不足见，而终于不可及，此之谓也。

"盖德厚者报美，怨大者祸深。故曰：'德莫大于仁，而祸莫大于刻。'夫善不可以为求，而恶不可以乱去。今子方病，民喜而相贺，曰：'臧孙子已病，幸其将死。'子之病少愈，而民以相惧，曰：'臧孙子病又愈矣，何吾命之不幸也，臧孙子又不死矣。'子之病也，人以相喜；生也，人以相骇。子之贼心亦甚深矣。为政若此，如之何不非也。"于是臧孙子惭焉。退而避位。

和政

子路治蒲三年，孔子过之。入其境，曰："善哉由乎，恭敬以信矣。"入其邑，曰："善哉由乎，忠信以宽矣。"至于其廷，

刑罚简约,其道德纯美,其管理办法简要,这样教化就会行遍天下、广布宇内了。

"子产治理郑国七年,风尚习俗都十分和顺,没有发生灾害,全国没有受刑的人,监狱变得空荡。等到子产死的时候,全国的百姓闻知后,都捶胸痛哭,说'子产死了,我将怎么生活呢?假如子产的生命可以替换,我家里任何一个人都愿意替他去死'。子产活着的时候,被百姓所爱戴;死了以后,却使得举国悲痛。为官的人在朝堂上痛哭,经商的人在集市上痛哭,农民在田野里痛哭,姑娘在闺房中痛哭,美人不再弹琴奏乐,朝堂里的大夫解下佩玉,妇女卸去发簪耳坠,全都在街上痛哭。之所以能这样,是贤明智慧的人推行仁义之政、讲究恕道啊。君子治理国家,一开始看不出他的政绩,但是最终却让别人难以企及,说的就是这种情形。

"凡是德泽深厚的人,其果报必然美满;积怨很深的人,其祸患必然严重。所以说,恩德莫过于施仁政,而祸殃莫过于行苛政。善行不能用诈伪来求取,罪恶不能用巧辞来消除。现在您刚一生病,老百姓就高兴得互相庆贺,说:'臧孙子已经生病了,幸亏他快要死了。'您的病稍有好转,老百姓就相互表示惧怕,说:'臧孙子的病又好了,为什么我们的命运这么不幸啊?臧孙子怕又死不成了。'您患病,人们相互庆喜;您活着,人们互相害怕。您的残忍之心也太重了吧!执政到了这般地步,人们怎么会不责怪您呢?"臧孙子听后感到十分惭愧,就辞职让位了。

和政

子路治理卫国的蒲县三年。孔子经过那儿,进入蒲县县境,说:"子路真不错啊!处理政事恭敬而且诚实无欺。"进入蒲县城里,

曰:"善哉由乎,明察以断矣。"子贡执辔而问曰:"夫子未见由,而三称其善,可得闻乎?"孔子曰:"我入其境,田畴尽易,草莱甚辟,沟洫甚深,此其恭敬以信,故其民尽力也;入其邑,墙屋甚崇,树木甚茂,此忠信以宽,故其民不偷也;入其廷,廷甚闲,此明察以断,故其民不扰也。"

说:"子路真不错啊!对人民尽忠守信而且宽宏大度。"到了县府公堂,说:"子路真不错啊!对事情观察明细,然后做出决断。"子贡手持马缰问道:"老师还没有看见仲由,却三次称赞他不错,这是什么道理,您能不能说给我听听呢?"孔子说:"我进入蒲县的县境,看见田地整治得很好,郊外荒地多已开垦,田间水沟也挖得很深,这是仲由做事认真而且诚实无欺,所以人民尽力耕种田地。进到县城,看到房屋的墙很高大,树木非常茂盛,这是仲由对人民尽忠守信而且宽宏大度,所以人民做事不敢苟且。进到县府的大堂,门庭很清闲,这是仲由对事情观察明细,然后才去裁判,所以人民都不来申诉纷扰。"

卷四十三　说苑

刘向　编撰

君道

河间献王曰："尧存心于天下，加志于穷民，痛万姓之罹罪，忧众生之不遂也。有一民饥，则曰：'此我饥之也。'有一民寒，则曰：'此我寒之也。'一民有罪，则曰：'此我陷之也。'仁昭而义立，德博而化广，故不赏而民劝，不罚而民治，先恕而后教，是尧道也。"

河间献王曰："禹称，'民无食，则我不能使也；功成而不利于民，则我不能劝也。'故疏河而道之，凿江通于九派，洒五湖而定东海，民亦劳矣，然而不怨苦者，利归于民也。"

禹出见罪人，下车问而泣之。左右曰："罪人不顺道使然。君王何为痛之至于此也？"禹曰："尧舜之民，皆以尧舜之心为心，今寡人为君也，百姓各自以其心为心，是以痛之也。"

当尧之时，舜为司徒，契为司马，禹为司空，后稷为田畴，夔为乐正，倕为工师，伯夷为秩宗，皋陶为大理，益掌驱禽，尧不能为一焉。尧为君，而九子者为臣，其何故也？尧知九职之

君道

　　河间献王说:"尧帝心怀天下,关心贫苦无依的百姓,伤痛人民遭受罪罚,担心芸芸众生不能顺利成长。只要有一人挨饿,尧帝便说:'这是我使他挨饿的。'有一人受寒,就说:'这是我使他受冻的。'有一人犯罪,就说:'这是我造成的。'尧的仁爱昭著而正义树立,德行博大而教化广泛。所以即使不用奖赏,人民也会努力;不用刑罚,人民也能安定。先推己及人,然后再施以教化,这就是尧帝治理天下的方法。"

　　河间献王说:"禹王曾说:'百姓没有吃的,那么我就不能役使他们;事业成功却不能利于人民,那么我就无法劝勉他们努力。'所以大禹疏通黄河进行导流;对长江进行开凿,使它与众多支流相通;疏导五湖之水使其注入东海。(做这么多事)百姓确实劳累,然而却不怨恨痛苦,其原因就在于利益都归属于人民。"

　　禹王出巡时遇到一个罪犯,便下车询问情况并为他哭泣。左右的人说:"罪犯自己不遵循道义,才会造成这样的结果,君王为何要为他悲痛成这个样子呢?"禹王回答说:"尧、舜的人民,都以尧、舜的存心作为自己的存心。现在我做君王,而百姓却各自按自己的想法行事。所以我为此感到痛心。"

　　在唐尧为君王的时候,舜担任掌管土地和教化百姓的司徒,契担任掌管军旅之事的司马,禹担任掌管工程的司空,后稷担任掌管耕作的田官,夔担任掌管音乐的乐正,倕担任营建工程和管教百工的工师,伯夷担任掌管宗庙祭祀的秩宗,皋陶担任掌管刑法的大理,益担

事,使九子各受其事,皆胜其任以成功,尧遂乘成功以王天下。是故知人者,主道也;知事者,臣道也。主道知人,臣道知事,毋乱旧法,而天下治矣。

明主者有三惧:一曰处尊位而恐不闻其过,二曰得意而恐骄,三曰闻天下之至言而恐不能行。

师经鼓琴,魏文侯起舞,赋曰:"使我言而无见违。"师经援琴而撞文侯,不中。中旒,溃之。文侯顾谓左右曰:"为人臣而撞其君,其罪何如?"左右曰:"罪当烹。"提师经下堂一等,师经曰:"臣可得一言而死乎?"文侯曰:"可。"师经曰:"昔尧舜之为君也,唯恐言而人不违;桀纣之为君也,唯恐言而人违之。臣撞桀纣,非撞吾君也。"文侯曰:"释之,是寡人之过也。悬琴于城门,以为寡人符;不补旒,以为寡人戒。"

臣术

人臣之行,有六正则荣,犯六邪则辱。何谓六正?一曰萌牙未动,形兆未见,昭然独见,存亡之机,得失之要,豫禁乎未然之前,使主超然立乎显荣之处。如此者,圣臣也。二曰虚心

任掌管狩猎的官员。尧王不能承担其中的任何一项职务,可是尧成为君王而这九人却作为臣子,这是什么缘故呢?因为尧王了解这九种职务的职能作用,任命这九个人各自承担他们的职事,九人都能胜任其职,并成就各自的功业。尧王于是凭借他们的功绩统治天下。所以,知人善任是君王的治国之道,掌管事务是做臣子的职分。君王的治国之道在于知人善任,为臣之道在于掌管事务。不要扰乱旧有的法制,这样天下就会安定太平。

圣明的君王有三件戒惧的事:一是身居高位而害怕听不到自己的过失,二是得意时而害怕自己会骄傲,三是听到天下的至理良言而害怕自己不能实行。

乐师经在弹琴,魏文侯闻乐起舞,吟诵道:"让我的话不要被人违背。"师经抱起琴就去撞魏文侯,没有撞上,只撞到了文侯冕冠前的玉串,玉串被撞散了。文侯回视左右臣僚问:"作为臣子竟敢撞击他的君王,该当何罪?"左右的臣僚说:"罪当受烹杀之刑。"于是武士将师经带下朝堂,刚下了一级台阶,师经说:"臣可以说一句话再死吗?"文侯说:"可以。"师经说:"从前尧、舜做君王时,唯恐自己的话没有人反对,而桀、纣做君王时,却唯恐自己的话被人违背。我撞的是像桀、纣这样的暴君,而不是撞我的君主。"文侯说:"放开他吧,这是我的过错。把这张琴悬挂在城门上,用来作为我知错改过的凭证,也不要修补冕冠上的玉串,以此作为我的鉴诫。"

臣术

为人臣子的操行,奉行"六正"就会享受尊荣,触犯"六邪"就会招受耻辱。什么叫"六正"?一是事情的萌芽未发,形迹征兆尚未显现,唯独他能清楚地看到存亡的关键、得失的要害,在尚未形成事

白意,进善通道,勉主以礼义,谕主以长策,将顺其美,匡救其恶。如此者,良臣也。三曰夙兴夜寐,进贤不懈,数称于往古之行事,以厉主意。如此者,忠臣也。四曰明察极,见成败,早防而救之,塞其间,绝其源,转祸以为福,使君终以无忧。如此者,智臣也。五曰守文奉法,任官职事,不受赠遗,衣服端齐,食饮节俭。如此者,贞臣也。六曰国家昏乱,所为不谀,敢犯主之严颜,面言主之过失。如此者,直臣也。是谓六正也。

何谓六邪?一曰安官贪禄,不务公事,与世沉浮,左右观望。如此者,具臣也。二曰主所言皆曰善,主所为皆曰可,隐而求主之所好而进之,以快主之耳目,偷合苟容,与主为乐,不顾其后害。如此者,谀臣也。三曰中实险诐,外貌小谨,巧言令色,又心疾贤,所欲进则明其美,隐其恶,所欲退则明其过,匿其美,使主赏罚不当,号令不行。如此者,奸臣也。四曰智足以饰非,辩足以行说,内离骨肉之亲,外妒乱朝廷。如此者,谗臣也。五曰专权擅势,以为轻重,私门成党,以富其家,擅矫主命,以自显贵。如此者,贼臣也。六曰谄主以邪,坠主于不义,朋党比周,以蔽主明,使白黑无别,是非无闻,使主恶布于境内,闻于四邻。如此者,亡国之臣也。是谓六邪。贤臣处六正之道,不行六邪之术,故上安而下治。生则见乐,死则

实之前预先制止,使君主能超脱地居于显赫荣耀的位置,像这样的臣子,就是圣臣。二是谦虚卑下,心胸坦荡,进奏善言,通达道义,用礼义来勉励君主,用良策来启示君主,顺势促成君主的美德,匡正补救君主的过恶,像这样的臣子,就是大臣。三是早起晚睡勤勉辛劳,进荐贤才从不懈怠,常常称引古圣先王的行为、事迹来激励君主的意志。像这样的臣子,就是忠臣。四是能观察入微,预见成败,及早预防并加以补救,堵塞漏洞,杜绝致乱的根源,转祸为福,让君主最终无有忧患。像这样的臣子,就是智臣。五是能遵循先王法度,奉行法令,胜任所在官位的职责,不接受馈赠,衣冠端庄整齐,饮食节俭。像这样的臣子,就是贞臣。六是当国家混乱无道时,他的行为不阿谀奉承,敢于冒犯君主的威严,当面指出君主的过失。像这样的臣子,就是直臣。以上这些就称为"六正"。

什么叫做"六邪"?一是安享官位,贪图俸禄,不致力于公务,随波逐流,附和世俗,做事左右观望,犹豫不定。像这样的臣子,就是具臣。二是对君主所说的话都称好,对君主所做的事都赞同;暗自探求君主所喜好的并进献给君主,以愉悦君主的耳目,苟且迎合,屈从附和以求安身;一味与君主寻欢作乐,全不考虑后患。像这样的臣子,就是谀臣。三是内心实际阴险邪僻,外表却装得谨小慎微,用花言巧语和媚态伪情取悦他人,而心里又妒忌贤人。对他想要推荐的人就宣扬他的优点,隐瞒其恶行;对他想要排挤的人就宣扬他的缺点,掩盖其优点,使得君主赏罚不当,号令不能施行。像这样的臣子,就是奸臣。四是他的聪明足以掩饰自己的错误,他的辩才足以进行游说,在宫内则离间王室骨肉之亲,在宫外则嫉妒贤人,扰乱朝廷。像这样的臣子,就是谗臣。五是独揽权势,以自己的好恶决定是非轻重,与权贵者结党营私,使自己的家族富有,擅自假托君主的命令,

见思，此人臣之术也。

汤问伊尹曰："三公九卿，大夫列士，其相去何如？"对曰："智通于大道，应变而不穷，辨于万物之情，其言足以调阴阳，正四时，节风雨。如是者，举以为三公。故三公之事，常在于道也。不失四时，通于地理，能通不通，能利不利。如此者，举以为九卿。九卿之事，常在于德也。通于人事，行猷举绳，通于关梁，实于府库。如是者，举以为大夫。大夫之事，常在于仁也。忠正强谏，而无有奸诈，去私立公，而言有法度。如是者，举以为列士。列士之事，常在于义也。故道德仁义定而天下正。凡此四者，明王臣而不臣。"汤曰："何谓臣而不臣？"对曰："君之所不名臣者四：诸父，臣而不名；诸兄，臣而不名；先王之臣，臣而不名；盛德之士，臣而不名。是谓大顺也。"

以使自己显达尊贵。像这样的臣子，就是贼臣。六是用邪僻之事来谄媚君主，使君主陷于不义之地，结党营私，排斥异己，来蒙蔽君主的英明；使黑白混淆，是非不分，使君主的恶名流布全国，传扬于邻国。像这样的臣子，就是亡国之臣。以上这些就称作"六邪"。贤臣以"六正"的原则立身处世，不走"六邪"之路，所以国家安定而百姓得到治理，这样的臣子活着时受人爱戴，死后也会被人怀念，这就是为人臣子的方法。

　　商汤问伊尹说："三公、九卿、大夫、列士，这些职位有什么区别呢？"伊尹回答说："其智慧能通晓大道，能随机应变而不会陷入困境，明辨万事万物的实情，他的言论可以使阴阳调和、四季有序、风雨有节，像这样的人可以推举为三公，所以三公的职责每每在于把握大道。不违背四季节令，通达地理，能使不通的变得通畅，能把不利的变得有利，像这样的人可以推举为九卿，九卿的职责每每在于造福谋利。精通人间百事，行为如同工匠弹墨线一样端正，能疏通水陆交通要道、充实国家府库，像这样的人可以推举为大夫，大夫的职责就在于仁爱。忠诚正直，敢于直言极谏而无有奸诈之心，去除私欲而树立公义，言语合乎法度，像这样的人可以推举为列士，列士的职责就在于忠义。所以道德仁义确定之后，天下便能走向正道。大凡这四种人，圣明的君王虽然以他们为臣，但却不称他们为臣。"商汤问："什么叫以他们为臣，但却不称他们为臣呢？"伊尹回答说："君王不称为臣的有四种人：属于父辈而作为臣子的不称其为臣，众兄长作为臣子的不称其为臣，做过先王大臣的臣子不称其为臣，品德高尚之人作为臣子的不称其为臣。这就叫做顺乎伦常大道。"

贵德

圣人之于天下也,譬犹一堂之上也。今有满堂饮酒者,有一人独索然向隅而泣,则一堂之人皆不乐矣。圣人之于天下也,譬犹一堂之上也,有一人不得其所者,则孝子不敢以其物荐进也。

复恩

晋文公亡时,陶叔狐从。文公反国,三行赏而不及。见咎犯曰:"吾从君而亡。十有三年,颜色黧黑,手足胼胝,今君反国三行赏而不及我,意者君忘我与?我有大故与?"咎犯言之文公。文公曰:"噫,我岂忘是子哉!夫耽我以道,说我以仁,昭明我名,使我为成人者,吾以为上赏;防我以礼,谏我以义,使不得为非者,吾以为次赏;勇壮强御,难在前则居前,难在后则居后,免我于患难中者,吾复以为次赏。且子独不闻乎?死人者不如存人之身,亡人者不如存人之国。三行赏之后,而劳苦之士次之。劳苦之士,子固为首矣,吾岂敢忘子哉!"周内史叔兴闻之曰:"文公其霸乎?昔者,圣王先德后力,文公其当之矣。"

楚庄王赐群臣酒,日暮酒酣,华烛灭,乃有引美人衣者。美人援绝其冠缨,告王曰:"今烛灭,有引妾衣者,援得其缨,

贵德

圣人治理天下就如同处在厅堂之上，假如满堂都是饮酒的人，但有一个人独自对着墙角哭泣，那么满堂的人都会不愉快了。圣人治理天下就好像处在厅堂之上，如果堂上有一个人不能得到适当的位置，那么孝子也不敢将他的物品进献上来。

复恩

晋文公在外流亡时，陶叔狐跟着他。文公回到晋国，进行了三次赏赐，都没有轮到陶叔狐。陶叔狐去见咎犯说："我跟随君主在外流亡十三年，容颜憔悴，手脚都结了老茧。如今国君归国，进行了三次赏赐都没有轮到我，或许是国君忘了我呢，还是我有什么大的罪过呢？"咎犯将此事报告了文公。文公说："唉，我怎么会忘了这个人呢！那些能用道义使我精神专注，用仁爱的道理来说服我，显扬我的名声，使我成为德才兼备之君的人，我认为应该受到最高的赏赐。那些用礼来规范我，用德义来劝谏我，使我不至于做错事的人，我认为应该受到第二等的赏赐。那些勇猛强壮的保卫者，危难在前就奋身向前，危难在后就断后保护，使我可以从患难中得以解脱的人，我认为应该受到第三等的赏赐。况且他难道没听说过吗？为人殉死，不如保护那个人的性命；跟人逃亡，不如保存那个人的国家。三次奖赏之后，就该轮到有劳苦功绩的人了，而有劳苦功绩的人当中，陶叔狐当然是头一个了，我怎么敢忘记他呢？"东周的内史叔兴听到这件事后说："文公大概要称霸了！从前，圣王都是将德行摆在首位，而将勇力放在其后，文公或许堪当这样的评价吧！"

楚庄王赏赐群臣饮酒。天黑了，大家酒兴正浓，灯烛突然灭了。此时有人拉扯庄王美人的衣服，美人顺手扯断了那人的帽带，告诉庄

待之矣。"促上火视绝缨者。王曰:"赐人酒,使醉失礼,奈何欲显妇人节而辱士乎?"乃命左右,今与寡人饮,不绝冠缨者不欢。群臣皆绝缨而上火,尽欢而罢。居二年,晋与楚战,有一臣常在前,五合五获首而却敌,卒得胜之。庄王怪而问之,对曰:"臣往者醉失礼,王隐忍不暴而诛,常愿肝脑涂地,用颈血湔敌久矣,臣乃夜绝缨者也。"

阳虎得罪,北见简子曰:"自今以来,不复树人矣。"简子曰:"何哉?"对曰:"夫堂上之人,臣所树者过半矣;朝廷之吏,臣所立者亦过半矣;边境之士;臣所立者亦过半矣。今夫堂上之人,亲却臣于君;朝廷之吏,亲危臣于法;边境之士。亲劫臣于兵。"简子曰:"唯贤者为能复恩,不肖者不能。夫树桃李者,夏得休息,秋得食焉。树蒺藜者,夏不得休息,秋得其刺焉。今子之所树者蒺藜也,非桃李也。自今以来,择人而树之,毋已树而择之也。"

政理

政有三品:王者之政化之,霸者之政威之,强国之政胁之。夫此三者各有所施,而化之为贵矣。夫化之不变而后威

王说:"刚才灯烛熄灭后,有人拉臣妾的衣服,我扯断了他的帽带,并拿在手上,赶快点亮灯火,看看谁是断了帽带的人。"楚庄王说:"我赏赐人家喝酒,使他醉后失礼,怎能为了显示妇人的贞节而羞辱士人呢?"于是就命令左右众人说:"今天和我饮酒,不扯断帽带就不算尽兴。"群臣都扯断了自己的帽带,然后才点上灯火,大家尽兴而散。过了两年,晋国和楚国交战。有一个臣子常冲杀在前,五次交锋,五次斩获敌人首级,并击退敌军,最终取得胜利。楚庄王觉得奇怪,就问他,那人回答说:"我从前酒醉失礼,君王克制忍耐,没有暴露我的丑行,也没有责罚我,所以,我常常希望肝脑涂地,以颈上的鲜血溅洒到敌人身上(来报答大王)已经很久了。我就是那天晚上被美人扯断帽带的人。"

  阳虎因事获罪,北去晋国拜见赵简子,说:"从今往后,我不再培养人了。"简子问:"为什么?"阳虎回答说:"朝堂上的大臣,我所培养的超过了半数;朝廷中的官吏,我所推荐的也超过了半数;驻守边疆的将士,我所培养的也超过了半数。可现在那些朝堂上的人,亲自在君王面前排斥我;朝廷中的官吏,亲自用法令危害我;驻守边疆的将士,亲自用武力威胁我。"简子说:"唯有贤人能够报恩,不贤之人是做不到的。栽种桃李的人,夏天可以在树荫下休息,秋天可以收获果实。而栽种蒺藜的人,夏天没有树荫可休息,秋天得到的只是棘刺。现在你所栽培的都是蒺藜,而不是桃李。从今以后,要选择人材进行培养,不要已经培养了才去选择。"

政理

  政治有三种品级:以王道治天下的君主,其政治靠的是教化;以霸道治天下的君主,其政治靠的是威严;强暴之国的政治,靠的是

之,威之不变而后胁之,胁之不变而后刑之。夫至于刑者,则非王者之所贵也。是以圣王先德教而后刑罚,立荣耻而明防禁,崇礼义之节以示之,贱货利之弊以变之,则下莫不慕义节之荣,而恶贪乱之耻。其所由致之者,化使然也。

治国有二机,刑、德是也。王者尚其德而稀其刑,霸者刑德并凑,强国先其刑而后其德。夫刑德者,化之所由兴也。德者,养善而进之者也。刑者,惩恶而禁后者也。故德化之崇者至于赏,刑罚之甚者至于诛。夫诛赏者,所以别贤不肖而列有功与无功也。诛赏缪则善恶乱矣。夫有功而不赏,则善不劝矣;有过而不诛,则恶不惧矣。善不劝而能以行化乎天下者,未尝闻也。

齐桓公逐鹿而远,入山谷之中。见一老。公问之曰:"是为何谷?"对曰:"为愚公之谷也。"公曰:"何故?"对曰:"以臣名之。"公曰:"何为以公名之?"对曰:"臣故畜牸牛,子大,卖之而买驹。少年曰:'牛不能生马。'遂持驹去。傍邻闻之,以臣为愚,故名此谷为愚公之谷。"桓公曰:"诚愚矣,夫何为而与之。"桓公遂归。以告管仲。管仲曰:"此夷吾之过也,使

威胁。这三种政治各有所用,而以教化最为可贵。若教化不能使百姓有所转变,就用威严震慑他们;用威严震慑而无效,就用强力胁迫他们;强力胁迫而无效,就用刑罚惩治他们。如果到了要动用刑罚的地步,就不是实行王道的君主所崇尚的了。因此圣王先实行德教,而后才使用刑罚;树立荣辱的观念,并明确应当防备和禁戒的事项;崇尚礼义的节操,并给百姓做示范;轻视财利金钱,来改变人们的贪婪。那么,臣民就没有谁不仰慕礼义节操的光荣,而厌恶贪婪淫乱的可耻。之所以能使百姓达到这样的原因,都是教化的结果。

治理国家有两个关键,就是刑罚与教化。行王道的君主崇尚教化而少用刑罚,行霸道的君主刑罚和教化并用,强暴之国则是先使用刑罚而后施行教化。刑罚与教化是转变社会风气的必由之路。所谓德化,就是培养良好品行,弥补其不足之处;所谓刑罚,就是惩罚邪恶行为,以禁止后来者仿效。所以受道德教化而修养高的应该得到赏赐,受刑罚惩处最严厉的就是被诛杀。责罚与奖赏,是用来区别贤与不肖、分辨有功和无功之人的。惩罚与赏赐一旦发生错乱,那善恶就会混淆不清。如果有功劳而不给予赏赐,善良的人就得不到鼓励;有罪过而不加以诛罚,那作恶的人就会无所畏惧。善良的人得不到鼓励,而能用德行感化天下的事,还从来没有听说过。

齐桓公打猎时为追逐野鹿而走远了,进入一个山谷之中,看见一位老者,问他说:"这是什么山谷?"老者回答说:"这是愚公之谷。"桓公说:"为什么叫这个名字?"老者回答说:"是因我而得名的。"桓公说:"为什么因你而取此名?"老者回答说:"我从前养了一头母牛,生下牛犊长大后,便把它卖掉买了一匹马驹。有一个少年说:'牛是不能生马的。'于是就把马驹牵走了,邻居们听到了,都认为我愚蠢,所以把这个山谷命名为愚公谷。"桓公说:"你实在是愚

尧在上，咎繇为理，安有取人之驹，见暴如此叟者也。是公知狱讼不正，故与之耳。请退而修政。"孔子曰："弟子记之，桓公，霸君也，管仲，贤佐也。犹有以智为愚者，况不及桓公、管仲者乎！"

宓子贱治单父，弹鸣琴，身不下堂，而单父治。巫马期亦治单父，以星出以星入，日夜不处，以身亲之，而单父亦治。巫马期问其故于子贱。子贱曰："我之谓任人，子之谓任力，任力者固劳，任人者固逸也。"人曰："宓子贱则君子矣，逸四支，全耳目，平心气，而百官治。巫马期则不然，弊性事情，劳烦教诏，虽治犹未至也。"

孔子谓宓子贱曰："子治单父而众悦，语丘所以为之者。"曰："不齐父其父，子其子，恤诸孤而哀丧纪。"孔子曰："善，小节也，小人附矣，犹未足也。"曰："不齐所父事者三人，所兄事者五人，所友者十一人。"孔子曰："父事三人，可以教孝矣；兄事五人，可以教悌矣；友十一人，可以教学矣。中节也，中民附矣，犹未足也。"曰："民有贤于不齐者五人，不齐事之，皆教不齐所以治之术。"孔子曰："欲其大者，乃于此在矣。昔者，尧舜清微其身，务来贤人。夫举贤者，百福之宗也，而神明之主也。惜也不齐之所治者小，所治者大，其与尧舜继

蠢,为什么要把马驹给他呢?"桓公于是回到宫中,把这件事告诉了管仲,管仲说:"这是我的过错。假使尧王在上为君,咎繇做治理狱讼之官,怎么会有随便拉走人家马驹,像这位老翁一样被人欺凌的事发生呢?这位老翁知道诉讼的判决不公正,所以才把马驹给了那个蛮横的青年。请允许我下去好好地整顿政治。"孔子说:"弟子们应记住这件事。齐桓公是称霸诸侯的君主,管仲是贤明的辅臣,尚且有把智者当作愚人的时候,何况比不上桓公、管仲的人呢!"

宓子贱治理单父,弹奏琴曲,身不出公堂,而单父社会安定;巫马期也治理单父,披星戴月,日夜不能安居,凡事都亲自处理,而单父也得到了很好的治理。巫马期向宓子贱请教这其中劳逸的原因,宓子贱说:"我的做法是用人,您的做法是用力,用力的人当然劳苦,用人的人当然安闲。"有人说:宓子贱可算是位君子了。四肢安逸,不劳耳目,平心静气,而各级官吏都能把事情办好;巫马期则不是这样,他损害性情,不惜劳苦地亲自教化百姓,虽然也使单父得到了治理,但还没有达到最高的境界。

孔子对宓子贱说:"你治理单父,民众都很高兴,告诉我你是靠什么做到这样的?"宓子贱说:"我像对待自己的父亲一样对待百姓的父亲,像爱护自己的子女一样爱护百姓的子女,抚恤所有的孤儿,并为百姓的丧事哀痛。"孔子说:"好,但这是细小的善行,只能使百姓归附,仍然不够。"宓子贱说:"我当作父亲一样对待的有三人,视为兄长来对待的有五人,结交的朋友有十一人。"孔子说:"当作父亲一样对待的有三人,可以教导百姓行孝了;当作兄长一样对待的有五人,可以教导百姓敬爱兄长了;结交朋友十一人,可以教导百姓好学了。这算是中等的善行,中等层次的人会来归附,但仍然不够。"宓子贱说:"此地百姓中比我贤明的有五个人,我向他们学习,他们都教

矣。"

齐桓公问于管仲曰:"国何患?"对曰:"患夫社鼠。"桓公曰:"何谓也?"对曰:"夫社,束木而涂之,鼠因往托焉。熏之则恐烧其木,灌之则恐坏其涂。此鼠所以不可得杀者,以社故也。夫国亦有社鼠,人主左右是也。内则蔽善恶于君上,外则卖权重于百姓。不诛之则为乱,诛之则为人主所案,据腹而有之。此亦国之社鼠也。人有酤酒者,为器甚洁清,置表甚长,而酒酸不售。问之里人其故。里人曰:'公之狗猛,人挈器而入,且酤公酒,狗迎而噬之,此酒所以酸不售之故也。'夫国亦有猛狗,用事者也。有道术之士,欲明万乘之主,而用事者迎而龁之,此亦国之猛狗也。左右为社鼠,用事者为猛狗,则道术之士不得用矣。此治国之所患也。"

齐侯问于晏子曰:"为政何患?"对曰:"患善恶之不分。"公曰:"何以察之?"对曰:"审择左右,左右善,则百僚各获其所宜而善恶分矣。"孔子闻之曰:"此言信矣。善进,则不善无由入矣;不善进,则善亦无由入矣。"

给我用来从政治民的方法。"孔子说："要想使自己成就大事的关键就在这里了。从前尧、舜虚已谦下，力求招来贤人。推举贤人，这是百福的根本，也是神明主持的要务。可惜，不齐所治理的地方太小了，如果他所治理的地方很大，其功绩就将与尧舜相继了。"

齐桓公问管仲道："治理国家所担心的是什么？"管仲回答说："担心社鼠。"桓公问："什么意思呢？"管仲回答说："那土地神是用木头捆扎后再涂上泥做成的，老鼠便栖身其中。若用烟熏它，则害怕会烧坏木头；若用水灌它，又害怕冲坏了涂在上面的泥。这里面的老鼠之所以不能被杀死，是因为土地神像的缘故。国家也有社鼠，君主身边的亲信就是。他们在宫内对君主隐瞒一切善恶情况，在宫外就向百姓炫耀他们手中掌握的大权。不诛杀他们就会造成祸乱，要杀掉他们，他们又被君主所庇护，（君主对他们）常常加以保护和豢养，这些人就是国家的社鼠。有个卖酒的人，他准备的酒具很洁净，悬挂的酒旗也很高，然而酒都放酸了也卖不出去。他就问同里的人这是什么缘故，同里的人说：'你的狗太凶了。有人提着酒器进来要买你的酒，那狗迎面扑来就咬人，这就是酒放酸了也卖不出去的原因。'国家也有猛狗，那些当权的人就是。有道德学问的人士，想来求见国君，而当权的人就像狗一样迎上去咬他，这种人便是国家的猛狗。身边的亲信是社鼠，当权的人是猛狗，那么有道德学问的人就得不到任用了。这就是治理国家所担心的事。"

齐侯向晏子问道："执政的人担心什么呢？"晏子回答说："担心好人、坏人分不清。"齐侯说："怎么样来考察他们呢？"晏子回答说："审慎地选择左右亲信，如果左右亲信好，那么百官就会各自得到其所适合的位置，这样好人、坏人也就能辨别清楚了。"孔子听后说："这话确实如此。贤善之人得到进用，那么不良之人就没有办法

尊贤

人君之欲平治天下而垂荣名者,必尊贤而下士。《易》曰:"自上下下,其道大光。"又曰:"以贵下贱,大得民。"夫明王之施德而下下,将怀远而致近也。朝无贤人,犹鸿鹄之无羽翼,虽有千里之望,犹不能致其意之所欲至矣。是故绝江海者托于船,致远道者托于乘,欲霸王者托于贤。非其人而欲有功,若夏至之日而欲夜之长也,射鱼指天而欲发之当也。虽舜禹犹亦困,而又况乎俗主哉。

禹以夏王,桀以夏亡。汤以殷王,纣以殷亡。阖庐以吴战胜无敌于天下,而夫差以见禽于越。穆公以秦显名尊号,而二世以劫于望夷。其所以君王者同,而功迹不等者,所任异也。是故成王处襁褓而朝诸侯,周公用事也。赵武灵王年五十而饿于沙丘,任李兑故也。桓公得管仲,九合诸侯,一匡天下。失管仲,任竖刁、易牙,而身死不葬,为天下笑。一人之身,荣辱俱施焉,在所任也。故魏有公子无忌,削地复得。赵任蔺相如,秦兵不敢出。楚有申包胥,而昭王反位。齐有田单,襄王得国。由此观之,国无贤佐俊士而能以成功立名,安危继绝者,未尝有也。故国不务大而务得民心,佐不务多而务

进来；如果不良之人得到进用，那么贤善之人也就没有办法进来了。"

尊贤

君主想要治理天下并使功名永垂后世，就必须尊重贤人、谦恭地对待士人。《易经》上说："在上位的人，谦恭地对待在下位的人，他的前途就会光明远大。"又说："以尊贵的身份，谦卑地对待地位卑贱的人，就会大得民心。"那些英明的君王布施恩德并谦恭地对待臣民，就能安抚边远的人并使近处的百姓亲附。如果朝廷里没有贤人，就好像鸿鹄没有翅膀一样，即使有翱翔千里的愿望，还是不能到达自己心中想去的地方。因此横渡江海的人要依靠舟船，走远路的人要依靠车马，想成就霸业或王业的人要依靠贤人。所任用的不是合适的人，却想建立功业，就好像在夏至那天而希望夜晚很长，又如同对着天空射鱼却想把鱼射中一样，就是虞舜、夏禹那样的君王也要处于困境，又何况一般的君主呢？

禹因夏朝而成就王业，桀却因夏朝而亡身；汤因殷朝而成就王业，纣却因殷朝而亡身；阖庐凭借吴国的力量而取得战争的胜利，举世没有对手，夫差却因此被越国所擒；秦穆公因秦国而名号尊显，但秦二世却被胁迫而自杀于望夷宫。他们同样都是君王，但功业和事迹却不一样，原因就在于他们用人不同。所以周成王还在孩提时，就能使诸侯前来朝见，是因为有周公摄政。赵武灵王到五十岁时，却饿死在沙丘宫中，这是因为任用李兑的缘故。齐桓公得到管仲的辅佐，多次会盟诸侯，使天下得到匡正；管仲过世后，任用竖刁、易牙，以致死后无人安葬，被天下人讥笑。在同一个人身上，荣耀和耻辱都遇到了，是在于用人的不同。所以魏国有公子无忌，失去的国土能够重新收复；赵国任用蔺相如，秦军不敢出兵侵犯；楚国有申包胥，昭

得贤俊。得民心者民往之,有贤佐者士归之。文王请除炮烙之刑而殷民从,汤去张网者之三面而夏民从,以其所为顺于民心也。故声同则处异而相应,德合则未见而相亲。贤者立于本朝,则天下之豪相率而趋之矣。故无常安之国,无恒治之民。得贤者则安昌,失之者则危亡。自古及今,未有不然者也。

周公摄天子位七年,布衣之士,执贽而所师见者十人,所友见者十二人,穷巷白屋所先见者四十九人,进善者百人,教士者千人,官朝者万人。当此之时,诚使周公骄而且吝,则天下贤士至者寡矣。苟有至者,则心贪而尸禄者也。尸禄之臣,不能存君也。

齐桓公设庭燎,期年而士不至。于是有以九九之术见者,公曰:"九九足以见乎?"对曰:"臣非以九九为足以见。臣闻主君待士期年而士不至,夫士之所以不至者,君天下之贤君也,四方之士,皆自以不及,故不至也。夫九九,薄能耳,而君犹礼之,况贤于九九者乎?"公曰:"善。"乃因礼之,期月,四方之士相携而并至。

王最终能够复位；齐国有田单，齐襄王才能拥有齐国。由此看来，国家没有贤能的辅佐和杰出的俊才，而能够建立功业，树立名声，安定危局，延续已灭亡的国家，还未曾有过。所以国家不求大，要求赢得民心；辅佐的人不求多，而求得到才德杰出的人。获得民心的人，人民追随他；有贤臣辅佐的人，士人归附他。周文王向商纣王请求废除炮烙的酷刑，殷商的百姓就追随他；商汤网开三面，夏朝的百姓就追随他。这是因为他们所做的事顺乎民心。所以只要声气相同，即使处在不同的地方，也能相互应和；德行相合，就算彼此没有见过面，也能互相亲爱。贤能的人在朝廷立足，那么天下豪杰之士就会相继前来归附。所以没有长久安定的国家，也没有永远顺从的人民。得到贤人国家就会安定昌盛，失去贤人国家就会危亡。从古至今，没有不是这样的。

周公代理天子执政七年，未做官的读书人中，他带着礼物以尊师之礼求见的有十人，以朋友之礼求见的有十二人，对穷巷陋屋中的贫寒之士优先接见的有四十九人，被他举荐的优秀人才有上百人，受他教导的士人有上千人，给朝拜者授予官职。在那时，假使周公对人骄傲而且鄙吝，那么天下的贤士来见他的就很少了。如果有来见的，也一定是贪图财利而空食俸禄、无所事事的人。空食俸禄而不尽其职的臣子，不能保全君主。

齐桓公在庭中设置了照明的火炬，但过了一年，却没有士人前来。于是有位懂得九九算法的人来求见，桓公说："懂得九九算法就足以求见吗？"那人回答说："臣并不认为会九九算法就值得求见。臣听说君主设立庭燎以礼待士人，过了一年而士人不来。士人之所以不来，是因为您是天下的贤君，四方的士人，都自认为比不上您，所以不来。九九算法只不过是个小技能，而国君还能礼遇这样

齐宣王坐，淳于髡侍。王曰："先生论寡人何好？"髡曰："古者所好四，王所好三焉。"王曰："可得闻乎？"髡曰："古者好马，王亦好马；古者好味，王亦好味；古者好色，王亦好色；古者好士，王独不好士。"王曰："国无士耳，有则寡人亦悦之矣。"髡曰："古者有骅骝、骐骥，今无有，王选于众，王好马矣；古者有豹象之胎，今无有，王选于众，王好味矣；古者有毛嫱、西施，今无有，王选于众，王好色矣；王必将待尧、舜、禹、汤之士而后好之，则禹、汤之士亦不好王矣。"宣王默然无以应。

卫君问于田让曰："寡人封侯尽千里之地，赏赐尽御府缯帛，而士不至，何也？"对曰："君之赏赐不可以功及，君之诛罚不可以理避，犹举杖而呼狗，张弓而祝鸡矣。虽有香饵，而不能致者，害之必也。"

魏文侯从中山奔命安邑，田子方后。太子击遇之，下车而趋，子方坐乘如故，告太子曰："为我请君，待我朝哥。"太子不悦，谓子方曰："不识贫穷者骄人乎，富贵者骄人乎。"子方曰："贫穷者骄人，富贵者安敢骄人？人主骄人而亡其国，大夫

的人,更何况比懂得九九算法更贤能的人呢?"桓公说:"说得好。"于是就对他以礼相待。一个月后,四方的士人便携手相伴、一同到来了。

齐宣王闲坐,淳于髡陪侍。宣王说:"先生您说说我喜好的是什么?"淳于髡说:"古代君王所喜好的有四样,而大王所喜好的只有其中三样。"宣王说:"可以听听是什么吗?"淳于髡说:"古代君王喜好骏马,大王也喜好骏马;古代君王喜好美味,大王也喜好美味;古代君王喜好美色,大王也喜好美色。古代君王喜欢贤士,大王唯独不喜欢贤士。"齐宣王说:"是国家没有贤士,若有,我也会喜欢他们的。"淳于髡说:"古代有骅骝、骐骥那样的骏马,而现在没有,大王就从众多的马中去挑选,可见大王喜好骏马;古代有豹胎、象胎那样的美味,而现在没有,大王就从众多美味中挑选,可见大王喜好美味;古代有毛嫱、西施那样的美女,而现在没有,大王就从众多美女中挑选,可见大王喜好美色。如果大王一定要等到像尧、舜、禹、汤时代的那些贤士出现才喜欢,那么,禹、汤时代那样的贤士也不会喜欢大王您了。"宣王沉默不言,无以应答。

卫君问田让说:"我用尽千里之地来封侯,用尽御府里的丝绸来赏赐,但贤士不来,为什么呢?"田让答道:"君王的赏赐,不能凭功劳得到;您的诛罚,不能凭道理避免。这就像举着棍棒来唤狗、拉开弓弦来呼鸡,虽然有很香的诱饵,却不能把它们招来,因为它们知道来了一定会受到伤害。"

魏文侯从中山国急速奔赴安邑,田子方在队伍后面。太子击遇到田子方,便下车快步走上前,而田子方仍旧坐在车上未动,告诉太子说:"替我请求国君,在朝歌等我。"太子不高兴,对田子方说:"不知是贫穷的人对人傲慢,还是富贵的人对人傲慢?"田子方说:"当

骄人而亡其家，贫穷者若不得意，纳履而去，安往而不得贫穷乎？"太子及文侯，道子方之语。文侯叹曰："微吾子之故，吾安得闻贤人之言，吾下子方以仁，得而友之。自吾友子方也，君臣益亲，百姓益附，吾是以得友士之功。我欲伐中山，吾以武下乐羊。三年而中山为献于我，我是以得友武之功。吾所以不少进于此者，吾未见以智骄我者也。若得以智骄我者，岂不及古之人乎？"

齐桓公使管仲治国，对曰："贱不能临贵。"桓公以为上卿而国不治。公曰："何故？"对曰："贫不能使富。"公赐之齐国之市租一年，而国不治。公曰："何故？"对曰："疏不能制亲。"公立以为仲父，齐国大安，而遂霸天下。孔子曰："管仲之贤，不得此三权者，亦不能使其君南面而霸矣。"

桓公问于管仲曰："吾欲使爵腐于酒、肉腐于俎，得毋害于霸乎？"管仲对曰："此极非其贵者耳，然亦无害于霸也。"桓公曰："何如而害霸乎？"对曰："不知贤，害霸也；知而不用，害霸也；用而不任，害霸也；任而不信，害霸也；信而复使小人参之，害霸也。"桓公曰："善。"

然是贫穷的人待人傲慢,富贵的人哪敢对人傲慢呢?君主对人傲慢就会亡国,大夫对人傲慢就会失去他的采邑。贫穷的人如果不顺意,穿上鞋子就可以离开,到哪里会得不到贫穷呢?"太子追上魏文侯,叙说了田子方的话,文侯感叹地说:"要不是你的缘故,我怎能听到贤人的这番话呢!我用行动来谦恭地礼敬子方,从而能够与他结交。自从我结交上田子方,君臣之间更加亲近,归附的百姓越来越多,我因此得到与贤士交友的成效。我想讨伐中山国,就以对待武将之礼对待乐羊,三年后乐羊就将中山国攻下献给了我,我因此得到与武将交友的成效。我之所以不能比现在稍有进步,是因为我还没遇见凭智慧对我骄傲的人,假如得到凭智慧对我骄傲的人,难道还怕赶不上古人吗?"

齐桓公让管仲治理国家,管仲对他说:"低贱的人不能管理高贵的人。"桓公封他为上卿,但国家未能治理好。桓公问:"这是为什么?"管仲回答说:"贫穷的人不能差使富有的人。"桓公便把齐国一年的市场租税赐给了他,但国家还是没有治理好。桓公问:"这是为什么?"管仲回答说:"关系疏远的不能管制关系亲密的。"桓公立即拜他为仲父,齐国于是太平安定,并最终称霸天下。孔子说:"像管仲这样的贤人,如果不能得到这三种权力,也不能使他的国君面南而坐、称霸天下啊!"

齐桓公问管仲说:"我要让酒在酒杯里放坏,肉在砧板上放臭,这对称霸没什么妨害吧?"管仲回答说:"这些不是值得崇尚的事,但也不妨害称霸。"桓公问:"怎样才会妨害称霸?"管仲回答说:"不能识别贤人,妨害称霸;能识别贤人而不使用,妨害称霸;使用贤人却不委以重任,妨害称霸;重用他但不信任他,妨害称霸;信任他而又让小人干预他,妨害称霸。"桓公说:"说得好。"

田忌去齐奔楚，楚王问曰："楚、齐常欲相并，为之奈何？"对曰："齐使申孺将，则楚发五万人，使上将军将之，至，禽将军首而反耳。齐使眄子将，则楚悉发四封之内，王自出将，仅存耳。"于是齐使申孺将，楚发五万人。使上将军将，斩其首而反。于是齐王更使眄子将，楚悉发四境之内，王自出将，仅而得免。至舍，王曰："何先生知之早耶？"忌曰："申孺为人侮贤者而轻不肖者，贤不肖俱不为用，是以亡也。眄子之为人也，尊贤者而爱不肖者，贤不肖俱负任，是以王仅得存耳。"

正谏

易曰："王臣謇謇，匪躬之故。"人臣之所以謇謇为难，而谏其君者，非为身也；将欲以匡君之过，矫君之失也。君有过失者，危亡之萌也；见君之过失而不谏，是轻君之危亡也。夫轻君之危亡者，忠臣不忍为也。

敬慎

昔成王封伯禽于鲁，将辞去。周公戒之曰："往矣，子其无以鲁国骄士也。我，文王之子，武王之弟，今王之叔父也，又相天子，吾于天下不轻矣。然尝一沐而三捉发，一食而三吐哺，犹恐失天下之士。吾闻之曰，德行广大而守以恭者荣，土

田忌离开齐国投奔楚国，楚王问他说："楚、齐经常想互相吞并，这该怎么办？"田忌回答说："如果齐国派申孺领兵，那么楚国就发兵五万人，派上将军率领军队，大军到后，就能提着齐国将军的首级回来；如果齐国派眄子领兵，那么楚国即使出动四境之内的全部人马，大王亲自率兵出征，也只能使您个人得以保全。"当时，齐国派申孺率兵攻打楚国，楚国发兵五万人，派上将军率军迎敌，斩下了齐将的首级而回师。于是齐国另派眄子率军攻楚，楚国出动国内的全部军队，楚王亲自率军作战，但楚王仅免于被擒而已。回到馆舍，楚王问道："为什么先生早就知道这样的结局呢？"田忌说："申孺的为人，轻慢贤人又看不起不肖之人，如此贤人和不肖之人都不肯为他出力，所以他会败亡；眄子的为人，尊重贤人也爱护不肖之人，贤人和不肖之人都能担负责任，所以大王仅仅得以保全。"

正谏

《易经》上说："有志于匡正王室的臣子刚正忠直，不是因为自身的缘故。"臣子之所以要刚正忠直，迎难而上去劝谏君主，不是为了自身，而是想要纠正君主的过错，匡正君主的过失。君主有过失，就是危亡的萌芽；看到君主的过失而不劝谏，就是轻视君主的危亡。轻视君主的危亡，忠臣是不忍心做的。

敬慎

从前成王把周公之子伯禽封在鲁国，伯禽将要告辞离去时，周公告诫他说："去吧！你千万不要因为做了鲁国的国君就对士人傲慢。我是文王的儿子、武王的弟弟、当今君王的叔父，又辅佐天子，我的地位在天下来说也不算低了。然而我曾在一次洗头之中要多次握

地博裕而守以俭者安，禄位尊盛而守以卑者贵，人众兵强而守以畏者胜，聪明睿智而守以愚者益，博闻多记而守以浅者广。此六守者，皆谦德也。贵为天子，富有四海，德不谦者失天下，亡其身，桀、纣是也。可不慎乎？故易有一道，大足以守天下，中足以守国家，小足以守其身，谦之谓也。夫天道毁满而益谦，地道变满而流谦，鬼神害满而福谦，人道恶满而好谦。易曰：谦，亨，君子有终，吉。子其无以鲁国骄士矣。"

孙叔敖为楚令尹，一国吏民皆来贺，有一老父后来吊，叔敖曰："楚王不知臣不肖，使臣受吏民之垢，人尽来贺，子独后来吊，岂有说乎？"父曰："有。身已贵而骄人者，民去之，位已高而擅权者，君恶之，禄已厚而不知足者，患处之。"叔敖再拜曰："敬受命，愿闻余教。"父曰："位已高而意益下，官益大而心益小，禄已厚而慎不敢取，君谨守此三者，足以治楚矣。"

魏公子牟东行，穰侯送之曰："先生独无一言以教冉乎？"公子牟曰："夫官不与势期，而势自至；势不与富期，而

着已散的头发去接待客人，在一顿饭之间要多次吐出口中的食物去接待宾客，即便如此，还恐怕错失天下的贤士。我听说：'道德品行宽广博大又能守持恭敬的人才会荣显，土地广阔富饶又能守持节俭的人才会安乐，俸禄多、爵位高又能守持谦卑的人才会尊贵，兵员众多、军队强大又能守持戒惧的人才会获胜，聪明睿智又能守持愚拙姿态的人才会受益，见闻广博、记忆力强又能守持浅陋态度的人才会更加广博。'这六种操守都是谦虚的美德。贵为天子，富有天下，如果品德上不谦虚，就会失去天下，败亡自身，桀、纣便是这样的人，能不谨慎吗？所以《易经》上有一种处世之道，大可以保住天下，中可以保住国家，小可以保住自身，这说的就是谦虚。天的规律是减损盈满者而增益谦虚者，地的规律是改变盈满者而流向谦虚者，鬼神是损害自满者而福佑谦虚者，为人之道是厌恶自满者而喜好谦虚者。《易经》上说：'人能谦虚则诸事亨通，君子若能始终保持谦德，就会吉祥如意。'你一定不要因为做了鲁国的国君就对士人傲慢啊！"

孙叔敖做了楚国令尹，全都城的官员和百姓都来祝贺。有一位老人最后前来吊问。孙叔敖说："楚王不知道我德才不佳，使我愧居高位。现在人们都来祝贺，只有您最后来吊唁，难道有什么话要说吗？"老人说："有。身份已经显贵而对人傲慢的人，百姓会离开他；地位已经很高而独揽大权的人，君主会厌恶他；俸禄已经丰厚却还不知足的人，祸患会伴随他。"孙叔敖拜了又拜，说："恭敬地接受您的教诲，还希望听到更多的教诲。"老人说："地位已高而态度却更加谦卑，官职愈大而内心却愈谨慎，俸禄已厚而愈加慎重，不敢妄取，您能够敬慎地守持这三条，就足以治理好楚国了。"

魏公子牟要往东方去，穰侯为他送行，说："先生（要离去）难道没有一句话来教导我吗？"公子牟说："官位并不与权势相约，而

富自至;富不与贵期,而贵自至;贵不与骄期,而骄自至;骄不与罪期,而罪自至;罪不与死期,而死自至。"穰侯曰:"善。"

善说

齐宣王出猎于社山,父老相与劳王。王曰:"父老苦矣!赐父老田不租。"父老皆拜,间邱先生独不拜。王曰:"父老以为少耶?赐父老无徭役。"先生又不拜。王曰:"父老皆拜,先生独不拜,寡人得无有过乎?"间邱先生对曰:"闻大王来游,所以为劳大王,望得寿于大王,望得富于大王,望得贵于大王。"王曰:"天杀生有时,非寡人所得与也,无以寿先生;仓廪虽实,以备灾害,无以富先生;大官无缺,小官卑贱,无以贵先生。"先生对曰:'此非人臣所敢望也,愿大王选有修行者以为吏,平其法度,如此,臣少可以得寿焉。振之以时,无烦扰百姓,如是,臣可少得以富焉。愿大王出令,令少者敬老,如是,臣可少得以贵焉。今大王幸赐臣田不租,然则仓廪将虚也,赐臣无徭役,然则官府无使焉,此固非臣之所敢望也。"齐王曰:"善。"

权势自己就会来到;权势不与财富相约,而财富自己就会来到;财富不与尊贵相约,而尊贵自己就会来到;尊贵不与骄奢相约,而骄奢自己就会来到;骄奢不与罪过相约,而罪过自己就会来到;罪过不与死亡相约,而死亡自己就会来到。"穰侯说:"说得好!"

善说

齐宣王外出到社山打猎,当地父老一起来慰劳齐宣王。齐宣王说:"父老们辛苦了!赏赐父老们田地免交赋税。"父老们都拜谢,只有间邱先生不拜谢。宣王问:"父老们认为这样太少了吗?再赐父老们不服徭役。"间邱先生还是不拜谢。齐宣王说:"父老们都拜谢,唯有先生您不拜谢,我莫非有什么过失吗?"间邱先生回答说:"听说大王要来游猎,所以前来慰劳大王,希望从大王这里得到长寿,希望从大王这里得到富裕,希望从大王这里得到尊贵。"齐宣王说:"上天主宰人的生死有一定时间,不是我所能给予的,无法使先生长寿;粮仓虽然充实,是用来防备灾害的,无法使先生富裕;大的官职没有缺额,小的官职又太卑贱,无法使先生尊贵。"间邱先生回答说:"这些不是臣所敢期求的。希望大王选择有美好品行的人做官,使法令制度公平合理,这样臣便可以稍微多活几年了;及时赈济民众,不要烦扰百姓,这样臣就可以稍微得到富裕了;希望大王发布命令,让年少的人尊敬老人,这样臣就可以稍微得到尊贵了。现在大王赏赐臣下田地不必纳税,但这样国库将会空虚;赏赐臣下不必服徭役,但这样官府就无人可供使用了。这些本来就不是臣所敢奢望的。"齐王说:"说得好。"

修文

成王将冠,周公使祝雍祝王曰:"达而勿多。"祝雍曰:"使王近于仁,远于佞,嗇于时,惠于财,任贤使能。"

反质

秦始皇帝既兼天下,侈靡奢泰,有方士韩客侯生、齐客卢生相与谋曰:"当今时,不可以居。上乐以刑杀为威,下畏罪持禄,莫敢尽忠。上不闻过而日骄,下慑服以慢欺而取容,谏者不用而失道滋甚,吾党久居且为所害。"乃亡去。始皇闻之,大怒曰:"吾闻诸生多为妖言以乱黔首。"乃使御史悉上诸生,诸生四百余人,皆坑之。侯生后得,始皇召而见之。侯生曰:'陛下肯听臣一言乎?"始皇曰:"若欲何言。"侯生曰:"今陛下奢侈失本,淫佚趣末。宫室台阁,连属增累;珠玉重宝,积袭成山;妇女倡优,数巨万人;钟鼓之乐,流漫无穷;舆马文饰,所以自奉;丽靡烂漫,不可胜极。黔首匮竭,民力殚尽,尚不自知,又急诽谤,严威刻下,下暗上聋,臣等故去,臣等不惜臣之身,惜陛下国之亡耳。今陛下之淫,万丹朱而千昆吾、桀、纣。臣恐陛下之十亡,曾不一存。"始皇默然久之,曰:"汝何不早言。"侯生曰:"陛下自贤自健,上侮五帝,下凌三王,弃素朴,就末技,陛下亡征久见矣。臣等恐言之无益而自为取死,故逃而不敢言,今臣以必死,故为陛下陈之,虽不能使陛下不亡,欲使陛下自知也。"始皇曰:"吾可以变乎?"侯生曰:"刑

修文

成王将要加冠,周公命祝雍为成王致祝辞,说:"祝辞要通达简练。"祝雍说:"使君王亲近仁德之人,远离奸邪谄媚之人,爱惜时间,惠施财物,任用有才德的人。"

反质

秦始皇吞并天下之后,奢侈靡费,有方术之士韩人侯生、齐人卢生一起商量说:"看现今的时势,不能再在秦国待下去了。君主喜欢以刑杀树立威严,臣下害怕获罪,只求保持禄位,没有人敢尽忠。君主听不到自己的过失而日益骄横,臣下因畏惧而屈服,用轻慢欺诈的手段来讨好君主以求安身。敢于进谏的人不被任用,而背离正道的情况更加严重。我们如果久居此处,将会遭到杀害。"于是就一起逃走了。秦始皇听到后大怒,说:"我听说众儒生大多制造妖言,扰乱百姓的思想。"于是命令御史把儒生全部抓来审问。诸儒生四百多人,全被活埋了。侯生后来被捕,秦始皇召见他。侯生说:"陛下肯听臣一句话吗?"秦始皇说:"你要说什么?"侯生说:"现在陛下奢侈而丧失根本,放任逸乐而追求末节。宫室台阁,层层相连;珠玉珍宝,堆积成山;美女歌伎,数以万计;钟鼓之乐,放纵不节而无休止;车马用彩绘装饰。凡是用来供自己享乐的东西,豪华艳丽,光彩缤纷,不能详尽列举。而百姓穷困贫乏,民力已经用尽,自己还不知道。又因别人指责而焦燥,用威势制服臣下。下面的人不敢说话,上面的人听不到意见,我们因此离去。我们不吝惜自己的性命,而惋惜陛下的国家将要灭亡。现在陛下这样的荒淫无度,是丹朱的万倍,是昆吾、桀、纣的千倍,臣恐怕陛下有十次败亡的可能,而无一次生存的机会。"秦始皇沉默了很久,说:"你为什么不早说呢?"侯生说:"陛下

已成矣，陛下坐而待亡耳。若陛下欲更之，能若尧与禹乎？不然，无冀也。"始皇喟然而叹，遂释不诛。

魏文侯问李克曰："刑罚之源安生？"对曰："生于奸邪淫佚之行也。凡奸邪之心，饥寒而起。淫佚者，文饰之耗，雕文刻镂，害农事者也；文绣纂组，伤女功者也。农事害则饥之本，女功伤则寒之源也。饥寒并至而能不为奸邪者，未之有也。男女饰美以相矜，而能无淫佚者，未尝有也。故上不禁技巧，则国贫民侈。国贫民侈，则贫穷者为奸邪，而富足者为淫佚，则驱民而为邪也。民已为邪，因以法随而诛之，则是为民设陷也。刑罚之起有源，人主不塞其本而督其末，伤国之道也。"文侯曰："善。"

季文子相鲁，妾不衣帛，马不食粟。仲孙忌谏曰："子为鲁上卿，妾不衣帛，马不食粟，人其以子为爱。且不华国也。"文子曰："然！吾观人之父母，衣粗食蔬，吾是以不敢，且吾闻君子以德华国，不闻以妾与马。夫德者，得于我，又得于彼，故可行。若淫于奢侈，沉于文章，不能自反，何以守国。"仲孙忌惭而退。

自认为贤明，自认为强盛，上对五帝轻慢，下对三王不敬，抛弃朴素，追求末技。陛下灭亡的征兆已经出现很久了。臣等怕说出来也没有用处，只是自寻死路，所以逃走而不敢进言。现在臣必死无疑，所以为陛下陈述这些。即使不能让陛下免于灭亡，也希望使陛下自己明白。"秦始皇问："我还能改变这种局面吗？"侯生说："形势已经造成，陛下只有坐以待毙了。如果陛下想要改变这种形势，能做到像唐尧和夏禹那样吗？如果不能，就没有希望了。"秦始皇感慨地叹了一口气，于是放了侯生，没有杀他。

　　魏文侯问李克说："刑罚的根源是怎样产生的？"李克回答说："产生于奸诈邪恶、放纵逸乐的行为。凡是奸诈邪恶的念头，都由饥寒所引起；淫逸放纵的行为，是因为耗神于文饰。雕绘彩饰，会妨害农业生产；锦绣绶带，会妨害女工。农事受妨害，是饥饿的本源；女工受妨害，是受寒的本源。饥寒交迫，却能不做邪恶之事的，还未曾有过；男女打扮得漂亮来互相夸耀，而能没有纵欲放荡行为的，也未曾有过。所以君主不禁止奇技淫巧，就会使国家贫困、百姓奢侈。国家贫困、百姓奢侈，那么贫穷者就会去做奸邪之事，而富足者就会有荒淫放荡之行，这就等于是驱使百姓去做坏事。百姓既已做了坏事，于是随即用法令诛杀他们，这就如同为百姓设下了陷阱。刑罚的产生是有根源的，君主不堵塞其根源，而去禁止那些枝末的小事，这是有害于国家的做法。"魏文侯说："讲得好。"

　　季文子做鲁国的卿相，他的妻妾不穿丝绸，马不吃粮食。仲孙忌劝谏说："您是鲁国的上卿，妻妾不穿丝绸，马不吃粮食，别人会认为您吝惜，并且也会使国家不光彩。"文子说："是这样吗？我看到国人的父母还穿粗布衣服吃蔬食，我因此不敢奢侈。况且我听说君子靠德行来光耀国家，没有听说靠妾和马的。所谓德，既能使自己有所

得,又能使别人有所得,因此可以推行。如果纵情于奢侈的生活,沉迷于华美的彩饰,而不能反躬自省,怎么能治理国家呢?"仲孙它惭愧地退了下去。

卷四十四　桓子新论

桓谭　撰

求辅

昔秦王见周室之失统，丧权于诸侯，故遂自恃，不任人、封立诸侯。及陈胜、楚、汉咸由布衣，非封君有土，而并共灭秦。高帝既定天下，念项王从函谷入而己由武关到，推却关，修强守御，内充实三军，外多发屯戍，设穷治党与之法，重悬告反之赏，及王翁之夺取，乃不犯关梁厄塞，而坐得其处。王翁自见以专国秉政得之，即抑重臣，收下权，使事无大小深浅，皆断决于己身。及其失之，人不从，大臣生焉。更始帝见王翁以失百姓心亡天下，既西到京师，恃民悦喜，则自安乐，不听纳谏臣谋士，赤眉围其外而近臣反，城遂以破败。由是观之，夫患害奇邪不一，何可胜为设防量备哉？防备之善者，则唯量贤智大材，然后先见豫图，遏将救之耳。

维针艾方药者，已病之具也，非良医不能以愈人。材能德行者，治国之器也，非明君不能以立功。医无针药，可作为求买以行术伎，不须必自有也。君无材德，可选任明辅，不待必躬能也。由是察焉，则材能德行，国之针药也，其得立功效，

求辅

　　当年秦始皇见到周王室失去纲纪,丧权于诸侯,因此便自矜称大,(秦得天下后)便不再封立诸侯。及陈胜、项羽、刘邦,都是平民出身,并非天子授封而享有封地的诸侯,但他们共同灭了秦朝。汉高帝平定天下之后,思及当年项羽从函谷关入秦,而自己由武关到达咸阳,于是推想到据守关隘的重要,便整修加强防御,在国内充实三军的实力,在边关则多派兵防守;制定了彻底查办私结朋党的法令,重金悬赏奖励告发谋反之人。到了王莽夺取汉朝政权之时,却不用攻关夺塞而坐享其皇位。王莽自知是凭着独揽朝政而窃取皇位,便抑制重臣势力、控制下级权力,使事情无论大小轻重,都由自己一人决断。等到他失去权力时,众人不追随,大臣皆抱怨。更始帝刘玄见王莽因失去民心而丢了天下,西进到长安后,趁着人民喜悦,就自图安乐,不听取谏臣谋士的意见,以致赤眉军包围长安,而亲近大臣乘机反叛,长安城于是被攻破。由以上这些事例可以看出,危害国家的祸患千奇百怪,不一而足,又怎能全都提前做好防患的准备呢?防备祸国之患的最好办法,只有去考察并任用那些贤能大智的人,然后才能及早发现问题,预先安排考虑,从而遏止祸乱,挽救国家。

　　针艾方药,是治病的工具,不是良医则不能用它治愈病人;才能德行,是治理国家的工具,不是贤明的君主则不能用它建立功业。医生没有针药,可以通过制作、购买来施展医术,而无须一定要自己拥有看病的器具;君主没有才德,可以选拔任用贤明的辅佐,而不必一定要自身能拥有这些。由此看来,才能德行,是治国的针药。它们

乃在君辅。传曰:"得十良马,不如得一伯乐;得十利剑,不如得一欧冶。"多得善物,不如少得能知物,知物者之致善珍,珍益广,非特止于十也。

言求取辅佐之术,既得之,又有大难三,而止善二。为世之事,中庸多,大材少,少不胜众,一口不能与一国讼。持孤特之论,干雷同之计,以疏贱之处,逆贵近之心,则万不合,此一难也。夫建踔殊,为非常,乃世俗所不能见也,又使明智图事,而与众平之,亦必不足,此二难也。既听纳有所施行,而事未及成,谗人随而恶之,即中道狐疑,或使言者还受其尤,此三难也。智者尽心竭言以为国造事,众间之则反见疑,一不当合,遂被谮诉。虽有十善,隔以一恶去,此一止善也。材能之士,世所嫉妒,遭遇明君,乃一兴起,既幸得之,又复随众弗与知者,虽有若仲尼,犹且出走,此二止善也。

是故非君臣致密坚固,割心相信,动无间疑。若伊、吕之见用,傅说之通梦,管、鲍之信任,则难以遂功竟意矣。又说之言亦甚多端,其欲观使者,则以古之贤辅厉主,欲间疏别

要产生功效，还在于君主的使用。古书说，得到十匹良马，不如得到一个伯乐；得到十把利剑，不如得到一个欧冶子。多得美好之物，不如少得能知物者。能知物者能使美好珍贵之物到来，且会使美好珍贵之物越来越多，就不仅仅是止于十倍之数了。

  要说求取辅佐君主治国之人的方法，即使君主能够得到这些人才，在发挥其作用方面又有三大难题和两种不能始终信任贤辅的情况。为国家办事的官吏，中等之人多，而具有高超才能的人少。少数则不能制服多数，一人之口不能与一国之人争辩，抱持着独特非凡之论，而去触犯众口一辞的观点，凭其疏远低贱的地位，而去违背权贵近臣的意愿，则是万万不能相融的，这是一难。建立卓越殊特的功绩，做不同寻常的事情，这是世俗之人所不能理解和明白的，又使明智之人去谋划处事，而让众人去评论，其结果也必定不会充分准确，这是第二难。君主既然已经听取谏言而有所施行，但事情还未等到成功，进谗言的小人就随即诽谤他，便会使君主中途产生怀疑，有时还会使进言者遭到君主的怪罪，这是第三难。有才智的人尽心竭言来为国家办事，而众人从中挑拨离间，那么他反而会遭到怀疑，如果其意见稍不合宜，就会被谗毁诬陷，即使有十条辅佐的良策，也会因一次恶意的离间而被弃之不用。这是第一种不能始终信任贤辅的情况。有才能的人往往被世人所嫉妒，遇到明君，才会被启用，君主已经幸运地得到了他，又重新听从众人的意见，而不让他参与知晓，即使是像孔子那样的圣人，也依然会离去。这是第二种不能始终信任贤辅的情况。

  所以，如果不是君臣关系密切坚固，竭诚相待，彼此信任，对任何举动都不会有怀疑，就如伊尹、吕尚受到重用，像傅说出现在殷高宗的梦中而被启用，如管仲和鲍叔牙那样彼此信任，那么就难以建

离,则以专权危国者论之。盖父子至亲,而人主有高宗、孝己之设,及景、武时栗、卫太子之事。忠臣高节,时有龙逢、比干、伍员、晁错之变。比类众多,不可尽记。则事曷可为邪,庸易知邪。虽然,察前世已然之效,可以观览,亦可以为戒。维诸高妙大材之人,重时遇咎,皆欲上与贤侔,而垂荣历载。安肯毁名废义而为不轨恶行乎?若夫鲁连解齐、赵之金封,虞卿捐万户与国相,乃乐以成名肆志,岂复干求便辟趋利耶?览诸邪背叛之臣,皆小辨贪饕之人也,大材者莫有焉。由是观之,世间高士材能绝异者,其行亲任亦明矣。不主乃意疑之也,如不能听纳施行,其策虽广,知得亦终无益也。

言体

  凡人耳目所闻见,心意所知识,情性所好恶,利害所去就,亦皆同务焉。若材能有大小,智略有深浅,听明有暗照,质行有薄厚,亦则异度焉。非有大材深智,则不能见其大体。大体者,皆是当之事也。夫言是而计当,遭变而用权,常守正,见事不惑,内有度量,不可倾移,而诳以谲异,为知大体矣。

立功业、实现愿望了。再者，人们所说的言辞，也是各种各样。想观察受命聘用的臣子，人们就用古代贤辅的例子来勉励君主；想离间疏远君臣的关系，人们就用专权危害国家者的先例来评论他。世上父子关系是最亲的啊，但君主中尚有殷高宗武丁听信谗言逼死其子孝己，以及汉景帝废掉栗太子、汉武帝逼死卫太子的事情。忠臣高节之士，当年也有龙逄、比干、伍员、晁错的变故。这类情况很多，不能全都记下来。那么事情还怎么做呢？常人又怎能容易明白呢？即使如此，考察前代已经发生之事的效验，可以审视明察，也可引以为戒。那诸多道德高尚、才能杰出之人，遇到合适时机，得到君主信任，都想尽力向上和先贤看齐，从而流芳百世，怎么肯毁坏名节、放弃道义，而去干不合法度的坏事呢？至于鲁仲连放弃齐国的封官和赵国的赏金，虞卿抛弃万户侯和国相之位，乃是他们以成就名节、尽显其志向为乐，又怎会摧眉折腰去追求功利呢？纵观那些奸佞背叛之臣，都是巧言狡辩、贪得无厌之人，没有一个人是具有大才能的。由此看来，世上那些志行高洁、才能不凡的人，他们的德行可以被君主信任则是很明显的了。那些无道的昏君却怀疑他们，如果对他们的建议不能听从采纳并去施行，那么高士们治国的良策即使再多，可知君主得到了也终无用处。

言体

大凡人的耳目所听到和见到的，心理和意识所认知的，性情所喜好或厌恶的，面对利益和祸害所弃所求的，每个人基本都是相同的。至于才能有大小，智慧和谋略有深浅，听觉和视觉有暗明，品德操行有薄厚，那就有不同的程度了。没有出众的才能和深邃的智慧，就不能明见大体。所谓大体，都是恰当合适的事情。所说之言正确，

如无大材，则虽威权如王翁，察慧如公孙龙，敏给如东方朔，言灾异如京君明，及博见多闻，书至万篇，为儒教授数百千人，只益不知大体焉。维王翁之过绝世人有三焉，其智足以饰非夺是，辩能穷诘说士，威则震惧群，又数阴中不快己者。故群臣莫能抗答其论，莫敢干犯匡谏，卒以致亡败，其不知大体之祸也。

夫帝王之大体者，则高帝是矣。高帝曰："张良、萧何、韩信，此三子者，皆人杰也。吾能用之，故得天下。"此其知大体之效也。

王翁始秉国政，自以通明贤圣，而谓群下才智莫能出其上，是故举措兴事，辄欲自信任，不肯与诸明习者通共，苟直意而发，得之而用，是以稀获其功效焉，故卒遇破亡，此不知大体者也。高帝怀大智略，能自揆度，群臣制事定法，常谓曰："庳而勿高也，度吾所能行为之。"宪度内疏，政合于时，故民臣乐悦，为世所思，此知大体者也。

王翁嘉慕前圣之治，而简薄汉家法令，故多所变更，欲事事效古，美先圣制度，而不知己之不能行其事，释近趋远，所尚非务，故以高义退致废乱，此不知大体者也。高祖欲攻魏，乃使人窥视其国相及诸将率左右用事者，知其主名，乃曰："皆

所出之计得当，遭遇变故而能随机应变，平常恪守正道，遇事不惑，内心有主见，不会因欺诈迷惑而动摇，这就是知大体者。假如没有杰出的才能，那么即使有像王莽那样的威势和权力，有像公孙龙那样的智慧辩才，有像东方朔那样的机敏，预言灾异具有像京房那样的能力，以及博见多闻，著书万篇，教授儒生百千人，也只是更不知大体而已。王莽超过世人的地方有三点：他的智谋足以颠倒是非，辩才能彻底诘难游说之士，威势则能震摄臣下。他又多次暗算不合自己心意之人。所以群臣没有人能抗辩他的谬论，没有人敢冒犯他而匡正规谏，最终导致他的失败灭亡，这就是不懂得大体的祸患。

帝王中称得上识大体的，汉高帝是一个。高帝说："张良、萧何、韩信，这三个人都是人中的豪杰。我能任用他们，所以能得天下。"这就是他识大体的证明。

王莽初掌国政，自认为开通贤明、德才极高，而认为臣下们的才智没有能超出其上的，因此言行举动、兴办政事，都是那样自信，不肯和各位明事理、有才智的人交流沟通，随意地凭主观想象发表意见，想出一个办法就运用，所以很少能取得功效，因此终于遭到破败灭亡，这就是不识大体的人。汉高帝胸有大智谋略，能够自我估量，群臣处理事务、制定法度时，高帝常对他们说："标准不要定得太高，要考虑我所能做到的去做。"于是法度宽松，政令适合时宜。所以，百姓和臣下都欢乐喜悦，高祖亦被后世所怀念。这就是识大体的人。

王莽赞美仰慕前世圣人之治，而鄙薄汉朝法令，所以许多汉朝法令被变更。又想事事效仿古人，称美前世圣人的制度，却不知道自己并不能实行那些制度。舍弃近前的而追求遥远的，所崇尚的不是当务之急，所以终由推崇先圣的高义而衰退到败亡动乱，这是不

不如吾萧何、曹参、韩信、樊哙等,亦易与耳。"遂往击破之,此知大体者也。

王翁前欲北伐匈奴,及后东击青、徐众郡赤眉之徒,皆不择良将,而但以世姓及信谨文吏,或遣亲属子孙素所爱好,咸无权智将帅之用,猥使据军持众,当赴强敌。是以军合则损,士众散走。咎在不择将,将与主俱不知大体者也。

夫言行在于美善,不在于众多。出一美言善行而天下从之,或见一恶意丑事而万民违,可不慎乎?故易曰:"言行,君子之枢机,枢机之发,荣辱之主,所以动天地者也。"

王翁刑杀人,又复加毒害焉。至生烧人,以醯五毒灌死者肌肉,及埋之,复荐覆以荆棘。人既死,与木土等,虽重加创毒,亦何损益。成汤之省纳。无补于士民,士民向之者,嘉其有德惠也。齐宣之活牛,无益于贤人,贤人善之者,贵其有仁心也。文王葬枯骨,无益于众庶,众庶悦之者,其恩义动之也。王翁之残死人,无损于生人,生人恶之者,以残酷示之也。维此四事,忽微而显著,纤细而犹大。故二圣以兴,一君用称,王翁以亡,知大体与不知者远矣。

识大体者。高祖想要攻打魏国,就派人暗中了解其国相以及诸位将领和其身旁左右参事的人,知道了对方各级主管者的名字,于是说:"这些人都不如我的萧何、曹参、韩信、樊哙等人,很容易对付。"于是率军前去击败了敌人。这就是识大体的人。

王莽先前想北伐匈奴,以及后来向东攻打青州、徐州各郡的赤眉军,都不选择良将,而只是任用世姓家族和胆小谨慎的文官,或派遣自己的亲属子孙和平时所宠爱的人,这些人都没有权智谋略,也不曾担任过将帅,却随意让他们统领军队,前往抵挡强敌,因此与敌军一交战便大败,士兵们四散奔逃。其过错就在于选择将帅不当,将帅与君主都是不识大体者。

言语行为在于美好,而不在于众多。出一美言善行,天下之人就会顺从;有时表现出一件恶意丑事,万民百姓都会违抗。(言语行为)能不慎重吗?所以,《易经》上说:"言行,是君子立身处世的关键要枢。言语行为的发动是导致荣辱的根本所在,是惊动天地的大事啊!"

王莽以刑杀人,而对死者又加以残害,竟至于活活将人烧死,尔后又用醋、五毒灌注死者的肌肉,掩埋死者时,又用荆棘铺垫和覆盖。人死之后如木土一般,即使再加以伤害,对死者来说又能有什么损害呢?成汤的省察纳谏,对于民众无所补益,但民众归向他,是因为嘉许他有德行恩泽;齐宣王不杀牛,并无益于贤人,但贤人却赞美他,是因为崇尚他有仁爱之心;文王埋葬枯骨,对百姓来说没有什么益处,但百姓为之而喜悦,是因为他的恩德道义感动了人们。王莽残酷虐待死人,对于活着的人没有什么伤害,但活着的人厌恶痛恨他,是因为他向众人显示了他的残酷。这四件事,虽细微但其意义十分显著,虽细碎但其意义十分重大。所以,成汤、文王二位圣人因此

圣王治国崇礼让，显仁义，以尊贤爱民为务，是为卜筮维寡，祭祀用稀。王翁好卜筮，信时日，而笃于事鬼神，多作庙兆，洁斋祀祭，牺牲殽膳之费，吏卒辨治之苦，不可称道。为政不善，见叛天下，及难作兵起，无权策以自救解，乃驰之南郊告祷，搏心言冤，号兴流涕，叩头请命，幸天哀助之也。当兵入宫日，矢射交集，燔火大起，逃渐台下，尚抱其符命书及所作威斗，可谓蔽惑至甚矣。

见微

淳于髡至邻家，见其灶突之直而积薪在旁，曰："此且有火灾。"即教使更为曲突而徙远其薪。灶家不听。后灾火果及积薪而燔其屋，邻里并救击，及灭止，而亨羊具酒以劳谢救火者。曲突远薪，固不肯呼淳于髡饮饭。智者讥之云："教人曲突远薪，固无恩泽，燋头烂额，反为上客。"盖伤其贱本而贵末。岂夫独突薪可以除害哉？而人病国乱，亦皆如斯。是故良医医其未发，而明君绝其本谋。后世多损于杜塞未萌，而勤于攻击已成。谋臣稀赏，而斗士常荣，犹彼人，殆失事之重轻。察淳于髡之预言，可以无不通，此见微之类也。

而兴盛,齐宣王因此而被称扬,而王莽却因此灭亡。可见识大体与不识大体者相差甚远啊!

圣王治理国家,推崇礼义和谦让,显扬仁爱和道义,以尊贤爱民为要务,因此很少占卜问卦、祭祀鬼神。王莽好占卜,相信时日吉凶,虔诚地事奉鬼神,修建了许多庙宇祭坛,洁身斋戒以祭祀,祭祀所用牲畜和美味膳肴的费用以及官吏治办的辛苦,无法用语言表述。王莽治理国家不善,而遭到天下人的反叛,及至灾难发生,义军四起,却无权谋计策以自救,于是策马疾驰到南郊,向上天祈祷,捶胸称冤,号哭流涕,叩头祈求上天保佑,希望上天哀怜并帮助他。当义兵攻入宫中之时,万箭交集,大火熊熊,王莽逃到渐台下,还抱着他的符命书和自制的"威斗",可以说是受迷惑蒙蔽太深了。

见微

淳于髡到邻居家,看到他家锅灶上的烟道太直,而柴草又堆放在灶旁,就对邻居说:"这样早晚会发生火灾。"便告诉邻人应将直烟道改为弯烟道,并将柴草移到远处。邻人没有听他的话。后来灶火果然燃及柴草并烧着了房子,邻里们都来救火。火被扑灭后,这失火者烹羊摆酒来答谢帮忙救火的人,随后将烟道改为弯烟道,将柴草搬到远离锅灶的地方,却不肯请淳于髡吃饭。智者讥讽失火者说:"教人将直烟道改为弯烟道、将柴草远离锅灶的人,却不被认为有恩泽,而那些帮助救火被烧得焦头烂额的人,反而成为贵客。"这是哀怜失火者不重视根本而看重末节。难道只是改烟道和移柴草就能免除灾害吗?人们生病、国家动乱,道理也都是如此。所以,高明的医生在疾病未发生之前就医治,圣明的君主从根本上杜绝动乱的阴谋。后人多疏于杜绝尚未发生的动乱苗头,而勤于打击已成事实的动

谴非

王者初兴,皆先建根本,广立藩屏以自树党,而强固国基焉。是以周武王克殷,未下舆而封黄帝、尧、舜、夏、殷之后,及同姓亲属功臣德行,以为羽翼,佐助鸿业,永垂流于后嗣。乃者强秦罢去诸侯,而独自恃任一身,子弟无所封,孤弱无与,是以为帝十四岁而亡。汉高祖始定天下,背亡秦之短计,导殷周之长道,褒显功德,多封子弟,后虽多以骄佚败亡,然汉之基本得以定成,而异姓强臣,不能复倾。至景、武之世,见诸王数作乱,因抑夺其权势,而王但得虚尊,坐食租税,故汉朝遂弱,孤单特立。是以王翁不兴兵领士而径取天下,又怀贪功独专之利,不肯封建子孙及同姓戚属为藩辅之固,故兵起莫之救助也。传曰:"与死人同病者,不可为医;与亡国同政者,不可为谋。"王翁行甚类暴秦,故亦十五岁而亡。失猎射禽兽者,始欲中之,恐其创不大也。既已得之,又恐其伤肉多也。鄙人有得鮿酱而美之,及饭,恶与人共食,即小唾其中,共者怒,因涕其酱,遂弃而俱不得食焉。彼亡秦、王翁欲取天下时,乃乐与人分之,及已得而重爱不肯与,是惜肉嗜鮿之类也。

乱行动，那些当初为防止动乱而提出建议的大臣很少得到赏赐，而那些平息动乱之士却常荣耀尊显，这就如同那失火者一样，弄错了事情的轻重。仔细察看淳于髡"曲突远薪"的预言，便可以举一反三、触类旁通，这就是能见微知著的例子。

谴非

　　王者初建王朝，都是首先建立根本，广泛封立藩国作为屏障，来培植自己的同党，加强、巩固国家的根基。因此，周武王攻克殷都，还未登基就封立黄帝、尧、舜、夏禹、殷汤的后代及自己的同姓亲属、有功之臣和有道德的人，以他们作为党羽，来辅助王业，使基业永远流传于后代。从前，强大的秦国废去诸侯，只靠皇帝一身独决专行，不封立宗室子弟，从而孤弱而无党羽，因此称帝十四年便灭亡了。汉高祖刚平定天下，废弃了秦朝短视的策略而遵从殷、周长治久安之道，褒奖宣扬有功之臣的功德，封立众多刘姓子弟。后来，即使许多诸侯王因骄奢淫逸而败亡，但是汉朝的国家根基因此而得以稳定和确立，而势力强大的异姓大臣也不能将其颠覆。到了景帝、武帝时，看到诸侯王多次作乱，因此便剥夺了他们的权势，使诸王只得到空虚的尊位，坐食租税。因此汉朝逐渐衰败，君主孤立无助，所以王莽不用兴师动众就能直接取得天下。然而王莽又心怀贪功及独断专行之利，不肯分封子孙及同姓亲属作为藩国，来辅助巩固国家，所以战事一起，没有人来救助他。古书上说："与已死之人患同样疾病者，是不能医治的；与亡国之君施行同样的政略者，是不能为他谋划的。"王莽的所作所为和残暴的秦朝很相似，所以也只在位十五年就灭亡了。打猎射杀飞禽走兽的人，开始只想射中猎物，唯恐猎物创伤不大，得到猎物之后，又担心将猎物之肉伤得太多。过去偏远的地方

昔齐桓公出,见一故墟而问之。或对曰:"郭氏之墟也。"复问郭氏曷为墟,曰:"善善而恶恶焉。"桓公曰:"善善恶恶,乃所以为存,而反为墟,何也?"曰:"善善而不能用,恶恶而不能去。彼善人知其贵己而不用,则怨之;恶人见其贱己而不好,则仇之。夫与善人为怨,恶人为仇,欲毋亡得乎?"乃者,王翁善天下贤智材能之士,皆征聚而不肯用,使人怀诽谤而怨之。更始帝恶诸王假号无义之人而不能去,令各心恨而仇之,是以王翁见攻而身死,宫室烧尽,更始帝为诸王假号而出走,令城郭残。二王皆有善善恶恶之费,故不免于祸难大灾,卒使长安大都,坏败为墟,此大非之行也。

北蛮之先,与中国并,历年兹多,不可记也。仁者不能以德来,强者不能以力并也。其性忿鸷,兽聚而鸟散,其强难屈,而和难得,是以圣王羁縻而不专制也。昔周室衰微,夷狄交侵,中国不绝如线,于是宣王中兴,仅得复其侵地。夫以秦始皇之强,带甲四十万,不敢窥河西,乃筑长城以分之。

有个人得到一些鲶鱼酱，认为它很可口。到吃饭时，则不想与他人同食，就吐了一小口唾沫在酱中，与他一起食酱的人很生气，于是便在酱里擤了一把鼻涕，结果是扔掉了鱼酱，谁都没有吃上。那灭亡的秦朝和王莽，想夺取天下的时候，还乐于与人分享利益，等得到天下之后，却又十分吝啬而不肯与他人分享，这和上述怜惜猎物之肉创伤多和想独吃鲶鱼酱是一样的。

从前齐桓公外出，见到一处废墟而询问。有人回答说："这是郭氏的废墟。"桓公又问："郭氏此处为何会成为废墟呢？"那人回答说："因为他喜欢善人而憎恶恶人。"桓公说："喜欢善人而憎恶恶人，这是得以保存之道，却反而成为废墟，这是为什么呢？"回答说："郭氏虽喜欢善人却不能任用，憎恶恶人却不能去除。那些好人知道他看重自己却不被任用，就会抱怨他；恶人看到他鄙视自己而得不到他的喜欢，就会怨恨他。和好人结怨，和恶人结仇，想不灭亡，行吗？"从前，王莽喜欢天下有贤德才智之人，都将他们征召聚集在一起，却不肯任用，使这些人心生非议而抱怨他；更始帝刘玄憎恶所封诸王，欲拥立自己而行不合道义之事，但却不能废除他们，使他们各个心怀怨恨而仇视他。所以王莽被攻打而身亡，宫室被烧毁；更始帝因得罪诸王而出逃，使城郭毁为废墟。以上二王都有喜欢贤人而憎恶恶人的言辞却言而不行，因此不能免于祸难、大灾，终使长安都城被破坏成废墟，这是极端错误的行为。

北方蛮夷的祖先，与中原地区同时并存，经历了多少年，已不可计数。仁爱者不能以德行使他们归顺，强悍者不能以武力征服他们。他们的性情残忍凶狠，时而像野兽一样聚集，时而像飞鸟一样分散，用强力难以使他们屈服，与他们和亲修好又难以奏效，因此圣王采取怀柔的方法而不对其进行控制。从前周王室衰微，夷狄部落

汉兴，高祖见围于平城，吕后时为不轨之言，文帝时匈奴大入，烽火候骑，至雍、甘泉。景、武之间，兵出数困，卒不能禽制，即与之结和亲，然后边甬得安，中国以宁。其后匈奴内乱，分为五单于，甘延寿得承其弊，以深德呼韩邪单于，故肯委质称臣，来入朝见汉家。汉家得以宣德广之隆，而威示四海，莫不率服，历世无寇。安危尚未可知，而猥复侵刻匈奴，往攻夺其玺绶，而贬损其大臣号位，变易旧常，分单于为十五，是以恨恚大怒，事相攻拒。王翁不自非悔，及遂持屈强无理，多拜将率，调发兵马，运徙粮食财物，以弹索天下，天下愁恨怨苦，因大扰乱，竟不能挫伤一胡虏，徒自穷极竭尽而已。书曰："天孽可避，自作孽不可活。"其斯之谓矣。夫高帝之见围，十日不食，及得免脱，遂无愠色。诚知其往攻非务，而怨之无益也。今匈奴负于王翁，王翁就往侵削扰之，故使事至于斯，岂所谓肉自生虫，而人自生祸者耶。其为不急，乃剧如此，自作之甚者也。

迭相侵犯中原，使中原政权像快要断绝的线一样形势危急。当时宣王中兴，也仅是收复了被夷狄侵占的失地。凭着秦始皇的强大，拥有披甲的将士四十万，仍不敢觊觎河西之地，便修筑长城来隔离北蛮。

汉朝兴起，高祖征伐匈奴时被围困于平城，吕后时匈奴曾对吕后有无礼之言；汉文帝时，匈奴大举入侵，报警的烽火和侦察的骑兵已到达雍、甘泉等地。景帝、武帝年间，出兵征伐多次被困，最终不能制服匈奴，便与匈奴联结和亲，从这以后边民才得以安生，中原才得以安宁。后来匈奴发生内乱，分为五个单于，甘延寿利用其分裂的弊端（诛郅支单于），汉朝对呼韩邪单于施以厚恩，所以他才愿意归附称臣，入朝谒见汉朝天子，汉朝得以向世人显示其深厚广大之德，又以强大的威势显明于四海，天下没有不顺服的，此后累代没有敌寇。新莽之初，王莽自身安危尚不可知，而又轻率地侵害匈奴，派兵前往攻打他们，并夺回其当年被赐封的印玺，贬低单于位次，其称号和爵位与大臣无异，改变旧有的制度，并分立十五人为单于，因此匈奴怨恨愤怒，借故便攻击抗拒。王莽不自责悔过，反而持屈强、行无理，封拜许多将帅，调集兵马，运送粮食和财物，以竭力搜刮天下百姓。天下人民愁恨怨苦，于是国内大乱，然而竟不能损伤匈奴一兵一卒，白白使自己财力竭尽而已。《尚书》上说："天作孽，犹可违；自作孽，不可活。"说的就是这种情况。当年高帝被围，十天吃不上饭，等到解围脱险后，终无怨恨的神色，因为他的确认识到前往攻打匈奴不是应该做的事，而怨恨匈奴也毫无益处。如今匈奴有负于王莽，王莽便发兵攻打、侵扰他们，所以才会使事情弄到如此地步，这难道不是所谓的肉自生虫而人自生祸吗？他做这些不紧迫的事情，其遗祸竟然剧烈到了如此地步，真是自作孽太过分了。

启悟

　　灾异变怪者,天下所常有,无世而不然。逢明主贤臣,智士仁人,则修德善政,省职慎行以应之。故咎殃消亡,而祸转为福焉。昔大戊遭桑谷生朝之怪,获中宗之号;武丁有雊雉升鼎之异,身享百年之寿;周成王遇雷风折木之变,而获反风岁熟之报;宋景公有荧惑守心之忧,星为徙三舍。由是观之,则莫善于以德义精诚报塞之矣。故周书曰:"天子见怪则修德,诸侯见怪则修政,大夫见怪则修职,士庶见怪则修身。"神不能伤道,妖亦不能害德。及衰世薄俗,君臣多淫骄失政,士庶多邪心恶行,是以数有灾异变怪。又不能内自省视,畏天戒,而反外考谤议,求问厥故,惑于佞愚,而以自诖误,而令患祸得就,皆违天逆道者也。

杂事

　　或言:"往者公卿重臣缺,而众人咸豫部署,云甲乙当为之,后果然。彼何以处知,而又能与上同意乎?孔子谓子贡'亿则屡中。'令众人能与子贡等乎?"余应曰:"世之在位人,率同辈,相去不甚胶着,其修善少愈者,固上下所昔闻知也。夫明殊者视异,智均者虑侔,故群下之隐,常与上同度也。如昔

启悟

灾变怪异,是天下所常有的事,没有哪个时代不是这样的。遇到明主贤臣和有智慧有德行的人,便会修养道德,改善政治,反省自己的职责,行为谨慎地来应对灾异,所以便会使灾殃消失,转祸为福。当年太戊遇到桑谷之树长在朝中的怪事,最终却获得了中宗的称号;武丁(殷高宗)时,出现过野雉飞登祭鼎而鸣的异事,最终却身享百年之寿;周成王遇到雷电、疾风倒伏禾苗、拔起树木的天变,而最终获得风向倒转、五谷丰收的回报;宋景公时有火星徘徊在心宿的忧惧,而最终火星为之迁徙三舍。由此可见,没有比用德义精诚应对灾异更好的了。所以,《逸周书》上说:"天子看到怪异现象则修养德行,诸侯看到怪异现象则修明政教,大夫看到怪异现象则修治政事,士人和百姓看到怪异现象则修养自身。"神明不能伤害道义,妖异不能伤害仁德。到了世道衰败、风气浇薄时,群臣多骄奢淫逸,政治混乱,士人和百姓也多有邪心恶行,因此屡次发生灾变怪异之事。又不能向内自我反省,畏惧上天的警戒,反而向外追究指责,求问灾异发生的原因,从而被奸佞愚昧的小人所迷惑而连累自己,使得祸患得以发生,这些都是违背天理、道义的。

杂事

有人说:"从前公卿重臣等职位有空缺时,众人都私下预先猜测排布说,某某人应当补充这个位子。后来果然如此。他们根据什么来推测得知,而又能和君主想法相同呢?孔子评论子贡,说他料事屡次都很准确,而众人的才能能与子贡相等吗?"我回答说:"世上在位之人,一般来说品位相当,彼此相差不是很明显。其中德行修养略有出众的,本来朝廷上下早有听闻。聪明程度差别很大的人

汤、武之用伊吕,高宗之取傅说,桓、穆之授管、宁、由、奚,岂众人所识知哉?彼群下虽好意措,亦焉能真,斯以为可居大臣辅相者乎?"

国家设理官,制刑辟,所以定奸邪,又内量中丞御史,以正齐彀下。故常用明习者,始于欲分正法,而终乎侵轻深刻,皆务酷虐过度,欲见未尽力而求获功赏,或著能立事,而恶劣弱之谤,是以役以棰楚,舞文成恶。及事成狱毕,虽使皋陶听之,犹不能闻也。至以言语小故,陷致人于族灭,事诚可悼痛焉!渐至乎朝廷,时有忿悁,闻恶弗原,故令天下相放,俱成惑。讥有司之行深刻,云下尚执重,而令上得施恩泽。此言甚非也。夫贤吏正士,为上处事,持法宜如丹青矣。是故言之当必可行也,罪之当必可刑也。如何苟欲阿指乎,如遭上忽略不宿留,而听行其事,则当受强死也。哀帝时,待诏伍客以知皇好方道,数召,后坐帝事下狱,狱穷讯,得其宿与人言,"汉朝当生勇怒子如武帝者。"刻暴以为先帝为"怒子",非所宜言,大不敬。夫言语之时,过差失误,乃不足被以刑诛,及诋欺事可无于不至罪。易言:"大人虎变,君子豹变。"即以是论谕人主,宁可谓曰:"何为比我禽兽乎?"如称君之圣明如尧、舜同,或可怒曰:"何故比我于死人乎?"世主既不通,而辅佐执事者,复随而听之、顺成之,不亦重为蒙矇乎!

对事物的看法也不同，智力相同的人思虑也差不多。所以群臣的想法，常常与君主想的一样。而像古时商汤、周武王任用伊尹、吕尚，殷高宗启用傅说，齐桓公、秦穆公授任管仲、宁戚和由余、百里奚那样的情况，难道是众人所能知道的吗？那些群臣虽然喜好猜测部署，但其所猜想的又怎能准确呢？他们能料到这些人可以身居大臣、辅相之位吗？"

国家设置司法官吏，制定刑法，以此来平定奸邪，又在朝廷内设置了中丞、御史，以此来整束朝廷。因此，君主常常任用通晓熟悉法度的人。这样做最初是想分别情况，明正法度，而最终却变得轻易用法，严峻苛刻。这些人都追求严酷过度，企图表现自己办事尽心尽力以求得到功劳赏赐。有的显能行事，而怕人非议自己软弱，因此动用棍杖拷打，舞弄文墨，屈成其罪。等到诬陷事成、冤案成立，即使是让善于断案的皋陶来审查，也不能知晓实情了。至于因言语小事，就陷人入罪以至于使其灭族，这种事情实在是令人痛心啊！等到案情逐渐传到朝廷，君主也时有愤怒，但听到了可恶之举，却往往不去追究。因此，使得天下竞相仿效这种恶行，百姓们都疑惑不解，指责执法部门行事苛酷，说下级官吏量刑偏重，以便能使君主施以恩惠（减轻刑罚）。这话是极不正确的。贤能官吏、方正之士，为君王处理事情，执法应如画画使用丹青那样认真。所以语言恰当必定可以施行，判罪适当必定可以处罚，怎么能随意地去迎合君主的心意呢？如果遇到君主忽略，未留心审察，而听任下面按其上报的判决结果执行，那么被判罪者就会死于非命。汉哀帝时，待诏伍客因懂得星象、喜好占卜方术而被多次召见，后来因事获罪而入狱。狱吏穷究不舍地审讯，得知他过去曾对人说，汉朝应当有一个胆识过人、气势强盛的统治者，如同武帝那样。苛吏以为称先帝为"怒子"，不是合宜之言，乃

是大不敬。人说话之时，难免有过差失误，这不足以遭到杀头之刑。等到毁谤丑化他的时候，这些事便可无不成为罪状。《易经》上说："大人虎变，君子豹变。"这是以此来议论、晓谕君主的，君主难道能说："为什么将我比作禽兽呢？"这也如同称赞君主的圣明如尧、舜一般，也许君主会发怒说："为什么将我同死人相比呢？"君主已经不明事理，而辅佐执事之人又附和君主，听之任之，随顺君主的意思去做，这不是更加愚昧糊涂了吗？

潜夫论

王符　撰

赞学

　　天地之所贵者，人也；圣人之所尚者，义也；德义之所成者，智也；明智之所求者，学问也。虽有至圣，不生而智；虽有至材，不生而能。故志曰：黄帝师风后，颛顼师老彭，帝喾师祝融，尧师务成，舜师纪后，禹师黑如，汤师伊尹，文、武师姜尚，周公师庶秀，孔子师老聃。夫此十一君者，皆上圣也。由待学问，其智乃博，其德乃硕，而况于凡人乎。是故工欲善其事，先利其器；士欲宣其义，必先读其书。《易》曰："君子以多志前言往行，以畜其德。"是以人之有学也，犹物之有治也。故夏后之璜，楚和之璧，不琢不错，不离砾石。夫瑚簋之器，朝祭之服，其始也，乃山野之木，蚕茧之丝耳，使巧倕加绳墨，而制之以斤斧，女工加五色，而制之以机杼，则皆成宗庙之器，黼黻之章，可羞于鬼神，可御于王公。而况君子敦贞之质，察敏之才，摄之以良朋，教之以明师，文之以《礼》《乐》，导之以《诗》《书》，幽赞之以《周易》，明之以《春秋》，其有不济乎。

赞学

　　天地之间最宝贵的是人,圣贤之人所崇尚的是道义。品德道义所成就的是智慧,聪明智慧的人所追求的是学问。即使是至圣之人,也不是生来就有智慧的;即使是最有才能的人,也不是生来就能干的。因此,史书上说:黄帝以风后为师,颛顼以老彭为师,帝喾以祝融为师,尧以务成为师,舜以纪后为师,禹以墨如为师,商汤以伊尹为师,文王、武王以姜尚为师,周公旦以庶秀为师,孔子以老聃为师。这十一个人,都是德智超群的人,尚且还需要通过学习请教,才能智慧广博、品德高尚,更何况是普通人呢?因此,工匠想要做好自己的工作,必先使他的工具精良;士人想要彰显他的道义,必先读好书。《易经》上说:"君子通过博学广记古圣先贤的言行来蓄养德行。"所以,人需要学习就如同器物需要加工一样。所以夏朝的珍宝"璜"和楚国的和氏璧,不经过打磨雕刻,就不能从砂石中分离出来。瑚簋这样的礼器和朝拜、祭祀时穿的服饰,推其本源,不过是山野中的树木和蚕茧的丝而已,让巧匠用绳墨和斧头来加工,让女工把蚕丝染上彩色并在织机上纺织,则都会成为宗庙里的礼器和绣有华美图案的服饰,可以用来向鬼神进献食物,可以供王公大臣使用。更何况君子具有敦厚方正的本质、聪明敏捷的才能,加上以善友来辅助,以明师来教导,用礼乐来修饰,用《诗》《书》来引导,用《周易》来使其明了隐微难见之事,用《春秋》来阐明义理,那么,怎会有不成功的呢?

务本

　　凡为治之大体,莫善于抑末而务本,莫不善于离本而饰末。夫为国者,以富民为本,以正学为基。民富乃可教,学正乃得义。民贫则背善,学淫则诈伪;入学则不乱,得义则忠孝。故明君之法,务此二者,以为太平基也。

　　夫富民者以农桑为本,以游业为末;百工者以致用为本,以巧饰为末;商贾者以通货为本,以鬻奇为末。三者守本离末则民富,离本守末则民贫。贫则厄而忘善,富则乐而可教。教训者以道义为本,以巧辨为末;辞语者以信顺为本,以诡丽为末;列士者以孝悌为本,以交游为末;孝悌以致养为本,以华观为末;人臣者以忠正为本,以媚爱为末。五者,守本离末则仁义兴,离本守末则道德崩。慎本略末犹可也,舍本务末则恶矣。

　　夫用天之道,分地之利,六畜生于时,百物取于野,此富国之本也。游业末事,以收民利,此贫邦之源也;忠信谨慎,此德义之基也;虚无谲诡,此乱道之根也。故力田所以富国也。今民去农桑,赴游业,披采众利,聚之一门,虽于私家有富,然公计愈贫矣。百工者所使备器也,器以便事为善,以胶固为上。今工好造雕琢之器,伪饰之巧,以欺民取贿,虽于奸

务本

治理国家的大政方针,没有比抑制工商业而致力于农业更好的了,也没有比背离农业而致力于工商业更糟的了。治理国家的君主当以使百姓富裕为根本,以端正学风为基础。百姓富足才可以进行教化,学风端正才能够懂得义理;百姓贫穷就会背弃善行,所学浮华就会巧诈虚伪。深入学习就不会心志混乱,明白义理就会忠诚孝敬。因此明君的治国方法,就是致力于这两方面,以此作为国家太平的基础。

要使百姓富裕就要以农耕与蚕桑为本,以工商业为末;各种工匠要以实用为本,以工巧装饰为末;经商者要以流通商货为本,以出售稀有货物为末。这三点若能守住根本而舍弃末节,百姓就会富裕;背离根本而固守末节,百姓就会贫穷。贫穷就会使人困厄而背弃善行,富裕就会使人安乐而可以教化。教育训导当以道义为本,以巧言善辩为末;言辞当以诚实通达为本,以奇异华丽为末;有名望的人当以孝顺父母、敬爱兄长为本,以交际游玩为末;孝顺父母、敬爱兄长,当以奉养亲老为本,以浮华炫耀为末;为人臣子者当以忠诚正直为本,以谄媚取悦为末。这五方面,能守住根本而舍弃末节,就会使仁义兴起;背离根本而固守末节,就会使道德败坏。因此,遵循根本而忽略末节尚还可以,若舍弃根本而致力于末节就坏事了。

利用自然的时节,分清土地的高下优劣(加以利用),六畜的生长符合时令,万物收获于田野,这就是使国家富强的根本。只重视商业和手工业,以此收取百姓的利益,这是使国家贫困的根源。忠信谨慎,这是道德仁义的基础;虚妄不实,这是败坏道德的根源。所以勤于农事才能使国家富足。如今百姓放弃农耕蚕桑而去从事工商业,广为收取众人的利润,聚集于自己一家,虽然对于自己家来说可以致富,然而国家的财政却越来越贫乏。各类的工匠,为的是使人们各种

工有利，而国家愈病矣。商贾者，所以通物也，物以任用为要，以坚牢为资。今竞鬻无用之货，淫侈之弊，以惑民取产，虽于淫商有得，然国计愈失矣。此三者，外虽有勤力富家之私名，然内有损民贫国之公实。故为政者明督工商，勿使淫伪，困辱游业，勿使擅利，宽假本农，而宠遂学士，则民富而国平矣。

夫教训者，所以遂道术而崇德义也。今学问之士，好语虚无之事，争著雕丽之文，以求见异于世，品人鲜识，从而尚之。此伤道德之实而惑蒙夫之大者也。诗赋者，所以颂善丑之德，泄哀乐之情也。故温雅以广文，兴喻以尽意。今赋颂之徒，苟为饶辨屈蹇之辞，竞陈诬罔无然之事，以索见怪于世，愚夫戆士，从而奇之。此悖孩童之思，而长不诚之言者也。尽孝悌于父母，正操行于闺门，所以为列士也。今多务交游以结党，偷世窃名以取济渡。夸末之徒，从而尚之。此逼贞士之节，而眩世俗之心者也。养生顺志，所以为孝也。今多违志以俭养，约生以待终，终没之后，乃崇饰丧纪以言孝，盛飨宾旅以求名。诬善之徒，从而称之。此乱孝悌之真行，而误后生之痛者也。忠正以事君，信法以理下。所以居官也。今多奸谀以取媚，玩法以便己。苟得之徒，从而贤之。此灭贞良之行，开乱

所需器具完备。器物以便于使用为好,以牢固耐用为上。如今的工匠喜欢制造雕刻修饰而成的器物,虚浮不实的装饰十分精巧,以此来欺骗百姓,赚取财利。这样虽然对狡黠的工匠有利,但国家的经济则越来越困难。商人是用来流通货物的,货物以实用为紧要,以牢固为本质。如今他们争相出售没有实际用途的货物,奢侈的丝绸,以迷惑百姓,骗取其财产。虽然对于奸商来说有所收获,然而国家的财富就会更加流失。这三种情况,表面上虽有勤劳富家的个人名声,但内里却有损害百姓、导致国家贫困的事实。因此执政者应明确监督工匠与商人,不要让他们去做浮华巧伪之事;限制贬低那些流动的行业,不要让他们独占利益。宽待务农之人,使有才学之士尊贵荣显,这样就会使百姓富足、国家太平了。

教育训导,是为了实现治国之术并崇尚道德仁义。现今做学问的人,喜欢谈论荒诞无稽的事,争相写作雕饰华丽的文章,以求被世人特殊看待。众人很少有能认识到的,便跟着尊崇他。这是伤害道德的实质而严重迷惑无知者的事。诗和赋,是用来诵说善恶品行、抒发哀乐情感的。所以用词温润典雅来增加文采,用比喻的方式来充分表达心意。而现今吟赋作颂的人,随便地创作巧辩晦涩的文辞,竞相陈述那些欺妄不实的事情,以博取世人的惊异。愚昧无知的人,便跟着对他称奇赞叹,这是惑乱孩童的思维而助长那些不诚实之言的事。对父母竭尽孝顺恭敬,在家中则端正操守品行,所以被称为列士。如今人们多致力于结交朋友以结为朋党,窃取权势、名誉以求取晋升。那些浮夸不实的人,便跟着推崇他。这是威胁忠贞之士的节操、迷惑世俗人心志的事。奉养父母,顺承其意,就是孝道。现今人们多违背父母的心意并吝啬于赡养父母,使他们生活贫苦而等待其死亡。当父母亡故之后,子女们就过分虚饰丧事来称显其孝心,以

危之源者也。五者外虽有贤才之虚誉,内有伤道德之至实。凡此八者,皆衰世之务,而暗君之所固也。

明暗

国之所以治者,君明也;其所以乱者,君暗也。君之所以明者,兼听也;其所以暗者,偏信也。是故人君通心兼听,则圣日广矣;庸说偏信。则愚日甚矣。诗云:"先民有言,询于刍荛。"夫尧舜之治,辟四门,明四目,通四聪,是以天下辐凑而圣无不照。故共鲧之徒弗能塞也,靖言庸回,弗能惑也。秦之二世务隐藏己而断百僚,隔捐疏贱而信赵高,是以听塞于贵重之臣,明蔽于骄妒之人。故天下溃叛,弗得闻也,皆知高杀,莫敢言之。周章至戏乃始骇,阎乐进劝乃后悔,不亦晚乎。故人君兼听纳下,则贵臣不得诬,而远人不得欺也。是故明君莅众,务下之言,以昭外也;敬纳卑贱,以诱贤也。其无拒言,未必言者之尽用也;乃惧拒无用而让有用也。其无慢贱也,未必其人尽贤也,乃惧慢不肖而绝贤圣也。是故圣王表小以厉大,赏鄙以招贤,然后良士集于朝,下情达于君也。故上无遗失之策,官无乱法之臣,此君民之所利,而奸佞之所患

隆重的礼仪宴请宾客来求取孝顺之名。伪善的人们,便跟着称颂他们。这是悖乱孝悌的实质,贻误后辈而令人痛心的事啊!以忠诚正直来侍奉君主,以信守法度来治理百姓,这是为官者的责任。现今的官员多奸诈谄媚来讨好上司,玩忽法令以方便自己。那些不当得到官职而得到的人,便跟着尊崇他。这是泯灭忠良之行、打开国家危乱源头的事。这五种行为,表面上虽然有贤才的虚假名誉,而实质上则会严重损害道德。以上八种情形,都是衰乱时代的所作所为,也是昏庸之君所壅蔽不明的方面。

明暗

　　国家之所以能治理得好,是因为君主英明;国家之所以会动乱,是因为君主昏庸。君主之所以英明,是因为他能广泛听取意见;君主之所以昏庸,是因为他偏听偏信。因此,君主内心通达,广泛听取意见,那么圣德就会日益广大,若偏信谗言,愚昧便会日趋严重。《诗经》上说:"古之贤人有这样的话:要与樵夫商议事情。"尧、舜治理国家,敞开四方之门,放眼四方之地,听取四方建言,因此天下归心,而圣德光照四方。所以共工、鲧之辈不能阻塞他们的视听,即使言语巧诈、行为邪僻之辈,也不能迷惑他们。秦二世极力把自己隐藏在深宫,断绝与百官的来往,又隔弃疏远微贱的百姓,只听信赵高一人,因此耳朵被位高任重的大臣堵塞,眼睛被骄横妒忌的人蒙蔽,所以天下已叛乱离散,却还毫不知情。群臣百姓都知道这是赵高弄权所致,却无人敢向二世奏明。等周章的军队杀到戏水他才感到震惊,阎乐进宫逼他自杀时方才后悔,不是太迟了吗!所以,君主广泛听取并采纳下面的意见,那么显贵的大臣就不能欺骗君主,而与君主关系较远的臣下也不会受到欺凌。因此,贤明的君主治理百姓,务求

也。

舜曰:"予违汝弼,汝无面从,退有后言。"故治国之道,劝之使谏,宣之使言,然后君明察而治情通矣。且凡骄臣之好隐贤也,既患其正义以绳己矣,又耻居上位而明不及下,尹居其职而策不出于己。是以郤宛得众而子常杀之,屈原得君而椒兰构谗,耿寿建常平而严延妒其谏谋,陈汤杀郅支而匡衡挍其功。由此观之,处位卑贱而欲效善于君,则必先与宠人为雠矣。乘旧宠沮之于内,而己接贱欲自信于外,此思善之君,愿忠之士,所以虽并生一世,而终不得遇者也。

思贤

国之所以存者,治也;其所以亡者,乱也。人君莫不好治而恶乱,乐存而畏亡。然尝观上记,近古已来,亡代有三,

臣下之言来昭示于朝廷外,恭敬地接纳卑贱之人来吸引贤士。君主不拒绝进言,未必因为所有的进言都能采用,只是担心拒绝无用的意见而会使有用的意见受到排斥;君主不敢怠慢微贱之人,未必因为他们都是贤士,只是担心怠慢不贤之人而会使贤人断绝希望。所以圣王征求小的建言,借此激发出大的论见;赏赐才能浅陋之人,借此招揽贤人。然后贤良之士才能汇聚于朝廷,下面的情况便能通达于君主。所以,君主没有失误的政策,百官中也没有违法的臣子。这是君主和百姓所喜欢的,却是奸佞之臣所忧惧的。

舜王说:"我有过失,你应当匡正。你不要当面顺从,背后却有异议。"所以治国之道,要鼓励人们进谏,引导人们说出真话。然后君主便能观察入微,不受蒙蔽,对国家治理的情况也才能通达知晓。再者,大凡骄纵之臣喜好隐没贤才,他们既害怕这些贤才明正道义来制裁自己,又耻于自己身居高位而才智却不如下臣、身在其职但计策却不是出于自己。所以郤宛得到众人的爱戴,而子常却杀害他;屈原得到君主的信任,而子椒、子兰却进谗言诬陷他;耿寿昌建议设立常平仓,而严延年却嫉妒他的谋划;陈汤杀死郅支单于,而匡衡却贬低他的功劳。由此看来,身处卑贱的地位而想贡献忠心善言于国君,就必会先与受宠之臣结仇。宠臣依仗旧宠在朝内阻挠,而贤士自己与国君关系疏远,地位卑贱,身处朝外,却希望能受到国君的信任。这就是渴望得到贤才的国君和愿意效忠的贤士,即使生活在同一个时代,也始终不能相遇的原因所在。

思贤

　　国家之所以存在,是因为安定;国家之所以灭亡,是因为动乱。君主没有不喜欢安定而厌恶动乱的,没有不喜欢国运长存而畏惧灭

秽国不数，夫何故哉？察其败，皆由君常好其所以乱，而恶其所以治；憎其所以存，而爱其所以亡。是故虽相去百世，殊俗千里，然其亡征败迹，若重规袭矩，稽节合符。故曰："殷鉴不远，在夏后之世。"

夫与死人同病者，不可生也；与亡国同行者，不可存也。岂虚言哉？何以知人且病，以其不嗜食也；何以知国之将乱，以其不嗜贤也。是故病家之厨，非无嘉馔，乃其人弗之能食，故遂死也。乱国之官，非无贤人，其君弗之能任，故遂亡也。故养寿之士，先病服药，养世之君，先乱任贤。是以身常安而国永保也。身之病，待医而愈；国之乱，待贤而治。治身有黄帝之术，理世有孔子之经。然病不愈而乱不治者。非灸针之法误，而五经之言诬也。乃因之者非其人。苟非其人，则规不圆而矩不方，绳不直而准不平，钻燧不得火，鼓石不下金，驱马不可以追速，进舟不可以涉水也。凡此八者，有形见物，苟非其人，犹尚无功，则又况乎怀道以抚民氓，乘六龙以御天心者哉？夫理世不得真贤，譬由治病不得真药也。是故先王为官择人，必得其材，功加于民，德称其位。此三代开国建侯所以能传嗣百世，历载千数者也。

亡的。然而，我曾经观览古代典籍，看到近古以来，灭亡的朝代有三个，而灭亡的国家则多得不可胜数。这是什么缘故呢？观察它们败亡的原因，都是由于国君常喜好导致动乱的事而不喜欢使国家安定的事，憎恶那些使国家常存的事而喜爱导致国家灭亡的事。因此，即使时间相距百代，风俗不同而相隔千里，然而他们亡国的征兆、败亡的行径，就像用规矩重复去画方圆般如出一辙，又如符信相合一般。所以说"供殷朝鉴戒的例子并不遥远，就是夏朝的灭亡"。

与死人患同一种病的人，不能活下来；与亡国之君行为相同的君主，其国家也不能长存。这难道是空话吗？怎么知道人将要生病呢？通过他不爱吃饭就可知晓。怎么知道国家将会动乱呢？通过君主不爱贤才就能看出。因此，病人家的厨房，并非没有美食，只是他吃不下，所以才会死去；乱国的官员中，并非没有贤才，而是国君不能任用他们，所以国家就会灭亡。因此，讲究养生长寿的人，在疾病发生前就服用药物；保护国家长治久安的君主，在国家动乱前就任用贤才。所以才会身体常健，国脉永存。身体的疾病，要靠医生治疗，才会痊愈；国家的动乱，要靠贤才辅助，才能治理。医治身体，有黄帝留下的医术；治理国家，有孔子留下的经典。然而，疾病不能痊愈、动乱不能治理的原因，并非针灸的疗法有误，也不是五经的言论不对，而是使用它们的不是合适的人选。如果不是合适的人选，那么，用规画不圆而用矩也画不方，用绳量不直而用准也测不平，钻木不能取火，炼矿不能出金，驱马不能加速，行船也不能渡水。以上八种情况，都是有形状、能看得到的，如果用人不当，尚且没有成效，更何况是胸怀治国之术来抚育百姓、乘六龙之车来统治天下的事呢？治理天下得不到真正的贤才，如同治病得不到真正的良药一样。因此，先王任官选人，必定要得到合适的人才，使他们的功绩惠及百姓、德行与官位

潜叹

凡有国之君,未尝不欲治也。而治不世见者,所任不贤也。世未尝无贤也,而贤不得用者,群臣妒也。主有索贤之心,而无得贤之术;臣有进贤之名,而无进贤之实。此所以人君孤危于上,而道独抑于下也。夫国君之所以致治者,公也,公法行则冗乱绝;佞臣之所以便身者,私也,私术用则公法夺;列士之所以建节者,义也,正节立则丑类代。此奸臣乱吏、思私之徒所以为日夜杜隔贤君义士之间,亟使不相得者也。

夫贤者之为人臣,不损君以奉佞,不阿众以取容,不堕公以听私,不挠法以吐刚,其明能照奸,而义不比党。是以范武归晋而国奸逃,华元反朝而鱼氏亡。故正义之士,与邪枉之人不两立。而人君之取士也,不能参听民氓,断之聪明,反徒信乱臣之说,独用污吏之言。此所谓与仇选使,令囚择吏者也。书云:"谋及乃心,谋及庶人。"孔子曰:"众好之,必察焉;众恶之,必察焉。"故圣人之施舍也,不必任众,亦不必专己,必察彼己之为而度之以义。故举无遗失,而功无废灭

相称。这就是夏、商、周三代,建立国家,封立诸侯,所以能传承百世、历经千年的原因啊!

潜叹

  凡是拥有国家的君主,没有不希望安定太平的。然而,国家太平并非每个时代都能出现,这是因为所任用的人不是贤能之士。世间并非没有贤才,而贤才不能得到任用,是因为群臣妒忌的缘故。君主虽有寻求贤才之心,却没有得到贤才的方法;臣下虽有推荐贤才之名,却没有举贤的实际行动。这就是国君之所以孤立危险地居于上位,而治国之术却被压抑在下面的原因。君主之所以能使国家安定,是因为公正,公正的法令能被施行,违法作乱之人才会绝迹;奸邪谄上的臣子之所以为自身谋取利益,是出于私欲,谋私之术得以运用,国法便会受到动摇;有名望的士人之所以能树立节操,是因为遵循道义,正直的节操得以树立,那么丑恶的风气就会被取代。这就是奸臣、乱吏、谋私之徒之所以要日夜阻隔在贤明的君主与仁人义士之间,屡屡使其不能相见互得的原因。

  贤能之士作为臣子,不以谄媚奉承和花言巧语来损害君主的圣德,不迎合众人来苟且偷安,不损害公家利益来任凭私意行事,不歪曲法律以畏惧强暴。他们的贤明能察知奸邪,而他们的行为符合道义,不会拉帮结派。因此,范武子回到晋国,那些危害国家的奸臣就逃跑了;华元返回朝廷,鱼氏等人也逃亡了。所以,正义之士与奸邪之人是不会并存的。而君主选取士人,如果不能广泛地听取民众的意见,判断他们的智慧才能,反而仅听信乱臣的话,只采用贪官污吏之言,这就是所谓的与仇家一起选择使者、让囚犯挑选狱吏。《尚书》上说:"先要自己考虑,再与庶民商议。"孔子说:"大家都厌恶

也。惑君则不然。已有所爱，则因以断正，不稽于众，不谋于心。苟眩于爱，唯言是从，此政之所以败乱，而士之所以放佚者也。故有周之制，天子听政。使三公至于列士献诗，庶人传语，近臣尽规，亲戚补察，瞽史教诲，耆艾修之，而后王斟酌焉，是以事行而无败也。末世则不然，徒信贵人骄妒之议，独用苟媚蛊惑之言，行丰礼者蒙愆咎，论德义者见尤恶，于是谀臣佞人从以诋訾之法，被以议上之刑。此贤士之拘困也。夫诋訾之法者，伐贤之斧也。而骄妒之臣，噬贤之狗也。人君内秉伐贤之斧，而外招噬贤之狗，欲其至理也，不亦悲乎！

劝将

兵之设也久矣。涉历五代以迨于今，国未尝不以德昌而以兵强也。今兵巧之械，盈乎府库，孙、吴之言，聒乎将耳。然诸将用之进战则兵败，退守则城亡，是何也哉？彼此之情不闻乎主上，胜负之数不明乎将心，士卒进无利而退无畏，此所以然也。夫服重上阪，步骤千里，马之祸也，然骐骥乐之者。以御者良，足为尽力也。先登陷阵，赴死严敌，民之祸也，然节

他,一定要考察他;大家都喜欢他,也一定要考察他。"所以圣人的取舍不一定听任大众之言,也不一定只按自己的意见处理,而必定是要考察自己和别人的看法,用道义来衡量,所以举荐贤士没有遗漏,其功劳也不会磨灭。迷惑的君主则不是这样,自己有所偏爱,就以此来判断好坏,不向众人进行考察,不用心来考虑,如果被所偏爱的人迷惑,就会只听信他们说的话。这就是政治之所以败坏混乱,而士人之所以流失离散的原因。所以,周朝的制度,是天子坐朝处理政务,自三公至于列士献上讽谏的诗篇,庶人(通过卿士)传话给君主,近臣则竭力谋划,亲戚察补过失,乐师、史官用心教诲,尊长帮助修改,之后君王再斟酌考虑,因此政事施行而不会失败。到了末代则不是这样,君主只听信显贵之人骄矜忌妒的建议,只采用苟且谄媚之人的迷乱之言。遵行礼义的人蒙受罪责,讲求德义的人被谴责憎恶。于是阿谀奉承的大臣、善于花言巧语的小人,按照毁谤的法令,给他们安上非议国君的罪名。这就造成了贤士的耻辱和困窘。毁谤非议的法令,是砍杀贤士的利斧;骄横嫉妒的臣子,是噬咬贤士的恶狗。君主在朝内手持砍杀贤才的利斧,重用噬咬贤才的恶狗,而对外却招揽贤才并希望他们到来,这不是太可悲了吗?

劝将

军队的设立由来已久,历经五代以至于今。国家没有不是因德义而昌盛、因军队而强大的。现在各种兵器堆满了仓库,孙子、吴起的用兵之言常在将帅的耳边响起。然而,众将领使用这些武器和兵法时,进军作战则兵败,退军防守则城破,这是什么原因呢?敌我双方的情况不告知君主,胜败的几率将帅心中也不明了,士兵进攻而无利可得,败退亦无所畏惧,这就是造成上述情况的原因。负重上山,

士乐之者,以明君可为效死也。凡人所以肯赴死亡而不辞者,非为趋利,则因以避害也。无贤鄙愚智皆然,顾其所利害有异耳。不利显名,则利厚赏也;不避耻辱,则避祸乱也。非此四者,虽圣王不能以要其臣,慈父不能以必其子。明主深知之,故崇利显害以与下市,使亲疏贵贱愚智必顺我令,乃得其欲,是以一旦军鼓雷震,旌旗并发,士皆奋激,竞于死敌者,岂其情厌久生而乐空死哉?乃义士且以徼其名,贪夫且以求其赏尔。

今吏从军败没,死公事者,以十万数,上不闻吊唁嗟叹之荣名,下又无禄赏之厚实,节士无所劝慕,庸夫无所贪利,此其所以人怀阻解,不肯复死者也。军起以来,暴师五年,典兵之吏,将以千数,大小之战,岁十百合,而希有功。历察其败,无他故焉,皆将不明于变势,而士不劝于死敌也。其士之不能死也,乃其将不能效也,言赏则不与,言罚则不行,士进有独死之祸,退蒙众生之福,此其所以临阵忘战而竞思奔北者也。今观诸将,既无料敌合变之奇,复无明赏必罚之信,然其士又甚贫困,器械不简习,将恩不素结,卒然有急,则吏以暴发虐其士,士以所拙遇敌巧,此为将吏驱怨以御雠,士卒缚手

驰骋千里，这是马的灾祸，然而骏马却喜欢这样做，是因为驭者优秀，值得为他尽力。率先登城，攻陷敌阵，面对强敌以死相搏，这是百姓的灾祸，然而，有节操的人却愿意这样做，是因为君主贤明，值得为他舍命报效。人之所以肯赴死而不推辞的原因，不是为了追逐利益，就是为了躲避灾害。不论贤士、鄙夫、愚人、智者，都是如此，只是他们各自看重的利害不相同而已。不是追求显耀的名声，就是追求丰厚的赏赐；不是为了避免耻辱，就是为了逃避祸乱。假如不是这四种情况，即使圣王也不能约束他的臣下，慈父也不能保证他的儿子（听话照办）。贤明的国君深深明白这个道理，所以增高其利益也显明其危害，以此与臣下进行交换，使亲疏、贵贱、愚智之人，都必定要顺从自己的命令，才能得到他们所想要的。因此，一旦进军的战鼓像雷鸣般敲响，旌旗并出，士兵们都激昂振奋，争着与敌人决一死战的原因，难道是他们厌倦活得太久而乐于白白送死吗？这是义士欲以此来求得美名、贪婪之人想以此来求得厚赏罢了。

现今，吏卒从军覆没、因公而死的人，数以十万计，上面听不到（君主）有吊唁叹息的光荣名誉，而下面也无奖赏的实惠，节义之士不能从中得到鼓励而有所仰慕，平庸之人也不能从中求得实利，这就是人们心中沮丧涣散、不肯赴死的原因。战事兴起以来，军队在外征战已有五年，领兵的军官将近千人，大小战役每年有数十上百次，但很少有建立功勋的。逐一察看他们的失败，没有别的原因，都是因为将帅不懂得根据形势变化来改变战略，而士兵又不努力拼死作战。士兵之所以不愿拼死奋战，是因为他们的将领不能考察功过，说赏赐的却不给予，说处罚的却不执行。士兵前进有独自送死之祸，但退逃则有大家保全性命之福。这就是士兵临阵不战而争着想败逃的原因。现在观察诸位将领，既没有判断敌情、随机应变的奇谋，

以待寇也。夫将不能劝其士，士不能用其兵，此二者，与无兵等。无士无兵而欲合战，其败负也，理数也然。故曰，其败者，非天之所灾，将之过也。

明忠

　　人君之称，莫大于明；人臣之誉，莫美于忠。此二德者，古来君臣所共愿也。然明不继踵，忠不万一者，非必愚暗不逮而恶名扬也。所以求之非道耳，夫明据下起，忠依上成，二人同心，则其利断金，能如此者，要在于明操法术而已矣。夫帝王者，其利重矣，其威大矣，徒悬重利，足以劝善，徒设严威，可以惩奸。乃张重利以诱民，操大威以驱民，则举世之人，可令冒白刃而不恨，赴汤火而不难，岂云但率之以共治而不宜哉？若鹰，野鸟也，然猎夫御之，犹使终日奋击而不敢怠，岂有人臣而不可使尽力者哉？故进忠扶危者，贤不肖之所共愿也。诚皆愿之，而行违者，常苦其道不利而有害，言未得信而身败。广观古来爱君忧主敢言之臣，忠信未达而为左右所鞫案，更为愚恶无状之臣者，岂可胜数哉。孝成终没之日，不知王章之直；孝哀终没之日，不知王嘉之忠也。

也没有赏罚分明的威信,然而他们的士兵又非常贫困,武器也未经操练,平时又得不到将帅的恩惠。若突然有紧急军情,军官就急忙催促、虐待士兵,士兵只能用自己不熟练的武器与训练有素的敌军作战。这就等于军官驱使着心怀怨恨的人来抵御仇敌,而士兵则如同被捆绑着手脚来等待敌人。将帅不能激励他的士兵,士兵不能使用他的兵器,这两种情况就和没有军队一样。没有士兵又没有武器,却想与敌军交战,他的失败,是理所当然的。所以说,这样的失败,并非上天所降的灾祸,而是将帅的过错。

明忠

对君主的称颂,没有超过英明的了;对臣下的美誉,没有超过忠诚的了。这两种美德,是古往今来君主和臣下所共同希求的。然而,英明的君主不是一个接一个地相继出现,忠诚的臣下一万人中也难有一个。这并非因为他们愚昧昏庸智力不足而讨厌名声远扬,而是因为他们所追求圣明、忠诚的方法不得当。(君主的)英明是依靠臣下而建立的,(臣下的)忠诚是依靠君主而成就的。两个人同心同德,其锋利可以截断金属。要达到这种效果,其关键就在于明智地运用法令策略而已。帝王,他所掌握的利益很多,他的威势很强大,仅以重利悬赏,便足以劝人向善;仅施用威势,就可以惩办奸邪。如果设立重利来诱导百姓,操持威严来驱使民众,就可以让全天下的人冒着锋利的刀刃而不遗憾,赴汤蹈火也不畏难。难道说仅仅带领百姓共同治理国家反而就不合适了吗?例如鹰,原是野鸟,然而猎人驱使它,尚能使它整日奋力搏击而不敢懈怠。哪有身为人臣却不能使其竭尽全力的道理呢?所以,进献忠诚,扶助危难,是贤人与不贤之人都愿意做的。确实都愿意这样做,但行为却违背初衷的原因,是他们常苦

后贤虽有忧君哀主之情、忠诚正直之节，然犹且沉吟观听，是以忠臣必待明君乃能显其节，良吏必待察主乃能成其功。故圣人求之于己，不以责下也。凡为人上，法术明而赏罚必者，虽无言语而势自治；法术不明而赏罚不必者，虽日号令然势自乱。是故势治者虽委之不乱，势乱者虽勤之不治也。尧、舜拱己无为而有余，势治也。胡亥、王莽驰骛而不足，势乱也。故曰："善者求之于势，弗责于人。"是以明王审法度而布教令，不行私以欺法，不黩教以辱命。故臣下敬其言而奉其禁，竭其心而称其职，此由法术明也。是故圣人显诸仁，藏诸用，神而化之，使民宜之，然后致其治而成其功。功业效于民，美誉传于世，然后君乃得称明，臣乃得称忠。此所谓明据下作，忠依上成，二人同心，其利断金者也。

于那样做没有利益反而有害,忠言未能被相信而自己却身败名裂。广泛观察自古以来爱戴国君、为主分忧、敢直言进谏的臣子,忠诚信实之心还未能上达君主,就被君主左右之人抓去审讯拷问,以至于后来变成愚劣、邪恶、不肖之臣的人,岂可尽数!汉成帝到临死之日,还不知道王章的正直;汉哀帝到去世之时,也不知道王嘉的忠诚。

以后的贤人即使怀有为君主忧虑、哀痛的情操,忠诚、正直的节义,然尚且迟疑不决,观望探听。因此,忠臣必须要有圣明的君主,才能显出他的节操;贤能的官吏必须要遇到明察的君主,才能成就他的功业。所以圣明的君主总是要求自己,而不责求臣下。大凡作为国君,法令策略严明而赏罚必行的,即使不出一言,天下局势也自然安定;法令策略不严明而赏罚不一定执行的,即使每天发号施令,而天下局势也自会混乱。所以,局势安定的,即使将国事委托给大臣也不会混乱;局势混乱的,即使君主再辛苦也治理不好。尧、舜垂衣拱手,不需要亲力亲为,而治理天下绰绰有余,这是因为天下局势安定;胡亥、王莽不停奔忙,而仍然不能使天下大治,这是因为天下局势混乱。所以说,明白事理的人谋求改变局势,而不责难别人。因此,圣明的君主详究法度,颁布教令,不怀私心行事而扭曲法律,不轻慢教化而损辱政令。所以臣下敬重君主的话并奉行他的禁令,竭尽其全力来与自己的职位相称。这是由于法令策略严明的缘故。因此,圣人显示其公正之心于仁德之中,隐藏其公正之心于法令策略的作用之中,神妙地潜移默化,使人民都能与之相适应,然后使国家安定而成就其功绩。功业惠及百姓,美好的声誉传于世上,然后君主才能称得上英明,臣子才能称得上忠诚。这就是所谓"君主的英明靠臣下才能建立,人臣的忠诚要靠君主才能成就;两个人同心同德,其锋利可以截断金属"的道理所在。

德化

　　人君之治，莫大于道，莫盛于德，莫美于教，莫神于化。道者，所以持之也；德者，所以苞之也；教者，所以知之也；化者，所以致之也。民有性有情，有化有俗。情性者，心也，本也；化俗者，行也，末也。上君抚世，先其本而后其末，顺其心而理其行。心情苟正，则奸慝无所生，邪意无所载矣。是故上圣不务治民事而务治民心，故曰："听讼吾由人也，必也使无讼乎！""导之以德，齐之以礼。"民亲爱则无相害伤之意。动思义则无奸邪之心。夫若此者。非法律之所使也，非威刑之所强也，此乃教化之所致也。

　　圣人甚尊德礼而卑刑罚，故舜先敕契以敬敷五教，而后命皋陶以五刑三居。是故凡立法者，非以司民短而诛过误，乃以防奸恶而救祸败，捡淫邪而内正道耳。民蒙善化，则人有士君子之心；被恶政，则人有怀奸乱之虑。故善者之养天民也，由良工之为曲蘖也。起居以其时，寒温得其适，则一荫之曲蘖尽美而多量。其遇拙工，则一荫之曲蘖皆臭败而弃捐。今六合亦由一荫也，黔首之属，犹豆麦也，变化云为，在将者耳。遭良吏则皆怀忠信而履仁厚，遇恶吏则皆怀奸邪而行浅薄。忠厚积则致太平，奸薄积则致危亡。是以圣帝明王，皆敦德化而薄威刑，德者所以修己也。威者所以治人也。民之生世也，

德化

君主治理国家,最大的莫过于(坚持)道义,最盛的莫过于(修养)德行,最美好的莫过于(推行)教导,最神妙的莫过于(实现)化育。道义是用来守持国家的,德行是用来养育万民的,教导是用来觉悟百姓的,化育是用来引导百姓达和谐的。人民有其禀性和情感,有其风气和习俗。禀性情感,是心理、是根本;风气习俗,是行为、是末节。古代君王治理国家,先注重根本,后治理末节,顺应百姓的心理而规范他们的行为。心理、情感如果端正,那么奸恶的心行就无从产生,邪恶的念头也就无处立足了。因此,古代的圣王不致力于管理民众的事务,而致力于治理人民的内心。所以孔子说:"审理案件,我和别人是一样的,重要的是必须使诉讼不再发生。""用道德来引导百姓,用礼义来规范百姓"。人民彼此亲爱,就不会有互相伤害的想法;行事想到道义,就不会有奸诈邪恶的念头。像这种状况,不是法律所能支配的,也不是严刑所能强迫的,这是教化所成就的。

圣明的君主非常尊崇道德礼教而轻视刑罚。所以舜先诏令契来恭敬地施行五常之教,而后才命皋陶使用五种刑法,对犯人的放逐要区别出远近三等。因此,凡是制定法令的人,不是为了窥探百姓的短处,从而惩罚他们的过错,而是为了防止奸恶而拯救灾祸败乱、约束邪恶而使之纳入正道。百姓受到善良的教化,那么人们就会有士人君子的存心;遇到恶劣的政治,那么人们就会怀有奸邪作乱的想法。所以,贤善的君主养育人民,犹如优秀的技师制作豆豉一样。举动要适时,温度要合适,那么这一窖的豆豉就会味道鲜美而产量多。假如遇到笨拙的工匠,那么这一窖的豆豉就都会发臭腐烂而被扔掉。现在天下也,如同一个地窖,百姓则如同豆、麦,其言论行为的变化,在于领导他们的人。百姓遇到好的官吏,就都会心怀忠诚信

犹铄金之在炉,方圆薄厚,随熔制耳。是故世之善恶,俗之薄厚,皆在于君主。诚能使六合之内,举世之人,咸怀方厚之情,而无浅薄之恶,各奉公正之心,而无奸险之虑。则羲、农之俗,复见于兹,麟龙鸾凤,复畜于郊矣。

义而践行仁爱宽厚；碰到不良官吏，就都会心怀奸诈邪恶而行为浅薄。积累忠信仁厚就会实现天下太平，积累奸邪浅薄就会导致天下危亡。因此，圣帝明王都注重德教而轻视严刑。道德，是用来修养自身的；威刑，是用来治理人民的。百姓生活在世上，犹如熔化的金属在炉中，是方是圆，是薄是厚，都随着熔炉的形状来制作。所以，世间的善与恶，风俗的薄与厚，都在于君主。果真能让普天之下、举世之人，都怀有正直厚道的性情，而没有浅薄的恶行，各自奉献公正之心，而无奸诈阴险的想法，那么伏羲、神农时代的风俗就会重现在眼前，麒麟、祥龙、鸾鸟、凤凰这些瑞兽祥鸟，就又会聚集在郊野了。

卷四十五　崔寔政论

崔寔　撰

政论

自尧舜之帝、汤武之王，皆赖明哲之佐、博物之臣。故皋陶陈谟而唐、虞以兴，伊、箕作训而殷周用隆。及继体之君，欲立中兴之功者，曷尝不赖功贤哲之谋乎？凡天下之所以不治者，常由人主承平日久，俗渐弊而不寤，政浸衰而不改，习乱安危，逸不自睹。或荒耽嗜欲，不恤万机，或耳蔽箴诲，厌伪忽真，或犹豫岐路，莫适所从，或见信之佐，括囊守禄，或疏远之臣，言以贱废。是以王纲纵弛于上，智士郁伊于下。悲夫！

且守文之君，继陵迟之绪，譬诸乘弊车矣。当求巧工使辑治之，折则接之，缓则契之，补琢换易，复为新。新不已，用之无穷。若遂不治，因而乘之，摧拉捌裂，亦无可奈何矣。若武丁之获傅说，宣王之得申甫，是则其巧工也。今朝廷以圣哲之姿，龙飞天衢，大臣辅政，将成断金。诚宜有以满天下望，称兆民之心，年谷丰稔，风俗未乂。夫风俗者，国之脉诊也。不和，诚未足为休。书曰："虽休勿休。"况不休而可休乎？且

政论

　　从唐尧、虞舜这样的圣君,一直到商汤、周武王这样的仁王,没有不凭借着明智睿哲者的辅佐、通达博学的臣子相佑(而成盛世的)。因此,皋陶献《谟》,唐尧虞舜时代因而得以大兴;伊尹作《伊训》箕子作《洪范》,殷商和西周因而得以昌隆。此后继位的君主,想要建立复兴的功业,何尝不靠贤明睿智者的谋略呢?大凡天下之所以得不到治理的原因,常常是因君主安享太平已久,风俗渐渐变坏而不能觉知,政治逐渐腐败而不纠正,对混乱习惯了,对危难安适了,觉察不到自己的荒淫放纵。有的放逸迷乱沉湎于贪欲,不顾念国家大事。有的听不进规劝教导之言,喜欢听奸邪巧伪的话,轻忽真诚恳切的话。有的在歧路徘徊,不知何去何从。或者是信任的辅臣,闭口不言只为保住官职俸禄;或者是疏远之臣,虽进忠谏之言却因身份卑微而被废弃。所以天子的纲纪被破坏于上,有识之士忧愤郁结于下,可悲可叹!

　　况且因循守旧的君主继承了前人遗留的衰败局面,如同乘坐着破车,应当找技术高超的工匠好好修理,把断了的接好,把松了的楔紧,对缺损的进行修补,把坏掉的换新,如此才可使之焕然一新。如果能总是修理,就能永远像新的一样用下去。如果不去修理,而是继续乘坐,那就会摧折破碎,以至于无可奈何。像商朝的高宗得到傅说,周朝的周宣王得到申伯,那就是他们(修补时政)的"巧匠"。当今朝廷圣上贤明有为,如金龙飞天,加之有大臣辅政,同心同德,可成断金之势。确实应该满足天下人的期望,称遂百姓的心愿。现在年

济时救世之术,岂必体尧蹈舜,然后乃治哉?期于补绽决坏,枝拄邪倾,随形裁割,取时君所能行,要厝斯世于安宁之域而已。故圣人执权,遭时定制,步骤之差,各有云施,不强人以不能,背所急而慕所闻也。

昔孝武皇帝策书曰:"三代不同法,所由殊路,而建德一也。"盖孔子对叶公以来远,哀公以临民,景公以节礼,非其不同,所急异务也。然疾俗人拘文牵古,不达权制,奇玮所闻,简忽所见,策不见珍,计不见信。夫人既不知善之为善,又将不知不善之为不善,恶足与论家国之大事哉?故每有言事颇合圣听者,或下群臣令集议之,虽有可采,辄见搐夺。何者?其顽士暗于时权,安习所见,殆不知乐成,况可与虑始乎?心闪意舛,不知所云,则苟云率由旧章而已。其达者或矜名嫉能,耻善策不从己出,则舞笔奋辞以破其义,寡不胜众,遂见屏弃,虽稷、契复存,由将困焉。斯实贾生之所以排于绛灌,吊屈子以舒愤者也。夫以文帝之明,贾生之贤,绛灌之忠,而有此患,况其余哉!况其余哉!

景虽好,惜风俗未淳。风俗犹如国家的脉搏症状,如果没有调和,就不该停止治疗。《书经》说:"治政虽美而不敢自以为美。"更何况治政尚未浃洽,而可以自满并停止努力吗?况且拯济世风、匡救时弊的方法,不一定要完全沿袭遵循尧舜之治,然后才能得到治理。(当前只是)期望于弥补毁坏的、支撑歪斜的,因此应斟酌处置,择取当下君王能够实施的去做,关键在于要将当今天下治理得安定太平罢了。所以圣人当政,按所遇时势而拟定法度,根据轻重缓急的差别,采取不同措施,决不勉强人去做办不到的事,也不会不顾当务之急而去赞叹那些仅仅是听说的事情。

从前孝武皇帝的策命文书中说:"夏商周三代法度不同,虽然治国措施不同,而建立的功业是一样的。"所以孔子劝叶公招来远地的百姓归附,劝鲁哀公理政亲躬常思忧患,劝齐景公以礼教治国,并非是因人而异,而是各国急需解决的问题不同。庸碌的人拘泥于成法,牵强复古,不懂因时制宜,只以道听途说的内容为珍宝,轻忽现前所见,策略无可贵之处,计谋也无可行之处。这些人既不知道好何以为好,也不知道不好因为什么不好,怎么可以与他们讨论国家大事呢?所以每当有臣子向圣上进谏论政,颇合圣上心意,(陛下)就交令群臣共同评议,虽(其主张)可以施行,却每每被(群臣)指摘摈弃。原因何在?那些冥顽不灵之人愚昧无知,不知时势权变,习惯于固执己见,尚不知守成之道,哪里还谈得上创始复兴?(他们)心神不定,意多舛错,言之无物,只会苟且地说应该沿用过去的典章罢了。而那些通达的人,有的追逐虚名,嫉妒贤能,以良策不是自己所提为耻,于是舞文弄墨,慷慨陈词,来推翻其意。于是寡不敌众,善策就被摈弃了。照这样,纵然是唐虞时代的贤臣稷、契再生,也必受困厄。这就是贾谊之所以被周勃、灌婴排挤,只能凭吊屈原以抒发内心

且世主莫不愿得尼轲之伦以为辅佐，卒然获之，未必珍也。自非题榜其面曰鲁孔某，邹孟轲，殆必不见敬信。何以明其然也？此二者，善已存于上矣，当时皆见薄贱而莫能任用，困厄削逐，待放不追，劳辱勤瘁，为竖子所讥笑，其故何也？夫淳淑之士，固不曲道以媚时，不诡行以徼名，耻乡原之誉，绝比周之党。而世主凡君，明不能别异量之士，而适足受潛润之诉，前君既失之于古，后君又蹈之于今，是以命世之士，常抑于当时，而见思于后人。以往揆来，亦何容易！向使贤不肖相去，如泰山之与蚁垤；策谋得失相觉，如日月之与萤火。虽顽嚚之人，犹能察焉？常患贤佞难别，是非倒纷，始相去如毫厘，而祸福差以千里，故圣君明主，其犹慎之。

制度

　　夫人之情，莫不乐富贵荣华，美服丽饰，铿锵眩耀，芬芳嘉味者也。昼则思之，夜则梦焉。唯斯之务，无须臾不存于心，犹急水之归下，下川之赴壑。不厚为之制度，则皆侯服王食，僭至尊，逾天制矣。是故先王之御世也，必明法度以闭民

愤懑的原因。以孝文帝的圣明、贾谊的贤才、周勃和灌婴的忠诚，尚且有此弊病，何况其他的人呢？

而且君主都想得到孔子、孟子那样的圣人来辅佐自己，可是突然得到了，却未必会珍惜重视。假若自己没在脸上写明"鲁孔子、邹孟轲"，必定不会被尊敬和信任。何以知道必然会如此呢？现在的君主都以他们二位为圣人，但在当时他们曾经周游列国，但被人鄙薄轻视，而不为重用。孔子困顿潦倒，削职见逐，孟子辞官出走也无人追回，他们辛苦劳累，被小人所讥笑。其原因是为何呢？大概是仁厚善良的贤士，断然不会歪曲正道以逢迎当时的民风流俗，不会用欺诈的手段来谋求名声，耻于有乡愿之誉，绝不肯结党营私。而世上普通的君主，智慧不足以明辨英才，却恰恰容易接受长年累月谗言的诽谤。过去的君王已经失去贤人的辅佐，后世的君王又会重蹈覆辙于今时。所以救世之士，常受抑制于当时，却被后人所思念。以古鉴今，想不出现这种情况谈何容易！假使贤者和不贤者相比如同泰山之比于蚁穴边隆起的小小土堆，（他们的）计策谋略的得失情况相比如同日月之光之比于萤虫之火，那虽然是愚顽奸诈的人，都能分辨出来（谁贤谁不贤）。然而世间通常的弊病是贤佞难别，是非难辨，初看只差毫发，而结果祸福之别却差之千里。所以圣明的君王、贤良的人主，都应格外谨慎。

制度

大凡人之常情，无不是喜欢富贵荣华，穿戴华美的服饰，使用金玉之质、光彩夺目的宝物、乐器，以及吃美味的食物。白天想这些，晚上梦这些，一心追逐这些，片刻都不离于心，就似瀑布的水向下流、江河的水向海奔。如果不严格制定法规来节制，人们就会都穿

欲，崇堤防以御水害，法度替而民散乱，堤防堕而水泛溢，顷者法度颇不稽古，而旧号网漏吞舟。故庸夫设藻棁之饰，匹竖享方丈之馔，下僭其上，尊卑无别，礼坏而莫救，法堕而不恒，斯盖有识之士所为于邑而增叹者也。律令虽有舆服制度，然断之不自其源，禁之又不密。今使列肆卖侈功，商贾鬻僭服，百工作淫器，民见可欲，不能不买，贾人之列，户蹈逾侈矣。故王政一倾，普天率土，莫不奢僭者。非家至人告，乃时势驱之使然。此则天下之患一也。

且世奢服僭，则无用之器贵，本务之业贱矣。农桑勤而利薄，工商逸而入厚，故农夫辍耒而雕镂。工女投杼而刺文，躬耕者少，末作者众，生土虽皆垦乂，故地功不致。苟无力穑，焉得有年？财郁蓄而不尽出，百姓穷匮而为奸寇，是以仓廪空而囹圄实。一谷不登则饥馁流死，上下俱匮无以相济，国以民为根，民以谷为命，命尽则根拔，根拔则本颠，此最国家之毒忧，可为热心者也。斯则天下之患二也。

法度既堕，舆服无限，婢妾皆戴瑱䌨之饰而被织文之

王侯之衣，食君王之食，僭越本分，甚至超过国制了。所以先王治理天下，必明确法度，以禁止民众的欲望泛滥，如同高筑堤坝以防备水灾。法度废弃而民众散乱，堤坝崩溃而洪水泛滥。近来，法度颇与古时不同，就如过去所说的网格大得连能吞船的大鱼也漏得过去。所以普通人家也有雕梁画栋的装饰，匹夫竖子也有满桌佳肴的享用，在下位者僭越本分，享用与在上位者同等，尊卑没有区别，礼仪败坏而无法挽救，法度毁坏而国家难以长久。这就是有识之士为之忧郁烦闷而倍加叹息的原因。律令中虽然有乘车、着装、仪仗等定式，但是不从源头去截断，禁绝得又不够严密，致使如今成列的商铺都在卖奢侈品，商人出售越礼违制的服饰，各行各业的手工业者都在制作奇巧而无用的器物。百姓见了能够引起欲望的物品，不能不买，商人之流，家家户户都越过等级奢靡无度。所以国家政令一旦倾倒，普天之下，官庶百姓，就会无不奢侈逾礼，不合法度，这不是到家家户户去宣扬的结果，而是时势潮流的推动使其如此。这是天下祸患之一。

而且世风奢侈，逾越礼制，则无用的器物就会昂贵，而农业反被轻贱。从事农耕蚕桑辛勤劳苦而获利少，从事工商业安逸闲适却收入丰厚，所以农夫就会舍弃农具而去从事手工制作，做蚕桑等工作的女子就会放弃织布而去刺绣。亲身去耕作的人少，从事工商业的人多，荒地虽然都已经开垦，但不出力施肥，且不精心耕作，怎么能有丰收的年景？财富聚集蓄存而不流通，百姓贫穷就会作奸犯科，因此粮仓空而监狱满。粮食一旦欠收，则饥饿之民流亡而死，而朝廷和地方都粮食匮乏，无法拯济。国家以百姓为根本，百姓以粮食为性命。粮食不足则百姓就不能生活，百姓生存不下去则国家就会被颠覆。这是国家最大的祸患，最令人焦心。这是天下第二祸患。

法度既已废弛，乘车着装没有限制，婢妾都戴美玉首饰，穿锦绣

衣,乃送终之家,亦无法度,至用輼梓黄肠,多藏宝货,享牛作倡,高坟大寝,是可忍也,孰不可忍!而俗人多之,咸曰健子,天下跂慕,耻不相逮,念亲将终无以奉遣,乃约其供养,豫修亡殁之备,老亲之饥寒,以事淫汏之华称,竭家尽业,甘心而不恨,穷厄既迫,起为盗贼,拘执陷罪,为世大戮。痛乎!化俗之刑陷愚民也。且橘柚之贡,尧舜所不尝御,山龙华虫,帝王不以为亵服。今之臣妾,皆余黄甘而厌文绣者,盖以万数矣,其余称此,不可胜记。古者墓而不坟,文武之兆,与平地齐。今豪民之坟,已千坊矣。欲民不匮,诚亦难矣。是以天戚戚,人汲汲,外溺奢风,内忧穷竭。故在位者则犯王法以聚敛,愚民则冒罪戮以为健,俗之坏败,乃至于斯!此天下之患三也。

承三患之弊,继荒顿之绪,而徒欲修旧修故而无匡改,虽唐虞复存,无益于治乱也。昔圣王远虑深思,患民情之难防,忧奢淫之害政,乃塞其源以绝其末,深其刑而重其罚。夫善堙川者,必杜其源;善防奸者,必绝其萌。昔子产相郑,殊尊卑,异章服,而国用治。岂大汉之明主,曾不如小藩之陪臣?在修之与不耳。

之衣。竟然办理丧事的人家，也没有法度，以至用梓木做辒车，甚至连帝王陵寝四周用柏木枋堆垒的格局也仿用，随葬多用宝物，以牛祭祀及演哀乐，坟墓高广。假如这样的事都忍心去做，还有什么不忍心去做的呢？而一般的人却都赞叹这种做法，称其为"健子"。天下人都美慕这种人，耻于自己比不上，因此想到年迈的亲人将要送终，怕没办法支付，于是缩减平日对老人的奉养，预先为丧葬做准备。弃年迈亲人的饥饿寒冷于不顾，只图风光送终得到大家的夸赞，耗尽家财，心甘情愿而不悔。穷困窘迫，逼得去做盗贼，被抓捕定罪，成为世间的耻辱。不良风气对愚昧的百姓的坑害，真是太令人痛心了。再说，桔柚这些贡品，尧舜这样的圣王都不常吃；绣着山、龙的衮服，画着花、雉的冕服，帝王也不作便服穿。现在的官宦人家中，黄柑吃够不想吃了，华服穿够不想穿了的，数以万计。其余类似的事情，不胜枚举。古时修墓不高起，文王、武王的墓与地面平齐。而现在有财有势者的坟地，已经修了很多的牌坊。想让百姓不穷困，实在是很难了。所以，天也重重忧虑，人也惶惶不安。外面沉溺于奢侈之风，内心忧虑财物耗尽。所以在官位的不惜触犯王法以搜刮财货，愚民则甘冒杀身之祸并以此为勇健。风俗的败坏，竟然已经到这种地步！这是天下第三祸患。

继承这三种祸患的弊端，加之国家荒乱，却只想修修补补，不进行改革，则即使尧舜这样的圣帝复生，也没有办法治理这混乱的局面。过去圣明的帝王计虑深远，思考深刻，忧虑民情难防，担心奢侈淫逸危害治政，于是从源头堵塞以断其末流，严明刑罚并从重罚处。善于堵水的人，一定会先堵源头；善于防止奸邪的人，一定会消除祸乱的萌芽。当年子产在郑国为相，区别尊卑的不同，制定不同等级的礼服，郑国因此而得以治理。想我大汉的明君，怎能不如小小诸

足信

易曰:"言行,君子所以动天地也。"仲尼曰:"人而无信,不知其可。"今官之接民,甚多违理,苟解面前,不顾先哲,作使百工,及从民市,辄设计加以诱来之,器成之后,更不与直。老弱冻饿,痛号道路,守阙告哀,终不见省,历年累岁,乃才给之。又云逋直,请十与三,此逋直岂物主之罪耶?不自咎责,反复灭之,冤抑酷痛,足感和气。既尔复平弊败之物与之,至有车舆,故谒者冠,卖之则莫取,服之则不可,其余杂物,略皆此辈。是以百姓创艾,咸以官为忌讳,遴逃鼠窜,莫肯应募,因乃捕之,劫以威势,心苟不乐,则器械行沽,虚费财用,不周于事。故曰:"上为下效,然后谓之教。"上下相效殆如此,将何以防之?罚则不恕,不罚则不治,是以风移于诈,俗易于欺,狱讼繁多,民好残伪,为政如此,未睹其利。斯皆起于典藏之吏,不明为国之体,苟割胫以肥头,不知胫弱亦将颠仆也。《礼》讥聚敛之臣,《诗》曰贪人败类,盖伤之也。

侯国的陪臣？关键在于整治与否。

足信

《易经》上说："言行，这是君子用来感动天地的。"孔子讲："一个人不守信用，真不知道他还能做什么。"现在的官员对待百姓，很多地方违背了这个道理，只顾眼前，不管先哲的教诲。役使手工业者，到民间市场，设计诱骗他们来做工，东西做好后，却不给报酬。他们家中老老少少忍冻挨饿，在路上啼哭，到官府里苦苦哀求，始终没有人理会。过很长时间，才发还他们，并说："这是拖欠的钱，十元只还给三元。"难道欠账是市民百工的错误吗？不责备自己，却反复压价，物主的怨恨和惨痛的心情，足以破坏天地的和气。于是接着又用破旧的东西抵价取平，所给的甚至有大官用过的旧车轿和为君主传令的谒者们曾戴过的官帽。这些东西是想卖没人敢要，自己用又犯法的。其中用来抵价的东西，差不多都是这一类。因此百姓戒惧，见了官都躲避，东逃西窜不肯应召。于是官府便捕捉这些人，以威势强迫他们做工。但他们内心不情愿，那么做的器物就品质粗糙，白费资财，不能使用。所以说："在上位者为在下位的人作出表率，才称得上教化。"上下之间弄成这样，又用什么办法来防止歪风呢？处罚则显得不宽容，不罚又不能治理。所以社会逐渐变得欺诈成风，各种案件繁多，百姓乐于趋向凶横虚伪。这样施政，看不到有何好处。这都是由于负责国家财政的官员，不明白治理国家的大局。他们不知道如果割了腿上的肉去补脑袋，则腿弱了也必会摔倒。《礼记》上讥讽那些搜刮钱财的大臣，《诗经》说"贪婪的人当政，会危及整个国家、民族"，都是感伤于其不知为国大要。

足兵

传曰:"工欲善其事,必先利其器。"旧时永平、建初之际,去战攻未久,朝廷留意于武备,财用优饶,主者躬亲,故官兵常牢劲精利。谢蔡大仆之弩,及龙亭九年之剑,至今擅名天下。顷主者既不敕慎,而诏书又误,进入之宾,贪饕之吏,竞约其财用,狡猾之工,复盗窃之,至以麻枲被弓弩,米粥杂漆,烧铠铁焠酰中,令脆易冶,孔又褊小,刀牟悉钝。故边民敢斗健士,皆自作私兵,不肯用官器。凡汉所以能制胡者,徒擅铠弩之利也。铠则不坚,弩则不劲,永失所恃矣。且夫士之身苟兵钝甲奥,不可依怙,虽孟贲、卞庄,由有犹豫。推此论之,以小况大,使三军器械,皆可依阻,则胆强势盛,各有赴敌不旋之虑。若皆弊败不足任用,亦竞奋皆不避水火矣。三军皆奋,则何敌不克。诚宜复申明巧工旧令,除进入之课,复故财用,虽颇为吏工所中,尚胜于自中也。苟以牢利任用为故,无问其他。

《月令》曰:"物刻工名,以覆其诚。功有不当,必行其罪,以穷其情。"今虽刻名之,而赏罚不能,又数有赦赎,主者轻翫无所惩畏。夫兵革,国之大事,宜特留意,重其法罚,敢有巧诈辄行之辈,罪勿以赦赎除。则吏敬其职,工慎其业矣。

足兵

《论语》中说:"工匠如果想完成好工作,一定先要使工具锋利好用。"过去明帝永平年间和章帝建初年间,距离战争年代还不很久远,朝廷重视武器装备,拨付的财物充足,主管官员又亲自负责,所以国家的兵器坚固锋利,谢蔡大仆的弩和龙亭九年的剑,至今名扬天下。现今主管者不严令慎重以对,而君主的命令又有失误。参与的人,贪财的官吏,都从中扣减财用,损公肥私。狡猾的工匠又从中盗窃得利。以至于弓弩用麻包裹握弓处,漆里掺米汤,把制铠甲的铁烧火放到醋里焠火,使其脆软容易加工,铠甲的尺寸缩小,刀矛都是钝的。所以边境百姓中能征善战的勇士,都自己制作兵备,不肯使用国家制作的兵器。大汉之所以能够抵御匈奴,仅仅是仗着铠甲弓弩的精良。铠甲如果不坚固,弩弓如果没有威力,就永远失去了优势。而且对于将士保护身体来说,如果兵器不锋利,铠甲软脆,不能依靠,那么就算是孟贲、卞庄这样的勇士,也会犹豫不前。据此而论,以小喻大,假使三军器械都坚固锋利可依仗,则胆子大、气势盛,士卒们个个都有奋勇杀敌誓不后退的想法。如果这些兵备都破损毁坏,无法使用,就算奋勇向前也不免陷入险境。三军振奋,什么敌人不能战胜?确实应该重新确立过去精工细作的规章制度,免除加工制造的课税,恢复从前的开支,这样虽会略微被官吏工匠所侵占,但比他们贪污克扣好。只要兵器坚固锋利耐用,就不要追究其他事情。

《礼记·月令》中说:"器物中要刻上工匠的名字,以查核实情。制作有不当之处,一定要追究责任,以杜绝私心。"现在虽然也刻上名字,但不行赏罚,又经常有赦免或用财物赎罪的情形,主管者轻慢玩忽,无所畏惧。武器军备是国家大事,应该特别重视,(对玩忽职守者应)从重处罚。胆敢机巧诈伪擅自胡行之辈,罪不可赦,也不可

用臣

昔圣王之治天下，咸建诸侯，以临其民，国有常君，君有定臣，上下相安，政如一家。秦兼天下，罢侯置县，于是君臣始有不亲之釁矣。我文景患其如此，故令长视事，至十余年，居位或长子孙，永久则相习，上下无所窜情，加以心坚意专，安官乐职，图虑久长，而无苟且之政。吏民供奉，亦竭忠尽节而无一切之计，故能君臣和睦，百姓康乐。苟有康乐之心充于中，则和气应于外，是以灾害不生，祸乱不作。

自顷以来，政教稍改，重刑阙于大臣，而密网刻于下职，鼎辅不思在宽之德，牧牧守守逐之，各竞擿微短，吹毛求疵，重案深诋，以中伤贞良。长吏或实清廉，心平行洁，内省不疚，不肯媚灶，曲礼不行于所属，私敬无废于府。州郡侧目，以为负折，乃选巧文猾吏，向壁作条，诬覆阖门，摄捕妻子，人情耻令妻子就逮，则不迫自去。且人主莫不欲豹产之臣，然西门豹治邺一年，民欲杀之。子产相郑，初亦见诅，三载之后，德化乃洽。今长吏下车百日，无他异观，则州郡睨，待以恶意，满岁寂漠，便见驱逐。正使豹产复在，方见怨诅，应时奔驰，何缘得成易歌之勋，垂不朽之名者哉？犹冯唐评文帝之不能用李牧矣。近汉世所谓良吏黄侯，召父之治郡视事，皆且十

赎。如此，则官吏才会慎重尽职，工匠才能审慎敬业。

用臣

过去圣王治理天下，都依靠建立诸侯国来治理百姓。诸侯国有固定的君主，君主有长任其职的大臣，君臣相安，治理起国家来如同一家人一样。秦朝兼并天下之后，废除诸侯，设立郡县，于是君臣开始有不亲近的嫌隙。我朝文景二帝，考虑到这种情形，所以县令一职可以就职十余年，由于长期担任一个职务，以至于子孙都长大了。长期任职则互相熟悉，上下之间没有隐瞒，加上心意坚定专一，安于官位，乐于职事，考虑问题长远，不会只图眼前得过且过。属吏与百姓都尽力效忠以保全节操，不行权宜之计。所以君臣和睦，百姓康乐。若人人都有康乐之情充满内心，则自然会感召祥瑞之气于外。于是灾害不生，祸乱不兴。

自近年以来，政教稍有改动，重刑不用在大臣身上，而细密的法网只用来苛刻地要求下面的官员。执政的重臣不思宽厚之德，州牧太守等都纷纷效仿，彼此争相指摘小毛病，吹毛求疵，严厉追查，极力诋毁，中伤忠良之人。有的地方官吏确实清廉，心念端正，行为高洁，问心无愧，不肯阿附权贵，对下行为正直，没有不正当的礼节交往，对上内心怀着敬重，不送礼巴结。于是州郡长官对其侧目而视，视之为叛逆。于是指派擅舞文弄墨的奸猾小吏，凭空捏造，诬陷其全家，抓捕其妻子儿女。人之常情，都是耻于妻子儿女被捕，于是不用逼迫他自然会辞官而去。君主没有不想得到西门豹、子产那样的臣子的，但是西门豹治理邺县第一年，百姓想要杀他。子产在郑国为相，开始也受到诅咒，三年之后，德行教化才普及于百姓。现在长吏到任不久，没有什么特殊表现，则州郡长官就会恶意相待，如果满一年还

年,然后功业乃著。且以仲尼之圣,由曰三年有成,况凡庸之士,而责以造次之效哉!

故夫卒成之政,必有横暴酷烈之失。而世俗归称,谓之办治。故绌已复进,弃已复用,横迁超取,不由次第,是以残猛之人,遂奋其毒,仁贤之士,劫俗为虐。本操虽异,驱出一揆。故朝廷不获温良之用,兆民不蒙宽惠之德,则百姓之命,委于酷吏之手,嗷嗷之怨,咎归于上。夫民善之则畜,恶之则雠,雠满天下,可不惧哉。

是以有国有家者,甚畏其民。既畏其怨,又畏其罚。故养之如伤病,爱之如赤子,兢兢业业,惧以终始,恐失群臣之和,以堕先王之轨也。今朝廷虽屡下恩泽之诏,垂恤民之言,而法度制令,甚失养民之道。劳思而无功,华繁而实寡。必欲求利民之术,则宜沛然改法。有以安固长吏,原其小罪,阔略微过,取其大较,惠下而已。昔唐虞之制,三载考绩,三考绌陟,所以表善而简恶,尽臣力也。汉法亦三年一察治状,举孝廉、尤异。宣帝时,王成为胶东相,黄霸为颖川太守,皆且十年,但就增秩赐金,封关内侯,以次入为公卿,然后政化大行,勋垂竹帛,皆先帝旧法所宜因循。及中兴后,上官象为并

是寂然平淡，就会被驱逐。假使西门豹、子产重生任职，（开始时）正是被怨恨诅咒之时，假如此时被赶走，又怎有机会成就由被咒骂到被歌颂的功勋，流下不朽的声名呢？这就像冯唐评价汉文帝不能任用李牧一样啊！汉代所说的良吏，像黄霸治理颍川，召信臣治理南阳，都有近十年的努力，然后治功才显著。以孔子的圣明，也说"三年有成"，何况平凡普通之士，怎能责其片刻收效呢？

所以为政而急于求成，必定会出现强横残暴的官吏，但世俗都称赞这种人，说这是成功之治。由此降职了的又被复职，罢免了的又被起用，任意提拔不按顺序。所以残忍凶暴之人更加狠毒，仁贤之士为俗所迫也变得残暴。各自操行虽本不同，但却被相同的规则驱使。因此朝廷没有温恭良善的臣子可用，天子之民得不到宽厚仁爱的德化，百姓的性命交在酷吏之手，他们怨恨感叹，把罪过都归于君上。善待百姓则百姓恭顺，恶待百姓则百姓仇恨。仇恨正在遍满天下，又怎能不惧怕呢？

所以有国有封地者，很畏惧百姓，即畏惧他们怨恨，又怕他们受罚。所以养民如同对待伤员病人一样，爱护他们如同对待初生的婴儿一样，自始自终，谨慎戒惧，唯恐君臣失和，毁坏先王所定下的法度。如今朝廷虽然屡次颁下恩泽百姓的旨意，发表体恤百姓的言论，但法令制度却有失养民之道，以至于虽冥思苦想也没有功用，方法繁多而成果很少。果真想求得利益民众的方法，就应该立即改变法令，稳定地方官吏，要原谅其小罪，宽恕其微过，取其大节，只有能惠利于百姓才行。过去唐尧虞舜时期的制度，是每三年考核一次官吏政绩，三次考核决定升降，用这种办法来显扬善治，减少不善，充分发挥臣子的作用。大汉法制也是三年考察一次施政的成绩，举荐德行突出的"孝廉"和政绩突出的"尤异"。宣帝时，王成任胶东相，黄霸为颍

州刺史，祭彤为辽东太守，视事各十八年，皆增秩中二千石。近日所见，或一期之中，郡主易数，二千石云扰波转，溃溃纷纷，吏民疑惑，不知所谓。及公卿尚书，亦复如此。且台阁之职，尤宜简习，先帝时尚书，但厚加赏赐，希得外补，是以机事周密，莫有漏泄。昔舜命九官，自受终于文祖以至陟方五十年，不闻复有改易也。圣人行之于古，以致时雍，文宣拟式，亦至隆平。若不克从，是羞效唐虞而耻遵先帝也。

内恕

昔明王之统黎元，盖济其欲而为之节度者也。凡人情之所通好，则恕己而足之。因民有乐生之性，故分禄以颐其士，制庐井以养其萌，然后上下交足，厥心乃静。人非食不活，衣食足然后可教以礼义，威以刑罚。苟其不足，慈亲不能畜其子，况君能捡其臣乎。故古记曰："仓禀实而知礼节，衣食足而知荣辱。"今所使分威权，御民人，理狱讼，干府库者，皆群臣之所为，而其奉禄甚薄，仰不足以养父母，俯不足以活妻子。父母者，性所爱也。妻子者，性所亲也。所爱所亲，方将冻馁，虽冒刃求利，尚犹不避，况可令临财御众乎？是所谓渴马守

川太守,都干了将近十年的时间,因为考绩优异而被增加俸禄、赏赐黄金,王成封关内侯,黄霸封建成侯,按次序先后入朝为公卿,然后政治教化广行天下,他们的功勋永载史册。这是先帝的旧法,应该沿袭。光武中兴之后,上官象任并州刺史,祭肜为辽东太守,就职治事各十八年,都增俸禄为中二千石。然而现在所看到的情况是,一年之中,郡守更换数次,如同云翻波转一样,混乱不堪。官吏百姓都疑惑不解,不知是何缘故。公卿、尚书一级的状况,也都是如此。而且尚书台这个职位,尤其应该选用熟悉此职之人。先帝时的尚书,只是厚加赏赐,很少外调离京就职,所以处理国家大事周到细密,没有疏漏。从前舜任命九官,自承受帝位于尧帝始祖之庙直到南巡驾崩五十年间,没有听说再有改动。古时圣人行持此法,所以达致太平盛世。文帝和宣帝效仿此法,国家也得以昌盛太平。现在如果不能跟从,就是羞于仿效唐尧虞舜,并耻于遵奉先帝了。

内恕

过去贤明的君主统治百姓,都是既满足其需要,又加以约束节制。凡是大家所共同喜好的,就推己及人予以满足。因为百姓有以生为乐的本性,所以按位分给俸禄以养官吏,置房舍田园以养百姓。于是上下都得到满足,他们的心就都安定了。人不吃饭就不能生存,衣食丰足后才可以教之以礼仪,威之以刑罚。如果衣食不足,慈母尚且不能养育自己的孩子,君主又怎么能约束臣子呢?所以《管子》中说:"粮仓充实而后民知礼仪,衣食丰足而后民知荣辱。"现在所施行的分掌威权、治理百姓、理讼断案、主管国库,都是群臣在做,但是他们的俸禄太少,上不能赡养父母,下不足以养活妻子儿女。父母双亲,是人的天性所敬爱的。妻子儿女,是人的天性所亲近的。所爱

水,饿犬护肉,欲其不侵,亦不几矣。夫事有不疑,势有必然,盖此之类,虽时有素富骨清者,未能百一,不可为天下通率。圣王知其如此,故重其禄以防其贪,欲使之取足于奉,不与百姓争利。故其为士者习推让之风,耻言十五之计,而拔葵去织之义形矣。故三代之赋也,足以代其耕。故晏平仲,诸侯之大夫耳,禄足赡五百,斯非优衍之故耶。昔在暴秦,反道违圣,厚自封宠,而房遇臣下。汉兴因循,未改其制,夫百里长吏,荷诸侯之任,而食监门之禄。

请举一隅以率其余。一月之禄,得粟二十斛,钱二千,长吏虽欲崇约,犹当有从者一人,假令无奴,当复取客,客庸一月千,刍膏肉五百,薪炭盐菜又五百,二人食粟六斛,其余财足给马,岂能供冬夏衣被,四时祠祀,宾客升酒之费乎?况复迎父母,致妻子哉?不迎父母,则违定省。不致妻子,则继嗣绝。迎之不足相赡,自非夷齐,孰能饿死,于是则有卖官鬻狱,盗贼主守之奸生矣。孝宣皇帝悼其如此,乃诏曰:"吏不平则治道衰。"今小吏皆勤事,奉之薄,欲其不侵渔百姓,难矣。其益吏奉百石以下什五,然尚俭隘,又不上逮古赋禄,虽不可悉遵,宜少增益,以周其匮。使足代耕自供,以绝其内顾

所亲的人，即将受冻挨饿，即使迎着刀锋，只要能求得利养，尚且不会退缩，何况让他们管理财物、治理百姓呢？这就是所谓的让渴马看守水源，让饿狗保护肥肉，想让它们不去侵占，怕是行不通的。事情有不用置疑的，形势有必然如此的，大概说的就是这种情况。虽然或许有一贯操守廉洁的人，但百中无一，不能当做天下通例看待。圣明的君主知道这种情况，所以多给俸禄，以防止官吏的贪欲，让他们的俸禄足够开支，不和百姓争利。所以为官者，都习惯推让的作风，以斤斤计较为羞耻，于是就会形成像公仪休拔去自家的葵菜、烧毁自家的织机而不与百姓争利的仁义风气。所以夏商周三代给官员的俸禄，足以代替耕种的收入。所以晏子仅是一个诸侯国的上大夫，俸禄足够赡养五百人，这不就是待遇优厚的缘故吗？以前残暴的秦王朝，违反正道，背离圣教，自己名分崇高、享用优厚，但是对臣子却像对待奴仆一样。汉朝立国沿袭秦制，没有变革。辖地百里的县长，担负着如过去诸侯般的重任，而俸禄却只和看门吏一样。

现在请让我举个例子，可以以此类推其余情况。县官一个月的俸禄，是二十斛粟、二千钱。他虽然非常想节俭，也要有一个仆从。如果没有仆人，就得僱养门客。门客所需每月一千钱，饲养马、牛买肉等副食需五百钱，柴米杂物又要五百钱。两人吃用六斛粟，其余的只够马的草料钱，哪能供应冬夏的衣服铺盖、四时的祭祀和宾朋往来的酒席支出呢？更何况还要迎养父母双亲，娶妻生子。不接父母来养，则有违晨昏定省的孝道。不娶妻生子，则没有后代。接来了却支付不了赡养所需，若不是伯夷、叔齐那样的人，谁愿等着饿死？于是就出现了收受贿赂、出卖官爵、枉法断狱的情况，监守自盗的奸佞之人就出现了。孝宣皇帝痛惜这种情况，于是下诏说："官吏不安定则治国之道就会衰微。现在下级官员都勤恳奉事，但俸禄太少，想让他

念奸之心,然后重其受取之罚,则吏内足于财,外惮严刑,人怀羔羊之洁,民无侵枉之性矣。昔周之衰也,大夫无禄,诗人刺之。暴秦之政,始建薄奉。亡新之乱,不与吏除。三亡之失,异世同术。我无所鉴,夏后及商。覆车之轨,宜以为戒。

去赦

　　大赦之造,乃圣王受命而兴,讨乱除残,诛其鲸鲵,赦其臣民渐染化者耳。及战国之时,犯罪者辄亡奔邻国,遂赦之以诱还其逋逃之民。汉承秦制,遵而不越。孝文皇帝即位二十三年乃赦,示不废旧章而已。近永平、建初之际,亦六七年乃一赦,命子皆老于草野,穷困惩艾,比之于死。顷间以来,岁且一赦,百姓忸忕。轻为奸非,每迫春节徼幸之会,犯恶尤多。近前年一期之中,大小四赦,谚曰:"一岁再赦,奴儿喑恶。"况不轨之民,孰不肆意?遂以赦为常俗,初期望之,过期不至,亡命蓄积,群辈屯聚,为朝廷忧。如是则劫不得不赦,赦以趣奸,奸以趣赦,转相驱踧,两不得息。虽日赦之,乱甫繁耳。由坐饮多发消渴,而水更不得去口,其归亦无终矣。又践祚改

们不侵占百姓利益,太难了。百石以下的官吏,薪俸一律增加十分之五。"即便这样,仍然不充裕,也比不上古时候的官员。给予俸禄虽然不必全部遵循古时的标准,但确实应该略微增加些,以贴补生活费用的不足,使官员俸禄足够满足自家供给,以断除其因牵挂家用不足而想做坏事的心思,然后再从重处理受贿的官吏。这样,官吏于内家用充足,于外畏惧严刑,人人都胸怀如羔羊般洁白的志向,就不会再有侵害百姓使其受冤的习性了。过去周朝衰败时,大夫没有俸禄,诗人作诗讽刺。暴秦统治的时候,开始只给官吏设立微薄的俸禄。王莽新朝的败乱,是因为不给官吏薪俸赏赐。三朝亡国的失误之处,虽时代不同,但方式一样。所谓是"我朝难道没有可借鉴的对象吗?就是那夏朝和商朝",前朝灭亡的教训,值得我们引以为戒。

去赦

  大赦制度的建立,是圣王受天命而兴兵,讨伐叛乱,除去凶残,诛杀元凶,而赦免被其胁从的臣民,使其渐渐受到薰陶教化而改变。至战国时期,犯罪的人经常逃亡到邻国,于是就用赦免的办法来劝诱招回逃亡的人。汉沿袭秦制,遵从而没有逾越。孝文皇帝登基后二十三年才发布了大赦令,是为表示自己不废旧章而已。近时永平、建初年间,六七年有一次赦免,亡命之徒都老于荒野,穷困恐惧,和死了没有两样。近年以来,一年一赦,百姓都熟知、习惯了,一些人就会轻易作奸犯科。每当临近春节,想侥幸得赦的人就会聚集,犯罪的人尤其多。前年一年之中,大小四赦。谚语说:"一年多次赦免,连奴才也会悄悄作恶。"何况越出常轨、不守法度的人,怎么能不更加肆无忌惮呢?于是,赦免就成为常例。一些人开始的时候寄希望于赦免,而过期没有得到赦免,就造成逃亡在外的罪犯积聚,同类

元际未尝不赦,每其令曰:"荡涤旧恶,将与士大夫更始。"是衷己薄先,且违无改之义,非所以明孝抑邪之道也。

昔茪子有云:"赦者奔马之委辔,不赦者痤疽之砭石。及匡衡、吴汉、将相之隽,而皆建言不当数赦。今如欲尊(尊疑遵)先王之制,宜旷然更下大赦令,因明谕使知永不复赦,则群下震栗,莫轻犯罪。纵不能然,宜十岁以上,乃时一赦。

结伙,成为朝廷的忧患。这就是迫使朝廷不得不赦免。赦免促使犯罪,犯罪成风又迫使赦免,恶性循环,犯罪和赦免这两样都不得停息。(像这样)即使天天赦免,作乱的事情只会更多。就好比人因为暴饮暴食容易得消渴症,得病后水更不能离口,越渴越喝,越喝越渴,结果是不得终止。此外,皇帝即位、更改年号之际,没有不赦免的。每次下令就说:"要洗除旧恶,和大臣们一起除旧布新。"这是抬高自己而降低先帝的声誉,而且违背了不改前代法规的大义,不是用以彰显孝道、抑制邪恶的治国之道。

过去管子曾说:"赦免,犹如狂奔之马抛弃了笼头;不赦免,犹如用石针治疗毒疮。"匡衡、吴汉这些将相中才智出众的人,都曾建议不应当屡屡赦免。现在如果要遵从先王的制度,应该决断地更改所颁布的大赦令,明确告谕,让人们知道永不再赦免,则臣下与百姓就会惊惧,没有谁敢轻易犯罪。即使不能这样,也应该十年以上才适时赦免一次。

昌言

仲长统　撰

德教

德教者，人君之常任也，而刑罚为之佐助焉。古之圣帝明王所以能亲百姓，训五品，和万邦，蕃黎民，召天地之嘉应，降鬼神之吉灵者，实德是为，而非刑之攸致也。至于革命之期运，非征伐用兵，则不能定其业。奸宄之成群，非严刑峻法，则不能破其党。时势不同，所用之数，亦宜异也。教化以礼义为宗，礼义以典籍为本，常道行于百世，权宜用于一时，所不可得而易者也。故制不足则引之无所至，礼无等则用之不可依，法无常则网罗当道路，教不明则士民无所信。引之无所至，则难以致治。用之不可依，则无所取正。罗网当道路，则不可得而避。士民无所信，则其志不知所定。非治理之道也。诚令方来之作，礼简而易用，仪省而易行，法明而易知，教约而易从，篇章既著，勿复刊剟，仪故既定，勿复变易。而人主临之以至公，行之以忠仁，一德于恒久，先之用己身，又使通治乱之大体者，总纲纪而为辅佐，知稼穑之艰难者，亲民事而布惠利，政不分于外戚之家，权不入于宦竖之门，下无侵民之吏，京师无佞邪之臣，则天神可降，地祇可出。

德教

　　以仁德来感化人民,是君主不变的责任,而刑罚只是德教的辅助而已。古时的圣明帝王,之所以能够亲近百姓,教导人民通晓仁、义、礼、智、信,使天下和谐、百姓繁衍,并感召来天地的祥瑞,使鬼神都赐予吉祥灵验,这些都是真实的德行所致,并不是刑罚所实现的。至于遇到顺应天命实施变革的特殊时机,如果不兴兵讨伐,就没有办法奠定国家大业;奸邪作恶的人成群,如果不用严峻的刑法,就不能摧破其成群结伙的集团。时势不同,所用的方法也应该不同。教育感化是以礼义为主,礼义是以经典古籍为根本。不变的常理通行于世世代代,暂时适宜的方法只能用于一时,这二者是不可以相互替代的。如果制度不周全,则征引典章不会得当。礼仪没有等级差别,就不能作为实行的依据。法令变化不定,则法网密布,人们就会不知所措;教化不贤明,则士人和百姓都会无所信从。征引典章不恰当,就难以实现国家的政治安定清平。实行礼仪没有依据,就没有可以效法的标准。密集的法网挡在道路上,人人都无法躲避犯罪。士民无法信从教化,志向就会动摇不定。这些都不是治国之道。如果确实能够使将来的创设,礼制简单而便于采用,仪式简洁而便于实行,法律简明而便于了解,教化简约而便于遵从,规章制度已经制定,并著作成文,就不要再删减改变,礼仪已经形成习惯,就不要再去改变,君主以公正之心治理百姓,推行忠孝仁义,并且一心一意恒常不变,并先从自身落实,还要任用通晓治国之道并且明识大体者,总揽法度纲常,作为皇帝的辅佐,任用了解耕作辛劳艰苦的人,料理民生

大治之后,有易乱之民者,安宁无故,邪心起也。大乱之后,有易治之势者,创艾祸灾,乐生全也。刑繁而乱益甚者,法难胜避,苟免而无耻也。教兴而罚罕用者,仁义相厉,廉耻成也。任循吏于大乱之会,必有恃仁恩之败。用酷吏于清治之世,必有杀良民之残。此其大数也。我有公心焉,则士民不敢念其私矣;我有平心焉,则士民不敢行其险矣;我有俭心焉,则士民不敢放其奢矣。此躬行之所征者也。开道涂焉,起隄防焉,舍我涂而不由,逾隄防而横行,逆我政者也。诰之而知罪,可使悔遏于后矣。诰之而不知罪,明刑之所取者也。教有道,禁不义,而身以先之,令德者也。身不能先,而聪略能行之,严明者也。忠仁为上,勤以守之,其成虽迟,君子之德也。谲诈以御其下,欺其民而取其心,虽有立成之功,至德之所不贵也。

损益

　　廉隅贞洁者,德之令也;流逸奔随者,行之污也。风有所

事务,施行恩惠利益;政权不分给母亲和妻子的亲戚,权柄不交到宦官的手里;地方上没有侵害百姓的官吏,京师里没有奸佞的大臣。这样,天神能够降临保佑,地神也会现身护持。

长治久安之后,会有作乱的百姓,这是因为安定太平没有动荡,人们就会萌生邪恶之心。大乱之后,有容易治理的趋势,这是因为百姓饱受灾祸的伤害,渴望保全生命。刑罚繁多但混乱却更加严重,是因为法网太密,不胜躲避,于是人们就会苟且地免于受罚,而不再有羞耻之心。教化兴而罕用刑罚,是因为以仁义相激励,人们的廉耻之心就产生出来了。在动荡混乱的时期任用守法循理的官吏,必定会有恃仗施行仁厚恩德而产生的危害;在清平安定的时期任用滥用酷刑的官吏,必定会有残杀良民的暴行。这是自然的趋势。君主自己有大公之心,则士人和百姓就不敢顾念一己一家之私。君主自己有平正之心,则士人和百姓就不敢行冒险的事。君主自己有节俭之心,则士人和百姓就不敢存奢侈的心。这是亲身实行做出表率的明证。推行道德教化是开辟道路,使用刑罚是修筑堤坝。舍弃我开辟的道路而不走,翻越我设的堤防而胡作非为,都是乱政之民。告诫了能知罪,可使他们悔罪而从此遏制自己;告诫了以后仍不悔罪,就拿出严明的刑罚整治他们。教育人讲求道德,禁止不义之行,自己能率先垂范,是有美德的人;自己不能率先垂范,而聪明谋略能明正法令,是严明的人。以忠孝仁义为上,勤加守护不失,成效虽慢,是君子的美德。用狡诈的心管理属下,欺骗百姓来取得民心,虽然有快速成就的功绩,真正道德圆满的人是不看重的。

损益

品行端方、意志坚定、操守纯正,是美好的品德;放浪形骸、相

从来,俗有所由起。疾其末者刈其本,恶其流者塞其源。夫男女之际,明别其外内,远绝其声音,激厉其廉耻,涂塞其亏隙,由尚有胸心之逸念,睇盼之过视。而况开其门,导其径者乎。今嫁娶之会,捶杖以督之戏谑,酒醴以趣其情欲,宣淫佚于广众之中,显阴私于族亲之间。污风诡俗,生淫长奸,莫此之甚,不可不断者也。

法诫

  汉兴以来,皆引母妻之党为上将,谓之辅政。而所赖以治理者甚少,而所坐以危乱者甚众。妙采于万夫之望,其良犹未可得而遇也,况欲求之妃妾之党,取之于骄盈之家,徼天幸以自获其人者哉。夫以丈夫之智,犹不能久处公正,长思利害,耽荣乐宠,死而后已。又况妇人之愚,而望其遵巡正路,谦虚节俭,深图远虑,为国家校计者乎。故其欲关豫朝政,恲快私愿,是乃理之自然也。昔赵绾白不奏事于大后,而受不测之罪;王章陈日蚀之变,而取背叛之诛。夫二后不甚名为无道之妇人,犹尚若此。又况吕后、飞燕、傅昭仪之等乎?

  夫母之于我尊且亲,于其私亲,亦若我父之欲厚其父兄子弟也;妻之于我爱且媟,于其私亲,亦若我之欲厚我父兄子弟也。我之欲尽孝顺于慈母,无所择事矣;我之欲效恩情于爱妻

从私奔,是污浊的行为。风气都有其来由,民俗也有其根源。嫉恨其末梢就该割断根本,厌恶其浊流就要堵塞源头。男女之间,即使分别内外,彼此远离,杜绝其交谈,培养廉耻之心,阻断造成非礼的路子,还会有放荡的念头、越礼的斜视,更何况大开其门并为之引路呢?现在嫁女娶妻的时候,打着逼着让他们调笑戏谑,饮酒以促发其情欲,在大庭广众中公然淫佚放荡,在亲朋之间暴露见不得人的阴私。败坏风俗,滋生淫乱,助长奸邪,没有比这更严重的了,这是不可不禁绝的事情。

法诫

汉朝开国以来,大都任用外戚一派担任上将,名义上称作辅佐朝政,可是靠他们治理国家收效甚少,因此而导致危机动乱的居多。精心从万众所仰望的人中择选,都未必得到良才可用,何况从妃子妾媵的亲族中寻求、从骄纵富贵之家选取,而企图侥幸获得合适的人才呢?以大丈夫的智能,尚不能长久处事公正,不能长远考虑利弊得失,沉湎享乐贪图荣耀,至死方休,又何况以妇人的愚昧,怎能希望她们遵循正路、谦虚节俭、深谋远虑,为国家谋划大事呢?所以她们想参与朝政,无非是想畅快自己的欲望,这是自然之理。过去赵绾上书武帝不要再向太皇太后窦漪房请示奏报,而遭罢官死于狱中;王章陈奏日蚀之变因皇后王政君之兄王凤专权所致,而被陷以大逆之罪死在狱中。这二后不算是无道的妇人,尚且如此,更何况像吕后、赵飞燕、傅昭仪之流的女人呢?

母亲是我尊敬亲爱的人,她对于自家亲人,如同我的父亲想厚待他的父兄子弟一样;妻子是我亲近爱护的人,她对于自己的亲人,如同我想厚待自己的父兄子弟一样。我想对慈母尽孝心,什么事都可做;

妾，亦无所择力矣。而所求于我者，非使我有四体之劳苦，肌肤用之疾病也。夫以此欤唾盼睇之间，至易也，谁能违此者乎？唯不世之主，抱独断绝异之明，有坚刚不移之气，然后可庶几其不陷没流沦耳！

宦竖者，传言给使之臣也，拼扫是为，超走是供，传返房卧之内，交错妇人之间，又亦实刑者之所宜也。孝宣之世，则以弘恭为中书令，石显为仆射，中宗严明，二竖不敢容错其奸心也。后暨孝元常抱病而留好于音乐，悉以枢机委之石显，则昏迷雾乱之政起，而仇忠害正之祸成矣。呜呼！父子之间相监至近，而明暗之分若此，岂不良足悲耶！孝桓皇帝起自蠡吾而登至尊，侯览、张让之等，以乱承乱，政令多门，权利并作，迷荒帝主，浊乱海内。高命士恶其如此，直言正谕，与相摩切，被诬见陷，谓之党人。灵皇帝登自解犊，以继孝桓，中常侍曹节、侯览等，造为维纲，帝终不寤，宠之日隆，唯其所言，无求不得。凡贪淫放纵，僭凌横恣，挠乱内外，螫噬民化，隆自顺桓之时，盛极孝灵之世，前后五十余年，天下亦何缘得不破坏耶。古之圣人，立礼垂典，使子孙少在师保，不令处于妇女小人之间，盖犹见此之良审也。

我想对妻妾恩爱,也不遗余力。而且她们所要我做的,不会使我四肢劳苦,也不会使身体病痛,就像是咳嗽、吐唾沫、瞪眼、斜视一类最容易的事,谁能违背她们的意愿呢?只有非凡的君主,有果断独到的见识,有坚强刚毅的气质,才不会陷于后党亲缘的束缚而流于沉沦呀!

宦官,是宫中负责传话和供役使的人,清扫宫院是他们应该做的,跑腿奔走是他们的本分。在卧房之间联络迎送,在宫中妇人间行走往来,也确实适宜受过腐刑的人充任。汉宣帝时,让受过腐刑的弘恭任中书令、石显任仆射。当时宣帝严明,两个宦官不敢心存奸恶。后来元帝即位,经常患病,而且迷恋音乐,把机要大事都交给石显,朝政昏庸混乱从此开始,而仇视、伤害忠正大臣的灾祸便形成了。可悲啊!按说宣帝、元帝父子之间相互借鉴最近,可是其明达与昏暗却如此分明,岂不足以令人悲叹!汉桓帝从蠡吾侯的儿子,而登皇帝之位,用侯览、张让等五人,治梁冀之乱,结果更乱,政令出于多门,威权与财利并用,迷惑皇帝,朝政荒废,国家混乱。忠正的士大夫公卿憎恶他们的恶行,以正直的言论谏谕,被诬陷为朋党。汉灵帝从解犊亭侯登上帝位,继承桓帝。这时中常侍曹节、侯览等人操纵着国家的法令制度,而灵帝终不觉悟,对他们的宠信日盛一日,只听信他们所言,有求必得。举凡贪淫放纵、越级行事、横行恣肆、朝廷内外被搅乱、毒害民风的混乱状况,都是兴于东汉顺帝、桓帝时期,盛极于灵帝时期,前后经过五十多年,国家怎能不破败呢?古代的圣人,确立礼制,留下法典,让子孙从小接受太师、太保的管教,不让其在妇女小人中厮混,都是对这些问题看得很清楚啊!

教禁

和神气,惩思虑,避风湿,节饮食,适嗜欲,此寿考之方也。不幸而有疾,则针石汤药之所去也。肃礼容,居中正,康道德,履仁义,敬天地,恪宗庙,此吉祥之术也。不幸而有灾,则克己责躬之所复也。然而有祷祈之礼,史巫之事者,尽中正,竭精诚也。下世失其本而为奸邪之阶,于是淫厉乱神之礼兴焉,侜张变怪之言起焉,丹书厌胜之物作焉。故常俗忌讳可笑事,时世之所遂往,而通人所深疾也。且夫掘地九仞以取水,凿山百步以攻金,入林伐木不卜日,适野刈草不择时,及其构而居之,制而用之,则疑其吉凶,不亦迷乎!简郊社,慢祖祢,逆时令,背大顺,而反求福佑于不祥之物,取信诚于愚惑之人,不亦误乎!彼图家画舍,转局指天者,不能自使室家滑利,子孙贵富,而望其能致之于我,不亦惑乎!

今有严禁于下而上不去,非教化之法也。诸厌胜之物,非礼之祭,皆所宜急除者也。情无所止,礼为之俭,欲无所齐,法为之防。越礼宜贬,逾法宜刑。先王之所以纪纲人物也。若不制此二者,人情之纵横驰骋,谁能度其所极者哉?表正则影直,范端则器良。行之于上,禁之于下,非元首之教也。君臣士民,并顺私心,又大乱之道也。

教禁

  调和精神气息,戒除焦虑,避免风湿,节制饮食,控制嗜欲,是长寿的良方,不幸而患了病,扎针吃药就可除去;整肃礼节仪容,遵循正道,弘扬道德,施行仁义,尊敬天地,恭敬宗庙,是求得吉祥的方法,不幸有了灾祸,严格克制自己、反省责备自己就能回复吉祥。这样才有祈祷的礼仪、掌祭祀的史官和巫师之业,目的都是为了竭尽中正精诚之意。近世抛弃了忠心至诚的根本,而成为奸诈邪恶的阶梯,于是祭鬼弄神的仪式就应运而生,欺骗怪诞的言论兴起,天书咒语出现。因此传统习俗忌讳并认为可笑的事,现时一些人却竟相追逐,而学识渊博之人对此非常厌恶。人们挖地九仞打井汲水,开山深百步用以采矿;去森林伐木不占卜日子,到野外割草不挑选吉时。但等到建筑房子居住、制作器物使用,却怀疑是否吉祥、是否有灾凶,岂不太迷惑颠倒了吗?荒废祭祀天地,怠慢宗庙中的祖先,违背时令,忤逆伦常大道,却向不吉祥的东西祈求幸福和保佑,向愚昧糊涂之人寻求诚信,岂不大错特错吗?那些为人筹画宅基房舍来转换运势、指示天意的人,不能使自己的家庭顺利,也不能使子孙富贵,而企望他们能给我福分,岂不是太糊涂了吗?

  现在有些事对民间严格禁止,但是皇室贵族们却不去除,这不是推行教化的方法。各种用巫术为人祈福消灾之事和不符合礼法的祭祀都应尽快除掉。人们的情欲没有止境,要用礼法予以约束;人们的欲望不可能一样,要用法律进行防范。超越礼制的应该批评,违反法规的应该惩处。先王就是用这种办法管理相关的人和事的。如果不用礼与法来控制人们的感情和欲望,让其放纵泛滥,谁又能估量到它会发展到哪一步呢?形象端正影子就直,模子端正则铸造出的器物就好。皇帝大臣照样去做而禁止百姓去做,这不是君主应推

顷皇子皇女有夭折。年未及殇。爵加王主之号。葬从成人之礼。非也。及下殇以上。已有国邑之名。虽不合古制。行之可也。王侯者所与共受气于祖考。干合而支分者也。性类纯美。臭味芬香。孰有加此乎。然而生长于骄溢之处。自恣于色乐之中。不闻典籍之法言。不因师傅之良教。故使其心同于夷狄。其行比于禽兽也。长幼相效。子孙相袭。家以爲风。世以爲俗。故姓族之门。不与王侯婚者。不以其五品不和睦。闺门不洁盛耶。所贵于善者。以其有礼义也。所贱于恶者。以其有罪过也。今以所贵者教民。以所贱者教亲。不亦悖乎。可令王侯子弟悉入大学。广之以他山。肃之以二物。则腥臊之污可除。而芬芳之风可发矣。

中制

有天下者，莫不君之以王，而治之以道。道有大中，所以为贵也，又何慕于空言高论难行之术？而台榭则高数十百尺，壁带加珠玉之物，木土被绨锦之饰，不见夫之女子成市于宫中，未曾御之，妇人生幽于山陵，继体之君，诚欲行道，虽父之所兴，可有所坏者也，虽父之美人。可有所嫁者也。至若门庭足以容朝贺之会同，公堂足以陈千人之坐席，台榭足以览都民

行的教化。君主、臣子、士人、百姓都顺其私心行事，是造成大乱的做法。

现今皇子皇女有的不幸夭亡，年龄未到八岁以上就封爵位、加王号，按成年礼仪埋葬，这是错误的。到了八岁以上且已有国邑名号的，按大礼安葬，虽不符合古代典制，尚可施行。王侯们与君主都是一个祖先，是一个主干上的分支，其性情之纯美、气味之芬香，有谁能超过他们呢？可是，（他们）有的生活在骄奢气盛的环境，在美色欢娱中自我放纵，不学典籍中合乎礼法之言，不接受师长的教诲。因此其心志与蛮夷之族无异，其行为与禽兽可比。长辈行幼辈效，子孙相沿袭，家族内已经成为家风，世人也都当成习俗。所以名门望族，不与王侯通婚，究其原因，岂不是担心尊卑不和睦、闺门不清纯兴旺吗？人们崇尚好人好事，是因为其合礼义；鄙视坏人坏事，是因为其有罪过。如今，以所崇尚的教导民众，却以所鄙视的教导亲族，不是很糊涂的事吗？应该让王侯子弟都进太学读书，扩大眼界，了解其他阶层的情况，用夏楚二物整肃他们的仪容，这样一来，他们沾染的恶习就可除掉，美好作风就可得以发扬了。

中制

拥有天下的人，没有不以王者身份君临天下而以道义去治理国家的。道义广大、中正，所以被尊崇，又何必羡慕空谈玄机和难以实行的方术呢？未得中正之道而去建造高数十百尺的台榭，墙壁中的横木都加以珠玉之物点缀，草木地面以丝绸锦缎为装饰。未出嫁的少女被成群地集中于皇宫中，不曾被皇帝宠幸的女子被活活幽禁于陵墓。继位的君主，果真是想施行大中之道，即使是父亲所建，有的也可以毁掉；即使是父亲的嫔妃，有的也可以让她们外嫁。至于门庭，

之有无，防闳足以殊五等之尊卑，宇殿高显敞，而不加以雕采之巧，错涂之饰，是自其中也。苑囿池沼，百里而还，使刍荛雉菟者得时往焉，随农郊而讲事，因田狩以教战，上虔郊庙，下虞宾客，是又自其中也。嫡庶之数，使从周制，妾之无子与希幸者，以时出之，均齐恩施，以广子姓，使令之人，取足相供，时其上下，通其隔旷，是又自然其中也。

在位之人，有乘柴马弊车者矣，有食菽藿者矣，有亲饮食之蒸烹者矣，有过客不敢沽酒市脯者矣，有妻子不到官舍者矣，有还奉禄者矣，有辞爵赏者矣。莫不称述以为清邵。非不清邵，而不可以言中也。好节之士，有遇君子而不食其食者矣，有妻子冻馁而不纳善人之施者矣，有茅茨蒿屏而上漏下湿者矣，有穷居僻处求而不可得见者矣。莫不叹美以为高洁。此非不高洁，而不可以言中也。

夫世之所以高此者，亦有由然。先古之制休废，时王之政不平，直正不行，诈伪独售，于是世俗同共知节义之难复持也。乃舍正从邪，背道而驰奸，彼独能介然不为。故见贵也，如使王度昭明，禄除从古，服章不中法，则诘之以典制。货财不及礼，则问之以志故。向之所称以清邵者，将欲何矫哉？向所叹云高洁者，欲以何厉哉？故人主能使违时诡俗之行，无所复剀摩。困苦难为之约，无所复激切，步骤乎平夷之涂，偃息乎

足够容纳朝贺时的会聚就行了;公堂,足够安放供千人用的坐席就行了;台榭,高度足够观览都城市民的活动就行了;各式宫门,足以区分五等尊卑就行了。宫室高大显亮、宽敞,而不做精巧的雕刻彩绘,也不镶金涂漆,以守中持正。园林、兽场、池塘广达百里,可让割草打柴捕猎的人在适当时节进入,趁农间而谋议军政大事,借冬猎而训练战事。对上恭敬祭祀天地,对下让来宾们欢娱。这也是守中持正。对待嫡生与庶出的子弟,遵从周代礼制;妾不生子女或很少受宠幸的,适时让其外嫁;恩泽的施予要均齐,以增多子孙。随从和侍奉的人,够用就可以了,按照是否需要随时增减,允许成年男仆女仆结婚。这又是守中持正。

在位为官的人,有坐瘦马破车的,有吃粗茶淡饭的,有亲自烹饪饮食的,有来了宾客也不敢从市场上买酒买肉的,有妻子不随同住在官舍的,有退还俸禄的,有不受封爵赏赐的。没有不称说这是清高美好之行的。美好固然美好,只是不能够说这合乎中正。喜好名节的士子,有遇到君子也不享用其所给的饭食的,有妻子受冻挨饿也不接受善人施舍的,有住着茅草为屋顶、蒿草做门墙的房子而上漏雨、下潮湿的,有困居偏僻之处访求也难以见到的。没有谁不感叹赞美他们的高洁。这些人确实高洁,却不能说这合乎中道。

世人赞美这些人,是有来由的。先古的制度被废弃,现今君主的政令不公平,正直端正行不通,巧诈虚伪处处畅行。于是世俗之人都知道气节正义难以保持了,就抛弃正义,追随邪恶,背叛正道,投奔奸佞。那些坚贞而不从流俗的人,就更显得可敬。如果君主法度昭明,授禄任官依照古代典制,凡服饰色泽图案不合等级规定,就根据典章制度去责问,财用不合礼制,就查对有关记述的先例。如此,则往昔所称为清高的人,还有什么要通过他们(与众不同的行

大中之居，人享其宜，物安其所，然后足以称贤圣之王公，中和之君子矣。

拾遗

古者，君之于臣，无不答拜也。虽王者有变，不必相因。犹宜存其大者，御史大夫，三公之列也。今不为起，非也。为太子时太傅，即位之后，宜常答其拜。少傅可比三公，为之起。周，王为三公六卿锡衰，为诸侯缌衰，为大夫士疑衰。及于其病时，皆自问焉。古礼虽难悉奉行，师傅三公，所不宜阙者也。凡在京师，大夫以上疾者，可遣使修赐问之恩。州牧郡守老者，其死，然后有吊赠之礼也。坐而论道，谓之三公；作而行之，谓士大夫。论道必求高明之士，干事必使良能之人，非独三太三少可与言也。凡在列位者皆宜及焉。故士不与其言，何知其术之浅深；不试之事，何以知其能之高下。与群臣言议者，又非但用观彼之志行，察彼之才能也。乃所以自弘天德，益圣性也。圣人犹十五志学，朋友讲习，自强不息，德与年进，至于七十，然后心从而不逾矩，况于不及中规者乎？而不自勉也。

为）来纠正的呢？此前所称为高洁的人，还要通过他们去劝勉什么呢？所以，君主若能让违反时俗的行为不再有纠正、劝勉（社会颓废风气）的必要，让困苦难当的贫困生活不再有激励气节的对象，从而缓急适度地走在平坦的道路上，安卧于很适中的居室，使人各享其当享，使物各安其所在，之后才称得上是圣贤之主、中和之君。

拾遗

　　古时候，君主对臣子没有不行回拜之礼的。即使皇帝更替，不一定沿用旧例，还是应保留那些重要的礼节。御史大夫，位属三公。现在御史大夫行叩拜礼而君不起身，这不妥当。太子继皇位后，对做太子时的太傅应时常回拜，对少傅的礼节可比照三公起身答礼。周朝的礼制是，周王为逝去的三公六卿穿锡衰，为逝去的诸侯穿缌麻，为逝去的大夫穿疑衰。他们患病时，君主亲自慰问。古代的礼制虽难全部遵行，但对太师、太傅、少师、少傅及三公的礼节不应有缺失。京城之中，大夫以上官员患病，可派专使去赏赐慰问以示君恩。州牧郡守年老者，在他们去世后应有吊唁馈赠的礼仪。陪侍帝王议论政事者，是三公所为。办理实施，是士大夫所为。出谋划策要选用见识卓越的人，具体执行要选任有才干、能力强的人。君主不只应和太师、太傅、太保、少师、少傅、少保商谈，凡在官位的人都应与之接触。不与卿士谈议，怎么知道他才能的深浅？不拿具体事务去检验，怎知他能力的高低？与群臣一起商讨国事，不光是用来观察臣下的志行，了解臣下的才能，还可借以扩大圣上的德性、广益圣上的灵性。圣人尚且十五岁立志学习，与志同道合的人在一起切磋学问，自强不息，品德随年龄增长而完善，到七十岁才随心所欲而不会超越规范。何况尚不能言行合乎规范者，能不自我勉励吗？

公卿列校、侍中尚书、皆九州之选也。而不与之从容言议,谘论古事,访国家正事,问四海豪英,琢磨珪璧,染练金锡,何以昭仁心于民物,广令闻于天下哉?人主有常不可谏者五焉:一曰废后黜正,二曰不节情欲,三曰专爱一人,四曰宠幸佞谄,五曰骄贵外戚。废后黜正,覆其国家者也;不节情欲,伐其性命者也;专爱一人,绝其继嗣者也;宠幸佞谄,壅蔽忠正者也;骄贵外戚,淆乱政治者也。此为疾痛,在于膏肓;此为倾危,比于累卵者也。然而人臣破首分形所不能救止也。不忘初故,仁也;以计御情,智也;以严专制,礼也。丰之以财而勿与之位,亦足以为恩也;封之以土而勿与之权,亦足以为厚也,何必久年弥世,惑贤乱国,然后于我心乃快哉。

性行

人之事亲也,不去乎父母之侧,不倦乎劳辱之事,唯父母之所言也,唯父母之所欲也。于其体之不安,则不能寝;于其飡之不饱,则不能食。孜孜为此以没其身,恶有为此人父母而憎之者也。人之事君也,言无小大,无怨也,事无劳逸,无所避也。其见识知也,则不恃恩宠而加敬;其见遗忘也,则不怀怨恨而加勤。安危不贰其志,险易不革其心。孜孜为此,以没其身,恶有为此人君长而憎之者也。人之交士也,仁爱笃恕,谦逊敬让,忠诚发乎内,信效著乎外,流言无所受,爱憎

公卿、列校、侍中、尚书,都是从全国各地选拔的,如果不同他们平心静气地交谈商讨,不询问讨论古代典制、谋议国家大事、询问天下豪杰英雄、商议完善治国大计,怎能在百姓中宣示仁德之心,在全国扩大声望呢?君主常在五个方面不容易接受劝谏:一是废黜皇后废除太子,二是不节制情欲,三是专宠一个妃嫔,四是宠爱奸佞谄媚之人,五是放纵、看重外戚。废黜皇后废除太子,可使国家倾覆;不节制情欲,危害君主性命;专宠一人,就会断绝后代;宠信谄谀奸佞之徒,就会阻塞正直之人的上进之路;放纵、重用外戚,就会淆乱国家政治。这些会使国家病入膏肓,使政权危如累卵,即使臣子们肝脑涂地,也难拯救。不记恨别人以前犯过的错误,是仁爱;用理智控制感情,是智慧;以严谨的态度施行制度,这就是遵行礼制。给予丰盛财货,却不授予官职,也能够显示恩惠;封赏土地,却不交给实权,也能够显示优厚。何必让那些人长年累月弄权,猜忌贤臣,以致国家混乱,难道这样心里才痛快吗?

性行

人子侍奉双亲,不离开父母的身旁,不懈怠厌烦劳苦之事,只听从父母的话,只满足父母的喜好。父母身体不安,自己就无法去安睡;父母没吃饱,自己就无法进食。勤勉不懈于此,终身不改,哪有父母讨厌这样的孩子的呢?臣子侍奉君主,无论大事小事的进谏都无差错,无论多么劳苦也不推辞。其被君主记住并了解,则不依恃恩宠而反倒更加敬业;其被君主遗忘,则不心怀埋怨而反倒更加勤勉。无论自身安或危都不更改志向,无论形势险或易都不改变诚心。勤勉不懈于此,终身不改,哪有这样的臣子却遭君主憎恶的呢?人与人交往,要做到仁爱、宽恕、谦逊、礼让,忠诚发自内心,信用显扬于

无所偏。幽闲攻人之短,会友述人之长。有负我者,我又加厚焉;有疑我者,我又加信焉。患难必相及,行潜德而不有,立潜功而不名。孜孜为此,以没其身,恶有与此人交而憎之者也。故事亲而不为亲所知,是孝未至者也;事君而不为君所知,是忠未至者也;与人交而不为人所知,是信义未至者也。

父母怨咎人,不以正己,审其不然,可违而不报也;父母欲与人以官位爵禄,而才实不可,可违而不从也;父母欲为奢泰侈靡以适心快意,可违而不许也;父母不好学问,疾子孙之为之,可违而学也;父母不好善士,恶子孙交之,可违而友也;士友有患故待己而济,父母不欲其行,可违而往也。故不可违而违,非孝也;可违而不违,亦非孝也;好不违,非孝也;好违,亦非孝也。其得义而已也。

议难

昔高祖诛秦项而陟天子之位,光武讨篡臣而复已亡之汉,皆受命之圣主也。萧、曹、丙、魏、平、勃、霍光之等,夷诸吕,尊太宗,废昌邑,而立孝宣,经纬国家,镇安社稷,一代之名臣也。二主数子之所以震威四海,布德生民,建功立业,流名百世者,唯人事之尽耳,无天道之学焉。然则王天下,作大

外，不听信流言蜚语，爱憎没有偏私，私下谨防指责别人短处，聚会多说别人长处。有负于我的人，我对他更加宽厚；怀疑我的人，我对他更加诚信。别人有祸患灾难一定相帮，暗中施恩于人而不图报，暗中立功而不求人知。像这样终生孜孜不倦，勤勉不懈于此，终身不改，哪有与这样的人结交还憎恶他的呢？所以说，孝事双亲而不被双亲了解，是孝道没有行圆满；侍奉君主而不为君上所了解，是忠诚没有行圆满；与人交往而不被人了解，是信义没有行圆满。

父母埋怨怪罪别人，而不去端正自己，做子女的知道父母这样不对，可以违背父母之命而不去报复；父母要给人官位爵禄，可是这人的才能实难胜任，可违背父母之命不听从；父母想追求奢侈靡费的生活，以使自己舒适快乐，可违背父母之命不予答应；父母不喜好学问，从而反对子孙求学，可违背父母意愿而去学习；父母不喜欢贤良之士，不喜欢子孙和这些人交往，可违背父母之命与这样的人交朋友；朋友遇到忧患，等着自己去帮助，父母反对前去，可违背父母之命前去帮助。所以不应该违背的却违背了，这是不孝顺父母；应该违背的却不违背，也不是孝道。一味讲不违背，这是不孝；一味地喜欢违背父母之命，也是不孝。这都要看是否符合道义啊！

议难

从前高祖灭掉秦朝和项羽而登上天子之位，光武帝讨伐篡位的王莽而光复了已经灭亡的汉室。这都是承受天命的圣明君主。萧何、曹参、丙吉、魏相、陈平、周勃、霍光等人，消灭吕氏家族，尊立文帝，废除昌邑王而帮助孝宣帝即位，治理国家，安定社稷，都是一代名臣。这两位君主和几位臣子所以能够威震四海，布施德惠于人民，建功立业，名传百世，只是由于尽心于人事，并不懂得关于天道的学问。

臣者，不待于知天道矣。所贵乎用天之道者，则指星辰以授民事，顺四时而兴功业，其大略也。吉凶之祥，又何取焉？故知天道而无人略者，是巫医卜祝之伍，下愚不齿之民也；信天道而背人事者，是昏乱迷惑之主，覆国亡家之臣也。

问者曰："治天下者，一之乎人事，抑亦有取诸天道也？"曰："所取于天道者，谓四时之宜也；所一于人事者，谓治乱之实也。""《周礼》之冯相、保章，其无所用耶？"曰："大备于天人之道耳，是非治天下之本也，是非理生民之要也。"曰："然则本与要奚所存耶？"曰："王者官人无私，唯贤是亲。勤恤政事，屡省功臣，赏锡期于功劳，刑罚归乎罪恶，政平民安，各得其所，则天地将自从我而正矣，休祥将自应我而集矣，恶物将自舍我而亡矣。求其不然，乃不可得也。

"王者所官者，非亲属则宠幸也；所爱者，非美色则巧佞也。以同异为善恶；以喜怒为赏罚。取乎丽女，怠乎万机，黎民冤枉类残贼，虽五方之兆不失四时之礼，断狱之政不违冬日之期，蓍龟积于庙门之中，牺牲群于丽碑之间，冯相坐台上而不下，祝史伏坛旁而不去，犹无益于败亡也。从此言之，人事为本，天道为末，不其然与？故审我已善而不复恃乎天道，上也；疑我未善，引天道以自济者，其次也；不求诸己而求诸

既是这样，那么统治天下的君主以及做大臣的人，何必一定要通晓天道呢？人们之所以重视利用天道，那是按照星辰的位置指导人民从事生产，顺应春夏秋冬四时的交替来兴办各种事业。至于渺茫的吉凶预兆，又有什么可取之处呢？因此只知道天道而没有人事谋划才能的，都是巫医、占卜祈祷之类，是愚昧而被人看不起的人。迷信天道却违背人情事理者，是昏乱糊涂的君主和颠覆国家的臣子。

有人问："治理天下是专一于人情事理，还是也有取于天道呢？"回答是："有取于天道之处，是指按四季变化安排各项事宜；专一于人情世理，是要考察天下治乱的实际。"又问："《周礼》中春官登台观察星辰的冯相氏和从星辰变动中辨别吉凶的保章氏，他们难道没有用处吗？"回答是："那只是通过天人感应来完备国家治理之道罢了，既不是治理国家的根本，也不是管理人民的关键。"问："那治理国家的根本和关键在哪里呢？"回答是："君主任用官吏，不徇私情，只亲近贤人，勤于考虑政事，经常探望功臣，赏赐仅限于有功劳的人，刑罚只加予有罪恶的人，政治清明，人民安乐，各得其所，天地自然会因我而正常，祥瑞自然会应和我而汇集，凶神恶鬼将自然会远离我而逃去。即使希望不这样，也是不可能的。

"若君主所任命的官吏不是亲属就是宠幸的人，所喜欢的人不是美女就是奸邪谄媚的人，以和自己观点相同与否来分别好人坏人，以自己高兴与不高兴来决定赏罚；得到美女，便懈怠政事，使百姓受到冤枉残害，那么，即使各方祭坛四季按时敬祭，判案的政事严格限定在冬季执行，蓍草与龟甲堆积在庙门之中，祭祀用的纯色牲畜都鲜活地成群成对地系在竖石上，冯相氏坐在观星台上不下来，庙祝跪在祭坛前不离去，还是没有办法挽救败亡。这样说来，人事是根本，天道是末节，难道不是这样吗？因此确信自己做事正确，不依靠

天者,下愚之主也。令夫王者诚忠心于自省,专思虑于治道,自省无怨,治道不谬,则彼嘉物之生,休祥之来,是我汲井而水出,爨灶而火燃者耳,何足以为贺者耶?故欢于报应,喜于珍祥,是劣者之私情,夫可谓大上之公德也。"

天道,是最好的;担心自己做事尚未尽善,希望借天道来帮助自己的,是第二等;不求之于自己,却只求上天佑助的,是最下等的昏君。假使君主能够诚心诚意反省自己,全心全意地考虑治国之道,反省自己而没有过错,治国的方法正确无误,那么祥瑞之事的出现、吉祥之物的来到,就如同我从井里能够汲出水来、从炉灶里能够烧火一样自然,有什么值得庆贺的呢?因此喜欢上天的报应,喜欢珍奇的吉兆,都是愚蠢者个人的心理,不能说是最上等之人的公德。"

卷四十六　申鉴

荀悦　撰

政体

夫道之大本，仁义而已，五典以经之，群籍以纬之，前鉴既明，后复申之。故古之圣王，其于仁义也，申重无已，笃厚无疆，谓之"申鉴"。天作道，皇作极，臣作辅，民作基，制度以纲之，事业以纪之。先王之政：一曰承天，二曰正身，三曰任贤，四曰恤民，五曰明制，六曰立业。承天惟允，正身惟恒，任贤惟固，恤民惟勤，明制惟典，立业惟敦，是谓政体。

致治之术，先屏四患，乃崇五政。一曰伪，二曰私，三曰放，四曰奢，伪乱俗，私坏法，放越轨，奢败制，四者不除，则政无由行矣。俗乱则道荒，虽天地不得保其性矣；法坏则世倾，虽人主不得守其度矣；轨越则礼亡，虽圣人不得全其行矣；制败则欲肆，虽四表不能充其求矣。是谓四患。兴农桑以养其生，审好恶以正其俗，宣文教以章其化，立武备以秉其威，明赏罚以统其法，是谓五政。

政体

  治国之道最根本的,莫过于"仁义"而已。《诗》《书》《易》《礼》《春秋》五经确立了仁义永恒不变的精神主旨,各种典籍又对仁义做了进一步的阐述和说明。前人的审察认识虽然已经很明确了,后人还要加以申述。所以,古代的圣主明君对于"仁义"的涵义不断重复阐发,使得仁义的内容博大精深,无边无际,所以这部书叫做《申鉴》。以天道作为治国的标准,以先王为最高的榜样,以大臣为辅佐,以百姓作基石;用国家制度进行宏观控制,用各种事业进行综合治理。古圣先王的政治:一是顺应自然规律;二是自己以身作则;三是任用贤德之人;四是体察民情;五是制定合理的法律制度;六是成就国泰民安的事业。忠诚信实地遵循天道,坚持不懈地修正自己,坚定不移地任用贤明,勤勤恳恳地体恤民情,依照典籍来制定律法,诚朴笃实地建树功业,这就是古圣先王为政的要领。

  使国家安定清平的方法是:先要去除四种祸害国家的隐患,然后再推行五项政策。四个隐患:一是弄虚作假;二是假公济私;三是恣肆放纵;四是奢侈浪费。弄虚作假就会败坏社会风气;假公济私就会破坏国家法度;恣肆放纵就会助长越轨行为;奢侈浪费就会破坏制度规定。这四大隐患不除,则国家政令就无法落实。社会风俗乱了则伦理道德就会废弃,即使天地也不能保持其常性了;法律被破坏后,社会秩序就会崩溃,即使是君主也不能维持常度了;违背做人的伦常,礼制就灭亡了,即使是圣人也不能够保全正道了;制度破坏则各种私欲泛滥,就是据有四方之物也不能满足要求了。这就是

民不畏死，不可惧以罪，民不乐生，不可劝以善。虽使卨布五教，咎繇作士，政不行焉。故在上者，先丰民财，以定其志，帝耕籍田，后桑蚕宫，国无游民，野无荒业，财不虚用，力不妄加，以周民事。是谓养生。

君子之所以动天地、应神明、正万物而成王治者，必本乎真实而已。故在上者，审则仪道，以定好恶，善恶要于功罪，毁誉放于准验，听言责事，举名察实，无或诈伪淫巧以荡众心。故事无不核，物无不功，善无不显，恶无不彰，俗无奸怪，民无淫风。百姓上下，睹利害之存乎己也，故肃恭其心，慎修其行，有罪恶者无徼幸，无罪过者不忧惧，请谒无所行，货赂无所用，则民志平矣，是谓正俗。

君子以情用，小人以刑用。荣辱者，赏罚之精华也。故礼教荣辱以加君子，治其情也；桎梏鞭扑以加小人，治其刑也。

所谓的四种隐患。发展农桑来解决民众的生计；明辨好恶以端正社会的风气；宣扬伦理道德教育以显明教化的方向；建设武备以保持政府的威信，明确赏罚来严肃政权的法令，这就是"五政"。

如果人民连死都不怕，便很难用治罪的办法来让他们畏惧；如果人民对生存都失去了信心，就很难用善行来劝勉他们。即使让商代的始祖禼来推行五伦道德教育，让舜的臣子咎繇来做执法的官员，政令也是难以落实的。所以，在上位的领导人，首先要让人民富裕起来，使其内心安稳。帝王要耕种划分给自己的土地，皇后要采摘桑叶去蚕房喂蚕。这样做，可以让国家没有无业的人民，田野没有荒废的土地；不随便乱花钱，不随便滥用民力，全面考虑解决人民生活上的问题。这是所谓的"养生"。

君子之所以能够感动天地，和神明起感应，使万物各行其道，从而成就天下大治，这都是源于自己能够真心依道而行。因此，为君者要审明法度，遵从大道，以确定好恶。其实，分清楚善恶比赏功罚罪更重要；批评或者表扬要依据准则和事实。听其言要询问事实；闻其名要考察实际情况，看是否有人用狡猾诡诈、弄虚作假、言过其实、巧言令色来蛊惑人心。因此，事情没有不要求核实的；做事没有不讲求成效的；善事没有不宣扬的；坏事没有不曝光的；社会风俗没有奸诈怪异；人民没有奢侈的风气。从官员到人民，看到利害得失都与自己的行为息息相关，于是就会端严恭敬自己的内心，谨慎地修正自身的行为；有罪恶者不会存侥幸的心理，没有过失者不会担忧恐惧；想"走后门"无处可行，送礼行贿不起作用。这样，百姓就会意顺心平了。这就是所谓的"正俗"。

对君子要用情理来感召，对小人则用刑来威慑。荣与辱是奖罚的最高境界，所以，将礼教荣辱施加于君子，是以情理来治理；用镣

君子不犯辱，况于刑乎？小人不忌刑，况于辱乎？若夫中人之伦，则刑礼兼焉。教化之废，推中人而坠于小人之域；教化之行，引中人而纳于君子之途，是谓彰化。

小人之情，缓则骄，骄则恣，急则叛，叛则谋乱，安则思欲，非威强无以惩之。故在上者必有武备以戒不虞，以遏寇虐，安居则寄之内政，有事则用之军旅，是谓秉威。

赏罚，政之柄也。明赏必罚，审信慎令，赏以劝善，罚以惩恶，人主不妄赏，非徒爱其财也，赏妄行则善不劝矣。不妄罚，非徒矜其人也，罚妄行则恶不惩矣。赏不劝，谓之止善；罚不惩，谓之纵恶。在上者能不止下为善，不纵下为恶，则国治矣，是谓统法。

四患既蠲，五政既立，行之以诚，守之以固，简而不怠，疏而不失，无为为之，使自施之，无事事之，使自忧之，不肃而成，不严而治，垂拱揖让而海内平矣，是谓为政之方。

铐鞭笞施加于小人,是以惩治来管理。君子连受耻辱都不愿意,何况接受惩罚呢?小人连刑罚都不惧怕,何况接受耻辱呢?介于君子和小人之间的中等人,则可以刑罚礼教并用。如果废弃了伦理道德的教育,就会使中等之人堕落成为小人,如果施行伦理道德的教化,则可以把中等之人引导到君子的道路上去。这就是所谓的"彰化"。

小人的性情是,国家对他们宽缓了,他们就会骄纵;一骄纵就恣意妄为;情急之下就悖道而行;悖道而行就会阴谋作乱。但当生活安然舒适的时候又会恣情纵欲,假如没有威严强硬的手段就无法惩戒他们。所以,国家必须有武备,用以防止发生不测之事,用以遏制残贼凶暴之人。就是说,社会安定时就发展各项社会事业,一旦出现叛乱,则可以投入战争。这就是所谓的"秉威"。

奖赏与处罚,是为政的重要手段。该奖赏的一定要奖赏,该处罚的一定要处罚;而且要事实准确,慎重决定。要通过奖赏,引导人民向善;要通过处罚,警戒人民作恶。为君者不随意奖赏,并非只是爱惜其财物,而是随意奖赏起不到鼓励向善的作用;为君者不随意处罚,并非只是怜悯被处罚的人,而是随意处罚起不到惩戒邪恶的作用。奖赏起不到鼓励的作用,就是"止善";惩罚起不到警戒的作用,就是"纵恶"。为君者能够做到不抑制下属人民做好事,不放纵下属人民做坏事,那么国家就会安定了。这就是所谓的"统法"。

"四患"已经革除,"五政"已经建立,就应该踏实地去落实,让其稳固地保持下去,力求简约而不懈怠,尽量宽松而不疏忽;顺应规律去施政,让人民自己去过日子;不必干涉太多,让人民自己去考虑打算;不需要那么严肃便可以成功;不需要那么严厉便可以图治;垂衣拱手,平和礼让,而天下便可安定和平。这就是所谓的"为政之方"。

惟恤十难以任贤能：一曰不知，二曰不求，三曰不任，四曰不终，五曰以小怨弃大德，六曰以小过黜大功，七曰以小短掩大美，八曰以干讦伤忠正，九曰以邪说乱正度，十曰以谗嫉废贤能，是谓十难。十难不除，则贤臣不用，贤臣不用，则国非其国也。

惟审九风以定国常：一曰治，二曰衰，三曰弱，四曰乖，五曰乱，六曰荒，七曰叛，八曰危，九曰亡。君臣亲而有礼，百僚和而不同，护而不争，勤而不怨，无事惟职是司，此治国之风也。礼俗不一，职位不重，小臣咨度，庶人作议，此衰国之风也。君好谦，臣好逸，士好游，民好流，此弱国之风也。君臣争明，朝廷争功，士大夫争名，庶人争利，此乖国之风也。上多欲，下多端，法不定，政多门，此乱国之风也。以佚为博，以亢为高，以滥为通，遵礼谓之劬，守法谓之固，此荒国之风也。以苛为察，以利为公，以割下为能，以附上为忠，此叛国之风也。上下相疏，内外相疑，小臣争宠，大臣争权，此危国之风也。上不访下，下不谏上，妇言用，私政行，此亡国之风也。

令人忧虑的是选任贤能的十个难点问题：一是不知道贤能在哪里；二是知道了而不去访求贤能；三是有了贤能却不能任用；四是任用了贤能却有始无终；五是因小小的意见而否定其高尚的道德；六是因小小的过失而抹杀其很大的功劳；七是因微小的短处而掩盖其整体的善美；八是因诬蔑攻击之词而伤害忠诚正直之士；九是听信异端邪说而惑乱正确的评价；十是因谗言嫉妒而废弃贤能。这就是"十难"。这十个难点问题不解决，则贤能之臣得不到任用，贤能之臣得不到任用，则国家就不会是为君者的国家了。

还有，要明辨九种风气，以确定国家倡导的道德、行为准则。这九种风气，一是治国之风；二是衰国之风；三是弱国之风；四是乖国之风；五是乱国之风；六是荒国之风；七是叛国之风；八是危国之风；九是亡国之风。君臣关系密切而又能保持礼仪，百官和谐相处而又不盲目附和；互相谦让而不争名夺利，勤劳国事而没有怨言；没有人不是一心做好本职工作；这就是治国之风。礼教和风俗不相一致，官职和爵位不被敬重；君主向小臣咨议大事，平民议论纷纷；这是衰国之风。君主喜欢责备，臣子好逸恶劳；士人喜欢游乐，百姓喜欢游手好闲；这是弱国之风。君臣争着显示聪明，朝廷内群臣争执功劳；士大夫好争名誉，老百姓好争利益；这是乖国之风。在上位的人多私欲，在下位的人多事端；法规朝令夕改，政令出自多门；这是乱国之风。以夸大其辞为博识，以骄傲自诩为高才，以夸夸空谈为通达，以遵守礼仪为烦劳，以遵纪守法为固执，这是荒国之风。以苛刻为明察，以逐利为公务；以宰割下属为本事，以巴结上司为忠臣，这是叛国之风。上下互相疏远，内外互相怀疑；小臣争相求宠，大臣争权夺位，这是危国之风。君主不问臣下国事，臣下不向君主进谏；妇人之言多被采纳，私门之令畅行无阻，这是亡国之风。

惟督五赦,以绥民中。一曰原心,二曰明德,三曰劝功,四曰褒化,五曰权计。凡先王之攸赦,必是族也,非是族焉,刑兹无赦。

有一言而可常行者,恕也。一行而可常履者,正也。恕者,仁之术也;正者义之要也,至矣哉。

或曰:圣王以天下为乐乎?曰:否。圣王以天下为忧,天下以圣王为乐。凡主以天下为乐,天下以凡主为忧。圣王屈己以申天下之乐,凡主申己以屈天下之忧,申天下之乐,故乐亦报之;屈天下之忧,故忧亦及之,天之道也。

治世之臣,所贵乎顺者三:一曰心顺,二曰职顺,三曰道顺。衰世之臣所贵乎顺者三:一曰体顺,二曰辞顺,三曰事顺。治世之顺,真顺也。衰世之顺,则生逆也。体苟顺则逆节,辞苟顺则逆忠,事苟顺则逆道,下有忧民,则上不尽乐,下有饥民,则上不备膳,下有寒民,则上不具服,故足寒伤心,民忧伤国。

再则,应考察对五类人的赦免,以安抚民心。一是推究其犯罪动机而情有可原的人;二是明白了做人道德的人;三是经过劝勉已经有成效的人;四是有众人取保教化的人;五是可以采取变通措施的人。凡是先王所赦免的,必定是这一类人。不属于这类人,应该继续给予刑罚,而不能够赦免。

如果说只有一个字可以始终奉行,那就是"恕";如果说有一种品行可以始终保持,那就是"正"。"恕"是实现仁爱的大道;"正"是道义的要点。这是最重要的啊!

有人问:"圣主明君以拥有天下为乐吗?"我说:"不是。圣主明君以拥有天下为忧;天下以拥有圣主明君为乐。平庸的君主以拥有天下为乐,天下以遇上平庸的君主为忧。圣主明君经常委屈自己以伸展天下人之乐,平庸的君主以伸展自己之乐而使天下人忧愁。为天下人谋快乐者,天下人则以使君主快乐为回报;委屈天下人而使其增忧者,自己的忧愁也就随之而来了。这是天道啊。"

世道太平时的臣子,所看重的"顺"有三个内容:一是"心顺",就是心平气顺;二是"职顺",就是工作顺利;三是"道顺",就是政治主张顺遂。世道衰败时的官吏,所看重的"顺"也有三个:一是"体顺",就是自身安顺;二是"辞顺",就是言词顺耳;三是"事顺",就是自己之事顺畅。世道太平时的"顺"是真顺,世道衰败时的"顺",就适得其反。因为,明哲保身则有悖于节操;言词顺耳则有悖于忠贞;只求自己之事顺畅则有悖于天道。下有忧愁之民,则君主不会有很多快乐;下有饥饿之民,则君主不会有丰盛的膳食;下有受冻之民,则君主不会有像样的衣服。也就是说,人脚底受寒则伤及心脏,百姓忧愁则伤及国家。

时事

或曰：三皇之民至敦也，其治至清也。天性乎？曰：皇民敦，秦民弊，时也；山民朴，市民玩，处也；桀纣不易民而乱，汤武不易民而治，政也。皇民寡，寡斯敦；皇治纯，纯斯清矣。唯性不求无益之物，不蓄难得之货，节华丽之饬，退利进之路，则民俗清矣。简小忌，去淫祀，绝奇怪，则妖伪息矣。致精诚，求诸己，正大事，则神明应矣。放邪说，绝淫智，抑百家，崇圣典，则道义定矣。去浮华，举功实，绝末技，周本务，则事业修矣。

尚主之制非古也，厘降二女，陶唐之典；归妹元吉，帝乙之训；王姬归齐，宗周之礼也。以阴乘阳，违天也；以妇凌夫，违人也。违天不祥，违人不义。

古者，天子诸侯有事，必告于庙。朝有二史，右史记事，左史记言，事为《春秋》，言为《尚书》。君举必记，臧否成败，无不存焉。下及士庶，苟有茂异，咸在载籍。或欲显而不得，欲隐而名章，得失一朝，荣辱千载，善人劝焉，淫人惧焉。故先王重之，以副赏罚，以辅法教。宜于今者，官以其方各书其

时事

有人问:"三皇时的百姓非常敦厚,三皇时的政治非常清明,这是天生如此吗?"答曰:"三皇之民诚实厚道,秦朝之民品行低劣,这是由于所处的时代不同;山区之民淳朴,城市之民轻浮,这是由于所处的生活环境不同。夏桀、商纣时,百姓还是原来的百姓,但天下大乱;商汤周武时,百姓也是原来的百姓,却天下大治,这是由于治国之道不同。三皇时,百姓私欲较少,私欲较少则比较敦厚;三皇时治道纯正,治道纯正则政治清明。这哪里只是天性呢?不奢求身外之物,不积蓄贵重之货,节制华丽的服饰,遏止为利进仕之路,则民俗就会清淳;省去无谓的禁忌,取消不合时的祭祀,断绝奇怪的事情,怪诞乖谬的行为就会平息了;只要竭尽致诚,凡事向内求,正确对待重大的事情,则神明也会应和符验;抛弃异端邪说,杜绝不正当的才智,抑制百家之争,尊崇圣贤典籍,则道德和正义就会确立起来;摒弃浮华之风,注重实际功效,禁绝工商末业,致力农桑之事,这样国家的事业就整饬修明了。

平民娶公主为妻的有关规定,并非远古才有。尧帝将两个女儿嫁给大舜为妻,这是尧帝时代的佳话;嫁小女而获得大的吉利,这是帝乙的教诲;周朝天子的女儿下嫁到齐国,这是尊奉周朝的礼制。"阴"升置于"阳"之上,是违背自然规律的;妻子凌驾于丈夫之上,是违背人伦的。违背天道是不祥之兆,违背人伦是不义之举。

古代的天子、诸侯,有所行事的时候,必求告于宗庙。朝中设有两名史官,右史官记录国家重要的事件,左史官记录帝王与大臣的言论。所记之事结集为《春秋》一书,所记之言结集为《尚书》一书。凡帝王之一言一行,必有记录,其善恶成败,没有不录以存史的。往下延伸到官吏平民,若有盛美稀奇之事,都载入书籍,即便有人想显

事,岁尽则集之于尚书,各备史官,使掌其典。

杂言

君子有三鉴:鉴乎前,鉴乎人,鉴乎镜。前惟训,人惟贤,镜惟明。夏商之衰,不鉴于禹、汤也。周秦之弊,不鉴于群下也,侧弁垢颜不鉴于明镜也,故君子惟鉴之务焉。

不任所爱之谓公,惟义是从之谓明。齐桓公,中材也,夫能成功业,由有异焉者矣。妾媵盈宫,非无爱幸也;群臣盈朝,非无亲近也;然外则管仲射己,卫姬色衰,非爱也,任之也。然后知非贤不可任,非智不可从也,夫此之举宏矣哉。

膏肓纯白,二竖不生,兹谓心宁。省闼清静,嬖孽不作,兹谓政平。夫膏肓近心而处尼,针之不逮,药之不中,攻之不可,二竖藏焉,是谓笃患。故治身治国者,唯是之畏。

扬自己，却难以达到目的；有人想隐而不露，却声名反而得以彰显。这就是得失或在于一时，荣辱却留传于千载。这样，为善之人就会得到鼓励，作恶之人就会有所畏惧。所以，前代帝王非常重视修史，用以配合赏功罚罪，用以辅助法制教化。对于适宜于当今社会的，各官衙部门可以沿袭这一方法，各自记录其事件、言论，岁终年末，集中编录于《尚书》之中。各部门可以自设史官，让他们掌管此类书典。

杂言

　　君子有三种借鉴：借鉴于前事，借鉴于他人，借鉴于铜镜。前事应可作训诫；他人应具备贤德；铜镜应明亮无尘。夏朝和商朝之渐衰，是因为不借鉴于大禹、商汤；周朝、秦朝弊端之渐多，是因为不借鉴于群臣百官；帽子歪戴，脸存污垢，是因为不借鉴于明镜。所以君子一定要把借鉴视为很重要的事情。

　　不专用自己所偏爱的人，叫做公；一心一意致力于公叫做明。齐桓公只是诸侯王中才能中等的人物，其所以能成就霸主大业，是因为有不同于他人之处。其妻妾和随嫁之女满宫皆是，并非没有宠爱的；众多的大臣挤满朝堂，并非没有可亲近的。然而，外臣中，管仲曾放箭射伤自己；内宫中，卫姬已年长色衰；并非喜爱他们，而是信任他们。其后，他体会到，非贤德之人，不可任用；非聪慧之人，不可听从。他这样的举动真是值得推崇啊！

　　膏肓处一片纯白，病魔便不能寄生，此谓身心安宁；王宫禁地小门清净，嬖臣孽子不会产生，此谓君主平安。膏肓离心脏极近而又在狭隘之处，用针扎不到，用药难生效，针疗药疗都不顶用，而病魔就藏在此处，这就是大患。所以对于修身治国者，唯有这种情况最可怕。

或曰：爱民如子，仁之至乎？曰：未也。爱民如身，仁之至乎？曰：未也。汤祷桑林，邾迁于绎，景祀于旱，可谓爱民矣。曰：何重民而轻身也。曰：人主承天命以养民者也。民存则社稷存，人亡则社稷亡，故重民者，所以重社稷而承天命也。

或问曰：孟轲称人皆可以为尧、舜，其信矣乎？曰：人非下愚，则可以为尧、舜矣。写尧之貌，同尧之性，则否。服尧之制，行尧之道，则可矣。行之于前，则古之尧、舜也。行之于后，则今之尧、舜也。或曰：人皆可以为桀、纣乎？曰：行桀、纣之事，是桀、纣也。尧、舜、桀、纣之事，常并存于世，唯人所用而已。

人主之患，常立于二难之间。在上而国家不治，是难也。治国家，则必勤身苦思，矫情以从道，是难也。有难之难，暗主取之。无难之难，明主居之。

人臣之患，常立于二罪之间。在职而不尽忠直之道，罪也。尽忠直之道焉，则必矫上拂下，罪也。有罪之罪，邪臣由之。无罪之罪，忠臣致之。

有人问:"爱护人民像爱护自己的儿子,就是仁爱之最吧!"答曰:"这还没有达到仁爱之最。"又问:"爱护人民像爱护自己的身体,就是仁爱之最吧?"答曰:"还没有达到。为了解除大旱,商汤在桑林连续四日祈祷;邾文公舍己利民,迁都于绎;景公为解民苦,头顶烈日,祭祀于高阜之上求雨。这些真可以称作爱民啊!"问曰:"他们为什么如此关心百姓而看轻自身呢?"答曰:"君主是承顺天命来养育人民的人,人民存则国家存,人民亡则国家亡。所以,以人民为重者,正是看重国家和承顺天命呀!"

有人问:"孟子曾说,人人都可以成为同尧舜一样的圣人,这一说法可信吗?"答曰:"只要不是特别愚笨的人,都可以成为尧舜那样的人。仅仅模仿尧舜的外貌、随同尧的姓氏,是不行的;遵从尧舜的制度、恭行尧舜之道,这样则可以。实行于前代的,则是古时的尧舜;实行于后代的,就是当今的尧舜。"又问:"人都可以成为桀纣那样的人吗?"答曰:"如果做的是桀纣那样的事,就是桀纣那样的人了。尧、舜、桀、纣所做的事,常常并存于一个社会,只是看你做哪样的事情而已。"

君主的忧虑,常处于"两难"之间。作为一国之主而国家治理不好,这是一难;要治理好国家,则必须勤于政事,认真思考,节制情欲而服从于道义准则,又是一难。第一种"难",让国家处于患难之中,昏庸的君主去做;第二种"难",让国家平安无事,没有灾难,是明主采取的办法。

臣子的忧虑,常处于"二罪"之间。任其官职却不行忠贞正直之道,这是一罪;若尽其忠贞正直之道,则必然会违背上意、得罪同僚,也是一罪。第一种"罪"是真正的有罪,是奸臣不尽忠贞正直之道带来的;第二种"罪"不是真正的罪过,是忠臣为尽忠直之道而导致

人臣有三罪：一曰导非，二曰阿失，三曰尸宠。以非先上谓之导，从上之非谓之阿，见非不言谓之尸。导臣诛，阿臣刑，尸臣绌。

忠有三术：一曰防，二曰救，三曰戒。先其未然谓之防也，发而进谏谓之救也，行而责之谓之戒也。防为上，救次之，戒为下。

或问：天子守在四夷，有诸？曰：此外守也。天子之内守在身。曰：何谓也？曰：至尊者，其攻之者众焉。故便僻御侍攻人主而夺其财，近幸妻妾攻人主而夺其宠，逸游伎艺攻人主而夺其志，左右小臣攻人主而夺其行，不令之臣攻人主而夺其事，是谓内寇。自古失道之君，其见攻者众矣。小者危身，大者亡国。鲧、共工之徒攻尧，仪狄攻禹，弗能克。故唐、夏平。南之威攻文公，申侯伯攻恭王，不能克，故晋、楚兴。万众之寇凌疆场，非患也，一言之寇袭于膝下，患之甚矣。八域重译而献珍，非宝也，腹心之人匍匐而献善，宝之至矣。故明主慎内守，除内寇，而重内宝。

的，算不上罪过。

臣子有三种罪过：第一种叫导非，第二种叫阿失，第三种叫尸宠。以错误的建言诱导君主犯错误，叫做导非；听从君主的错误决定以致共同犯错误，叫做阿失；看到君主有错误而不进言，徒被君主宠幸，叫做尸宠。导非之臣应当诛杀，阿失之臣应当判刑，尸宠之臣应当罢免。

尽忠有三种方法：第一种叫"防"，第二种叫"救"，第三种叫"戒"。君主之错尚未发生而设法避免，叫做"防"；君主之错已经发生而能进行劝谏，叫做"救"；君主之错犯过之后，能进行批评，叫做"戒"。"防"为上策，"救"为中策，"戒"为下策。

有的人问："天子的守卫在于防御四方夷狄，是吗？"答曰："这只是对外的防御。天子对内的防御在于自身。"问曰："此话怎讲？"答曰："处于至高无上之地位的人，向他发起'进攻'的人是很多的。善于逢迎谄媚的侍从，'攻'人主之心而竞相获取其财利；得以亲近的妻妾嫔妃，'攻'人主之心而争夺其宠爱；安闲游乐的歌妓艺人，'攻'人主之心，使其玩物丧志；君主左右的小臣小官，'攻'人主之心，使其品行不端；心怀不善之臣'攻'人主之心，使其贻误大事。这些可说是内部的盗寇。自古以来，失道之君受到的'进攻'是很多的。小者危及自身，大者导致亡国。鲧、共工等人'攻'唐尧，仪狄'攻'夏禹，没有得逞，所以唐尧、夏禹平安无事。南之威'攻'晋文公，申侯伯'攻'楚恭王，没有得逞，所以晋、楚兴盛。上万之多的外寇侵犯边境，不为大患，而只用一句话（就能击倒君主的）的'盗寇'袭击于膝下，这才是最大之患。八方的异族通过译使来进献珍宝，这不算宝；君主心腹之人匍匐上前，进献善言，这才是最可贵的珍宝。所以，大凡有道之君，都非常谨慎地对内设防，除去内部的'盗寇'，而且器重

君子所恶乎异者三：好生事也，好生奇也，好变常也。好生事则多端而动众，好生奇则离道而惑俗，好变常则轻法而乱度。故名不贵苟传，行不贵苟难，纯德无慝。其上也，伏而不动；其次也，动而不行；行而不远，远而能复，又其次也；其下者，远而已矣。

常进善言的'内宝'。"

君子所厌恶的不同于常人的人有三类：好惹事生非的人；好发奇谈怪论的人；好改变常规的人。好惹事生非则头绪繁多而惊动公众；好奇谈怪论则离经叛道而惑乱习俗；好改变常规则轻视法纪而搅乱制度。所以，名声贵在不用不正当的手段传扬，行为不以做了不该做的事情为难能可贵。纯有道德而没有恶念，这是最好的；恶念生起了但隐藏不动，这是其次的；动了邪念但未行动，有了行动但未走远，虽走远了但还能回头，这又在其次。再往下，就相去太远了。

中论

徐幹 撰

法象

慌其瞻视,轻其辞令,而望民之则我者,未之有也。莫之则者,必慢之者至矣。小人见慢而致怨乎人,患己之卑而不思其所以然,哀哉。是故君子敬孤独而慎幽微,虽在隐翳,鬼神不得见其隙,况于游宴乎。君子口无戏谑之言,言必有防;身无戏谑之行,行必有检。言必有防,行必有检,虽妻妾不可得而黩也,虽朋友不可得而狎也。是以不愠怒而教行于闺门,不谏谕而风声化乎乡党,传称:大人正己而物正者,盖此之谓也。徒以匹夫之居犹然,况得志而行于天下乎?故唐帝允恭克让,光被四表,成汤不敢怠遑而掩有九域,文王只畏而造彼区夏也。

修本

民心莫不有治道,至于用之,则异矣。或用乎人,或用乎

法象

  一个人如果忽略自己的仪表,行为举止慌张,言谈轻率随便,这样而希望民众会效法他,这种事情从古至今从来没有过。没有人效法他,那么怠慢他的人就会到来。小人被人怠慢,就会对人产生怨恨。担忧自己地位低下,却又不懂得反思自己为什么会地位低下,真是可悲啊!正是因此,君子孤身独处也不敢怠慢,在隐微之处也无比谨慎,即使是在无人能见的隐蔽之处,鬼神都看不到他的过失,更何况是交游、饮宴之时呢!君子口中不说戏谑玩笑的话,所说的话一定能有所顾忌(以使自己口无过失);君主不会去做戏闹玩笑的行为,所作的行为一定会有所检点(使自己身无过失)。正因为说话有所顾忌,行动有所检点,所以,即便是妻妾,也不会有轻慢不敬的时候;即便是朋友,也不会有亲近而不庄重的时候。因此,他不用生气发怒,就能使得伦理道德的教化在家族中盛行;不用规劝和讽谕,好的风气就会在乡党中自然形成。经传上说:德行高尚之人修正自己而身边的人和事就会随之归正,说的就是这种情况。当还是平民百姓身份时做事犹能如此,何况是壮志得酬而行事于天下之时呢?所以唐尧诚实、恭谨、能够谦让,以致光辉覆盖四方;成汤不敢有片刻的懈怠,因而拥有九州之地;文王时时恭敬小心、心存畏惧,因而造就了华夏之国。

修本

  每个人心里都有处理各种事情的标准,至于怎样实施,就各不

己。用乎己者谓之务本，用乎人者谓之追末。君子之治之也，先务其本，故德建而怨寡。小人之治之也，先追其末，故功废而雠多。夫见人而不自见者谓之蒙，闻人而不自闻者谓之聩，虑人而不自虑者谓之瞀，故明莫大于自见，聪莫大于自闻，睿莫大于自虑，此三者，举之甚轻，行之甚迩，而人莫之知也。故知者举甚轻之事以任天下之重，行甚迩之路以穷天下之远，故位弥高。基弥固，胜弥众，受弥广。君子之于己也，无事而不惧焉，我之有善，惧人之未吾好也，我之有不善，惧人之必吾恶也。见人之善，惧我之不能修也；见人之不善，惧我之必若彼也。故君子不恤年之将衰，而忧志之有倦，不寝道焉，不宿义焉。言而不行，斯寝道矣；行而不时，斯宿义矣。是故君子之务以行前言也。民之过，在于哀死而不爱生。悔往而不慎来。喜语乎已然，好争乎遂事，堕今日而懈于后旬，如斯以及于老。故孔子谓子张曰：师，吾欲闻彼，将以改此也，闻彼而不以改此，虽闻何益。小人朝为而夕求其成，坐施而立望其反，行一日之善，而问终身之誉，誉不至，则曰善无益矣，遂疑圣人之言，背先王之教，存其旧术，顺其常好，是以身辱名贱，而永为人役也。

相同了。有人用它治人，有人用它要求自己。用于要求自己，叫做务本；用于要求别人，叫做逐末。君子处理事情，首先是先致力于根本的方面（修整自己），所以能够提升德行、成就功业而很少结怨；小人处理事情是先追求末节（整治他人），所以不能建立功业且又很多怨仇。能看清别人而看不清自己叫做"蒙"；能听到说别人而听不到别人说自己叫做"聩"；能分析别人而不能剖析自己叫做"瞽"。所以说，明察，没有能超过能看清自己的，听觉灵敏，没有能超过能听到自己的，睿智，没有能超过能反省自己的。这三件事情提出来很容易，行起来很浅近，但却难以明了通达。一个明了通达事理的君子，只要做极细微的事情就能承担天下的重任，只要走很短的道路就能如同行遍天下远途。所以他地位越高，根基就越稳；能承担的越多，受其恩泽的人就越广。君子对于自身，没有不担忧的事情。自己有了善行美德，就担忧别人还没有自己好；自己有了不善，则担忧别人肯定会厌恶自己；看见别人的善行美德，担忧自己不能学到；看见别人的不善，担忧自己会像他那样。所以，君子不忧虑暮年将至，而担忧心志出现倦怠。因此"不寝道""不宿义"。说了而不去施行，就是"寝道"；施行而不符合时宜就是"宿义"。因此君子的要务，就是去实施上述之言。人的过错，在于为死亡悲伤但却不珍惜有限的生命，常为过去的事情后悔，却不慎重考虑将来；喜欢谈论已经过去的事情，爱好讨论已经完成的事情；懒散于今日，又懈怠于后日，如此一直到老。所以孔子语重心长地对子张说："求师，我想知道那个道理，好用以改正这个过失；知道了那个道理，又不改正这个过失，虽然知道了，又有什么用处呢？"小人早晨开始做事，傍晚就想做成；刚坐下来施行，站起来就指望有回报；做了一天好事，就希望有终身的荣誉；荣誉没有得到，就说做好事没有什么益处；于是就怀疑圣人的言

虚道

人之为德,其犹器欤。器虚则物注,满则止焉。故君子常虚其心志,恭其容貌,不以逸群之才加乎众人之上,视彼犹贤,自视犹不肖也。故人愿告之而不厌,诲之而不倦。君子之于善道也,大则大识之,小则小识之,善无大小,咸载于心,然后举而行之。我之所有,既不可夺,而我之所无,又取于人,是以功常前人而人后之也。故夫才敏过人,未足贵也;博辨过人,未足贵也;勇决过人,未足贵也。君子之所贵者,迁善惧其不及,改恶恐其有余。故孔子曰:颜氏之子,其殆庶几乎,有不善未尝不知,知之未尝复行。夫恶犹疾也,攻之则日益悛,不攻则日甚,故君子之相求也,非特与善也,将以攻恶也。恶不废则善不兴,自然之道也。先民有言,人之所难者二,乐知其恶者难,以恶告人者难。夫唯君子,然后能为己之所难,能致人之所难也。夫酒食,人之所爱也,而人相见莫不进焉。不吝于所爱者,以彼之嗜之也,使嗜忠言甚于酒食,人岂其爱之乎。故忠言之不出,以未有嗜之者也。《诗》云:匪言不能,胡其畏忌。

论,背弃先王的教诲,保留其过去的做法,顺从其平素的喜好。因此身辱名贱,从而永远为他人所役使。

虚道

　　人们修养道德,就好像用一个器皿装东西。如果器皿空虚,就可以盛物,器皿满了就不能再盛了。所以君子经常虚怀若谷,态度谦恭,不以自己超群出众的才华而凌驾于众人之上;看别人总觉得人家很贤德,看自己总感觉自己没有什么才能。因此,人家愿意不厌其烦地指正他,愿意永不倦怠地教导他。君子对于为善之道,属于大道的,就从大处去认识;属于小道的,就从小处去认识。只要是正确的道理,不分大小,都记在心里,然后分别付诸实践。我所懂得的,别人夺不去;而我所不懂的,又可从别人那儿学到。因此,功业经常名列别人之前,而别人就会落在我后面。所以说,才智敏捷过人不足为贵,博识善辩过人不足为贵,勇武善射过人不足为贵。君子最可贵的地方,就是一心向善唯恐不及,改正错误惟恐遗漏。因而孔子说:"颜渊,大概要算这样的人了吧!自己有了错误,没有不知道的;知道了的,就没有重犯的。"不好的毛病习气犹如疾病,治疗则日见转好,不治疗则日见加重。所以君子寻求交往的人,不单单是赞美自己的人,而是能够帮助自己改掉毛病习气的人。恶不除则善难长,这是自然之道。过去有人说过,一般人难以做到的有两点:一是乐于别人指出自己的错误很难;二是把人家的错误告知对方难。只有成为君子之后,才能做己之所难之事(乐于别人指正自己的错误,勇于改正自己的错误),才能做人之所难之事(指出人家的错误,让人家改正错误)。酒食是人们都珍爱的东西,而人们相见没有不以酒食招待的。其所以不吝惜自己所珍爱的东西,是因为对方也喜爱的缘故。

目也者，远察天际而不能近见其眦，心亦如之。君子诚知心之似目也，是以务鉴于人以观得失，故视不过垣墙之里，而见邦国之表，听不过阈奥之内，而闻千里之外，因人之耳目也。人之耳目尽为我用，则我之聪明无敌于天下矣，是谓人一之，我万之；人塞之，我通之。故其高不可为员，其广不可为方。

先王之礼，左史记事，右史记言，师瞽诵诗，庶僚箴诲，器用载铭，筵席书戒，月考其为，岁会其行，所以自供正也。昔卫武公年过九十，犹夙夜不怠，思闻训道，命其群臣曰："无谓我老耄而舍我。必朝夕交戒我。"凡兴国之君，未有不然者也。下愚反此道，以为己既仁矣，知矣，神明矣，何求乎众人，是以辜罪昭著，腥德发闻，百姓伤心，鬼神怨痛。若有告之者，则曰："斯事也，徒生乎予心，出乎子口。"于是刑焉，戮焉，辱焉。不然，则曰："与我异德故也，未达我道故也，又安足责。"是己之非，遂初之谬，至于身危国亡，可痛矣夫。

假使喜欢忠言有甚于喜欢酒食,对方怎能只喜欢你的酒食呢?所以,人们不把忠言献出来,是因为没有遇上最喜爱忠言的人罢了。因此,《诗经》中写道:"不是我们不能说,为何顾忌心惶惶?"

人的眼睛,远望可以看到天的尽头,而近瞧却看不到自己的眼角。人的心灵也是这样。君子深知心灵也像眼睛一样,因此,努力以人为鉴,来了解自己的过失。所以,虽然人视力所及的不过是围墙以内的东西,但却可以看见国家之外;听力所及的不过是户内的声音,却可以闻知千里之外,这就是因为能借助于人家的耳目呀!人家的耳目尽都为我所用,那么我的耳聪目明,天下就没有比得上的了。这就是别人有一对耳目;我则有上万对耳目;别人看东西、听声音有很多阻碍,而我则能够通畅无阻。所以能看到的高度高得不能再高了,能听到的广度宽得不能再宽了。

从前先王制定的礼法是:左史官记事,右史官记言;乐官诵读诗经,众官规劝教诲;器具上刻载铭言,座位上写上警句;每个月都要考察其所为,每一年都要汇总其所行;这都是用以供自己正身自省的。以前卫武公年过九十,仍然昼夜不倦地希望听到他人对他的训导,还命令其群臣说:"不要说我年事已高便抛开我,必须早晚轮流规劝我,使我有所警戒。"凡是一心使国家兴旺发达的君主,没有不是这样的啊!最愚蠢的人则反此道而行之,以为自己已经有仁德了,有知识了,非常明智了,还有什么有求于众人的呢?因此导致罪错昭彰,秽行显扬;百姓伤心,神鬼怨痛。如果有人将这些情况告诉他,他会说:"这些事,只是生自你的心里,出自你的口中。"于是,对这些人给予惩罚,以至处斩,或者羞辱。不仅如此,还说:"这是因为你们与我离心离德的缘故,没有弄通我的方略的缘故,又有什么可责备的呢?"于是以非为是,坚持原来的谬误,以至于自身危

贵验

事莫贵乎有验,言莫弃乎无征。言之未有益也,不言未有损也。水之寒也,火之热也,金石之坚刚也,此数物未尝有言,而人莫不知其然者,信著乎其体也。使吾所行之信若彼数物,谁其疑我哉。今不信吾所行,而怨人之不信己,犹教人执鬼缚魅,而怨人之不得也,惑亦甚矣。孔子曰:"欲人之信己,则微言而笃行之,笃行之。则用日久,用日久,则事著明,事著明,则有目者莫不见也。有耳者莫不闻也,其可诬乎。"故根深而枝叶茂,行久而名誉远。

人情也,莫不恶谤,而卒不免乎谤,其故何也?非爱智力而不已之也,已之之术反也,谤之为名也,逃之而愈至,拒之而愈来,讼之而愈多。明乎此,则君子不足为也;暗乎此,则小人不足得也。帝舜屡省,禹拜昌言,明乎此者也。厉王加戮,吴起刺之,暗乎此者也。夫人也,皆书名前策,著行列图,或为世法,或为世戒,可不慎欤。

夫闻过而不思,谓之丧心。思而不改,谓之失体。失体丧心之人,祸乱之所及也,君子舍旃。君子不友不如己者,非羞

急、国家灭亡。真是令人痛惜啊!

贵验

　　事情没有比能得到验证更可贵的,言论没有比全无根据更可弃的。因为说了没有益处,不说也没有损失。水是冷的,火是热的,金石是坚硬的,这几种物品并没有说话,而人们没有不知道它们就是那样的,原因就在于他们把冷、热、坚硬的性状真实地显露在形体之中了。假使我们的所作所为真实得就像上述几种物体,谁还会怀疑你呢?如果不使自己的行为取信于人,而又埋怨别人不相信自己,就如同让人捉鬼擒妖,而责怪人家没有捉到一样。这也就太糊涂了。孔子说:"想要别人相信自己,则要少说空话而笃实地去做。笃实地去做,则其信用持久;信用持久则事理就会显明;事理显明,则有目共睹、有耳皆闻。这样还能说是欺骗吗?"因此,树根扎得深则枝叶茂盛,善行持续久则声誉远播。

　　人之常情,没有人不讨厌议论诽谤的,然而终究难免被人议论诽谤。这是什么原因?不是因为吝惜智慧和力气而未去止谤,是止谤的办法恰适其反。诽谤是关乎名声的事,你越逃避它越到来,你越推拒它越降临,你越辩解则会变得更多。明白这一道理,所以君子不屑于去这么做;不明白这一道理,那么小人就不可能有所得了。虞舜屡屡反省自己,大禹拜受善言,是明白这一道理的人;周厉王对诽谤者处以刑罚,吴起对诽谤者进行刺杀,是不明白这一道理的人。这些人,都在以前的竹简书签上写下了名字,连形象也留在了图册,或者让世人效仿,或者让世人警戒,怎么能不慎重呢?

　　知道了自己的过错而不反思自己,叫做"丧心";反思了自己的过错而仍不改正,就叫"失体"。"失体"、"丧心"的人,就是灾祸降临

彼而大我也,不如己者须己植者也。然则扶人不暇,将谁相我哉?吾之债也,亦无日矣。故坟庳则水纵,友邪则己僻,是以君子慎所友。孔子曰:"居而得贤友,福之次也。"夫贤者言足听,貌足象,行足法,加乎善奖人之美,而好摄人之过,其不隐也如影,其不讳也如响。故我之惮之,若严君在堂,而神明处室矣,虽欲为不善,其敢乎。

核辨

夫利口者,心足以见小数,言足以尽巧辞,给足以应切问,难足以断俗疑。然而好说不倦,谍谍如也。夫类族辨物之士者寡,而愚暗不达之人者多,孰知其非乎,此其所以无用而不见废也,至贱而不见遗也。先王之法,析言破律,乱名改作,行僻而坚,言伪而辨者,杀之,为其疑众惑民而浇乱至道也。

爵禄

古之制爵禄也,爵以居有德,禄以养有功,功大者其禄

的对象，君子是不会这么去做的。君子不喜欢与德行不如自己的人交朋友，并非看不起别人而妄自尊大。因为不如自己的人，是必须自己常常为之操心的人。这样，帮助他都忙不过来，靠谁来帮助自己呢？如果这样的话，自己的覆败也就很快了。所以说，堤坝低矮则水流泛滥；朋友歪邪则自己会失正，因此君子交朋友非常慎重。孔子说："所居之处有贤德之人为友，这是仅次于得福的喜事。"贤德之人，其言谈值得聆听，其风度值得模仿，其行为值得效法；加上善于赞扬人的长处，喜欢帮助人改正过失；其不遮掩他人美德和过失的秉性如同影子之于形体，其不避讳他人的称赞与批评的秉性如同回声之于音响。所以我畏惧他，就像严明的君主同在庭堂，而监察善恶的神明就在此室，即使想做不善之事，又怎么敢呢？

核辨

　　那些能言善辩的人，其心计足以想到微小环节，言谈足以竭尽巧辩之辞，敏捷足以应付急切之问；质问决断俗人的疑惑。然而，这类人喜欢夸夸其谈，喋喋不休。由于同类相聚而明辨事物、通达大道的人很少，而愚昧蒙蔽、不明大道的人很多，又有谁能明了他们的过错呢？这就是他们虽然没有用处但还不被废除，最没出息而又不被遗弃的原因。因此先王的律法规定：对巧说诡辩，曲解律令的、惑乱名分而改变原意的、行为不正又坚持不改的和言辞虚伪而长于舌辩的，要处以死刑。这是因为他们的行为使民众产生疑问，让人困惑从而破坏和扰乱圣贤大道。

爵禄

　　古代设置爵位、规定俸禄的制度，是以爵位来安置有德行的

厚，德远者其爵尊，功小者其禄薄，德近者其爵卑。是故观其爵则别其人之德，见其禄则知其人之功，不待问之也。古之君子贵爵禄者，盖以此也。爵禄者，先王所重也。爵禄之贱也，由处之者不宜也。贱其人，斯贱其位矣，其贵也，由处之者宜之也。贵其人，斯贵其位矣。黻衣绣裳，君子之所服，爱其德，故美其服也。暴乱之君，非无此服，民弗美也。

位也者，立德之机也。势也者，行义之杸也。圣人蹈机握杸，织成天地之化，使万物顺焉，人伦正焉，六合之内，各充其愿，其为大宝，不亦宜乎。夫登高而建旌，则所示者广矣；顺风而奋铎，则所闻者远矣。非旌色之益明，非铎声之益长，所托者然也，况居富贵之地而行其政令者也。

务本

人君之大患也，莫大乎详于小事而略于大道，察于近物而暗于远数，自古及今，未有如此而不亡也。详于小事，察于近物者，谓耳听于丝竹歌谣之和，目明乎雕琢采色之章，口给乎辨慧切对之辞，心通乎短言小说之文，手习乎射御书数之

人，以俸禄来供养有功劳的人。功劳显著的人，其俸禄就丰厚；德行高尚的人，其爵位就尊贵；功劳较小的人，其俸禄就较少；德行浅薄的人，其爵位就低下。因此，看一个人的爵位，就可以知道这个人品德的高低；看一个人的俸禄，就可以知道这个人功劳的大小，不需要再去询问。古代的君子其所以看重爵位俸禄，都是因为这个缘故。对于爵禄，先王非常重视。后来，爵位、俸禄之所以被人轻视，是因为处在该爵位、享受该俸禄的人是不应该享受这一爵禄的人；因为人们瞧不起其人，也就轻视其爵位。反之，爵禄被看重，也是由于享受爵禄者是应该享受这一爵禄的人；因看重其人也就看重其爵位。散衣绣裳，是君子所穿的衣服，人们喜爱君子的美德，所以也就赞美其衣服。残暴淫乱的君主，并非没有这样的衣服，但人民却不赞美它。

地位，有如织造德行的织机；权势，有如施行仁义的梭子。圣人脚踏织机，手握梭子，织成天地之教化，使万物和顺，人伦肃正，国域之内，人民都能满足其愿。这样的人来作皇帝，不是很合适吗？爬到高处树起旗帜，则能使很广的地方看到；顺着风向摇动大铃，则能使很远的地方听到。不是因为旗的色彩更鲜明，不是因为铃的声音更悠长，而是所凭借的条件使其如此。更何况身居高官厚禄之位而行使其政令的人呢？

务本

人君最大的祸患，没有比详察于小事而忽略了治国的大道、只看到眼前的事物而没有长远的谋划更大的了。从古到今，没有如此而不亡国的。所谓"详于小事，察于近物"，就是耳朵只能听出丝竹歌谣之谐合，眼睛看到的只是雕琢彩色之花纹，口中说出的只是辨黠

巧，体比乎俯仰般旋之容。凡此数者，观之足以尽人之心，学之足以勤人之思，且先王之末教也，非有小才智，则亦不能为也。是故能之者莫不自悦乎其事，而无取于人。以人皆不能故也。

夫君居南面之尊，秉杀生之权者，其势固足以胜人矣，而加之以胜人之能，怀是己之心，谁敢犯之者乎？以匹夫行之。犹莫敢规也。而况于人君哉？故罪恶若山而己不见，谤声若雷而己不闻，岂不甚乎。

夫小事者味甘，而大道者醇淡，而近物者易验，而远数者难效，非大明君子则不能兼通也。故皆惑于所甘而不能至乎所淡，眩于所易而不能及于所难，是以治君世寡而乱君世多也。故人君之所务者，其在大道远数乎。大道远数者，谓仁足以覆焘群生，惠足以抚养百姓，明足以照见四方，智足以统理万物，权足以应变无端，义足以阜生财用，威足以禁遏奸非，武足以平定祸乱，详于听受而审于官人，达于废兴之源，通于安危之分，如此，则君道毕矣。

今使人君视如离娄，听如师旷，御如王良，射如夷羿，书如

慧敏的舌战辞令；心里懂得的只是短言浅论，手上熟悉的只有射箭、驾车、书法、棋枰之技巧，身体喜好的只是俯仰旋转、鞠躬行礼的仪态。以上这些，观看它足以能够让人欢愉；学习它足以令人勤于思考，这也是从前君王的无关根本的教导，如果没有一点聪明才智，也是做不到的。所以，凡有上述能力者，都是自己喜欢这些事情，而不是求取于他人，自以为别人都不能做到这些。

　　君主处在坐北面南的至尊之位，是掌握着生杀大权的人，其威势本来就足以超过常人，又加上有超出常人的能力，怀着自满自足的心态，谁敢去冒犯他呢？一个普通人如果有这样的威势，恐怕也没有人敢向其劝谏，更何况是君主呢？所以，即便是罪恶堆积得像山一样高，自己也看不见；毁谤之声像雷声一样大，自己也听不到。这样下去，问题岂不是会越来越严重吗？

　　做琐细小事往往滋味甘甜，行中正大道往往滋味纯淡；做眼前的事容易得到效验，而长远的谋略则一时难见成效；不是圣明的君子，则不能大小事情都能兼通。所以人们都为"滋味甘甜"的小事所迷惑，而不能去做"滋味纯淡"的大事；迷惑于自己容易做到的事，而不能投身于对自己有挑战的长远大事。因此，能使国家大治的明君历代少有，而导致国家混乱的昏君每代都多。所以，君主所必须致力的应该是"中正的大道和深远的谋划"啊！所谓"中正的大道和深远的谋划"，其意思是仁德足以覆盖生民，恩惠足以抚养百姓，光明足以照亮四方，智慧足以统理万物，权力足以应付无端的变故，道义足以丰富财用，威严足以禁绝邪道，武力足以平定外患内乱；能仔细听取他人的意见，慎重地选取和任用人才；明达国家兴废的根源，通晓安定危机的区分。能做到这些，为君之道就算完备了。

　　假如现在让君主眼目之明能比上离娄，听力之好能比上师旷，

史籀,计如隶首,走追驷马,力折门键,有此六者,可谓善于有司之职,何益于治乎?无此六者,可谓乏于有司之职,何增于乱乎?必以废仁义,妨道德矣。何则?小器不能兼容,治乱又不系于此,而中才之人所好也。昔潞丰舒、晋智伯瑶之亡,皆怙其三材,恃其五贤,而以不仁之故也。故人君多伎艺,好小智,而不通于大道者,只足以拒谏者之说而钳忠直之口也,只足以追亡国之迹而背安家之轨也,不其然耶!不其然耶!

审大臣

帝者昧旦而视朝,南面而听天下,将与谁为之,岂非群公卿士欤?故大臣不可以不得其人也。大臣者,君股肱耳目也,所以视听也,所以行事也。先王知其如是,故博求聪明睿哲君子措诸上位,使执邦之政令焉。执政聪明睿哲,则其事举,其事举,则百僚莫不任其职,百僚莫不任其职,则庶事莫不致其治,庶事莫不致其治,则九牧之人莫不得其所,故《书》曰:"元首明哉,股肱良哉,庶事康哉"。

驾车技术能比得上王良，射箭之艺能比得上羿，书法造诣比得上史籀，计算本领比得上隶首，奔跑之快追得上四马之车，力气之大能折断大门门杠，虽然有上述六人那样的本领，也只能够说是能够胜任专司一职官吏的职守了，对于治理好国家，又有多大的益处呢？即便没有这六个人那样的本领，只能说不称这些有关官吏的职守，但对国家又怎会加剧天下的混乱呢？事实上，（有了以上这些本领）反而会因此而废弃仁义之政，妨碍道德修养。为什么这样说呢？小的器皿是不能够兼收并蓄的（才智不高之人不可能同时具有这么多本领），而且这些技艺又不关乎国家治乱，只是有中等才能之人所爱好的。从前，潞州丰舒、晋国智伯瑶的灭亡，都是因为其自恃有三种才能、五种特长而不讲仁义的缘故。所以，人君有多种技艺、喜好小才智但却不通晓治国的大道的，只能导致他拒绝进谏者的主张，钳制忠诚直言者的言论；只会让他追随亡国之君的足迹，而背离安定国家的轨道。难道不是这样吗？难道不是这样吗？

审大臣

做君主的，天刚拂晓即临朝，面南而坐听取天下的政务。他将和谁来一起处理天下大事呢？岂不就是众多公卿大臣吗？所以任用大臣不能不选择合适其职的贤德之人。大臣，是君主的肱股耳目，做君主的，要靠他们来了解各种情况，要靠他们来处理各种政务。以前圣明的君王知道治理天下就得这样，所以广泛访寻聪明睿智的君子，并安置在较高的职位上，让他们执掌国家的政令。执政者聪明睿智，则国家的各项事务就能展开；各项事务能够展开，则百官就没有不各尽其职的；百官能够各尽其职，则各种事务就没有治理不好的；各种事务都治理好了，则九州之民无不各得其所。所以《尚书》上说："国

亡国

凡亡国之君,其朝未尝无致治之臣也,其府未尝无先王之书也,然而不免乎亡者,何也?其贤不用,其法不行也,书法而不行其事,爵贤而不用其道,则法无于异路说,而贤无异于木主也。

昔桀奔南巢,纣踣于京,厉流于彘,幽灭于戏,当是时也,三后之典尚在,而良谋之臣犹存也。下及春秋之世,楚有伍举、左史倚相、右尹子革,而灵王丧师。卫有大叔仪、公子鱄、蘧伯玉,而献公出奔。晋有赵宣孟、范武子,而灵公被弒。鲁有子家羁、叔孙婼,而昭公野死。齐有晏平仲、南史氏,而庄公不免弒。虞虢有宫之奇、舟之侨,而二公绝祀。由是观之,苟不用贤,虽有无益也。然彼亦知有马必待乘之然后远行,有医必待使之而后愈疾,至于有贤,则不知必待用之而后兴治也。且六国之君,虽不用贤,及其致人也,犹修礼尽意,不敢侮慢也。

至于王莽,既不能用,及其致之也,尚不能言。莽之为人,内实奸邪,外慕古义,亦聘求名儒,征命术士,政烦教虐,无以致之,于是胁之以峻刑,威之以重戮,贤者恐惧,莫敢不至。

君圣明,大臣贤明,则万事安康。"

亡国

那些亡国的君主,其朝中不见得没有能使国家大治的臣子,其府中不见得没有先王留下的圣贤典籍,然而最终却逃不了亡国的命运,这是为什么呢?是因为其贤臣不能得到重用,其制定的法令不能得到推行。如果制定法规而又不依法行事,任命了贤臣而又不采用他的意见和谋略,那么法律便和路边闲话没有区别,而贤臣也和木制神位没有两样了。

从前,夏桀王逃亡到南巢;殷纣王毙命于镐京;周厉王流放于彘地;周幽王亡身于嬉戏。然而在那个时候,夏禹、商汤、文王的典籍还留存着,朝中有高明谋略的臣子也还在啊!到了春秋时代,楚国有伍举,还有左史倚相、右尹子革,而楚灵王大军覆没;卫国有太叔仪、公子鱄、蘧伯玉,而卫献公败逃出走;晋国有赵宣孟、范武子,而赵灵公被臣下所杀;鲁国有子家羁、叔孙婼,而鲁昭公死于荒郊;齐国有晏平仲、南史氏,而齐庄公未免于被刺;虞虢有宫之奇、舟之侨,而二公断绝祭祀。如此看来,如果不重用贤臣,即使有贤臣也是无济于事的。然而,这些国君也知道:有良马,一定要等到骑上之后才可以远行;有医生,一定要等到请来诊治之后,才可以医好疾病;但至于有贤臣,却不知道要等到任用他们之后,然后才可以使国家清明安定。以上六国的君主,虽然不重用贤臣,但在招纳人才的时候,还能用美好的礼节来表示其诚意,不敢轻侮慢待。

到了王莽时,他已经不能任用贤才了,即使征招来了,也不许他们对政事发表言论。王莽的为人,其内心实在是奸诈邪恶,而外表上却装出仰慕古时君主行事的样子,也聘请名儒,征召有术之士。但由

徒张设虚名以夸海内，莽亦卒以灭亡。且莽之爵人也，其实囚之也。囚人者，非必著桎梏，置之囹圄之谓也。拘系之，愁忧之之谓也。使在朝之人欲进，则不得陈其谋，欲退，则不得安其身，是则以纶组为绳索，以印佩为钳釱也，小人虽乐之，君子则以为辱矣。

故明主之得贤也，得其心也，非谓得其躯也。苟得其躯而不论其心，斯与笼鸟槛兽未有异也，则贤者之于我也，亦犹怨雠，岂为我用哉？虽曰班万钟之禄，将何益欤？故苟得其心，万里犹近，苟失其心，同衾为远，今不修所以得贤者之心，而务修所以执贤者之身，至于社稷颠覆，宗庙废绝，岂不哀哉。

孙子曰："人主之患，不在于言不用贤，而在于诚不用贤。言用贤者，口也，却贤者，行也，口行反而欲贤者之进，不肖之退，不亦难乎。"善哉，言也。故人君苟修其道义，昭其德音，慎其威仪，审其教令，刑无颇类，惠泽播流，百官乐职，万民得所，则贤者仰之如天地，爱之如其亲，乐之如埙篪，歆之如兰芳，故其归我也，犹决壅导滞，注之大壑，何不至之有乎。

于政治混乱,政教暴虐,难以吸引人才,于是他便用严刑进行威胁,用杀戮来威吓。贤明的人因为恐惧,不敢不来,这只是空有招引贤人的名声、以夸耀于四海之内而已。王莽也因此而很快灭亡了。况且,王莽赐人官爵,其实等于囚禁人。所谓"囚禁人"不是说一定要把人戴上刑枷、关进监狱,而是限制、束缚他,使他的内心无比的忧愁。如此,则使在朝为官之人,进不能够陈述谋略;退不能保全自己。这就等于以佩带官印用的丝绶为绳索,以官印、佩玉为铁钳而囚人。小人虽以有了官位而高兴,君子则认为是受到了侮辱。

所以,圣明的君主求得贤臣,是要得到臣子的真心,而不是要得到他的躯体。如果得到其躯体而不管其心里怎么想,这便与用笼子、栅栏关住鸟兽没有什么不同。那么贤者对于我,就和仇人没有两样,岂能为我所用?纵然每天发给他万钟的俸禄,会有什么用呢?所以说,如果得到其心,相距万里也是近的;如果失去其心,同盖一床被子也是远的。现在,不讲求获得贤者之心的方法,而着力于怎样控制贤才之身,以致使国家政权颠覆,祖宗庙堂废弃,岂不太令人痛心了吗?

荀子说:"君主的过错,不在于口头上说不任用贤才,而在于不能真心实意地任用贤才。口头上说任用贤才、行动上拒绝贤才,言行相反而想要贤才到来、不贤的人离去,不是很难吗?"这番话说的多么好啊!所以,假如君主能够修治他的道德仁义,显现他的美好声誉,谨慎他威严的仪态。审慎他的政教命令,刑罚没有偏邪不正,恩惠传播于四方,百官要尽职守,万民得其所愿,则贤才敬仰他如同敬天地,爱戴他如同爱亲人;快乐得如听埙箎之音,欣喜得如嗅兰芳之香。如此则贤才投奔于他,如同挖开障碍,排放积水,流入大沟,怎么会有不来的呢?

苟粗秽暴虐，香馨不登，谗邪在侧，杀戮不辜，宫馆崇侈，妻妾无度，淫乐日纵，征税繁多，财不匮竭，怨丧盈野，矜己自得，谏者被诛，外内震骚，远近怨悲，则贤者之视我容貌如蜩蛸。台殿如狴牢，采服如衰绖，歌乐如号哭，酒醴如滫涤，肴馔如粪土，众事举措，每无一善，彼之恶我也如是，其肯至哉。

今不务明其义，而徒设其禄，可以获小人，难以得君子。君子者，行不苟合，立不易方，不以天下枉道，不以乐生害仁，安可以禄诱哉？虽强缚执之而不获已，亦杜口佯愚，苟免不暇，国之安危将何赖焉？

赏罚

政之大纲有二，赏罚之谓也。人君明乎赏罚之道，则治不难矣。赏罚者，不在于必重，而在于必行，必行则虽不重而民肃，必不行也，则虽重而民怠。故先王务赏罚之必行也。夫当赏者不赏，则为善者失其本望，而疑其所行，当罚者不罚，则为恶者轻其国法，而怙其所守。苟如是也，虽日用斧钺于市，而民不去恶矣。日赐爵禄于朝，而民不兴善矣。是以圣人不敢以亲戚之恩而废刑罚，不敢以怨雠之忿而留庆赏。夫何故

相反，假如君主粗俗暴虐，对有美好德行的人不予晋升，谄谀邪僻的人围在他的身边；杀戮无辜的人，宫馆崇尚奢侈，妻妾之多没有限度，淫荡取乐日益放纵；征收赋税名目繁多，国家资财匮乏短缺，含冤而死之人充满郊野，却依然骄傲自满而自鸣得意；进谏者被诛杀，内外震动骚乱，远近怨恨悲愤。那么，贤德之人会视我的容貌如妖怪，视我的金殿如监狱；华彩之衣如同丧服，歌乐之声如同嚎哭；美酒甘醇如同污水，美食佳肴如同粪土；所作之事和一举一动，几乎一件都看不上。贤者厌我达到了这个地步，他还愿意投奔于我吗？

如今若不致力修明仁义而空设高官厚禄，可以得到小人，但难以得到君子。所谓君子，行事不随意合流，处世不改其正直；不为天下人的喜好而歪曲道义，不为保全自己的生命而损害仁爱，怎么可以用高官俸禄去诱惑他呢？即使用强制的手段控制于他，使他不得已而从之，他也会闭口不言，佯装愚钝，苟且让自己免遭伤害。国家的安危，又依赖什么呢？

赏罚

为政的要领有两条，指的就是奖赏与惩罚。君主若能懂得赏罚之道，那么，治理好国家也就不难了。奖赏与惩罚，不在于必须很重，而在于必须能够执行。只要奖罚能够切实执行，虽然不重，但人民也会庄重严肃地对待；如果奖罚不能够得到切实执行，虽然很重，但人民也会对它产生懈怠。所以古代的先王致力于使奖罚能够切实执行。如果应该奖赏的不予奖赏，则做好事者就会失去其本来的愿望，而怀疑自己的所为；应当惩罚的不予惩罚，则做坏事者就会轻视国家法纪，而坚持其固有的行为。如果是这样，即便每日使用斧钺在街市

哉？将以有救也，故《司马法》曰："赏罚不逾时。"欲使民速见善恶之报也，逾时且犹不可，而况废之者乎？赏罚不可以疏，亦不可以数，数则所及者多，疏则所漏者多，赏罚不可以重，亦不可以轻，赏轻则民不劝，罚轻则民不惧，赏重则民侥幸，罚重则民无聊。故先王明恕以听之，思中以平之，而不失其节也。夫赏罚之于万人，犹辔策之于驷马也，辔策之不调，非徒迟速之分也，至于覆车而摧辕，赏罚之不明，非徒治乱之分也，至于灭国而丧身，可不慎乎！可不慎乎！

复三年

天地之间，含气而生者，莫知乎人；人情之至痛，莫过乎丧亲，夫创巨者其日久，痛甚者其愈迟，故圣王制三年之服，称情而立文，所以为至痛极也。自天子至于庶人，莫不由之。帝王相传，未有知其所从来者，及孝文皇帝，天姿谦让，务崇简易，其将弃万国，乃顾臣子，令勿行久丧，已葬则除之，将以省烦劳而宽群下也。观其诏文，唯欲施乎己而已，非为汉室创制丧礼而传之于来世也。后人遂奉而行焉，莫之分理，至乎显宗，圣德钦明，深照孝文一时之制，又惟先王之礼，不可以久违，是以世祖徂崩，则斩衰三年，孝明既没，朝之大臣徒

上行刑,民众也不会丢弃邪恶;即便每日在朝中封官赐禄,民间也不会兴起良好风气。所以,圣人不敢因亲戚的恩情而免除处罚;不敢因个人的仇怨而不予奖赏,这是什么缘故呢?是用此来挽救世风呀!因此,司马法说:"在规定时间内施行赏罚,是希望民众尽快见到善恶的报应。"超过时限都不可以,更何况废弃不用呢!奖罚不可以过少,也不可以过密;过密则所涉及者太多,过少则所遗漏者太多。奖罚不可以过重,也不可以过轻;奖励过轻则起不到鼓励作用,处罚过轻则起不到威慑作用;奖励过重则人会心存侥幸,处罚过重则民会无所依赖。所以,古代帝王以明察宽厚之道来决断案件,用中正之道来平治天下,因此而不失其节。奖罚对于万民,如同缰绳、竹鞭之于驾车之马,缰绳、竹鞭使用不协调,不只关乎车速快慢,甚至会造成翻车或折断车辕;奖罚不明,不只有社会稳定与社会混乱之分,甚至会导致国家灭亡、丧失性命。能不慎重吗?能不慎重吗?

复三年

  天地万物中,最有智慧的,莫过于人了。人情中最悲痛的,莫过于父母去世。创伤越大,延续的时间就越长;悲痛越剧烈,恢复的速度就越慢。所以,圣明的君主规定,父母去世要服丧三年,这是《礼记》中适应人情而确立的教化,表示这是最大的悲痛。从天子到百姓,没有不遵从此法的。帝王代代相传,但没有人知道这条法令是从哪里来的。到了孝文皇帝,天资谦恭宽让,办事崇尚从简。他临死之前,尚且顾念臣子,下令不要实行长久服丧的制度,埋葬之后,即可脱去丧服,旨在按此办理,可以省去烦挠劳碌而使群臣宽舒。看他留下的诏令条文,只是要求自己去世之后这么做而已,并非要为汉朝创立治丧的礼节仪式,并传之于后世。后人便照此行使,未曾有人

以己之私意，忖度嗣君之必贪速除也，检之以大宗遗诏，不惟孝子之心，哀慕未歇，故令圣王之迹，陵迟而莫遵，短丧之制，遂行而不除，斯诚可悼之甚者也。滕文公，小国之君耳，加之生周之末世，礼教不行，犹能改前之失，咨问于孟轲，而服丧三年，岂况大汉配天之主，而废三年之丧，岂不惜哉？且作法于仁，其弊犹薄，道隆于己，历世则废，况以不仁之作，宣之于海内，而望家有慈孝，民德归厚，不亦难乎？《诗》曰："尔之教矣，民胥效矣。"圣主若以游宴之间，超然远思，览周公之旧章，咨显宗之故事，感蓼莪之笃行，恶素冠之所刺，发复古之德音，改大宗之权令，事行之后，永为典式，传示万代，不刊之道也。

制役

昔之圣王制为礼法，贵有常尊，贱有等差，君子小人，各司分职，故下无僭上之愆，而人役财力，能相供足也。往昔海

分析其中道理。到了显宗皇帝,其圣德恭谨、英明,深刻理解孝文皇帝一时的规定,又考虑过去君主所定的礼节仪式不能长久违背,所以世祖去世时,穿了三年丧服。孝明皇帝去世后,朝中大臣竟然以自己个人的想法,揣度太子必然会希望快点脱去丧服,便查看大宗遗诏,没有因为孝子还在哀伤思慕而有所虑,因此使得孝明皇帝的遗制被逐步取消,不予遵从。服丧时间缩短的规定从此实施且没有废除。这实在是最大的悲哀。滕文公不过是小国的君主,又加之生于周朝末年,礼教已难以实施,但他还能修正前朝的失误,问询于孟子后,自己服丧三年,更何况大汉朝与天同高的君主,却废除服丧三年之制,这难道不令人叹息吗?制定短丧之法出于仁爱,其弊端也还轻微,道德隆盛之风已然形成且只历经一代,服丧三年之制就被废止,何况将不仁爱的法令公布于社会,却希望家中有慈母孝子,人民品德回归于敦厚,不是很难吗?《诗经》说:"你的教化,民众会仿效的。"圣明的君主,若能在出游、饮宴的空闲时间,以超然的心态想得远点,看看周公当年所定的规章,再看看一下显宗的故事;感受一下"蓼莪"(《诗·小雅》中篇名,其诗大意是宣扬孝道)中的笃厚孝行,必会憎恶"素冠"(《诗·松风》中篇名,其诗斥责不能守三年之丧的现象)中所斥责的现象,从而发出恢复古制的仁德教令,修改太宗(此指孝文皇帝)的权宜之令,而且实施之后,要求永久地作为治丧的典范仪式,使之传承昭示于万代,将此作为不能删改的治丧办法。

制役

从前的圣主明君,制定礼法规定:富贵的阶层中,身份有一般、尊贵之分;地位低下的阶层中,身份也有相应的等级差别;君子与平

内富民,及工商之家,资财巨万,役使奴婢,多者以百数,少者以十数,斯岂先王制礼之意哉?夫国有四民,不相干黩,士者劳心,工农商者劳力;劳心之谓君子,劳力之谓小人;君子者治人,小人者治于人;治于人者食人,治人者食于人;百王之达义也。今夫无德而居富之民,宜治于人且食人者也。役使奴婢,不劳筋力,目喻颐指,从容垂拱,虽怀忠信之士,读圣哲之书,端委执笏,列在朝位者,何以加之?且今之君子,尚多贫匮,家无奴婢,既其有者,不足供事,妻子勤劳,躬自爨烹,其故何也?皆由罔利之人与之竞逐,又有纡青拖紫并兼之门使之然也。

夫物有所盈,则有所缩,圣人知其如此,故哀多益寡,称物平施,动为之防,不使过度,是以治可致也。为国而令廉让,君子不足如此,而使贪人有余如彼,非所以辨尊卑,等贵贱,贱财利,尚道德也。今太守令长得称君者,以庆赏刑威咸自己出也,民畜奴婢,或至数百,庆赏刑威,亦自己出,则与郡县长史又何以异?夫奴婢虽贱,俱含五常,本帝王良民,而使编户小人为己役,哀穷失所,犹无告诉,岂不枉哉?今自斗食佐吏以上,至诸侯王,皆治民人者也,宜畜奴婢;农工商及给

民百姓，各自按自己的身份和职位行使职权。所以在下位的不会出现超越本分，犯下冒用上位者职权和名义行事的过错，供役使的劳力和财力，都能相互供给充足。从前，国内富裕的平民以及工商家庭，钱财多达数万，雇用的奴婢，多者有几百人，少者有几十人，这难道是早先君主制定礼法的旨意吗？国家有四类人（指士、农、工、商），本应互不干扰、轻慢，有知识的人劳心，务工、务农、经商的人劳力；劳心者称为"君子"，劳力者称为"小人"。君子管理人，小人被管理；被管理者养活人，管理者被养活。这是历代君王都明白的道理。可当今呢，没有高尚道德但占有大量财富的，本应该是被管理者，是应该养活人的人，却役使奴婢、自己不劳动、颐指气使、不慌不忙、垂衣拱手。即使那些胸怀忠信、熟读圣贤之书、受君主委任而手执笏板站在朝堂之上的人，又有谁超过他们呢？当今的君子，还有许多贫穷匮乏之人，家里没有奴婢，即使有，也因数量少而忙不过来；妻子勤于家务劳动，亲自烧火做饭，这是什么缘故呢？都因为那些捞取横财的人，与他们竞争高下，再加上那些结交大小官员以及集官吏、豪富于一身的家族，以致君子陷于如此境地啊。

社会上的财富，一些人占有的过多，就会有一些人财用不足。圣人知道会是这样，所以削减多余以增益不足，权衡财物的多寡，来公平地施予。经常提防，不使有人超过限度。因此，能够实现社会稳定。治理国家却使廉洁礼让的君子这样物用不足，而使贪婪之人那样物用有余，所以就不能够分辨尊卑、划分贵贱等级，更不能够让人们看轻财利、崇尚道德。现今的太守县令得以成为一方之主宰，是因为掌握着庆典、奖赏、处罚、威吓之权。富人蓄养奴婢，有的达到数百之多，其庆贺、奖赏、处罚、威吓之权也由自己掌握。这与郡县的长官又有什么不同呢？奴婢虽然地位低贱，但都有"五常"之情，

趋走使令者,皆劳力躬作,治于人者也,宜不得畜。昔孝哀皇帝即位,师丹辅政,建议令畜田宅奴婢者有限,时丁傅用事,董贤贵宠,皆不乐之,事遂废覆。夫师丹之徒,皆前朝知名大臣,患疾并兼之家,建纳忠信,为国设禁,然为邪臣所抑,卒不施行,岂况布衣之士,而欲唱议立制,不亦远乎!

本来都是君王的良民,却进入普通人家,成为他们的役使,以至哀伤穷困,流离失所,还无权告状申诉,岂不是很冤枉吗?当今,下自薪俸很低的衙吏,上至各诸侯王,都算是管理民众的人,是可以蓄养奴婢的,务农、做工、经商及供他们役使的人,都是应该亲自劳作、被管理的人,应当不许其蓄养奴婢。昔日孝哀皇帝即位,师丹辅佐国政,曾建议对蓄养种田、看院之奴婢的人数定一个限额,但当时丁傅专权,董贤受宠,都不乐意这么办,这个建议遂被废弃。师丹等人,皆是前朝的知名大臣,担忧、憎恨既有官位又做富豪的人家,建议召纳忠信之士,为国家创设禁令,然而因邪恶之臣的压制,终于未能实行。更何况尚未做官的一般人士,想倡议建立有关制度,那不是遥遥无期的事情吗?

典论

曹丕 撰

奸谗

何进灭于吴匡、张璋；袁绍亡于审配、郭图；刘表昏于蔡瑁、张允。孔子曰："佞人殆。"信矣。古事已列于载籍，聊复论此数子，以为后之监诫，作奸谗。

中平之初，大将军何进，弟车骑苗，并开府。近士吴匡、张璋。各以异端有宠于进。而苗恶其为人。匡璋毁苗而称进，进闻而嘉之，以为一于己。后灵帝崩，进为宦者韩悝等所害，匡、璋忌苗，遂劫进之众，杀苗于北阙，而何氏灭矣。昔郑昭公杀于渠弥，鲁隐公死于羽父，苗也，能无及此乎。夫忠臣之事主也，尊其父以重其子，奉其兄以敬其弟，故曰："爱其人者，及其屋乌。"况乎骨肉之间哉？而进独何已嘉焉？

袁绍之子，谭长而慧，尚少而美，绍妻爱尚，数称其才，绍亦雅奇其貌，欲以为后。未显而绍死，别驾审配、护军逢纪，宿以骄侈，不为谭所善，于是外顺绍妻，内虑私害，矫绍之遗命，

奸谗

何进之所以被杀,是因为任用吴匡和张璋;袁绍之所以兵败,是因为听信审配和郭图;刘表之所以昏庸,是因为相信蔡瑁和张允。孔子曾说:"任用奸佞之人真是危险啊。"这句话确实是可信的。这几件过去的事已经被写进史书了,这里姑且再谈谈这几个人,以作为后人的借鉴,警戒那些奸谗的小人。

中平初年,大将军何进与其弟车骑将军何苗,兄弟俩人都建立了府署并自选僚属。近士吴匡、张璋各以异端邪说得宠于何进,而何苗却憎恶他们俩的为人。于是吴匡和张璋就诋毁何苗而称赞何进,何进听后就对他们两个人进行嘉奖,认为他们俩是一心一意忠于自己的。后来汉灵帝去世,何进被宦官韩悝等人所害。吴匡和张璋两人忌恨何苗,便威逼利诱何进的部下,将何苗杀死于北城门,从而使何氏灭亡。昔日,郑昭公因为劝谏父亲不要任用渠弥,结果他即位以后,自己被渠弥杀死;鲁隐公因为没满足羽父做宰相的请求而被羽父设计杀死;何苗听信于吴匡和张璋这样的奸佞小人,怎能不落得如此下场呢?忠义之臣侍奉君上,往往都会尊敬其父亲,也敬重其儿子;扶持其兄长也尊敬其兄弟。因此古人说:因爱其人,也就爱其屋上之乌鸦,何况兄弟乃骨肉之亲,而何进为什么要独自嘉奖吴张二人呢?

袁绍的儿子当中,袁谭是长子,而且天资聪慧;袁尚年龄小,但相貌俊美。袁绍的妻子宠爱袁尚,多次称赞袁尚有才能。袁绍也很惊奇袁尚的相貌,想要让他继承自己的事业,但还没有来得及正式

奉尚为嗣。颍川郭图、辛评,与配、纪有隙,惧有后患,相与依谭,盛陈嫡长之义,激以绌降之辱,劝其为乱。而谭亦素有意焉,与尚亲振干戈,欲相屠裂,王师承天人之符应,以席卷乎河朔,遂走尚枭谭,擒配馘图,二子既灭,臣无余。

绍遇因运,得收英雄之谋,假士民之力,东苞巨海之实,西举全晋之地,南阻白渠黄河,北有劲弓胡马,地方二千里。众数十万,可谓威矣。当此之时,无敌于天下,视霸王易于覆手,而不能抑遏愚妻,显别嫡庶,婉恋私爱,宠子以貌,其后败绩丧师,身以疾死,邪臣饰奸,二子相屠,坟土未干,而宗庙为墟,其误至矣。

刘表长子曰琦,表始爱之,称其类己,久之为少子琮,纳后妻蔡氏之侄,至蔡氏有宠,其弟蔡瑁,表甥张允,并幸于表,惮琦之长,欲图毁之。而琮日睦于蔡氏,允、瑁为之先后,琮之有善,虽小各闻,有过,虽大必蔽。蔡氏称美于内,瑁、允叹德于外,表曰然之,而琦益疏矣,出为江夏太守,监

公开，袁绍就去世了。袁绍身边的谋士别驾审配、护军逢纪素来骄横奢侈，不被袁谭所喜欢。于是，这两个人表面上是顺从袁绍之妻，实际上是内心担忧个人的危机，于是便假造袁绍遗诏，奉立袁尚为继承人。当时在颍川的郭图和辛评，与审配、逢纪有隔阂，害怕袁尚为继承人后，审配、逢纪二人得势后自己会有祸患，便双双投靠袁谭，大讲嫡生长子才是合符公正的继承人，并以"被排挤降格的耻辱"刺激袁谭，劝他兴兵作乱，加上袁谭本来就有承继父业的想法，便亲自与袁尚刀兵相见，要互相屠杀，分地裂土。此时，朝廷的军队（指曹操的军队）秉承天意人心的符应，席卷河北大地，遂赶走袁尚，诛杀袁谭，生擒审配，割去郭图左耳。袁尚败走，袁谭被灭，其他臣子或死或逃，无一剩余。

　　袁绍兴起的机遇在于时运。因为得到英雄的谋划，凭借士民的力量，他向东占据到大海之边，向西攻占了山西全境，南面以白渠、黄河为阻敌之屏障，北面可借用善射善骑的胡兵。他占地两千里，拥兵数十万，真可谓威风八面。当时，袁绍无敌于天下，认为自己要称霸天下，易如反掌。但他却不能遏制其愚蠢的妻子，不能明确嫡生与庶出的区别；留恋于个人的喜好，因容貌俊美而宠爱幼子；从而导致其后来的事业失败，军队覆亡，自己也得病而死。邪恶的臣子掩饰其奸诈，使两个儿子互相残杀，以至袁绍坟上黄土未干，宗庙便成废墟。其失误实在是太大了啊！

　　刘表的长子叫刘琦。刘表起初很喜爱他，说他和自己很像。一段时间以后，因幼子刘琮的缘故，接纳了后妻蔡氏的侄子。到了蔡氏深得刘表宠爱之时，其弟蔡瑁和刘表的外甥张允，同样也受到刘表的宠爱。他们畏惧刘琦是长子，想设法毁掉刘琦。而刘琮同蔡氏关系日益密切，张允、蔡瑁鞍前马后紧随刘琮。刘琮做了好事，即便是再

兵于外。瑁、允阴司其过阙,随而毁之,美无显而不掩,阙无微而不露,于是表忿怒之色日发,诮让之书日至,而琮坚为嗣矣。故曰:"容刀生于身疏。积爱出于近习。"岂谓是耶?昔泄柳申详,无人乎穆公之侧,则不能安其身,君臣则然,父子亦犹是乎?后表疾病,琦归省疾,琦素慈孝,瑁、允恐其见表,父子相感,更有托后之意,谓曰:"将军命君抚临江夏,为国东藩,其任至重,今释众而来,必见谴怒,伤亲之欢心,以增其疾,非孝敬也。"遂遏于户外,使不得见,琦流涕而去,士民闻而伤焉,虽易牙杜宫,竖牛虚器,何以加此。琦岂忘晨凫、北犬之献乎,隔户牖而不达,何言千里之中山。嗟乎!父子之间,可至是也。

表卒,琮竟嗣立,以侯与琦。琦怒投印,伪辞奔丧,内有

微小的事情，也要让所有人都知道；刘琮有了过错，即便是再大的错误，也必定为其遮掩。蔡氏在宫内说刘琮的好话，蔡瑁、张允在外面赞叹刘琮的美德，刘表便日益觉得刘琮不错，进而肯定刘琮，对刘琦越来越疏远，随后将刘琦派往江夏任太守，监理兵马于外。蔡瑁、张允则暗地里搜寻刘琦的过失，进而诽谤诋毁。刘琦有再大的优点，他们都予以掩盖；刘琦有再小的过失，他们都四处传扬。于是，刘表谈到刘琦，其忿怒的表情就日益显现，不断的给刘琦发去责问之书。这样一来，刘琮继承父位就渐成定局。所以人们常说："挑拨的介入是由于两相疏远；宠爱的积加是出自两相亲近。"其所说的，不正是这种情况吗？昔日泄柳、申详两人都是贤人，因为有推荐贤士的臣子在秦穆公身边为他们维持调护，所以能够安其身，如果泄柳、申详两人没有人在穆公的身边维持调护，穆公的敬贤之礼就会衰弱，这两位贤人就会离去，也就难安其身了。君臣之间是这样，父子之间也同样是这样啊！后来刘表生病，刘琦回来探望。因为刘琦向来就仁慈孝顺，蔡瑁、张允怕他见到刘表后，因为父子之情所感，刘表会产生托付后事之意，便对刘琦说："将军命令你驻守江夏，那里是国家东部屏障，其责任非常重大。你今日扔下众人而来，必然会受到父亲的谴责与怒斥，有伤父亲的喜悦之心，因而加重父亲的病情，这不是孝敬啊！"于是便将刘琦挡在门外，使其不能与父相见，刘琦只好哭着离去。士民百姓听到这件事都为之伤心，认为易牙堵塞齐桓公宫门、竖牛不给齐桓公吃饭，恐怕也超不过这种做法呀！刘琦岂能忘记当初太子击向父亲魏文侯进献晨凫北犬，文侯让太子击重返朝廷的典故呢？只是隔着一层窗户而不能相见，又何言身在千里之外的中山国呢？可叹呀！父子之间竟然会弄到如此地步呀！

刘表死后，刘琮竟继承了父位，封刘琦为侯。刘琦大怒，扔掉大

讨瑁、允之意。会王师已临其郊，琮举州请罪，琦遂奔于江南。昔伊戾费忌，以无宠而作谗；江充、焚丰以负罪而造蛊；高斯之诈也贪权，躬宠之罔也欲贵。皆近取乎骨肉之间，以成其凶逆。悲夫！匡、璋、配、图、瑁、允之徒，固未足多怪。以后监前，无不烹俎夷灭，为百世戮试，然犹昧于一往者，奸利之心笃也。其谁离父子，隔昆弟，成奸于朝，制事于须臾，皆缘厓隙以措意，托气应以发事，挟宜恤之成画，投必忿之常心，势如憝怒，应若发机，虽在圣智，不能自免，况乎中材之人。若夫爱盎之谏淮南，田叔之救梁孝，杜邺之给二王，安国之和两主，仓唐之称诗，史丹之引过，周昌犯色以廷争，叔孙切谏以陈诚，三老抗疏以理冤，千秋托灵以寤主，彼数公者，或显德于前朝，或扬声于上世，或累迁而登相，或受金于帝室，其言既酬，福亦随之，斯可谓善处骨肉之间矣。

内诫

三代之亡，由乎妇人。故《诗》刺艳女，《书》诫哲妇，斯已著在篇籍矣。近世之若此者众，或在布衣细人，其失不足以败政乱俗，至于二袁，过窃声名，一世豪士，而术以之失，绍

印，假说要来奔丧，内心实有讨伐蔡瑁、张允之意。恰在此时，朝廷的大军（指曹操的军队）已经到了荆州郊外，刘琮手举全州图册出城请罪，刘琦只好逃向江南。昔日伊戾、费无忌，因不得宠而制造谗言；江充、焚丰，因负罪而造谣蛊惑；赵高、李斯的奸诈是因为贪图权力；息夫躬、孙宠的欺骗是想谋求富贵。他们都是在骨肉至亲之间趁便行事，以实现其凶残背叛的图谋。可悲啊！吴匡、张璋、审配、郭图、蔡瑁、张允之流固然并不少见，但后人因为有了前事之鉴，因此这样的人没有不被诛杀、消灭，从而被后世百代羞辱笑骂的。然而，至今还有人愚昧地走这条道，都是因为奸恶、逐利之心太重了啊。不管是谁，离间父子，在兄弟间制造隔阂；或成其奸诈于朝廷，或制造事端于一时，都是利用他们的矛盾，留意其心思，凭借其气愤，相机起事，怀着可以激发其愤怒的周密策划，投合其必然产生忿怒的通常心理，使其情势如同憎恶发怒、其回应之快捷如同扣动弓箭上的板机。这样，就算是很有智慧的人，也难免受其蛊惑，何况一般的常人呢！至于爰盎谏阻淮南王、田叔拯救梁孝、杜邺好意欺骗二王、安国说合两主、仓唐智评诗作、史丹引过于己，周昌在朝堂上犯颜争论、叔孙恳切进谏以陈述其警诫、三老抗奏以审理冤案、千秋托幽灵而使君主醒悟。这些人，有的显示品德于前朝，有的声誉远扬于上世，有的几次升迁而登相位，有的受到皇帝的重金奖励，其谏言得以实现，幸福也就随之而来。这可说是善于处理骨肉至亲之间的矛盾、隔阂呀！

内诫

夏、商、周三个朝代之所以灭亡，都是由于君主宠爱女色所导致的。所以《诗经》中有讽刺艳丽女子的诗篇，经典中有贤德女了的告诫。这些都已经记录在有关典籍里了。近世像这样的事很多，有些

以之灭，斯有国者所宜慎也，是以录之。庶以为诫于后，作内诫，古之有国有家者，无不患贵臣擅朝，宠妻专室，故女无美恶，入宫见妒，士无贤愚，入朝见嫉。夫宠幸之欲专爱擅权，其来尚矣。然莫不恭慎于明世，而恣睢于暗时者，度主以行志也。故龙阳临钓而泣，以塞美人之路；郑袖伪隆其爱，以残魏女之貌。司隶冯方女，国色也，世乱避地扬州，袁术登城见而悦之，遂纳焉，甚爱幸之。诸妇害其宠，绐言将军贵人有志节，当时涕泣示忧愁，必长见敬重，冯氏女以为然，后见术辄垂涕，术果以为有心志，益哀之，诸妇因是共绞，悬之庙梁，言自杀，术诚以为不得志而死，厚加殡殓。袁绍妻刘氏甚妒忌，绍死僵尸未殡，宠妾五人，妻尽杀之，以为死者有知，当复见绍，乃髡头墨面，以毁其形，追妒亡魂，戮及死人，恶妇之为，一至是哉。其少子又为尽杀死者之家，媚说恶母，蔑死先父，行暴逆，忘大义，灭其宜矣。绍听顺妻意，欲以尚为嗣，又不时决定，身死而二子争国，举宗涂地，社稷为墟，上定冀州屯邺，舍绍之第，余亲涉其庭，登其堂，游其阁，寝其房，栋宇未堕，陛除自若，忽然而他姓处之，绍虽蔽乎，亦由恶妇。

只是发生在平民、百姓之中，其失误还不至于败坏政治、祸乱习俗。至于袁绍、袁术兄弟二人，他们过于热衷窃取声誉、名位。作为一代豪杰之士，袁术因之而失败，袁绍因之而灭亡。这一点是拥有封国者应当审慎的，因此记述于上，希望以此为后来者借鉴，也以此作为内室之诫。自古以来的拥国有家者，无不忧虑皇亲重臣专权于朝廷、宠爱之妻专断于家室。女人不管是美是丑，一进入帝宫就会被妒忌；士人不管是贤是愚，一跻身朝廷就会被嫉妒。人一旦得到宠爱信任，就想得到专爱，就想独揽大权，这种事情由来已久了。然而，这些人之所以在政治清明之世无不恭敬谨慎，而在昏暗时代则恣意妄为，这都是猜度君主的心思才随其意志行事的。所以龙阳在钓鱼时哭泣，以阻塞美女攀附之路；郑袖假装非常关爱，借机毁掉魏女之容貌。司隶冯方之女乃天姿国色，社会动乱时躲避到扬州。袁术登上城楼后看见了她，非常喜欢，便娶了她，而且很是喜爱、宠幸。其他女人想阻止其得宠，谎称将军最看重有志向有节操的人，便对她说，你应当经常哭泣以示忧愁，必然得到长久的敬重。冯氏之女信以为然，此后见到袁术，每每垂泪。袁术果然以为她是有志向和节操的人，进而更加怜悯她。其他几个女人认为时机成熟，便合起伙来勒死了她，并悬其尸于房梁之上，说她自杀。袁术真以为她是因不得志而悬梁自尽，遂厚礼埋葬。袁绍之妻刘氏，是个妒忌心很强的女人。袁绍死后，尸体尚未埋葬，其五个宠妾，尽被刘氏所杀。她认为人死之后，灵魂有知，可能还会在九泉之下见到袁绍，于是剃去死者头发，涂脏死者面容，用这种办法来毁坏其形象。她的嫉妒连死人的灵魂也不放过，因此施刑于死人。恶妇之妒忌，竟然达到了如此程度，真是令人发指啊！而袁绍的少子袁尚又诛杀了所有被杀死者的家人，来谄媚逢迎取悦其母亲，污蔑其刚刚去世的父亲，施行暴逆，忘却大义，

灭掉他不是很应该吗？袁绍当初听从妻子的意见，打算让袁尚继承自己之位，又不及时决定，结果自己死后，两个儿子争做国君，致使整个宗族肝脑涂地，社稷变为废墟。当今圣上平定冀州后，屯兵于邺城，住在袁绍原来的府第里。我亲自漫步其庭院，登上其殿堂，游览其楼阁，寝卧其房舍，但见梁栋屋檐没有塌落，王宫的台阶依然如旧，却忽然之间为他姓之人所据有。虽说这是因为袁绍暗昧不明，但不也是由于恶毒的妻子所致吗？

卷四十七 刘廙政论

刘廙 撰

备政

夫为政者,譬犹工匠之造屋也。广厦既成,众棁不安,则梁栋为之断折。一物不备,则千柱为之并废。善为屋者,知梁棁之不可以不安,故栋梁常存;知一物之不可以不备,故众榱与之共成也。善为政者,知一事之不可阙也,故无物而不备;知一是之不可失也,故众非与之共得。其不然者,轻一事之为小,忽而阙焉,不知众物与之共多也,睹一非之为小也,轻而蹈焉,不知众是与之共失也。

夫政之相须,犹輗辖之在车,无輗辖犹可以少进也,谓之历远而不顿踬者,未之有也。夫为政者,轻一失而不矜之,犹乘无辖之车,安其少进,而不睹其顿踬之患也。夫车之患近,故无不睹焉,国之患远,故无不忽焉。知其体者,夕惕若厉,慎其愆矣。

夫为政者,莫善于清其吏也,故选托于由、夷,而又威之以笃罚,欲其贪之必惩,令之必从也。而奸益多,巧弥大,何

备政

执政者治理政事,就好比是工匠建造房屋。高大宽敞的房子造好了,如果梁上的短柱不稳固,梁栋也会因此而折断的;只要有一个物件不齐备,众多的柱子也会跟着一并损废。精通建造房子的人,他知道栋梁和它上面的短柱不可不稳固,所以他建造的房子的栋梁能够长存不坏;了解到每一个物件都得齐备,所以所有的椽子和柱梁共同构成了房屋。懂得治理政事的人,知道哪一项工作都不可以有缺少,所以没有一件事不做准备;知道一条正确的意见也不可遗漏,所以许多不正确的意见都要与之同时听取。假如他不能够这样,看轻了一件小事,因疏忽而缺漏,却不知道众多与之相关的事物是跟它一同多起来的;自认为是小错,轻易地去施行,却不知道总体正确的东西会因一次小错误而全盘皆失。

治政的相互配合,就好比销子和车杠在车辆上,没有销子,车辆还可以稍微往前走几步,但要想跑远路而不颠蹶,这是不可能的事。治理政事的人,轻忽一个错误而不慎重对待,就犹如乘坐没有销子和车械的车子,满足于稍走几步路,而看不到跑远路时颠蹶的祸患。车子的祸患很近,所以谁都看得到;国家的祸患很远,所以人们就都疏忽了。了解了这种情形,就会终日朝夕戒惧,如临危境,时刻谨慎,不敢犯丝毫错误。

治理政事,没有比使官吏廉洁清正更好的了。所以,把选拔官吏的事托付给许由、伯夷这样的贤臣,而又用重惩重罚加以威慑,希望实现有贪必惩,有令必从。结果,奸邪之事反而越来越多,淫巧之风

也?知清之为清,而不知所以清之故,免而无耻也。日欲其清而薄其禄,禄薄所以不得成其清。夫饥寒切于肌肤,固人情之所难也。其甚,又将使其父不父、子不子、兄不兄、弟不弟、夫不夫、妇不妇矣。贫则仁义之事狭,而怨望之心笃,从政者捐私门而委身于公朝,荣不足以光室族,禄不足以代其身,骨肉饥寒离怨于内,朋友离叛弃捐于外,亏仁孝,损名誉,得守之而不易者,万无一也。不能原其所以然,又将佐其室族之不和,合门之不登也。疑其名,必将忘其实,因而下之,不移之士,虽苦身于内,冒谤于外,捐私门之患,毕死力于国,然犹未获见信之衷,不免黜放之罪。故守清者死于沟壑,而犹有遗谤于世也。为之至难,其罚至重,谁能为之哉?人知守清之必困于终也,违清,而又惧卒罚之及其身也,故不为昭昭之行,而咸思暗昧之利,奸巧机于内,而虚名逸于外,人主贵其虚名,而不知贱其所以为名也。

虚名彰于世,奸实隐于身,人主眩其虚,必有以暗其实矣。故因而贵之,敬而用之,此所谓恶贪而罚于由夷,好清而

越来越盛，这是为什么呢？这是因为治理政事的人只知道官吏应当清廉所以要求他们清廉，却不知道怎样使他们清廉。所以人们只是求免于惩罚，并没有廉耻之心。君主希望官吏清廉，于是减少他们的俸禄，而俸禄太少（不够维持日常的用度），正是官吏不能清廉的原因。饥饿寒冷加于肌肤，本来就是人性所难耐的事情。更严重的是，会使他们父亲不像父亲，儿子不像儿子，丈夫不像丈夫，妻子不像妻子。人处于贫困之时，仁义方面的事就考虑得少了，内心的怨恨也会随之加深。从政之人舍弃私家之事，将身心交付给朝廷，但是其荣贵不足以光耀家族，所得俸禄还比不上自己在家耕田劳作所获，对内使得家人处于饥寒交迫、骨肉分离的境地，对外使得朋友们远离、背叛抛弃了自己。朋友们在外离弃背叛从而使自己被遗弃，（像这样）损亏仁孝，损害名誉，还能够操守清廉而不改变的，一万个人中也找不出一个。若不能推究其为什么会走上奸巧之路（而只是一味责备惩罚），又将加剧他的家族的不和睦和全家的不丰裕。怀疑其名誉，必将忘却其实绩。照此下去，坚守清廉矢志不移的人，虽然在家族内困苦不堪，在外面遭受怨谤，不顾个人的忧患，为国家舍生忘死，但是还是不能获得被信任的善报，不能避免被废黜放逐的罪责，所以操守清廉的人即便因冻饿死在沟壑之中，身后还往往有诽谤流传于世。做廉吏如此之难，受的处罚又如此地重，谁还能再尽力而为呢！人们知道守住清廉必定穷困终生，违背清廉又惧怕最终惩罚及于自身，所以不公开地行事，而都在暗地里追逐个人的利益，奸邪淫巧藏于内心，而虚浮美名传扬在外，做君主的看重的是他的虚名，而不知道鄙视他求取名声的方法。

虚假的美名显扬在世上，实际的奸邪隐藏于内心，君主被他的虚名所迷惑，必定不明白他实际的奸邪，于是就看重他、敬佩他、任

赏于盗跖也。名实相违，好恶相错，此欲清而不知重其禄之故也。不知重其禄，非徒失于清也，又将使清分于私，而知周于欺，推此一失，以至于欺，苟欺之行，何事而不乱哉？故知清而不知所以重其禄者，则欺而浊；知重其禄而不知所以少其吏者，则竭而不足；知少其吏而不知所以尽其力者，则事繁而职阙。凡此数事，相须而成，偏废，则有者不为用矣。其余放欺，无事而不若此者也，不可得一二而载之耳。故明君必须良佐而后致治，非良佐能独治也。必须善法有以用之。夫君犹医也，臣犹针也，法，阴阳补泻也。针非人不入，人非针不彻于病，二者既备而不知阴阳补泻，则无益于疾也，又况并失之哉。今用针而不存于善术，使所针必死，夫然也，欲其疾之疗亦远。良医急于速疗，而不恃针入之无恙也，明君急于治平，而不恃亡失之不便亡也。

用他，这就是所说的厌恶贪污腐败却惩罚许由、伯夷这样的人，喜欢清正廉明却奖赏了盗跖这类的人。名与实不相符，好与恶相违错，这就是希望官吏清廉，却又不知道增加他们俸禄的缘故（译者注：君主应该体察官吏的俸禄是否足够养家糊口，而不能为了廉洁一味减低官吏的俸禄）。不懂得增加他们的俸禄，不只是失去了清廉之臣，还将会把清廉之名给了谋取私利者，从而让人们普遍知道去行欺诈之事。这样的失误发展下去，就会使欺诈横行，假如欺诈横行，还有什么事不混乱呢！所以，知道廉洁重要而不懂得增加官吏的俸禄，就会使欺诈横行且混乱不堪；懂得增加俸禄，而不知道怎样减少官吏，财力就会空虚不足；知道减少官吏，而不知道怎样使他们竭尽全力做好工作，就会使事情繁多而职位空缺。这几方面相辅相成，若只重视某一方面，虽然有举措，也难以产生效用。在其他方面，如果放任欺诈行为，就会事事如此，不能因为在一两件事情上有所成效便加以肯定和宣扬。所以英明的君主必须要有贤良之臣辅佐，才可以治理好国家，而不是贤良辅佐之臣能单独治理好的。一定要采用好的方法、具备条件来运用。君主如同医生，大臣如同银针，善法则如同阴阳补泄，银针没有人的扎入则不会进入身体，人不通过针灸则难以医好疾病。这两者都齐备了之后，如果不懂得阴阳补泄的道理，则对治愈疾病没有任何的好处，何况采取相反的行为呢？现在如果用针灸而不懂得阴阳补泄的道理，那么让他用针就会致人于死地，这样，想要离治好病也就很遥远了。良医急于治好病，但不会认为把针刺入病人身体就能把病治好。明君急于治理好国家，但不至于依赖让国家灭亡的臣子。

正名

　　夫名不正,则其事错矣;物无制,则其用淫矣。错则无以知其实,淫则无以禁其非,故王者必正名以督其实,制物以息其非。名其何以正之哉?曰:"行不美则名不得称,称必实所以然,效其所以成,故实无不称于名,名无不当于实也。"曰:"物又何以制之哉?"曰:"物可以养生而不可废之于民者,富之备之,无益于养生而可以宝于世者,则随尊卑而为之制,使不为此官,不得服此服,不得备此饰,故其物甚可欲,民不得服,虽捐之旷野而民不敢取也,虽简于禁,而民皆无欲也。是以民一于业,本务而末息,有益之物阜而贱,无益之宝省而贵矣。所谓贵者,民贵愿之也,匪谓贾贵于市也,故其政惠,其民洁,其法易,其业大。"昔人曰:"唯器与名。不可以假人。"其此之谓与!

慎爱

　　夫人主莫不爱爱己,而莫知爱己者之不足爱也。故惑小臣之佞而不能废也,忘违己之益己而不能用也。夫犬之为猛也,莫不爱其主矣,见其主则腾踊而不能自禁,此欢爱之甚也,有非则鸣吠,而不遑于夙夜,此自效之至也。昔宋人有沽

正名

　　名分不正,则做事情就会乖错;用物没有节制,则其用度就会过滥。乖错就无从了解事物的实情,过滥就无法禁止其错误行为。所以,为君者必须通过端正名分以督察其实际行为,制物以止息其错谬。名分怎么样来端正呢?答曰:"所作所为不善,该名分就不能称用,要称用,必须查实其有什么实绩,考查其是如何完成的。这样一来,实没有不和名相称的,名没有不和实相当的。"又问:"用物又用什么办法来节制呢?"答曰:"凡物可以维持生计,不可为百姓所缺的,必须使它丰裕齐备;凡物对维持生计没有益处,而可以成为世间珍贵宝物的,就要按尊卑的不同而对它控制使用。使得不是担任某一级别官吏的,就不能穿某一种衣服、不能佩戴某一种饰物。这样,即使这些东西人们都非常想要,而平民仍不能穿戴,即使把它丢弃在旷野荒郊,百姓也不敢捡回来。即使减少禁令,百姓也会对他们没有欲念。"于是,百姓专心于自己的工作,使本业得以重视(致力于农桑本业),而工商末业得以停息,对维持生计有益的东西丰富而价廉,对维持生计无益的珍宝稀少而贵重。所说贵重,是百姓内心仰慕它,而不是说商人在街上卖得贵。这样的政治就显现仁爱,百姓就思想纯洁,法令就简约易行,功业就光大兴旺。孔子说:"唯车服之器与爵号之名,不可以借人也。"大概就是这个意思吧。

慎爱

　　君主没有不宠爱喜欢自己的人的,却不知道喜爱自己的人其实并不值得宠爱。所以君主常常被奸佞小臣所迷惑,而不能废黜这类人;不知道违背自己心意的人却是对自己有益的人,从不任用他们。狗是很凶猛的动物,却没有不喜爱它的主人的。见到他的主人,就

酒者,酒酸而不售,何也,以其有猛犬之故也。夫犬知爱其主,而不能为其主虑酒酸之患者不噬也。夫小臣之欲忠其主也,知爱之而不能去其嫉妒之心,又安能敬有道,为己愿稷、契之佐哉?此养犬以求不贫,爱小臣以丧良贤也。悲夫!为国者之不可不察也。

审爱

　　为人君者,莫不利小人以广其视听,谓视听之可以益于己也。今彼有恶而己不见,无善而己爱之者,何也?智不周其恶,而义不能割其情也。己不能割情于所爱,虑不能睹其得失之机,彼亦能见己成败于所暗,割私情以事其上哉?其势适足以厚奸人之资,此朋党者之所以日固,独善之所以孤弄也。故视听日多,而暗蔽日甚,岂不诡哉!

会前蹦后跳而不能控制自己,这就是喜欢爱恋到了极点。有不对的动静,就狂吠大叫不止,昼夜都没有闲暇下来的时候,这就是效忠主人到了极点。从前宋国有个卖酒的人,直到酒都酸了,还是没能卖出去,这是为什么呢,原因就是他养了一条很凶猛的狗。这条狗只知道爱恋主人,而不能够为自己的主人考虑,不能因为酒会发酸而不咬来买酒的人。那些小臣们想效忠他的君主,只知道爱恋君主,而不能去掉自己的嫉妒心理,又怎么能去恭敬有才德的人,愿意自己成为稷、契这样的辅佐之臣呢?这就是养狗本为了求得不贫(反而导致了贫困),宠爱小臣却导致丧失了优秀贤能的大臣的根本原因。可悲啊,治理国家者不能不详细省察啊。

审爱

做君主的,没有不常常给予身边的侍奉小臣利益,以求通过他们扩宽自己视听的,认为扩大视听可以有益于自己。实际情况是,这些人有恶行而做君主的却看不见,没有做什么善事却得到君主的溺爱,这是为什么呢?这是因为君主虽然聪慧,却难以尽见这些小臣不好的一面,又因情义而割不断对他们的私情。君主不能割断对所爱者的私情,担心自己不能看清得失之所在(而任用亲信),而那些人又怎么能够在他们不擅长的领域看到君主的成败得失,并割舍私情来侍奉君主呢?这种情形正可以充分增加奸邪之人的资本,这正是结党营私的人逐渐得到巩固而独有善行的人逐渐被孤立欺侮的原因。所以,君主所谓的见闻一天比一天增多,而暗昧蒙蔽却一天比一天更甚,难道不是太奇怪了吗?

欲失

　　夫人君莫不愿众心之一于己也，而疾奸党之比于人也，欲得之而不知所以得之，故欲之益甚，而不可得亦甚。疾之益力，而为之者亦益勤矣。何也？彼将恐其党也，任之而不知所以信之，朝任其身，夕访于恶，恶无毁实，善无赏分，事无小大，访而后知，彼众之不必同于道也，又知访之不能于己也，虽至诚至忠，俾曾参以事其亲，借龙逢以贯其忠，犹将屈于私交，况世俗之庸臣哉！故为君而欲使其臣之无党者，得其人也，得其人而使必尽节于国者，信之于己也。

疑贤

　　自古人君莫不愿得忠贤而用之也，既得之，莫不访之于众人也，忠于君者，岂能必利于人，苟无利于人，又何能保誉于人哉？故常愿之于心，而常失之于人也，非愿之之不笃而失之也，所以定之之术非也。故为忠者获小赏而大乖违于人，恃人君之独知之耳，而获访之于人，此为忠者福无几而祸不测于身也。得于君，不过斯须之欢，失于君，而终身之故患，苟赏名而实穷于罚也，是以忠者逝而遂，智者虑而不为。为忠者不

欲失

做君主的没有不希望百姓万众一心来拥护自己的，也没有不痛恨奸诈之人结党营私、笼络人心、拉帮结派的。希望得到百姓万众一心的拥护却又不知道怎样得到，因此想得到的愿望越发的迫切，而得不到的可能性也就越大。对结党营私的行为痛恨得越厉害，这些结党营私的活动反而越频繁。为什么呢？这是因为君主害怕这些人结党营私，任用他们却不懂得如何信任他们。早上刚刚任命他做官，傍晚就派人察访他有无不良行为。听到不好的评价，也不去分辨是诽谤还是果有其事；听到对他们的赞扬，也不加以赏赐。事情不论大小，察访之后才让人知道。那些被调查的官吏，不一定都能奉行道义，又知道君主向其他人询问自己的不足之处，因此即使是最诚实最忠心，像曾参一样孝顺其母亲、像关龙逢那样忠心一贯的人，也有可能屈服（于人言）而去私相交接，何况那些世俗庸臣呢！所以，为君的要使臣子不结党营私，关键在于得到臣子的心，要得到臣子的心而使他们为国家尽忠尽节，则自己一定要充分地信任他们。

疑贤

自古以来，君主没有不希望得到忠心贤德之士而予以任用的。任用之后，（因怀疑其是否忠心贤德）又没有不派人去大众中探访调查的。忠诚于君主的人，岂能事事又有利于他人呢？假若无利于人，又怎么会在别人面前保持有好的声誉呢？所以，君主心中常常希望得到贤德之人，却常常因为任用之后又怀疑其人而访之于众，因此而失去他们。不是君主希望得到贤德之人心不诚而失去人才，而是判定忠心贤德之才的方法不对啊。这样，忠诚的人虽然获得了小小的赏赐，却因之而与他人的利益相违背，这是仰仗君主一人的了解啊！

利,则其为不忠者利矣。凡利之所在,人无不欲,人无不欲,故无不为不忠矣。为君者以一人而独虑于众奸之上,虽至明而犹困于见暗,又况庸君之能睹之哉?庸人知忠之无益于己,而私名之名可以得于人,得于人,可以重于君也,故笃私交,薄公义,为己者殖而长之,为国者抑而割之,是以贞实之人黜于国,阿欲之人盈于朝矣,由是田、季之恩隆。而齐、鲁之政衰也。虽成之市朝,示之刀锯,私欲益盛,齐、鲁日困。何也?诚威之以言而赏之以实也,好恶相错,政令日弊。昔人曰:"为君难。"不其然哉!

任臣

　　人君所以尊敬人臣者,以其知任人臣,委所信,而保治于己也。是以其听察,其明昭,身日高,而视日下,事日远,而听日近,业至难而身至易,功至多而勤至少也。若多疑而自任也,则其臣不思其所以为国,而思其所以得于君,深其计而浅其事,以求其指撝,人主浅之则不陷于之难,人主深之则进而

如果君主得到谘询其他人后的回馈，则忠臣的福运就没有多久了，进而大祸不知何时临头也难以预料。得到君主的赏赐不过是片刻的欢乐，因之而失去君主的信任则是终身的祸患，担负着受到赏赐之名，实际上完了就会受到惩罚。所以，忠臣只有离去才能保全自己，聪明的人深思熟虑后就不再想做忠臣，做忠臣对自己没有什么益处，那么做不忠的人反而有利了。凡是有利的事，没有人不想做，人人都想做，就没有不当不忠之臣的了。做君主的，用一个人的智慧来对付众多奸邪之人，即使再聪明，也难免为阴谋所困。又何况是庸碌的君主，怎能看得到这一点呢？庸俗的人知道忠诚对自己不利，而从别人嘴里却可能得到个人的好名声，得到个人的好名声，就可以受到君主的重用。所以，他们重视私人交情，轻视国家利益，对自己有利的，就培植而使其更多，对国家有利的，就抑制而使其断绝。因此，真心为国的人被国家罢黜，迎合私欲的人充满朝廷。因此，田穰苴和季孙行父受到的恩惠越多，而齐国和鲁国的政事反而越衰败。虽然在朝野中予以训诫，用刀锯之刑予以警示，但私欲却更猖獗，齐鲁的处境日益加困。这是为什么呢？都是因为警诫只流于言辞，而赏赐的却是财物，好坏分辨不清，才使政令日益多弊。过去有人说"为君难"，看来果真如此啊！

任臣

为君者之所以尊重臣子，是因为他知道任用臣子并信任他们，才能使得国家安定。因此，（圣明的君主）听奏详察，圣明昭著，虽然越来越身处高位，但看到的却越来越细致，虽然离具体事务越来越远，了解得却像发生在身边一样近。事业虽然很艰难，自身却很轻松；功绩虽然很多，而劳碌却很少。倘若君主多疑而又凡事亲力亲为，

顺之以取其心。所阙者,忠于国而难明于君者也;所修者,不必忠于国而易行于时者也。因其所贵者贵之,故能同其贵;因其所贱者贱之,故能殊于贱。其所贵者不必贤,所贱者不必愚也。家怀因循之术,人为悦心易见之行,夫美大者深而难明,利长者不可以仓卒形也,故难明长利之事废于世,阿谀易见之行塞于侧,为非不知过,知困不知其乏,此为天下共一人之智,以一人而独治于四海之内也。其业大,其智寡,岂不蔽哉?以一蔽主而临不量之阿,欲能不惑其功者,未之有也。苟惑之,则人得其志矣,人得其志,则君之志失矣。君劳臣逸,上下易所,是一君为臣而万臣为君也。以一臣而事万君,鲜不用矣。有用人之名,而终为人所用也,是以明主慎之,不贵知所用于己,而贵知所用于人。能用人,故人无不为己用也。昔舜恭己正南面而已,天下不多皋陶、稷、契之数,而贵圣舜独治之功。故曰:"为之者不必名其功,获其业者不必勤其身也。?其舜之谓与?

那么大臣们就不会为国事考虑，而只想着怎样赢得君主的欢心，整天为此用尽心思，而对国事则浅尝辄止，以求达到自己的目的。君主如果识见较浅，则不（深入讲说，以免触犯君主而使自己）陷入危难；君主如果识见较深，则进一步表示顺服，以取得君主的欢心。这样一来，臣子所缺少的是忠诚于国事，而难以为君主所理解的（谏言），所修习的是不和忠诚于国事，而容易在当时实行的东西。凭借其所倚重的而使其显贵，所以能同其富贵；凭借其所轻贱的而使其轻贱，所以不至于被轻贱。其所贵重的人不一定贤明，所轻贱的人不一定愚笨。大家都怀着因循守旧的思想，人人只做那些取悦于君主的事情。美好远大的计谋，往往因为内涵深而难以看清，而且对长远有利的谋划，也不可能一下子表现出来。因此难于看清而有长远利益的事情，没有人肯做，阿谀奉承的行为，在身边却随处可见。办事错误而不知其过失，知识困乏而不知其欠缺，这就等于一个国家只有君主一个人的智慧，一个人单独治理一个偌大的国家。其事业如此广大，其智慧如此狭少，怎么能不受蒙蔽呢？一个受蒙蔽的君主，面对太多的阿谀奉承，想要保有事业而不受其迷惑，这是从未有过的事情。假如君主受到迷惑，奸邪之人就会得志；奸邪之人得志，那么君主希望治理好国家的志向就落空了。君主劳碌而臣下却安逸，这就上下交换了位置，成了君主一个人充当臣子，而万千的臣子充当了君主。以一个臣子来侍奉万千个君主，就很少有空闲的时候了。君主空有用人的名声，最终却被人所用。所以，圣明的君主对待此事特别慎重，不看重只用自己的智慧治理国家，而看重利用他人的智慧治理国家。君主懂得用人之道，那么人才就无不为君主所用了。从前舜帝只是以谦逊有礼之态，恭谨地面向正南坐于殿上而已。天下的人不去赞美皋陶、稷、契的谋划，却崇尚舜一人治理国家的功劳。所以说："辛勤做

下视

　　夫自足者不足,自明者不明,日月至光至大,而有所不遍者,以其高于众之上也。灯烛至微至小,而无不可之者,以其明之下,能照日月之所蔽也。圣人能睹往知来,不下堂而知四方,萧墙之表,有所不喻焉,诚无所以知之也。夫有所以知之,无远而不睹,无所以知之,虽近,不如童昏之履之也。人岂逾于日月而皆贤于圣哉?故高于人之上者,必有以应于人,其察之也视下,视下者见之详矣。人君诚能知所不知,不遗灯烛童昏之见,故无不可知而不知也,何幽冥之不尽,况人情之足蔽哉。

事的人，人们不一定称颂其功劳；成就大业的人，不一定要自己辛苦地去操劳。"这说的就是舜帝吧！

下视

　　自以为完备的人其实并不完备，自以为聪明的人其实并不聪明。太阳和月亮最亮，照耀最广，但是也有照不到的地方，因为它们高悬于万物之上。灯烛的火焰极小极微弱，但没有照不到的地方，因为它从下往上照，所以能照到阳光、月色照不到的地方。圣人能够通过观察过去而预见未来，不出屋子而能了解四方之事，但是自己萧墙之外的事物，却有不了解的。这是因为没有了解这些情况的途径。如果有了了解的途径，再远处发生的事情也能看得到；如果没有了解的途径，即使再近，还不如年幼无知者对自己亲历的事情那么清楚。人怎么能超过太阳、月亮，甚至比圣人更加贤明呢！所以，高居于众人之上的人，必有其适宜居于人上的特点。他观察问题能眼睛向下，眼睛向下，其所见就能够清清楚楚，明明白白了。君主真的能知道自己还有不知道的东西，就不会遗弃灯火微光（所能照见的）和年幼无知儿童的见解，因此，就没有什么不了解的事情不能弄清楚了。又何来感叹昏暗无穷无尽，人与人之间总是互相蒙蔽呢？

蒋子万机论

蒋济 撰

政略

夫君王之治,必须贤佐然后为泰。故君称元首,臣为股肱,譬之一体相须而行也。是以陶唐钦明,羲氏平秩,有虞明目,元恺敷教,皆此君唱臣和,同亮天功,故能天成地平,咸熙于和穆,盛德之治也。夫随俗树化,因世建业,慎在务三而已,一曰择人,二曰因民,三曰从时。时移而不移,违天之祥也;民望而不因,违人之咎也;好善而不能择人,败官之患也。三者失,则天人之事悖矣。夫人乖则时逆,时逆则天违,天违而望国安,未有也。

刑论

患之巨者,狡猾之狱焉。狡黠之民,不事家事,烦贷乡党,以见厌贱,因反忿恨,看国家忌讳,造诽谤,崇饰戏言以成丑语,被以叛逆告白长吏,长吏或内利疾恶尽节之名,外以

政略

君主治理国家，必须要有德才兼备的贤臣来辅佐，然后国家才能安定，社会才能繁荣。因此，君主就如同一个人的头部，臣子就如同一个人的大腿和臂膀，这是比喻君臣是一个整体，必须相互协调才能够行动。所以，尧帝敬肃明察，伏羲氏公平划分俸禄等级；大舜阐明教化的纲目（五伦关系），八元、八恺对百姓施行伦理道德的教化。这都是君主和臣子密切合作，共同取得的帝王功业，因此能够做到万事都安排妥帖，天下太平，社会安定繁荣，上下都和乐舒畅，天下达到了盛德之治的效果。根据风俗来教化人民，依据时势来建功立业，应该慎重地做好三方面的事情：一是选拔德才兼备的人才；二是倾听人民的意愿；三是随顺时势。时势变化而你不能够随顺，这是违背自然规律的；人民的愿望我们不去顺从，这是违背民意的罪过；喜好善事而不能选择有德之人，就会出现败坏官场风气的祸患。这三方面出现失误，就会违背天意人心；人心不和谐就会时势逆转，时势逆转则会与天道相违。违背天道而希望国泰民安，这是不可能的事情。

刑论

一个国家最大的忧患就是存心不善、诡诈无比的司法案件。一些心底不厚道、爱玩小聪明的人，不好好在家过日子，经常向邻居们借钱，使得邻居开始讨厌轻视他。他便心里产生怨恨，观察国家顾忌和隐讳的事情来制造诽谤的言论，收集、整理戏笑之语，使之成为

为功,遂使无罪并门灭族,父子孩耄,肝脑涂地,岂不剧哉?求媚之臣,侧人取舍,虽烝子啖君,孤己悦主而不惮也。况因捕叛之时,无悦亲之民,必获尽节之称乎?夫妄造诽谤,虚书叛逆,狡黠之民也,而诈忠者知而族之,此国之大残,不可不察也。

用奇

或曰:"官人用士,累功积效,以次相叙,明主之法,忠臣之节尽矣。若拔奇求异,超等逾第,非臣之事也。"应之曰:"顾当忧世无奇人,倘有,又不能识耳,明法忠节,未必已尽也。自昔五帝之冠,固有黜陟之谟矣,复勤扬侧陋;殷有考诚之诰矣,复力索岩穴;西伯有呈效之誓矣,复旁求鱼钓;小伯有督课之法矣,复遽求囚俘;汉祖有赏爵之约矣,复急追亡信。若修叙为明法,拔奇为非事,是两帝三君非圣哲,而鲍、萧非忠吏也。然则考功案第,守成之法也,拔奇取异,定社稷之事也。当多事之世而论无事之法,处用奇之时而必效一官之智,此所以上古多无严之国也。是以高世之主,成功之臣,张法以御常人,厚礼以延奇逸,求之若不及,索之若骨肉,故

俗陋的民谣。结果被加以叛逆之名，告发给地方长官。长官因为这事对内有利于自己嫉恶如仇、保全节操的名声，对外可以显示自己的功劳，于是就让这无罪的人遭受了诛灭九族的迫害，使得其父母、儿子、小孩、老人都一律被处死。这岂不是太残酷了吗？那些谄媚巴结的臣子总是以不正当手段来获取利益，即使是像齐国的易牙把自己的儿子蒸熟后献给齐桓公享用，只要君王高兴而自己无后也不怕。更何况逮捕犯人时，其中没有自己喜欢、亲近的人，这么做又定能使自己获得尽忠的声誉呢？于是，他们编造诽谤之词，虚构出他人的叛逆行为。其实，犯罪的不过是一些狡猾有一些小聪明的小民而已。伪装忠君者明知此事却仍旧去杀害人家的族人，这才是国家最惨无人道的事情，不能不认真考虑啊！

用奇

有人说："任免官吏使用人才，应当按照他的功劳和成绩有序地来提拔任用，这样，明君制定用人的法度，臣子的忠义节操就足以做到圆满。如果想要提拔和得到智慧超群的人才，并超越正常的规矩来任用他们，而这就不是臣子所要考虑的事情了。"我的回答是："应该忧虑这个时代缺乏智慧超群的人才，即使有了这样的人才又不能很好地辨认。好的用人法度和臣子的忠义节操，未必就已达到极致了。"从以前"五帝"之首的黄帝开始，就已经有了罢免和提拔人才的谋略，但还是常常寻找处在僻陋之处或微贱地位的贤人；商朝有考核和诫勉的诰文，但还是尽力去寻求隐居的人才；周文王已经有了表扬有功者的承诺，但还是另外去寻求垂钓的姜太公；齐王小白已经有了监督考核的办法，但萧何还是急切的找寻沦为囚犯的管仲；汉高祖刘邦有了论功赏罚的盟约，但还是匆忙去追赶已经逃亡的韩

能消灾除难，君臣同烈也。曩使五主二臣，牵于有司，束于循常，不念畴谘，则唐民康哉之歌不作，殷无高宗之号，周无殪商雅颂之美，齐无九合功，汉歼于京索而不帝矣。故明君良臣垂意于奇异，诚欲济其事也，使奇异填于沟壑，有国者将不兴其治矣。

汉元帝为太子时，谏持法泰深，求用儒生。宣帝作色怒之云："俗儒不达不足任，乱吾家者太子也。"据如斯言，汉之中灭，职由宣帝，非太子也，乃知班固步骤盛衰，发明是非之理，弗逮古史远矣。昔秦穆公近纳英儒，招致智辩，知富国强兵，至于始皇，乘历世余威，灭吞六国，建帝号，而坑儒任刑，疏扶苏之谏，外蒙恬之直，受胡亥之曲，信赵高之谀，身没三

信。如果认为按照次第来晋职是正确的方法，选择特殊人才是错误的事情，那么，前面所说的两帝三君就不是英明的圣王了，而鲍叔牙和萧何就不算是忠臣了。由此看来，考核功绩、按照功劳的大小依次晋职是太平之世保守前人功绩的做法，而选拔特殊人才则是平定天下的大事。处在多事的时代，就要研究令天下太平无事的办法；处在需要起用特殊人才的时代，就一定要采用某一个奇才的智谋，这就是上古时代的国家不严格按照考核功绩的用人制度选拔人才的原因（上古时代的古圣先王深深懂得用奇之道）。因此，高超卓绝的君王、成就功业的大臣，他们设立法规来驾驭一般的人民，而以丰厚的待遇来礼聘有特殊才能的人才，深怕他们不出山，像寻找自己的亲骨肉一样，这样才能使国家消除灾难，使得君臣都能显赫于世。假使从前的五主二臣受到相关部门和常规的约束，不想去探访人才，那么尧帝的人民就写不出歌颂太平盛世的诗歌了；商朝就不会有尊贵门族的称号了；周朝也不会有灭掉商朝，获得雅颂的美称了；齐国也不会有作为霸主主持诸侯盟会的成功了；汉军也将被消灭在京索地区，汉高祖想当皇帝也不可能了。所以开明的君王，贤德的大臣都很留意寻访德能超群的奇才，目的是为了帮助成就天下安定的事业。倘使这些奇特之才被埋没于深沟野壑之中，拥有国家者也很难达到天下大治的效果。

汉元帝当太子的时候，曾经向皇帝进谏，觉得朝廷执法太过苛刻，请求起用儒生。汉宣帝非常生气地说："俗儒不懂得通权达变，不能任用。看来，将来乱我汉家天下的就是太子。"根据这些言论可看出，汉朝在中途灭亡，责任就在宣帝，而不是太子。从这里可以知晓，班固记载朝代兴衰的次第，阐明是非的道理，远不如古代史官了。从前，秦穆公亲近并接纳杰出的儒生，招纳智慧善辩的人才，故

岁，秦无噍类矣。前史书二世之祸，始皇所起也。夫汉祖初以三章结黔首之心，并任儒辩以并诸侯，然后罔漏吞舟之鱼，烝民朴谨，天下大治。宣帝受六世之洪业，继武昭之成法，四夷怖征伐之威，生民厌兵革之苦，海内归势，适当安乐时也，而以峻法绳下，贱儒贵刑名，是时石显、弘恭之徒，便僻危崄，杜塞公论，专制于事，使其君负无穷之谤也。如此，谁果乱宣帝家哉？向使宣帝豫料柱石之士，骨鲠之臣，属之社稷，不令宦竖秉持天机，岂近于元世栋桡榱崩，三十年间，汉为新家哉？推计之，始皇任刑，祸近及身，宣帝好刑，短丧天下，不同于秦祸少者耳。

而通达富国强兵的谋略。到了秦始皇的时候，凭借着历代的余威，吞并了其他六国，可是自己做了皇帝以后，却坑杀儒生，凭借刑罚来治理国家；不听扶苏的劝谏，排斥蒙恬的正直言论，接受胡亥的不正之词，听信赵高的谗言。自己死后三年，秦国便灭亡了。以前史书上记载秦二世的灾祸，是由秦始皇所引起的。汉高祖最初用约法三章来取得民心，同时任用儒生辩士，吞并其他诸侯；然后采取休养生息的政策，使得老百姓纯朴恭谨，天下也取得了大治。汉宣帝继承了六代的宏大基业，继续采用汉武帝、汉昭帝的成法，四周少数民族害怕征伐的威力，老百姓已经厌倦了战争带来的苦难，天下形成了归附的形势，正是处于人民安居乐业的大好时期，而汉宣帝却用严厉的法律来统治人民，轻视儒生，注重采用刑法。这个时候，在朝廷名声显赫的石显、弘恭这类臣子，他们逢迎谄媚、位高而险恶、堵塞公众言路，凡事独断专行，使国君遭受无穷无尽的谴责。如此看来，到底是谁扰乱了汉宣帝的天下呢？假使汉宣帝预先想到起用品德高尚、忠心耿耿的大臣，并将国家大事托付给他们，不让宦官和不正之臣掌握国家机要事宜，怎能会在元帝的时候国家就难以支撑，以致不过三十年，汉朝就被王莽的新朝取而代之呢？由此可知，秦始皇好用刑法，灾祸就降临到自己的头上了；汉宣帝也凭借刑法治国，很短时间便失去了天下，与秦朝的灭国之祸没有多少不同之处啊！

政要论

桓范 撰

为君难

或曰：仲尼称为君难，夫人君者，处尊高之位，执赏罚之柄，用人之才，因人之力，何为不成，何求不得，功立则受其功，治成则厚其福。故官人，舜也，治水，禹也，稼穑，弃也，理讼，皋陶也。尧无事焉，而由之圣治，何为君难耶？

曰：此其所以为难也。夫日月照于昼夜，风雨动润于万物，阴阳代以生杀，四时迭以成岁，不见天事，而犹贵之者，其所以运气陶演，协和施化，皆天之为也。

是以，天，万物之覆；君，万物之焘也。怀生之类，有不浸润于泽者，天以为负；员首之民，有不沾濡于惠者，君以为耻。

是以在上者，体人君之大德，怀恤下之小心，阐化立教，必以其道。发言则通四海，行政则动万物，虑之于心，思之于内，布之于天下，正身于庙堂之上，而化应于千里之外，虽黈纩塞耳，隐屏而居，照幽达情，烛于宇宙，动作周旋，无事不虑。

为君难

有人说,孔老夫子认为为君难。做君主的,处在人人尊崇的高位之上,手中掌握着赏罚他人的权力。借用他人的才能,依靠他人的力量,有什么事情做不成?什么愿望达不到的呢?属下建立了功勋,则由君王来领受其功;臣子让国家得到了大治,则由君王来享受其福。因此,舜负责管理百姓,大禹负责治水,弃负责农耕,皋陶负责处理司法,尧什么事情也不需要做,却让天下达到了至善之治,做君主有什么难的呢?

有人说,这正是为君者的难处所在啊。太阳和月亮照亮了白天和黑夜,风和雨让万物得到滋养,阴阳的规律左右着万物的生灭,四季的更替转动着年轮,上天看上去什么也没有做,却受到无比的尊崇,是因为它运转大气,施养万物,这都是天的作为啊。

因此,上天护育滋养万物,君主庇荫保护万物。凡是生灵只要有一个没有得到滋润,上天就会觉得做得不够;只要有一个百姓没有得到君王的恩惠,君主就会觉得这是耻辱。

因此,在上位的人,要体悟作为君主应有的高尚品德,时刻想着黎民百姓的希求,开创教化、教化百姓,一定要依循伦常大道。这样才能够使得自己的言行通达四海,履行政事则能够感动万物,心中时刻想的是百姓的利益,思考的是百姓的事情。做君主的只需在朝廷里端正己身,政令公布于天下,就能够感化千里之外的百姓。虽然棉絮塞耳,隐居于门屏之内,同样也能照彻幽暗,知晓民情,如同宇宙下的一支明烛,能照亮每个角落,行为举动无一不周全,事事都能考

服一彩则念女功之劳,御一谷则恤农夫之勤,决不听之狱则惧刑之不中,进一士之爵则恐官之失贤。赏毫氂之善,必有所劝;罚纤芥之恶,必有所沮。

使化若春气,泽如时雨,消凋污之人,移薄伪之俗,救衰世之弊,反之于上古之朴。至德加于天下,惠厚施于百姓,故民仰之如天地,爱之如父母,敬之如神明,畏之如雷霆。

且佐治之臣,历世难遇,庸人众而贤才寡,是故君人者不能皆得稷契之干,伊吕之辅,犹造父不能皆得骐骥之乘,追风之匹也。御蹞啮必烦辔衔,统庸臣必劳智虑,是以人君其所以济辅群下,均养小大,审覈真伪,考察变态,在于幽冥窈妙之中,割毫折芒纤微之间,非天下之至精,孰能尽于此哉。

故臣有立小忠以售大不忠,效小信以成大不信,可不虑之以诈乎?

虑得周到圆满。

穿上一件彩服，就要能够想到织女的辛劳；吃一顿饭，就要能够体恤农夫劳作的不易；判决一件还没有定罪的案子，就要时刻担心用刑是否适当；赏赐一个爵位，就要反复思考自己是否用人失贤；对一个善举，哪怕是毫厘的赏赐，必须要能起到劝勉人们向善的作用；对一个微小的恶行进行处罚，也必须要让其起到警戒世人不敢作恶的功效。

要让给予百姓的教化像春风一样温暖和煦，给予百姓的恩泽如同及时的风雨一样润泽；让道德腐化的人得以消亡，转化浅薄虚伪的风俗，挽救衰败世道的弊政；让人们重新回到上古时代的淳朴，让自己至高的德行能够泽被天下，让所有的百姓都能够得到更多的恩惠。这样，人们就会像敬仰天地一样敬仰您，像爱戴父母一样爱戴您，像恭敬神明一样恭敬您，像畏惧雷霆一样畏惧您。

况且，能够辅佐治国的忠臣，几世也难以遇到一个，毕竟平庸的人多而贤德的人少。因此，不是每一个君主都能得到像稷和契那样的骨干之才，都能有伊尹、吕尚那样辅佐之臣，如同造父也不能够每次驾车尽得骐骥、追风这样的千里马一样。驾驭马匹需要依靠缰绳和嚼子，统御庸臣就需要靠智慧和谋略。所以，君主要能够周济、帮助和指导臣下，协调和教育大小官员，审察、核实事情的真伪，思考、观察态势的变化，都要在玄远微妙之中，在分割毫毛、分解麦芒一样的纤细微小之间进行。如果不是天下最精明最有智慧的人，谁能够做到这些呢？

所以，有的臣子在小事上表现得忠实却意图实现其大的不忠，小的方面讲信却是为了实现大的不信，怎么能够不考虑他们会不会欺诈你呢？

臣有貌厉而内荏，色取仁而行违，可不虑之以虚乎？

臣有害同侪以专朝，塞下情以壅上，可不虑之以嫉乎？

臣有进邪说以乱是，因似然以伤贤，可不虑之以谗乎，臣有因赏以偿恩，因罚以作威，可不虑之以奸乎，臣有外显相荐，内阴相谋，事托公而实侠私，可不虑之以欺乎？

臣有事左右以求进，托重臣以自结，可不虑之以伪乎？臣有和同以取谐，苟合以求荐，可不虑之以祸乎？

臣有悦君意以求亲，悦主言以取容，可不虑之以佞乎？此九虑者，所以防恶也。

臣有辞拙而意工，言逆而事顺，可不恕之以直乎？臣有朴拙而辞讷，外疏而内敏，可不恕之以质乎。

臣有犯难以为上，离谤以为国，可不恕之以忠乎？臣有守正以逆众意，执法而违私志，可不恕之以公乎？

有的臣子表面看上去做事情雷厉风行实际上却软弱无力,表面上按照仁义道德行事实际却与仁德背道而驰,怎么能够不考虑他们这是虚假呢?

有的臣子伙同同僚以独揽朝政,堵塞民情而蒙蔽君主的视听,怎么能够不考虑他们是不是忌妒贤才的嫉臣呢?

有的臣子用荒谬有害的言论来惑乱事实真相,用似是而非的理由来伤害贤德之人,怎么能够不考虑他们是谗言陷害他人的奸臣呢?有的臣子一得到赏赐就骄傲自恃,有点权力就惩罚别人而助长自己的淫威,怎么能够不考虑他们是阴险的奸臣呢?有的臣子表面上互相推介,实际上勾心斗角,做事情假公济私,怎么能够不考虑他们这是在欺骗呢?

有的臣子奉承君主身边的人以求得晋升,主动攀附权臣而寻求重用,怎么能够不考虑他们是虚伪呢?有的臣子假装和他人意见相近以求表面的和谐,苟且附和他人以谋求得到举荐,怎么能够不考虑这是祸害呢?

有的臣子迎合君主的心意以求得亲近,说使君主高兴的话以求得君主的宽容,怎么能够不考虑他们是巧言谄媚呢?这九个方面的考虑,目的在于防止罪恶的发生。

有的臣子不善于表达但是却很有主意,说起话来让人很反感但是他的意见却能够有利于事情的发展,怎么能够不体谅他的一番直心呢?有的臣子朴实憨厚讲话言语迟钝,外表十分平常头脑却十分聪慧,怎么能够不体谅他的质朴呢?

有的臣子喜欢冒险,越有困难越有兴趣去干,为了国家,可以忍受一切诽谤,怎么能够不体谅他的忠诚呢?有的臣子因为恪守正道而违背了众人的意愿,执法严明而不顾及个人感情,怎么能够不体谅他

臣有不曲己以求合，不耦世以取容，可不恕之以贞乎？

臣有从侧陋而进显言，由卑贱而陈国事，可不恕之以难乎？

臣有孤特而执节，介立而见毁，可不恕之以劲乎？

此七恕者，所以进善接下之理也。御臣之道，岂徒七恕九虑而已哉？

臣不易

昔孔子言，为臣不易。或人以为易，言臣之事君，供职奉命，敕身恭己，忠顺而已。忠则获宠安之福，顺则无危辱之忧，曷为不易哉？此言似易，论之甚难。

夫君臣之接，以愚奉智不易，以明事暗为难，唯以贤事圣，以圣事贤为可。然贤圣相遭既稀，又周公之于成王，犹未能得，斯诚不易也。且父子以恩亲，君臣以义固，恩有所为亏，况义能无所为缺哉？苟有亏缺，亦何容易。

且夫事君者，竭忠义之道，尽忠义之节，服劳辱之事，当危难之时，肝脑涂地，膏液润草而不辞者，以安上治民，宣化

的一番公心呢?

有的臣子不愿意违背自己心中的道德准则而迎合他人,不迎合世俗以求得苟且容身,怎么能够不体谅他的忠贞呢?

有的臣子地位微贱却能够提供很好的意见,不顾身处低位而能直陈对国事的主张,怎么能够不体谅他的难能可贵呢?

有的臣子性格孤僻但能严守节操,处世独立而受到毁谤,怎么能够不体谅他的刚劲呢?

这七个方面的恕道,正是进举贤善之人、接纳下层意见的道理啊。其实,统御大臣的方法,又何止这"七恕""九虑"呢?

臣不易

过去孔老夫子讲,做臣子也不容易。有的人却认为做臣子很容易,说:"臣子奉事君主,只要恪尽职守、听从命令,警饬己身,恭谨律己,忠实顺从就可以了。忠实就能够得到安宁宠幸的福分,顺从就没有危险、受辱的忧患,怎么不容易呢?"这么说起来好像很容易,仔细分析一下却不是那么容易的。

君臣之间打交道,愚钝的臣子侍奉聪明的君主不容易,明智的臣子侍奉愚昧的君主不容易,唯独贤德的臣子侍奉圣明的君主、有圣德的臣子侍奉贤明的君主才较易。然而,贤臣和圣君相遇的机会终究是很少的,比如周公和成王,都不能够相得,看来这实在是不容易啊。况且父子之间靠天生的亲情而融洽,君臣之间靠后天的道义而牢固,天生的亲情尚且还有亏欠的时候,何况后天的道义,怎么能够没有缺失呢?倘若有亏欠和缺失,怎么能够说容易呢?

况且,臣子侍奉君主,要竭尽全力行忠义之道,守住忠义的节操,能忍受种种辛劳和屈辱,危难之时,要敢于担当,哪怕牺牲生命

成德,使君为一代之圣明,己为一世之良辅。辅千乘则念过管晏,佐天下则思丑稷禹,岂为七尺之躯,宠一官之贵,贪充家之禄,荣华嚣之观哉!

是以忠臣之事主,投命委身,期于成功立事,便国利民,故不为难易变节,安危革行也。然为大臣者,或仍旧德,借故势,或见拔擢重任,其所以保宠成功,承上安下,则当远威权之地,避嫌疑之分,知亏盈之数,达止足之义。动依典礼,事念忠笃,乃当匡上之行,谏主之非,献可济否,匪躬之故,刚亦不吐,柔亦不茹,所谓大臣以道事君也。然当托于幽微,当行于隐密,使怨咎从己身,而众善自君发,为群寮之表式,作万官之仪范,岂得偷乐容悦而已哉?然或为邪臣所谮,幸臣所乱,听一疑而不见信,事似然而不可释,忠诡计而为非,善事变而为恶,罪结于天,无所祷请,激直言而无所诉,深者即时伏剑赐死,浅者以渐斥逐放弃,盖比干龙逢所以见害于飞廉恶来,孔子周公所以见毁于管蔡季孙也,斯则大臣所以不易也。

也在所不惜。目的就是为了让君主安稳、庶民太平，传布君命，教化百姓，成就德业，让君主成为一代圣明的君主，让自己成为辅佐一世的良臣。辅佐拥有千乘之地的诸侯，就要希望自己能够胜过晏婴和管仲，辅佐拥有整个天下的君主，就要比肩后稷、大禹。七尺之躯，怎么能够只偏爱拥有一官半职的尊贵，贪图充盈家室的俸禄、谋求浮华喧闹的景象呢？

因此忠臣侍奉君主，将自己的身心性命都交出去，目的在于能够成就一番功业，利国利民。所以，他不会因为事情的难易而改变自己的节操，因个人的安危而改变自己的行为。然而，做大臣的，不论是承袭先人往日的恩德和权势，还是因为受到提拔举荐而得以重任，他们要想保持君王的器重和宠用、成就一番功业，上承旨意，下抚百姓，就要远离威势和权力，避开易受人嫌疑的事情，明白缺损与盈满的概数，通达凡事知止知足的深义；行动要依照国家的法律制度，做事要忠诚笃实，担当匡扶君主的责任，谏正君主的缺失，不贪图个人利益，进献可以济世的良策；对强硬的不害怕，对软弱的不欺侮。（能够做到这些）大臣就是以道义来侍奉君主了。（即使这样）还应该防范于隐微，行事要隐密，勇于承担抱怨和过失，把一切善名和好处都归让给君王，让自己成为同僚的表率，万官的模范。怎么能够允许自己苟且偷乐呢？然而，良臣也有可能被奸邪之臣所谗毁、被宠幸之臣所惑乱，使君主听到一点怀疑后，便可能对臣子失去信任，认为事情好像如此，又很难释疑，以至使忠诚的谋划反而成了错误，好事变成了坏事，而降罪又出自于君主，没有办法祈求接见。由于激愤于直言而无处诉告，重者当时便被赐剑自杀，轻者则逐渐被罢免流放。大概就如比干、龙逢这样的忠臣被飞廉、恶来这样的奸臣所害，或孔子、周公被管蔡、季孙所毁一样。这都说明做大臣不容易呀！

为小臣者，得任则治其职，受事则修其业，思不出其位，虑不过其责，竭力致诚，忠信而已。

然或困辱而不均，厌抑而失所，是以贤者或非其议，预非其事，不着其陋，不嫌其卑，庶贯一言而利一事。

然以至轻至微，至疏至贱，干万乘之主，约以礼义之度，匡以行事之非，忤执政之臣，暴其所短，说合则裁，自若不当，则离祸害。或计不欲人知，事不从人豫，而已策谋适合，陈偶同上者，或显戮其身以神其计，在下者或妒其人而夺其策。盖关思见杀于郑，韩非受诛于秦，庞涓刖孙膑之足，魏齐折应侯之胁，斯又孤宦小臣所以为难也。

为小臣者，一当恪恭职司，出内惟允，造膝诡辞，执心审密，忠上爱主，媚不求奥灶而已。若为小臣苟若此，患为外人所弹，邪臣所嫉，以职近而言易，身亲而见信，奉公侠私之吏求害之以见直，怀奸抱邪之臣欲除之以示忠，言有若是，事有似然，虽父子之间，犹不能明，况臣之于君而得之乎？故

做小臣的，接到任命就去做好其职务范围内的工作，安排他做一件事情，就兢兢业业地去把事情做好，心中思虑的，不超过自己的职责范围，只要竭尽全力、使自己的诚心达到极点，做到忠诚信实就可以了。

然而，有的做小臣的，因为不公平而困窘和受到侮辱，因人的压制而不能获得相应的官位。因此他们中有才能的人也会发表他所在位置不该发表的言论，也会参与他所在位置不该参与的事情，不会觉得自己目光短浅；见识不广，更不会顾忌自己地位卑微，只是期望能通过自己的一番言论而有利于某一国事。

然而，(做小臣的)虽然处在最轻微、最疏远、最低贱的位置上，(为了社稷和天下的安危)也要冒犯万乘的君主，用礼义的尺度来约束他，用行事的对错来匡扶他。对于违逆执政的大臣，揭露其执政的短处，有时说对了却没有任何改善，但如果说的时机不当，反而会给自己引来祸害。有的时候，自己的计谋并不为人所知，做事情也没有和他人商量，只是觉得自己的想法合适，自己陈述的想法一旦和在上位的偶尔相同，在上位的就会为了显示君主计谋的神奇而将其杀戮，在下位的也会因为嫉妒而抢夺他的计谋。这就是为何关思会在郑国被杀，韩非子会在秦国被诛，庞涓用计谋砍掉孙膑的双足，魏齐设计折断范应候的肋骨，由此可见做孤立无援的小臣的难处所在了。

做小臣的，一上任就应当恪尽职守、恭恭敬敬做好自己的本分工作，出入办事都要公允诚实；向君主促膝直言，勇于纳谏；心志要专一坚定，谋事要详尽严密；忠诚于自己的上级和君主，不以谄媚的方式去接近当权的近臣。如果能够做到这些，则又有被人弹劾的隐患，或被邪臣所嫉妒。尤其是在君主身边的邪臣，由于在君主身边工作而

上官毁屈平,爰盎谮晁错,公孙排主父,张汤陷严助,夫数子者,虽示纯德,亦亲近之臣所以为难也。

为外臣者,尽力致死,其义一也。不以远而自外,疏而自简,亲涉其事而掌其任,苟有可以兴利除害,安危定乱,虽违本朝之议,诡常法之道,陈之于主,行之于身,志于忠上济事,忧公无私,善否之间,在己典主可也。然患为左右所轻重,贵臣所壅制,或逆而毁之,使不得用,或用而害之,使不得成,或成而谮之,使不得其所。吴起见毁于魏,李牧见杀于赵,乐毅见谗于燕,章邯畏诛于秦,斯又外臣所以为危也。此举梗槩耳,曲折纤妙,岂可得备论之哉。

治本

夫治国之本有二,刑也,德也。二者相须而行,相待而成矣。天以阴阳成岁,人以刑德成治。故虽圣人为政,不能偏用也。故任德多,用刑少者,五帝也。刑德相半者,三王也。杖刑

方便说话，容易得到君主的信任，那些表面奉公实际却图谋私利的官吏，就会谋害其以示自己的正直；那些心怀邪念的奸臣，就会设法除掉其以示自己的忠心。这么说似乎有点言过其实，事实上却一点也不为过。即使是父子至亲，有时也有话说不明的地方，臣子和君主要做到契合又谈何容易呢？所以，上官大夫诋毁屈原，爰盎诬陷晁错，公孙贺排挤主父偃，张汤陷害严助。这几位大臣，都有纯正的德行（却遭遇如此非难），可见做近臣是多么的不容易啊。

在京城之外做官的臣子，也应鞠躬尽瘁，死而后已。道理是一样的。不能够因为自己距离朝廷较远而把自己当成外人，不能够因为同君主接触较少而简化自己的职责。凡是自己亲自管理且负责的事情，只要能够对百姓有利，能够为民除害，安危定乱，哪怕违背朝廷的主张，不符合常规的程式，也要把意见陈述给君主后，自己努力去实施，这样做志在忠于君主、成就事业，心里念念存有公心，没有丝毫私念。善恶好坏之间，由自己掌管统筹还可以。然而，令人忧患的是会被君主身边的人说长道短，要么被显贵之臣堵塞言路，要么对其进行毁谤不让君主采用，要么君主采用后从中作梗使事情无法办成功，要么事情办成后谗言讥毁使其不能成就。吴起在魏国被诽谤，李牧在赵国被杀，乐毅在燕国被诋毁，章邯在秦国常常担心被诛杀，可见做外臣的处境是多么危险。这只是举出其中的大概，其中的曲折和细微之处，怎么能够说得详尽呢？

治本

治理国家的根本大道有两条，就是刑罚和道德。两者需要相互配合、相辅相成。上天以阴阳形成光阴，君主以刑德成就大治。因此，即使是圣人来治理国家，也不能偏用其一。重视道德，很少用刑

多,任德少者,五霸也。纯用刑强而亡者,秦也。夫人君欲治者,既达专持刑德之柄矣。位必使当其德,禄必使当其功,官必使当其能,此三者,治乱之本也。位当其德,则贤者居上,不肖者居下,禄当其功,则有劳者劝,无劳者慕。未之有也。

凡国无常治,亦无常乱,欲治者治,不欲治者乱。后之国土人民,亦前之有也,前之有,亦后之有也。而禹独以安,幽、厉独以危,斯不易天地,异人民,欲与不欲也。吴阪之马,庸夫统衔则为弊乘,伯乐执辔即为良骥,非马更异,教民亦然也。故遇禹、汤则为良民,遭桀、纣则为凶顽,治使然也。故善治国者,不尤斯民而罪诸己,不责诸下而求诸身。传曰:"禹、汤罪己,其兴也勃焉。桀、纣罪人。其亡也忽焉。"由是言之,长民治国之本在身。故詹何曰:"未闻身治而国乱者也。"若詹者,可谓知治本矣。

罚的，是五帝；刑罚和道德各取一半的，是三王；用刑罚较多，而道德很少的，是五霸；完全采用刑罚来治理国家而导致政权快速毁灭的，是秦朝。所以，一个君王要让天下达到大治，就一定要用好刑和德的权柄，视其德行来赐予其相应的地位，视其功劳来赐予其相应的俸禄，视其才能来赐予其相应的官职。这三条，是让天下大治或大乱的根本啊。根据德行来赐予地位，那么，有贤德的人就会居于上位，道德败坏的人就会居于下位；根据功劳来赐予俸禄，那么有功劳的人就会得到鼓励，没有功劳的人就会朝此努力。能够做到这样，而国家未能得到大治，是从来没有过的事情。

任何一个国家，不会有永久的大治，也不会有永久的大乱，只要励精图治就一定能够治理好。如果不励精图治，必然会发生大乱。后世的国土和人民，也是前代所拥有的，前代所拥有的，也是后世所拥有的。（拥有同样的条件）大禹让天下安定和谐，周幽王、周厉王却让天下垂危。天地和人民并没有改变，只是一个想励精图治一个不想励精图治的差别而已啊。吴阪这个地方的马，如果让无能的人来驾驭，就成了劣马；如果让伯乐来驾驭，就成了良驹。可见并不是马的不同，而是驾驭者的不同啊。教育人民也是同样的道理。所以，百姓遇到大禹和汤王这样的圣君则是良民，遇到夏桀和商纣这样的暴君则成了暴民，这就是不同的治理者所造成的啊。所以，一个善于治理国家的君主，不会怪罪自己的百姓，而是反省自己的过失。不会斥责自己的部下，而会反求诸己。《易传》上说：大禹和商汤反省自己，其治理的天下兴旺蓬勃，夏桀和商纣归罪他人，其天下也就很快消亡了。由此可见，教导民众治理国家的根本在于君主修己之身啊。所以詹何说：从来没有过君主修身很好而国家大乱的。像詹何这样的人，可以说是知道治理天下的根本之道了。

政务

　　凡吏之于君,民之于吏,莫不听其言而则其行,故为政之务,务在正身,身正于此,而民应于彼。《诗》云:"尔之教矣,民胥效矣。"是以叶公问政,孔子对曰:"子帅而正,孰敢不正。"又曰:"苟正其身,于从政乎何有。不能正其身,如正人何。"故君子为政,以正己为先,教禁为次,若君正于上,则吏不敢邪于下,吏正于下,则民不敢僻于野。国无倾君,朝无邪吏,野无僻民,而政之不善者,未之有也。凡政之务,务在节事,事节于上,则民有余力于下,下有余力,则无争讼之有乎,民无争讼,则政无为而治,教不言而行矣。

节欲

　　夫人生而有情,情发而为欲,物见于外,情动于中,物之感人也无穷,而情之所欲也无极,是物至而人化也。人化也者,灭天理矣。夫欲至无极,以寻难穷之物,虽有贤圣之姿,鲜不衰败。故修身治国也,要莫大于节欲。《传》曰:"欲不可纵。"历观有家有国,其得之也,莫不阶于俭约。其失之也,莫

政务

　　无论是官吏对于君王,还是百姓对于官吏,无一不是听他怎么说,然后效仿他怎么做。所以,为政的根本要务,在于为政者正己之身。为政者在此处能够正己之身,民众就能够在彼处响应你。《诗经》上说:"你能够教育民众,民众就会效仿。"所以叶公向孔子求教为政之道,孔子恭敬地告诉他:"你能够带头行的正,您的百姓谁敢不正?"又说:"如果为政者能够正己之身,从事政事还有什么难的呢?如果为政者不能够正其自身,又怎么可能使别人正呢?所以,真正的君子来治理政务,把正己放在第一位,把教育和禁令放在第二位。做君王的能够在上位正己之身,则下面的官吏就不敢有不正的行为;做官吏的能够在下面正己之身,那么民众在乡野则不敢为非作歹。一个国家如果没有不正的君主,那么朝廷里就不会有奸邪的大臣,乡野就不会有品行不端的子民。如果这样,政治还不清明,那是从来没有有过的事情。"大凡为政的根本,在于行事有节制,在上位的能够行事有节制,则民众就有余财和余力;民众有余财和余力,民间就不会有争斗和争讼;民间没有了争讼,这样国家就可以无为而治,教化能够不言而行。

节欲

　　人生来就会对事物产生感情,感情产生后就会发展为欲望。人只要接触到外界的事物,内心就会产生情感活动。外物对人情感的影响没有止尽,而由情感所产生的欲望也没有止尽。所以一旦任由外物控制了人的欲望,人的纯净纯善的本性就会转化为贪婪的习性。而一旦人的本性转化成了习性,人心对天理的感悟就不复存在了。人的欲望是没有止尽的。如果一个人以内心无穷无尽的欲望,去追逐

不由于奢侈。俭者节欲，奢者放情，放情者危，节欲者安。

尧、舜之居，土阶三等，夏日衣葛，冬日鹿裘，禹卑宫室而菲饮食，此数帝者，非其情之不好，乃节俭之至也。故其所取民赋也薄，而使民力也寡，其育物也广，而兴利也厚，故家给人足，国积饶而群生遂，仁义兴而四海安。孔子曰："以约失之者鲜矣。"

且夫闭情无欲者上也，咈心消除者次之。昔帝舜藏黄金于崭岩之山，抵珠玉于深川之底，及仪狄献旨酒而禹甘之，于是疏远仪狄，绝上旨酒，此能闭情于无欲者也。楚文王悦妇人而废朝政，好獠猎而忘归，于是放逐丹姬，断杀如黄，及庄王破陈而得夏姬，艳其国色，王纳之宫，从巫臣之谏，坏后垣而出之，此能咈心消除之也。既不能闭情欲，能抑除之斯可矣。故舜禹之德，巍巍称圣，楚文用朝邻国，恭王终谥为恭也。

身外无穷无尽的物境，纵然有成圣成贤的资质，也很少有不中途颓堕和失败的。所以，修身治国的根本，没有比节制欲望更重要的了。《礼记》说：欲望不可以放纵。纵观历史，能够得到家国的无一不是来自于勤俭节约，而失去家国的无一不是由于奢侈浪费。节俭的人懂得控制欲望，奢侈的人则会放纵情感；放纵情感的人危险，懂得节欲的人安全。

尧帝、舜帝的住处，只修筑着三层土阶，夏天穿着葛衣，冬天披着鹿皮，大禹不住好房子，不吃珍贵的食物。这几位帝王，并不是他们在情感上不喜欢（这些），而是他们节俭到了极点。因此，他们向百姓征收的赋税非常少，使用的民力也非常少，养育的万物却非常广博，为民兴造的福利非常厚重。因此，百姓家庭富裕、人民满足，国家富饶，仁义之风盛行，四海之内安定和谐。孔子说：因为勤俭节约而失去家国的人是很少的。

人能够做到闭情无欲可以算是上等人了，刻意消除的人就要差一等了。过去舜帝将黄金藏在险峻的高山之上，将珠玉藏在深川的谷底；仪狄进献美酒给大禹，大禹品尝后觉得非常甘甜，于是疏远仪狄，杜绝人们进献美酒。这就是能够节制情感而达到无欲的例子。楚文王沉湎于妇人的美色而荒废朝政，喜爱打猎而忘记了回到王宫，于是将丹姬驱逐流放，把猎狗也杀掉。楚庄王攻破陈国而得到夏姬，因夏姬有倾国的美色，楚庄王将其纳入后宫，后来他听从申公巫臣的建议，毁坏后墙而将其驱逐出去。这是违心消除情欲的例子。虽不能节制情欲，但也能够克制自己，能做到这一点也算可以了。所以大舜、大禹的德行如同巍峨的高山，被人们视为圣人，楚文王因为能够消除欲望而使得邻国来朝，古人对于能够改正过失的君主死后给予他"恭"的谥号。

详刑

　　夫刑辟之作，所从尚矣。圣人以治，乱人以亡。故古今帝王，莫不详慎之者。以为人命至重，一死不生，一断不属故也。夫尧、舜之明，犹惟刑之恤也。是以后圣制法，设三槐九棘之吏，肺石嘉石之讯，然犹复三判，佥曰可杀，然后杀之。罚若有疑，即从其轻，此盖详慎之至也。故苟详、则死者不恨，生者不忿，忿恨不作，则灾害不生，灾害不生，太平之治也。

　　是以圣主用其刑也，详而行之，必欲民犯之者寡，而畏之者众，明刑至于无刑，善杀至于无杀，此之谓矣。夫暗乱之主，用刑弥繁，而犯之者益多，而杀之者弥众，而慢之者尤甚者何，由用之不详而行之不必也。不详则罪不值，所罪不值则当死反生，不必则令有所亏，令有所亏则刑罚不齐矣。失此二者，虽日用五刑，而民犹轻犯之，故乱刑之刑，刑以生刑，恶杀之杀，杀以致杀，此之谓也。

详刑

　　刑罚和法律的创制，已经由来以久。圣人通过它让天下得到大治，昏庸的人则通过它让天下大乱。所以自古以来的帝王，对使用刑罚和法律无一不是周详审慎地对待的。因为没有比人命更重要的了，一旦被处死则无法再复活，一旦被断头就不能再复原了。连尧舜这样圣明的君主，对于用刑都慎之又慎。因此，以后的圣人制定法律，设立了三九公卿的官吏，使用肺石、嘉石等审讯方法，然后重复审判三次，都认为可以处死后，方才处死罪犯。在处置罪犯时若有丝毫的疑惑，就会从轻处置，其对用刑的详细谨慎可以说到了极点。如果能够做到如此的详细审慎，那么被判死刑的人就不会产生怨恨，活着的人也不会感到愤怒。人民没有了愤怒和怨恨，就不会产生灾害，没有灾害，天下就达到太平大治了。

　　因此圣明的君主使用刑罚，都是详审之后才执行，目的是要使得民众触犯刑罚的人少，畏惧刑罚而不敢触犯的人多，从严明刑法到不需要使用刑法，从善用杀戮到不需要进行杀戮，这正是圣明的君主使用刑罚的真正意思。而昏乱的君主，越是频繁地使用刑罚，触犯的人就会日益增多，被杀戮的人越多，对刑罚产生怠慢的人也越来越多。这都是由于使用刑罚不是详察慎判，而执行刑罚太过随意所导致的啊。量刑不详则判罪不公平，判罪不公平则会让本该处死的人活了下来；执法太随意，就会让法律受到损害；法令受到损害，刑罚就难以做到公平。做不到这两点，哪怕每天用五种刑法，民众还是会轻易触犯刑法。所以胡乱使用刑罚，就会使得刑罚之外还会产生刑罚，盲目恶意地进行诛杀，这样的诛杀会导致更多的诛杀，讲的就是这种情况。

兵要

圣人之用兵也,将以利物,不以害物也。将以救亡,非以危存也。故不得已而用之耳,然以战者危事。兵者凶器,不欲人之好用之,故制法遗后,命将出师,虽胜敌而反,犹以丧礼处之,明弗乐也。故曰:"好战者亡,忘战者危,不好不忘,天下之王也。"

夫兵之要,在于修政,修政之要,在于得民心,得民心,在于利之,利之之要,在于仁以爱之,义以理之也。故六马不和,造父不能以致远,臣民不附,汤、武不能以立功。故兵之要在得众者,善政之谓也。善政者恤民之患,除民之害也,故政善于内,兵强于外。

历观古今用兵之败,非鼓之日也,民心离散,素行豫败也。用兵之胜,非阵之朝也,民心亲附,素行豫胜也。故法天之道,履地之德,尽人之和,君臣辑穆,上下一心,盟誓不用,赏罚未施,消奸慝于未萌,折凶邪于殊俗,此帝者之兵也。德以为卒,威以为辅,修仁义之行,行恺悌之令,辟地殖谷,国富民丰,赏罚明,约誓信,民乐为之死,将乐为之亡,师不越境,旅不涉场,而敌人稽颡,此王者之兵也。

兵要

圣人用兵，目的在于有益于万物，而不是让万物受害，为的是用它来拯救危亡，而不是用它危害生存。只有在不得已的情况下才会使用军队。然而，因为战争毕竟是危险的事情，武器毕竟是凶器，不能任凭人的喜好而使用它。因此制定法则留给后人，命令将军出征，即使打败敌军胜利归来，也要举行丧礼，以此表明这不值得快乐。所以说好战的国家会自取灭亡，忘记战争的国家就会处于危险之中。只有不好战也不忘记战争的国家，才可以成为天下的王者。

用兵的关键在于修明政教；修明政教的关键，在于得到民心；要得到民心，在于让百姓得到利益；使百姓得到利益的关键，在于用仁爱之心爱护他们，用道德仁义来治理他们。所以说，驾车的六匹马如果不互相配合，即使是造父也不能驾驭马车跑得很远；没有大臣和民众的拥护，即使是商汤、周武王也不能够建功立业。所以说用兵的关键在于得到民心；得到民心，可以说就是清明的政治了。清明的政治，就是能够忧虑人民的疾苦和忧患，除掉民众的灾祸而已。所以，对内如果能够做到政治清明，对外军队就会强大。

纵观古往今来用兵失败者，并非败在击鼓的当日，而是民心早已离散，平素的行为就已经显示出失败的征兆了。用兵获得胜利的，并非胜在两军对阵的那一日，而是民心拥护，平素的行为就显示出胜利的征兆了。所以效法天道、履行地德，尽用人和，君臣和睦，上下一心，不需要用什么盟誓，也不需要采取什么赏罚的措施，就能够将奸诈邪恶的人消灭于萌芽的状态，让凶邪之人受到风俗的影响而回归本善，这是五帝的用兵之道。以德行作为士兵，以威信作为辅助，按照仁义道德的标准来行事，执行和乐平易的命令，开辟土地种植五谷，国家富强人民富裕，赏罚严明，遵守誓言和盟约，民众就乐于为

辨能

　　夫商鞅、申、韩之徒，其能也，贵尚谲诈，务行苛克，则伊尹、周、邵之罪人也。然其尊君卑臣，富国强兵，有可取焉。宁成、郅都辈，放商、韩之治，专以残暴为能，然其抑强抚弱，背私立公，尚有可取焉。其晚世之所谓能者，乃犯公家之法，赴私门之势，废百姓之务，趣人间之事，决烦理务，临时苟辨，但使官无谴负之累，不省下民吁嗟之冤，复是申、韩、宁、郅之罪人也。而俗犹共言其能执政者，选用不废者，何也？为贵势之所持，人间之所称，听声用名者众，察实审能者寡，故使能否之分不定也。

　　夫定令长之能者，守相也。定守相之能者，州牧刺史也。然刺史之徒，未必能考论能否也，未必能端平也。或委任下吏，听浮游之誉，或受其戚党贵势之托，其整顿传舍，待望迎宾，听其请谒，供其私求，则行道之人言其能也。

国捐躯,将军就乐于以身殉国,军队不用越过国境,士兵不用抵达战场,敌军就心悦诚服地投降了,这才是真正的王者之兵啊。

辨能

商鞅、申不害、韩非子这样的人,其才能重在使用各种奸诈的手段,办事推行苛刻之政。这样的人在伊尹、周公、邵公那里就是罪人了。然而,他们毕竟还能够明白君主尊贵、大臣卑微的道理,能够使得国家富裕、军队强大,还有一点可取之处。(到了汉朝中兴的时候),宁成、郅都这些人,夸大商鞅、韩非子的治国方略,专门进行杀戮,以残暴为能。然而他们毕竟能够抑制豪强,避开私利,树立公心,还是有可取之处的。后世所谓有才能的人,就只是违背公家的法律,迎合私人的权势,荒废百姓的事务,趋附人间的私利;判决麻烦的案件、处理复杂的事务时,只是临时诡辨一下,只要不使官家受到谴责,或受到责任的拖累,根本不去理会民众的冤屈和叹息,这样的人又是申不害、韩非子、宁成、郅都一样的罪人了。然而一般人习惯上还是认为他们是有能力的人,执政者仍然选用而不废黜他们。这是为何呢?因为他们为权贵势要之人所保护,被世间一些读书人所称颂,听其名声用其名位的人多,而能够细致审察审核其能力的人少,因此在用人上对人才能力的分界线不能明确。

审定县令、县长能力的,是郡守和诸侯之相;审定郡守、诸侯之相能力的,是州牧、刺使。然而州牧、刺使这样的官吏,未必真的能够考察审定他们是否有能力,未必能够使得考评公平中正。有的委派手下的官吏去考察,结果只是在外面听取一些空虚不实的赞誉;有的则受到他们的亲戚朋党、权贵势力的委托。这些相关人等不是忙着整顿客舍,等待了望,迎接上宾,就是忙着接待拜访,许诺对方私下的请

治政以威严为先，行事务邀时取辨，悕望上官之指，敬顺监司之教，期会之命，降身以接士之来，违法以供其求欲，人间之事无不循，言说之谈无不用，则寄寓游行幅巾之士言其能也。有此三者为之谈，听声誉者之所以可惑，能否之所以不定也。

尊嫡

凡光祖祢，安宗庙，传国土，利民人者，在于立嗣继世。继世之道，莫重于尊嫡别庶也。故圣人之制礼贵嫡，异其服数，殊其宠秩，所以一群下之望，塞变争之路，杜邪防萌，深根固本之虑。历观前代后妻贱而侄媵贵，太子卑而庶子尊，莫不争乱以至危亡，是以周有子带之难，齐有无知之祸，晋有庄伯之患，卫有州吁之篡，故传曰："并后匹嫡，两政耦国，乱之本也。"

谏争

夫谏争者，所以纳君于道，矫枉正非，救上之谬也。上苟

求。于是连无关的路人都可以尽说其能(作为他们升迁的依据了)。

这些人治理政事首先考虑的是自己的威严,办事一味迎合时风,惴摩长官的意图,对监察官员的话唯唯诺诺,不论对错一概言听计从。凡是上级规定期限要完成的任务,不论百姓是否能够承受得了,无不低声下气一概接受;如果有上级来视察工作,就不惜违反常礼制度去满足他们的欲望和要求。对于世俗的陋习没有不遵循的,世俗的言论没有不采用的。这样,一些客居、遨游、风雅之士就会纷纷说他们有能力。有这三种人到处替他们说好话,这就是听信声誉者其所以被迷惑、官员的能力高低之所以难以评定的原因了。

尊嫡

能够光耀祖宗,安定宗庙,传续国土,利益人民的大事,在于确定继承人以继承祖业。而继承祖业的大道,没有比尊重嫡子区别庶子更重要的了。因此,圣人制定礼法是就让嫡子处在尊贵的位置,让其穿着不同的服饰,让他得到特殊的宠爱而授以官秩,以此来统一群臣的期望,堵塞政变争权的道路,杜绝邪恶,防范于未然。这是为加深和稳固国家的根本而考虑的。纵观前朝各代,凡是皇后、正妻被轻视而侧妃受到尊宠,太子卑微而庶子尊宠的,没有不引起争斗和纷乱,导致国家危亡的。所以周朝有子带的灾难,齐国有魏无知的祸害,晋国有庄伯的忧患,卫国有州吁的篡位。因此经典上说:如果两后并列,嫡子和庶子不分,就会出现两个国家两个政权的状况,这正是产生动乱的根本啊!

谏争

谏争就是为了把君主的拉回到正确的治国之道上来,让君主矫

有谬而无救焉,则害于事,害于事,则危道也。故曰:"危而不持,颠而不扶,则将焉用彼相。"扶之之道,莫过于谏矣。故子从命者不得为孝,臣苟顺者不得为忠。

是以国之将兴,贵在谏臣;家之将盛,贵在谏子。若托物以风喻,微言而不切,不切则不改,唯正谏直谏可以补缺也。诗云:"衮职有缺,仲山甫补之,柔亦不茹,刚亦不吐。"正谏者也。易曰:"王臣謇謇。"传曰:"愕愕者昌。"直谏者也。

然则咈人之耳,逆人之意,变人之情,抑人之欲,不尔,不为谏也。虽有父子兄弟,犹用生怨隟焉,况臣于君,有天壤之殊,无亲戚之属,以至贱干至贵,以至稀间至亲,何庸易耶。恶死亡而乐生存,耻困辱而乐荣宠,虽甚愚人,犹知之也,况士君子乎。今正言直谏,则近死辱而远荣宠,人情何好焉。此乃欲忠于主耳,夫不能谏则君危,固谏则身殆,贤人君子,不忍观上之危而不爱身之殆,故蒙危辱之灾,逆人主之鳞,及罪而弗避者,忠也,义也。深思谏士之事,知进谏之难矣。

正邪枉、改正缺点、挽救君主的谬误。如果君主有谬误之处而没有人去纠正，就会危害国事；危害国事，就会使国家步入危途。因此孔子说：（做臣子的眼见君主）遇到危险而不去扶持，见到君主就要跌倒而不去挽扶，那君主还要你干什么呢？而帮扶的方法，没有比谏争更好的了。因此，做儿子的如果只是一味听从父亲的话，算不得是真正的孝；做臣子的只是一味顺从君主的意思，算不上是真正的忠。

国家将要兴旺，重在有能够直言谏争的大臣；家庭将要兴旺，重在有能够劝谏父母的孩子。如果只是通过寄托事物来进行讽喻，只是小声议论而不能够切中要害，不能切中要害，就很难改正错误。只有提出正面的意见、直截的建议才能够让君主补正缺失。《诗经》上说：君主有了缺失，仲山父去补救它。柔顺而不软弱，刚正而不张扬。这说的就是从正面提意见的人。《易经》上说：大王的大臣无比忠贞。经传上说：大臣能够直言，国家就能够昌盛。这说的就是能够直接进谏的人。

然而，说人家不喜欢听的话，违逆他人的心意，改变他人的情趣，抑制他人的欲望，不这样就称不上是进谏之言。即使是父子兄弟之间，提意见也会产生怨恨和间隙，何况臣子之于君主，更是有着天壤之别。没有亲戚关系，以最卑贱的地位对最尊贵的地位，以最疏远的关系对最亲切的人来提意见，怎么会容易呢？恐惧死亡而愿意生存，不愿意受到困辱而乐于受到宠幸，哪怕是再愚钝的人，也明白这一点，何况读过圣贤经典的士人和君子呢？如今用正面的意见直言进谏，这是在接近死亡和屈辱而远离宠爱和荣幸。假若按照人之常情，怎么会这么去做呢？这么做只是想能够忠诚于君主啊。臣子不能谏争，君主就会有危险；总是进谏，臣子自己就会有危险。真正的贤人君子，只是不忍自己的君主处于危险之中，而不是担心自己处于

决雍

　　夫人君为左右所雍制,此有目而无见,有耳而无闻,积无闻见,必至乱正。故国有雍臣,祸速近邻。人臣之欲雍其主者,无国无之。何也? 利在于雍也。雍则擅宠于身,威权独于己,此人臣日夜所祷祝而求也。人臣之雍其君,微妙工巧,见雍之时,不知也,率至亡败,然后悔焉。

　　为人君之务,在于决雍。决雍之务,在于进下。进下之道,在于博听。博听之义,无贵贱同异,隶竖牧圉,皆得达焉。若此,则所闻见者广,所闻见者广,则虽欲求雍,弗得也。

　　人主之好恶,不可见于外也。所好恶见于外,则臣妾乘其所好恶以行雍制焉。故曰:"人君无见其意,将为下饵。"昔晋公好色,骊女乘色以雍之;吴王好广地,太宰陈伐以雍之;桓公好味,易牙烝首子以雍之;及薛公进美珥以劝立后;龙阳临钓鱼行微巧之诈。以雍制其主,沉寞无端,甚可畏矣。古今亡

险境中啊。因此,冒着蒙受危险受辱的灾难,揭开君主的龙鳞,宁可自己获罪而不肯逃避,这都是因为心存国家社稷,忠心为君,坚守道义啊!深刻地思考谏臣的所为所遇,才能知道进谏是多么的不容易啊!

决壅

如果君主被身边的人所蒙蔽控制,就会有眼睛而看不到,有耳朵而听不到了。如果看不到、听不到的事情积累多了,必然会搅乱治国理政的正确思路。因此一个国家如果有了蒙蔽君主的臣子,灾祸到来之快,如同就在近邻。做臣子的意图蒙蔽君主的视听,没有一个国家没有这样的事情。这是为什么呢?原因在于臣子认为蒙蔽君主对自己有利益。蒙蔽君主的视听,就能将君主的宠爱集于自己的一身,自己能够一手独揽大权,这是做臣子的日夜都祈愿求之的事情。做臣子的蒙蔽君主,往往做得微妙精巧,让君主被蒙蔽了却没有察觉,只有等到国家衰败灭亡时悔之晚矣。

做君主的关键,在于能够去除蒙蔽;去除蒙蔽的关键,在于能够让下属进谏;让下属进谏的方法,在于广泛地听取各种意见;广泛地听取意见就是要能够做到无视下属的高低贵贱,即使是奴役、童仆、放牧、养马的人,也要能够让他们的意见传达进来。这样一来则所看见的、听见的就会非常广泛,所见所闻非常广博了,即使有臣子意图蒙蔽,也蒙蔽不了了。

做君主的,自己的喜好和厌恶,不能表现于外。如果自己的喜好和厌恶让外人所知晓,那么,他的臣子和妻妾就会利用其喜好和厌恶来达到蒙蔽视听的目的。所以说:君主看不到臣子的意图,自己的好恶就会被他们当成诱饵。过去晋献公喜欢美色,骊姬就用自己的美色蒙蔽晋献公的视听;吴王阖庐喜欢扩大领地,太宰就用陈兵攻伐

国多矣,皆由壅蔽于帷幄之内,沉溺于谄谀之言也。而秦二世独甚,赵高见二世好淫游之乐,遗于政,因曰:"帝王贵有天下者,贵得纵欲恣意,尊严若神,固可得闻,而不可得睹。"高遂专权欺内,二世见杀望夷,临死,乃知见之祸,悔复无及,岂不哀哉!

赞象

夫赞象之所作,所以昭述勋德,思咏政惠,此盖诗颂之末流矣。宜由上而兴,非专下而作也。世考之导实,实有勋绩,惠利加于百姓,遗爱留于民庶,宜请于国,当录于史官,载于竹帛,上章君将之德,下宣臣吏之忠。若言不足纪,事不足述,虚而为盈,亡而为有,此圣人之所疾,庶几之所耻也。

铭诔

夫渝世富贵,乘时要世,爵以赂至,官以贿成,视常侍黄门宾客,假其气势,以致公卿牧守,所在宰莅,无清惠之

来蒙蔽他的视听；齐桓公喜欢美味，易牙就把自己的孩子蒸熟来满足他，达到蒙蔽他的目的。还有薛公进献美丽的玉珥来劝说册封太后，龙阳乘齐桓公钓鱼的时候巧妙地实施奸诈之计来达到蒙蔽其君主的目的，所用的种种手段隐伏、平静、不露端倪，真的是太可怕了。古往今来亡国的人很多，都是因为做君主的被臣子蒙蔽在宫廷之内，沉湎于臣子谄媚阿谀的言语之中。最严重的莫过于秦二世，赵高见秦二世喜欢荒淫游乐，不过问政事，于是进言说：做帝王的高贵而拥有天下，贵在能够放纵欲望恣意妄为，像神明一样有尊严；百姓和大臣只能听说，而不能亲眼看见。这样，赵高就专揽大权，欺上罔下。二世直到在望夷宫被逼自杀，临死之时才明白自己被赵高蒙蔽造成亡国杀身之祸，可惜后悔已经来不及了啊。这难道还不值得人哀叹吗？

赞象

之所以要写作赞象，目的在于记述功勋和美德，追思和咏叹政治的惠美。这大概是《诗经·颂篇》的末流了。最好应该由君上兴起，而不是由下臣专门来制作。经过世人的考察之后，确实有功勋和成绩，让百姓得到恩惠和好处；即使死后还能留下恩德于百姓、德行为百姓所追怀的，就应该向国君请示，由史官来记录，登载在竹帛上面，对上可以彰显君主、将帅的美德，对下可以宣扬大臣、官吏的忠心。假如其言行不足以记录，事迹不值得叙述，把虚假的说成真实的，把没有说成有，这就是圣人所憎恶、贤者为之羞愧的了。

铭诔

有的人以财富和权力改变世风，乘机趋势要挟世人，通过贿赂来得到官职和爵位。看看常侍、黄门这些皇帝近臣的嘉宾贵客，倚仗

政,而有饕餮之害,为臣无忠诚之行,而有奸欺之罪,背正向邪,附下内上,此乃绳墨之所加,流放之所弃。

而门生故吏,合集财货,刊石纪功,称述勋德,高邈伊周,下陵管晏,远追豹产,近逾黄邵。势重者称美,财富者文丽,后人相踵,称以为义,外若赞善,内为己发,上下相效,竞以为荣,其流之弊,乃至于此。欺曜当时,疑误后世,罪莫大焉。且夫赏生以爵禄,荣死以诔谥,是人主权柄,而汉世不禁,使私称与王命争流,臣子与君上俱用,善恶无章,得失无效,岂不误哉!

序作

夫著作书论者,乃欲阐弘大道,述明圣教,推演事义,尽极情类,记是贬非,以为法式。当时可行,后世可修。且古者富贵而名贱,废灭不可胜记,唯篇论俶傥之人,为不朽耳。夫奋名于百代之前,而流誉于千载之后,以其览之者益,闻之者有觉故也,岂徒转相放效,名作书论。浮辞谈说而无损益哉,而世俗之人,不解作体,而务泛溢之言,不存有益之义,非也。

他们的权势,以致让公卿、牧守在官位上,不能清正廉明地执政,却有贪污腐败的祸害;做臣子的没有忠诚的行为,却犯下奸诈欺君的罪行。背弃正义而趋向邪恶,拉拢下级依附权臣,这些都是应该受到刑法的惩罚和流放的行为。

可是这些人的门生和老部下,却聚集钱财和货物,刊刻石碑以记载其功劳,称赞和陈述他们的功勋和美德;往上比要超过伊尹和周公、往下要胜过管仲和晏婴;向远古要追踪豹产,往近代要超越黄霸、邵信臣。位高权重的称赞他们的美德,财产富有的说其文采华丽。后世的人跟着学习,以为这是义。对外好像是称赞别人的善行,对内实际是为了自己的利益。上上下下的官员竞相效仿,纷纷以此为荣,这种流俗产生的弊端,竟到了如此地步,不仅欺瞒当时,恐怕还会误导后世,真的是有莫大的罪过啊!况且,在世的时候得到爵位俸禄的赏赐,去世之后得到诔文谥号的光荣,这是君主才能行使的权力。而到汉朝的时候因为不加以禁止,使得私家的的称誉和君王的命令并流于世。臣子和君王都这样做,善恶没有表明的章法,得失没有了评价的标准,这难道不是误国吗?

序作

撰述书论的目的,在于阐扬光大圣贤大道,叙述、说明圣贤教化的道理,推演事情背后的义理,尽力抒发情感,记述真理,针砭错误,以此作为标准和法度,不仅可以在当时施行,也可以让后世的人修习。自古以来富贵之人其名字早已经消亡的,不能逐一记述。唯独只有留下著作于后世的潇洒风流之士,才能够不朽。他们的声名振起于百代之前,而声誉却流传到千年之后,是由于其文章让看到的人能够受益,听到的人能够觉悟的原因啊!怎么能够把那些凭空转相仿

故作者不尚其辞丽,而贵其存道也。不好其巧慧,而恶其伤义也。故夫小辩破道,狂简之徒,斐然成文,皆圣人之所疾矣。

效、充满浮夸的言辞和议论、于世无益无损的文章称作书论呢？可是，世俗的人，不懂得什么叫做序作的本质，只是追求空泛溢美的言语，而没有有益于人的义理，这是错误的。因此，写作的人不应崇尚言辞的华丽，贵在能够阐述道义而已，不应称道其聪明巧饰，而应厌恶其损害道义。所以说，巧言有伤道义，志大才疏而高谈阔论，这都是圣人所厌恶的。

卷四十八　体论

杜恕　撰

君体

人主之大患,莫大乎好名,人主好名,则群臣知所要矣。夫名所以名善者也,善修而名自随之,非好之之所能得也,苟好之甚,则必伪行要名,而奸臣以伪事应之,一人而受其庆。则举天下应之矣。君以伪化天下,欲贞信敦朴,诚难矣。虽有至聪至达之主,由无缘见其非,而知其伪,况庸主乎?人主之高而处隩,譬犹游云梦而迷惑,当借左右以正东西者也,左曰功巍巍矣,右曰名赫赫乎,今日闻斯论,明日闻斯论,苟不校之以事类,则人主嚣然自以为名齐乎尧、舜,而化洽乎泰平也。群臣璨璨皆不足任也,尧、舜之臣,宜独断者也,不足任之臣,当受成者也,以独断之君,与受成之臣,帅讹伪之俗,而天下治者,未之有也。

夫圣人之修其身,所以御群臣也。御群臣也,所以化万民也。其法轻而易守,其礼简而易持,其求诸己也诚,其化诸人

君体

　　君主最大的忧患,莫过于爱好名誉,追求虚名了。君主好名,那么做臣子的就知晓君主想要的是什么了。名声,是用来显扬品行的,君主修好了自身的品行,好的名声自然就随之而来,并不是喜好就能得到的。如果君主过于喜好名声,就一定会虚伪行事以求取名声,而奸臣也就用虚假诡诈来应付君主。一个人因为弄虚作假受到赏赐,那全天下人都会响应、效仿。君主凭借虚伪诡诈来教化百姓,却希望天下能形成有节操、讲信用、敦厚朴实的风气,这实在是太难了。即使是天下最聪明贤达的君主,也没有机会完全知道臣子的过失,查知其是否弄虚作假,更何况平庸的君主呢?君主处深宫、居高位,就好像游玩于云梦泽容易迷路一样,应当凭借左右大臣来端正方向判定正误。左边的大臣说:"主上的功绩真伟大啊!",右边的大臣说:"主上的声名真显赫呀!"今天听到这样的言语,明天还听到这样的言语,如果不用事实加以考察对照,那君主就会飘飘然自以为自己的名声可以与尧舜比肩,像尧舜一样教化广播,以至于天下太平了。而事实上群臣人品卑微,平庸渺小,而不称职。尧舜的大臣,都是能够独自决断的人。而不称职的大臣,完全接受君主已定的谋略去行事,不善于自己独自判断。靠独断的君主和凡事照办的臣子来治理国家,引导讹诈和虚假的社会风气,这样天下还能够得到大治,是从来没有过的。

　　圣人加强自身的修养,是为了驾驭群臣;驾驭群臣的目的,是为了教化百姓。圣人制定的法令宽松,容易遵守,制作的礼制简约,容

也深。苟非其人,道不虚行,苟非其道,治不虚应。是以古之圣君之于其臣也,疾则视之无数,死则临其大敛小敛,为彻膳不举乐,岂徒色取仁而实违之者哉?乃惨怛之心,出于自然,形于颜色,世未有不自然而能得人自然者也。色取仁而实违之者,谓之虚。不以诚待其臣,而望其臣以诚事己,谓之愚。虚愚之君,未有能得人之死力者也,故《书》称君为元首,臣为股肱,期其一体相须而成也。而险伪浅薄之士,有商鞅、韩非、申不害者,专饰巧辩邪伪之术,以荧惑诸侯,著法术之书。其言云:"尊君而卑臣。"上以尊君取容于人主,下以卑臣得售其奸说。此听受之端,参言之要,不可不慎。元首已尊矣,而复云尊之,是以君过乎头也,股肱已卑矣,而复曰卑之,是使其臣不及乎手足也。君过乎头而臣不及乎手足,是离其体也。君臣体离,而望治化之洽,未之前闻也。

且夫术家说又云:"明主之道,当外御群臣,内疑妻子。"其引证连类,非不辩且悦也,然不免于利口之覆国家也。何以言之,夫善进,不善无由入,不善进,善亦无由入。故汤举伊尹而不仁者远,何畏乎欢兜?何迁乎有苗?夫奸臣贼子,下愚不

易受持。圣人凡事都真诚地责求自己,因此,对百姓的教化就很深刻。如果不是这样的圣人出世,这样的治国之道不会凭空产生;如果不是这样的治国之道,天下太平也不会凭空而来。因此古代圣明的君主对待臣下,臣子如有小病就多次探望;如有臣子去世,则亲自参加死者的大殓、小殓,为之撤减膳食、不奏乐行乐,这哪里仅仅是表面主张仁义、实际却背道而驰呢?实在是悲伤的心情完全出自内心,因而表现在脸上。内心没有真情实感却能自然表现出来,这样的事从未有过。表面上仁义而实际上相反的,这叫虚伪;不真诚对待臣子却希望臣子以诚心侍奉自己,这叫愚昧。虚伪愚昧的君主,不可能得到誓死效力的臣子。因此,《尚书》上说:"君主像人的头部,大臣就像人的大腿和胳膊。"这是希望他们团结成一个整体,互相依赖、互相配合、互为凭借而有所成就。而阴险浅薄如商鞅、韩非子、申不害之流,专门假托巧辩伪诈的学说以荧惑诸侯,写下关于法、术的书籍,书中说:"以君为尊,以臣为卑。"对上则以君为尊取悦君主,对下则以臣为卑得以推行他的奸邪学说。象这样听受其主张的端倪,检验其言语的要点,君主不能不谨慎。君主已经很尊贵了,还要说尊贵,这样,对君主的尊宠就超过了头顶;臣子的地位已经很卑微了,还要说卑微,这样,臣子的卑微也就低过了手和脚啊。君主的地位高过头顶,可臣子的地位还不如手足,这是在使身体分离啊!君臣分离,如同身体割离,还妄想国家能够得到治理,人民能够得到教化,这是前所未闻的。

　　那些精通权谋学说的人又提出:"贤明的君主应当对外防备大臣,对内怀疑妻儿"。他们引用例证,联系推论,不是没有巧辩之才,也不是话说得不动听悦耳,但最终免不了因为其能言善辩而导致国家覆灭的结局。为什么这么说呢?善人被重用了,不善之人就不能

移之人，自古及今，未尝不有也。百岁一人，是为继踵。千里一人，是为比肩。而举以为戒，是犹一噎而禁人食也。噎者虽少，饿者必多，未知奸臣贼子处之云何？且令人主魁然独立，是无臣子也。又谁为君父乎，是犹髡其枝而欲根之荫，掩其目而欲视之明，袭独立之迹，而愿其扶疏也。

夫徇名好术之主，又有惑焉。皆曰："为君之道，凡事当密。"人主苟密，则群臣无所容其巧，而不敢怠于职，此即赵高之教二世不当听朝之类也，是好乘高履危，而笑先僵者也。《易》曰："机事不密则害成。"《易》称机事，不谓凡事也，不谓宜共而独之也，不谓释公而行私也。人主欲以之匿病饰非，而人臣反以之窃宠擅权，疑似之间，可不察欤。夫设官分职，君之体也；委任责成，君之体也；好谋无倦，君之体也；宽以得众，君之体也；含垢藏疾，君之体也；不动如山，君之体也；难知如渊，君之体也。君有君人之体，其臣畏而爱之，此文王所以戒百辟也，夫何法术之有哉？

被重用；不善之人被重用了，善人也就无法得到重用。所以成汤选用伊尹后，不仁之人就被隔得远远的，还怕欢兜作乱吗？还需放逐有苗吗？奸臣贼子、愚昧而不知悔改的人自古至今从来都有。百年出现一人，就以为是接踵而至；千里遇上一人，就认为是并肩而行。把这些例子作为警戒，这就好比因为一个人被噎就禁止大家吃东西一样。被噎的人虽然不多，但饥饿的人就多了，不知道对于禁绝奸臣贼子又真正起到了多少作用呢？况且使君主独立不群，那就等于没有臣子，那还给谁当君主呢？这就好比砍光树的枝叶而望树干成荫，遮住眼睛却想要看得清楚，两脚重合在一起而想舞姿婆娑一样，是不可能的。

那些极好虚名、热衷谋术的君主又有迷惑了。都说："君主的最高准则，就是凡事要机密谨慎。君主如果凡事机密谨慎，那群臣投机取巧的想法就无处可容，对待本职事务就不敢懈怠了。"赵高教给秦二世君主不适宜在朝堂上与群臣公开讨论政事的谬论就属于此类。这就好比是喜欢登临高处，身居险境却嘲笑之前和自己采取同样举动而导致覆败的人啊。《易经》说："机事不密则害成。"《易经》说的机事，不是指所有的事，不是说应当与臣子共同商议处理的事也只能君主一个人知道，不是说放弃公开讨论而私自去做事情。君主想用《易经》上的这句话隐匿弊病、掩饰过错，而臣子反而用这句话来窃取宠爱、独揽大权。这些似是而非的问题，能不辨别清楚吗？设立官职、划分职权，是为君的根本；委任官员，责求其成功，是为君的根本；擅长谋划而从不倦怠，是为君的根本；以宽容取得众人拥戴，是为君的根本；容忍羞辱、埋藏痛苦，是为君的根本；像大山一样毫不动摇，是为君的根本；像大海一样深不可测，是为君的根本。君主有了统领人民的根本，其臣子就会既惧怕又敬爱。这

故善为政者，务在于择人而已，及其求人也，总其大略，不具其小善，则不失贤矣。故曰："记人之功，忘人之过，宜为君者也。"人有厚德，无问其小节；人有大誉，无訾其小故。自古及今，未有能全其行者也。和氏之璧，不能无瑕；隋侯之珠，不能无颣。然天下宝之者，不以小故妨大美也。不以小故妨大美，故能成大功。夫成大功在己而已，何具之于人也？今之从政者，称圣贤则先乎商韩，言治道则师乎法术，法术之御世，有似铁辔之御马，非必能制马也，适所以梏其手也。

人君之数至少，而人臣之数至众，以至少御至众，其势不胜也。人主任术而欲御其臣无术，其势不禁也。俱任术则至少者不便也。故君使臣以礼，则臣事君以忠。晏平仲对齐景公，君若弃礼，则齐国五尺之童皆能胜婴，又能胜君，所以服者，以有礼也。今末世弃礼任术之君之于其身也，得无所不能胜五尺之童子乎？三代之亡，非其法亡也。御法者非其人也，苟得其人，王良、造父能以腐索御奔驷，伊尹、太公能以败法御悍民。苟非其人，不由其道，索虽坚，马必败，法虽明，民必叛。

是周文王用以告诫诸侯百官的话,又有什么法术可言呢?

所以,善于治理国政的人,关键在于选择贤才而已。求取贤才的时候,要看其是否有雄才大略,不要求其小的方面都好,这样就不会遗漏贤才了。所以说:"记住人的功绩,忘记人的过错,这样的人适合当君主。"一个人如果具有淳厚的美德,就不要追究他的小节;一个人如果拥有很大的声誉,就不要指责他的小过失。从古自今,没有品行十全十美的人。和氏璧不可能没有瑕疵,隋侯珠不可能没有缺点,然而天下人仍视之为珍宝的原因,是因为小小的瑕疵损害不了它整体的品质。不因小小的瑕疵损害整体的品质优异,所以能成就大事。成就大事的关键在于自己,怎么能责求于人呢!如今这些参与政治事务的人讲到圣贤就先讲商鞅、韩非,说起治国大道就求教于法、术。用法和术来治理天下,如同用铁缰绳驭马,非但不能控制好马,恰巧会被铁缰绳束缚了他的双手。

君主数量最少,只是孤身一人而已,而臣子数量很多。让孤身一人的君主去控制数量很多的臣子,在形势上是不利的。君主用术治理政事,却想控制他的臣子不用术,形势上是难以禁止的。上下都用术,那对孤身一人的君主而言是不利的。所以君主如果依据礼义任用臣子,臣子就会用忠诚来侍奉君主。晏平仲对齐景公说:"君主如果丢弃礼义,那么齐国五尺高的孩童都能胜过我,也能胜过您。人们之所以能够服从于你,就是因为有礼。"当今末世丢弃礼义,用术的君主自身都不能按礼义行事,就他自身而言,难道一定能胜过五尺孩童吗?夏、商、周三代之所以灭亡,不是它的"法度"消亡了,而是没有善于驾驭"法度"的人。如果能找到这样一个人,就像王良、造父能用腐烂的缰绳驾驭住奔跑的驷马之车;伊尹、太公能用有弊端和漏洞的"法"统治凶暴的人。如果不能找到这样的能人,不能按照正确

奈何乎万乘之主释人而任法哉？且世未尝无贤也，求贤之务，非其道，故常不遇之也。除去汤、武圣人之君任贤之功。近观齐桓，中才之主耳，犹知劳于索人，逸于任之，不疑子纠之亲，不忘射钩之怨，荡然而委政焉，不已明乎？九合诸侯，一匡天下。不已荣乎？一曰仲父，二曰仲父，不已优乎。孰与秦二世悬石程书，愈密愈乱，为之愈勤，而天下愈叛，至于弑死。以斯二者观之，优劣之相悬，存亡之相背，不亦昭昭乎？夫人生莫不欲安存而恶危亡，莫不欲荣乐而恶劳辱也，终恒不得其所欲，而不免乎所恶者何？诚失道也。欲宫室之崇丽也，必悬重赏而求良匠，内不以阿亲戚，外不以遗疏远，必得其人，然后授之，故宫室崇丽，而处之逸乐。求其辅佐，独不若是之公也，唯便辟亲近者之用，故图国不如图舍，是人主之大患也。

使贤者为之，与不肖者议之，使智者虑之，与愚者断之，使修士履之，与邪人疑之，此又人主之所患也。夫赏贤使能，则民知其方，赏罚明必，则民不偷，兼聪齐明，则天下归之。然后

的方法驾驭马车，缰绳即使再坚固，也不能驾驭马车；法度即使再严明，百姓也一定会叛离君主。

无奈的是君主丢弃治法之人而一味地依靠法来解决问题！况且世上不是没有这样的贤才，只是寻求贤才的途径、方法不得当，所以经常遇不到。除去汤、武这样的圣贤君主，善于任用贤明建立功业外，近看齐桓公，他只是一个中等才能的君主罢了，都知道寻求贤才劳累，而在使用他们以后就安逸了的道理。（齐桓公）不因（管仲）是公子纠的亲信就怀疑他，不因（管仲）曾射杀自己就怨恨他，心胸坦荡，把国事托付于他，这不算明智吗！多次会合诸侯，统一匡正天下，这不是很荣耀吗？开口称"仲父"，闭口称"仲父"，对待臣子不是很优厚吗？哪像秦二世，整天忙忙碌碌，越机密越混乱，越勤于国事，百姓越是叛离，最终被弑杀。拿这两个国君来看，优劣相差之大，结局相背之远，不也很清楚吗？人，没有谁不希望安定生存而憎恨危险灭亡，没有谁不想荣耀幸福而憎恨劳苦屈辱，但人最终还是得不到他想要的而又避免不了他所憎恨厌恶的，为什么？是由于不由其道啊！想要宫殿楼宇高大华丽，一定会悬重赏以求得好工匠。为此，（在寻求能工巧匠的时候）对内不会偏袒家族亲人，对外也不会遗漏关系疏远的能人，一定要找到这样的人才，然后给予他重赏，所以宫殿才会建造得高大华丽，住起来舒服快乐。等到他寻求辅佐贤才的时候，反而不如选工匠那样公正了，只用那些谄媚奉承、关系亲近的人。所以图谋国事还不如图谋家舍那样周到公正，这是国君常有的大毛病。

派贤人做事，却与不贤之人议事；叫明智的人考虑问题，却与愚笨的人决断问题；派品德美好的人去执行任务，却与邪恶的人怀疑猜忌他，这又是国君的一大弊病。奖赏贤明，任用德才兼备的人，百

明分职，序事业，公道开而私门塞矣。如此，则忠公者进而佞悦者止，虚伪者退而贞实者起，自群臣以下至乎庶人，莫不修己，而后敢安其职业，变心易虑，反其端悫，此之谓政化之极。审斯论者，明君之体毕矣。

臣体

凡人臣之于其君也，犹四支之戴元首，耳目之为心使也。皆相须而成为体，相得而后为治者也。故《虞书》曰："臣作股肱耳目。"而屠蒯亦云："汝为君目，将司明也，汝为君耳，将司聪也。"然则君人者，安可以斯须无臣，臣人者，安可以斯须无君，斯须无君，斯须无臣，是斯须无身也。故臣之事君，犹子之事父而加敬焉。父子至亲矣，然其相须尚不及乎身之与手足也，身之于手足，可谓无间矣。然而圣人犹复督而致之，故其化益淳，其恩益密，自然不觉教化之移也，奸人离而间之，故使其臣自疑于下，而令其君孤立乎上，君臣相疑，上下离心，乃奸人之所以为劫杀之资也。然夫中才之主，明不及乎治化之原，而感于伪术似是之说，故备之愈密，而奸人愈甚，譬犹登高者，愈惧愈危，愈危愈坠，孰如早去邪径而就夫大道乎。

姓就会懂得去端正自己的品行；赏罚明确，对善必赏，对恶必罚，百姓就不敢窃取他人的东西；广泛听取各方意见就会敏捷明智，能够这样，天下百姓就会归从顺服。然后，再明确百官的职责，依序安排政事，这样，为公家效劳的道路就顺畅了，谋私的门径就会被堵住。如此，忠诚公正的人就会被启用，而奸佞谄媚之人就被遏制；虚假伪诈的人被黜退，而正直信实的人就会被提拔。从大臣到平民，无人不修养自身而后安守自己的职责本分，人民转变思想，回归正直诚实，这就是所说的政治教化的最高境界。明白这些道理，就完全具备了一个明君应有的基本素质了。

臣体

  臣子对于国君而言，就像人的四肢拥戴大脑，耳目听从心的驱使，两者相互依赖、相互配合而成为一个整体，两相契合，共同治理政事。所以《虞书》这样说："臣子要做国君的股肱耳目。"而屠蒯也说："你作为国君的眼睛，就是负责使君主眼睛明亮，让国君了解下情；你作为国君的耳朵，就是负责使国君听觉灵敏，让国君明辨听察。"这样说来，君主怎么可以片刻没有臣子，臣子怎么可以片刻没有国君呢？片刻没有君主，片刻没有臣子，就等于片刻没有身体。所以臣侍奉君主，就要像侍奉自己的父亲一样而更加敬谨。父与子是最亲近的人，然而他们互相依赖、互相配合的关系还不如身体与四肢那样紧密。身体与四肢的联系，可说是亲密无间的，可是圣人还要反复督促使其更为紧密，因而民风日益质朴淳厚，上下恩情日益亲密无间，一切都自自然然、觉察不出教育、转化的痕迹。而心术不正之人离间他们，存心使臣子自疑于朝堂之下，使君主孤立于朝堂之上，君臣互相猜忌，上下不同心，这是心术不正之人抢夺权柄、杀害忠良的

凡士之结发束修，立志于家门，欲以事君也，宗族称孝焉，乡党称悌焉，及志乎学，自托于师友，师贵其义而友安其信，孝悌以笃，信义又著，以此立身，以此事君，何待乎法，然后为安。及其为人臣也，称才居位，称能受禄，不面誉以求亲，不偷悦以苟合，公家之利，知无不为也，上足以尊主安国，下足以丰财阜民，谋事不忘其君，图身不忘其国，内匡其过，外扬其义，不下比以暗上，不上同以病下，见善行之如不及，见贤举之如不容，内举不避亲戚，外举不避仇雠，程功积事而不望其报，进贤达能而不求其赏，道涂不争险易之利，见难而无苟免之心，其身可杀而其守不可夺。此直道之臣所以佐贤明之主，致治平之功者也。

若夫主明而臣暗，主暗而臣伪，有尽忠不见信，有见信而不尽忠，溷淆于臣主之分，出入于治乱之间，或被褐怀玉以待

先决条件。像那些只有中等才能的君主，看不到国家稳定、风俗好转的根源，却被貌似正确的虚伪学说所迷惑。因此，防备奸人防备得越严密，奸人侵害得反而越厉害。就如那些登高之人，越害怕就越危险，越危险就越容易跌落下来。怎比得上早点离开这歪斜的小路去选择那宽阔的道路呢！

真正的读书人，初入学时，就在家里立下了远大志向，想要自己所学将来能服务于国家和君主。同宗的人称道他孝顺父母，同乡的人称道他懂得友悌之道。等到他立志做学问的时候，将自己托付于老师友人，老师因其品行合乎正义而尊重他，友人因其诚实守信而安心与他交往。他们能够笃行孝悌、显明信义，凭着这些做人处事，凭着这些侍奉君主，何须依靠法律的约束才能安心做事呢？等到他做了国君的臣子，权衡自己的才能居官任职，估量自己的能力接受俸禄；不当面阿谀奉承以求君主亲近自己，不苟且迎合以求取悦君主；对公家有利的事情，只要知道了就去做；上足以尊崇君主安定国家，下足以丰富财物富足百姓；谋划国家大事不忘君主，谋求个人利益不忘国家；在内纠正君主的错误，在外宣扬君主的道义；不私下相互勾结蒙蔽愚弄君主，不向上迎合君主去损害百姓；见到善行，努力追求，唯恐赶不上；见到贤人，尽力推荐，生怕不被接纳；举荐人才对内不回避家人，对外不回避仇人；考核他人功劳、积累他人功绩（希望他人得到任用）而自己不求回报，推荐贤良、晋升能人自己不求奖赏；在路上不与人争平坦好走的地方，见到危难不存侥幸获免的心思；宁可被夺去生命，也不可丧失节操；这些耿直正义的臣子，就是辅佐贤明君主，实现治国平天下功绩的国家栋梁啊。

至于君主贤明而臣子愚昧，君主愚昧而臣子虚伪，尽忠之人不被信任，被信任的人又不尽忠，君臣职分混乱不清，国家动乱变化不

时。或巧言令色以容身,又可胜尽哉?是以古之全其道者,进则正,退则曲,正则与世乐其业,曲则全身归于道。不傲世以华众,不立高以为名,不为苟得以偷安,不为苟免而无耻。夫修之于乡间,坏之于朝廷,可惜也。修之于己立,坏之于阖棺,可惜也。君子惜兹二者,是以有杀身以成仁,无求生以害仁,况害仁以求宠乎?故孔子曰:"不义而富且贵,于我如浮云。"若夫智虑足以图国,忠贞足以悟主,公平足以怀众,温柔足以服人,不排毁以取进,不刻人以自入,不苟容以隐忠,不耽禄以伤高,通则使上恤其下,穷则教下顺其上,故用于上则民安,行于下则君尊,可谓进不失忠,退不失行,此正士之义,为臣之体也。

凡趣舍之患,在于见可欲而不虑其败,见可利而不虑其害,故动近于危辱。昔孙叔敖三相楚国而其心愈卑,每益禄而其施愈博,位滋高而其礼愈恭,正考父伛偻而走,晏平仲辞其赐邑,此皆守满以冲,为臣之体也。夫不忧主之不尊于天下,而唯忧己之不富贵,此古之所谓庸人,而今之所谓显士,小人之所荣慕,而君子之所以为耻也。

定,有的怀抱美才深藏不露等待时机,有的花言巧语媚态伪情以求存身,这些哪里说得尽道得完的呢!因此,古时保全其道义的人,出世则正直无私,入世则委曲变通,正直无私能与世人一道乐守本分,委曲变通能保全自身回归道义;不傲世以哗众取宠,不好高骛远以求虚名,不因一时有所得而贪图眼前安逸,不为一时可以免去灾祸就不顾羞耻。那些在乡里修养自身,却在朝廷变了质的人,值得惋惜;那些在而立之时修养自身,却在盖棺之时变了质的人,值得惋惜。君子痛惜这两种人,因此不惜牺牲生命也要恪守仁义,绝不会为了自己活命而做出损害仁义的事来,更何况是损害仁义以求得主子的恩宠!所以孔子说:"用不合乎道义的手段得到的富与贵,对于我,就如同天上的浮云一样。"如果智慧谋虑足以治理国家,忠诚坚贞足以启发君主,公正平等足以怀恤民众,温存亲和足以使人顺服;不诋毁他人以求职位晋升,不伤害他人以求自己被任用,不为苟且取容于世而失去自己的忠诚之心,不为高官厚禄而损害自己的高贵人格,得志就引导君主体恤臣民,不得志就教化臣民顺从君主;这样的人,被提拔重用时能使百姓安乐,退居于下则能使君主尊贵;可以说是出仕不缺失忠诚,退隐不丧失德行;这种正直之士的义节,是作为一个臣子应该坚持的基本准则。

一般人在进退、取舍时常患的毛病是,只看到自己的欲望可以满足而不考虑失败,只看到可以获得利益而不考虑危害,所以稍有行动就接近于危险耻辱。过去孙叔敖三次做楚国宰相而其内心更为谦卑,每次增加了俸禄他的施舍就更为广泛,地位越高他的礼节就越加谦恭。孔子的先祖正考父谦卑地低头弯腰行走,晏婴推却不受君王封赏的城邑,他们都是身居显位、据守盈满而能够保持谦逊、平和礼让的人,这是作为臣子应该具备的基本品质。而那些不担忧君

凡人臣之论，所以事君者有四。有贤主之臣，有明主之臣，有中主之臣，有庸主之臣。上能尊主，下能一民，物至能应，事起能辨，教化流于下，如影响之应形声，此贤主之臣也。内足以一民，外足以拒难，民亲而士信之，身之所长，不以佛君，身之所短，不以取功，此明主之臣也。君有过事，能一心同力相与谏而正之，以解国之大患，成君之大荣，此中主之臣也。端悫而守法，一心以事君，君有过事虽不能正谏，其忧见于颜色，此庸主之臣也。以庸主之臣也事贤主则从，以贤主之臣事庸主则凶。古之所以成其名者，皆度主而行者也，修之在己，而遭遇有时，是以古人抱麟而泣也。

夫名不可以虚伪取也，不可以比周争也。故君子务修诸内而让之于外，务积于身而处之以不足。夫为人臣，其犹土乎？万物载焉而不辞其重，水渎污焉而不辞其下，草木殖焉而不有其功，此成功而不处，为臣之体也。若夫处大位，任大事，荷重权于万乘之国，必无后患者，其上莫如推贤让能而安随其后，不为管仲，即为鲍叔耳；其次莫如广树而并进之，不为魏成子即为翟黄耳。安有壅君蔽主专权之害哉？此事君之

主在天下是否被尊重，只担心自己不够富贵的人，就是古时所谓的庸人。而今天所谓的显达之士，正是那些小人以为荣耀而君子以为耻辱的人。

关于对臣子的评价，根据他侍奉君主的情况来分，有四类：有贤主之臣，有明主之臣，有中主之臣，有庸主之臣。上能尊从君主，下能统一民众，事情来了能应对，事件发生了能处理，对民众的教化往下传达，就像影子跟随身形、回声回应声音一样，这是贤主之臣；在内足以统一民心，对外足以抗拒灾难，百姓亲近他，士人信任他，不以自己的长处蒙蔽君主，不以自己的短处骗取功绩，这是明主之臣；君主有过错，能和其他大臣同心协力，共同进谏帮助他纠正错误，消除国家的重大隐患，成就君主的荣耀，这是中主之臣；正直诚实而遵守法规，一心一意侍奉君主，君主有过错，虽不能进谏帮助他改正，脸上也能显出忧色，这是庸主之臣。让庸主之臣去侍奉贤主则诸事顺利，让贤主之臣来侍奉平庸的君主则凶多吉少。古时那些能成就名声的臣子，都是先衡量君主是什么样的君主，然后再决定自己的行动，因为修养在于自身，而要遇上明主却要靠机遇，因此古人常常空负稀世才华而悲伤落泪。

声名不能靠虚假诡诈的手段获取，不能靠结党营私的途径争取。所以君子致力于对内修养自身对外谦恭礼让，致力于积累自身美德而时刻以自己德行不足来自处。做臣子的就像大地一样！大地承载万物，不因沉重而拒绝，被不洁之水污染，却不拒绝其流淌；草木在上面繁殖生长，却不据为己功，成就功德而不居功自傲，这是做臣子的基本准则。像那些在万乘之国身居高位、担当大任、掌管大权又想杜绝后患的臣子，最好的做法不如推荐贤才让位于能者，安心于其后，不做管仲，就做鲍叔牙。其次不如大范围地培养人才一起进献

道,为臣之体也。

行体

夫行也者,举趾所由之径路也,东西南北之趣舍也,君子小人之分界也,吉凶荣辱之皂白也。由南则失北也,由东则失西矣,由乎利则失为君子,由乎义则失为小人,吉凶荣辱之所由生,义利为之本母也,是以君子慎趣舍焉。

夫君子直道以耦世,小人枉行以取容。君子掩人之过以长善,小人毁人之善以为功。君子宽贤容众以为道,小人徼讦怀诈以为智。君子下学而无常师,小人耻学而羞不能。此又君子小人之分界也。君子心有所定,计有所守,智不务多,务行其所知,行不务多,务审其所由,安之若性,行之如不及。小人则不然,心不在乎道义之经,口不吐乎训诂之言,不择贤以托身,不力行以自定,随转如流,不知所执,此又君子小人之分界也。

君子之养其心,莫善于诚。夫诚,君子所以怀万物也。天

给君主，不做魏成子，就做翟黄。如能这样，怎么会有蒙蔽君主、独断专权而带来的祸害呢！这些是侍奉君主的正道，也是做臣子的基本准则。

行体

一个人的处事标准，就是一个人所作所为所依循的途径，是对于人生方向的取舍，是君子小人的分界线，是吉凶荣辱的标志。选择向南就得舍弃北面，选择向东就得舍弃西面。听从于私利的驱使就失去了成为君子的机会，听从于道义的指引就不会堕落为小人。吉凶荣辱之所以产生，依从道义还是依从私利正是其产生的根源，依从道义就会吉祥，依从私利就有凶祸，因此君子对于取舍无比地谨慎。

君子履行正道来适应世俗，小人靠邪行取悦他人以求容身；君子遮掩他人的过恶来长养自己的厚德善心，小人则毁谤败坏别人的美德以此来标榜自己；君子宽厚贤良能与各种人交往，并以此为道义，小人好揭人短心存欺诈，却自以为聪明；君子遇到人就不耻下问，没有固定的老师，小人以向别人请教为耻，还嘲弄侮辱那些没有能力的人，这也是君子与小人的一个分界线。君子心里有信念，谋划讲原则，不求自己知道的很多，而求自己知道的都能够落实；不求要做很多的事情，而务必弄清楚做这件事的理由；遇事坦然好像生来如此，行事积极好像生怕赶不上。小人就不是这样，小人心里想的不是伦理道德和圣贤经典，满口胡诌吐不出什么告诫勉励的言语，不选择贤人以求托付终身，不努力践行道义以求安定自身，随波逐流，不知道自己一生要干什么，这也是君子与小人的分界线。

君子修养身心，没有比"诚"更重要的了。正因为有了"诚"，君

不言而人推高焉，地不言而人推厚焉，四时不言而人期焉，此以至诚者也。诚者，天地之大定，而君子之所守也。天地有纪矣，不诚则不能化育；君臣有义矣，不诚则不能相临；父子有礼矣，不诚则疏；夫妇有恩矣，不诚则离；交接有分矣，不诚则绝。以义应当，曲得其情，其唯诚乎。

政体

孔子曰："为政以德。"又曰："导之以德，齐之以礼，有耻且格。"然则德之为政大矣，而礼次之也。夫德礼也者，其导民之具欤。太上养化，使民日迁善而不知其所以然，此治之上也。其次使民交让处劳而不怨，此治之次也。其下正法，使民利赏而欢善，畏刑而不敢为非，此治之下也。夫善御民者，其犹御马乎，正其衔勒，齐其辔策，均马力，和马心，故能不劳而极千里。善御民者，一其德礼，正其百官，齐民力，和民心，是故令不再而民从，刑不用而天下化治。所贵圣人者，非贵其随罪而作刑也，贵其随乱之所生也，是以至人之为治也，民有小罪，必求其善，以赦其过，民有大罪，必原其故，以仁辅化，是故上下亲而不离，道化流而不蕰。

子才能包容天下万物。天不言语可是人们推崇它的高远,地不言语可是人们推崇它的厚重,四季不言语可是人们期盼它的来临,是因为它们是至诚的。诚,是天地间最高的行为准则,也是君子必须坚持的操守。天地之间有纲纪,不诚就不能培育万物;君臣之间有道义,不诚就不能相处共事;父子之间有礼义,不诚就会疏远;夫妻之间有恩义,不诚就会分离;朋友结交有分寸,不诚就会断绝来往。遵循道义而应事得当,最终得到万物真诚的感应,这不是只有靠"诚"才能达到的吗?

政体

孔子说:"治理政事应该德化天下。"又说:"用仁德来引导百姓,用礼义来统一百姓的言行,百姓不仅有廉耻之心,而且也会情愿接受治理。"既然这样,那么说仁德对于治理国家是最重要的了,而礼义列居第二。德和礼,是引导教化百姓的工具。最重要的是推行仁德形成感化,使百姓日益向善靠近却不知为什么会这样(向善行靠近),这是治理的上策。其次是使百姓互相谦让,辛勤劳作而不埋怨,这是治理的中策。最末才是严明法令,用物质利益来激励百姓向善,使百姓畏惧刑法而不敢胡作非为,这是治理的下策。那些善于治理天下的,他们治理天下不就像驾驭车马么?安正衔口笼头,准备好缰绳马鞭,使马均匀用力,和马配合默契,所以能行达千里而不劳累;善于统治百姓的人,用道德礼义统一民心,整治文武百官,使百姓齐心协力,民心平定,因此不需三令五申而百姓顺从,不必使用刑罚而天下太平。我们尊崇圣人的原因,不在于他能根据所犯罪行量刑处置,而在于他能事先防止祸害的产生。所以最高明的人这样治理国家:百姓如果犯有小罪,一定从中寻求善意之处来赦免他的过失;百

夫君子欲政之速行，莫如以道御之也。皋繇瘖而为大理，有不贵乎言也。师旷盲而为太宰，有不贵乎见也。唯神化之为贵，是故圣王冕而前旒，所以蔽明，黈纩充耳，所以掩聪也。观夫弊俗偷薄之政，耳目以效聪明，设倚伏以探民情，是为以军政虏其民也，而望民之信向之，可谓不识乎分者矣。难哉！为君也。

夫君尊严而威，高远而危，民者卑贱而恭，愚弱而神，恶之则国亡，爱之则国存，御民者必明此要。故南面而临官，不敢以其富贵骄人。有诸中而能图外，取诸身而能畅远，观一物而贯乎万者，以身为本也。夫欲知天之终始也，今日是也，欲知千万之情，一人情是也，故为政者不可以不知民之情，知民然后民乃从令，己所不欲，不施之于人，令安得不从乎。故善政者，简而易行，则民不变；法存身而民象之，则民不怨；近臣便嬖，百官因之而后达，则群臣自污也。是以为政者必慎择其左右，左右正则人主正矣，人主正则夫号令安得曲耶。

姓如果犯有大罪，一定找出其中的原因，然后用仁德来辅助教化他，因此上下亲和而不离散，道德教化顺畅而不郁结。

  君主想要政令迅速推行下达，最好的办法是用仁道来施行。皋陶喉咙嘶哑，不能说话，却能担任掌管刑法的大理一职，因为有时并不看重言语；师旷两眼失明却能担任太宰一职，因为有时并不看重视力，只有玄妙地潜移默化才是最重要的。因此圣明的君王所戴的冠冕前面悬垂玉串，是为了遮掩自己敏锐的视力；用黄绵塞住耳朵，是为了遮掩自己灵敏的听力。观察社会风气败坏、浇薄之风盛行之时的政事，为政者到处安插耳目来扩大视听，遍设暗探来探听民情，这是用军事手段来俘获他的百姓，却妄想百姓信任归顺他，这是连治国的基本原则都不明白啊。这样还想做好国君，实在很难啊！

  做君主的，尽管庄重严肃而威慑天下，但是却居高处远而充满危险；做百姓的，虽然地位卑下需恭敬有礼，愚昧软弱却有神奇的力量。君主厌恶百姓，国家就会灭亡；君主爱护百姓，国家就会生存发展。做君王的一定要明白这个道理。所以帝王坐北面南接受百官的朝拜，不敢因富贵就盛气凌人，能依据自己听到看到的东西考虑到其他事物，能凭借自身听到看到的东西推及到长远的事情，观察一事而能贯通万事，都是以自身为根本。想要知道天的开始与终结吗？今天这一天就是。今天是开始，也是终结。想要了解千千万万百姓的实情吗？了解一个人就了解了全部。自己喜好的，就是百姓所喜好的；自己憎恶的，就是百姓所憎恶的。所以治理政事的人不能不了解民情。了解民情然后百姓才会听从命令；自己不想要的，不要强加给他人，百姓怎么不会听从命令呢？所以善于治理政事的人，政令简明容易推行，百姓就不生变乱；以身作则遵守法规，百姓就会竞相模仿也就不会埋怨。近臣巧言取宠，百官凭借他们而飞黄腾达，那众臣就会自甘

法体

天下大恶有五,而盗窃不豫焉。一曰心达而性险,二曰行僻而志坚,三曰言伪而辞辩,四曰记丑而喻博,五曰循非而言泽。此五者,有一于人则不可以不诛,况兼而有之,置之左右,访之以事,而人主能立其身者,未之有也。

夫淫逸盗窃,百姓之所恶也,我从而刑之残之刻剥之,虽过乎当,百姓不以为暴者,公也。怨旷饥寒,亦百姓之所恶也,遁而陷于法,我从而宽宥之,虽及于刑,必加隐恻焉,百姓不以我为偏者,公也。我之所重,百姓之所憎也,我之所轻,百姓之所怜也。是故赏约而劝善,刑省而禁奸。由此言之,公之于法,无不可也,过轻亦可,过重亦可,私之于法,无可也。过轻则纵奸,过重则伤善,今之为法者,不平公私之分,而辩轻重之文,不本百姓之心,而谨奏当之书,是治化在身而走求之也。

堕落。因此国君一定要慎重选择身边跟随的人，身边的人正直国君就正直，如果国君正直。号令怎么会歪曲不畅达呢？

法体

天底下最大的恶行有五种，而盗窃不算在内！一是洞达事理而又用心险恶；二是行为怪僻而又不知悔改；三是言语虚妄而又善于狡辩；四是专记恶行而又大肆宣扬；五是随顺邪恶之事而且将其粉饰美化。这五种恶行，人只要有一种，就不可不杀，何况五种恶行兼而有之？将这样的人安放在身边，向他询问国事，国君还能够端正自身的，这种情况从未有过。

邪恶放纵偷盗等行径是百姓憎恨的。君主因而对他们用刑，残损他们的身体、对他们进行侵夺剥削，即使处罚过度，百姓也并不认为我残暴，这是因为他们知道君主是出于公心；孤单寂寞、饥饿、寒冷等遭遇也是百姓所不情愿的。为了逃离这些，不慎触犯法律，君主因而饶恕他们、宽容他们，即使到了非用刑不可的地步，君主也一定会心怀恻隐之心更加怜惜，百姓却不认为君主是在偏袒，这是因为他们知道君主是出于公心。君主所重罚的，正是百姓所憎恨的；君主所轻罚的，正是百姓所怜悯的。因为这个缘故，不需太重的奖赏就可以劝勉百姓向善，不需严刑酷法就可以禁止邪恶。由此说来，公心用之于法律，没有行不通的。只要出于公心，用法轻一点也行，用法重一点也可；私心用之于法律，没有行得通的。如有私心，用法太轻就会纵容奸邪，用法太重就会伤害善行。今天那些治法者，不是从公私的角度去衡量，却来争辩用法轻重这种形式性的问题，不以民心为本，而只谨慎于使上奏判罪的文书得当，这就好像法治教化之道本在自身却跑去别处寻求一样。

圣人之于法也，已公矣。然犹身惧其未也。故曰："与其害善。宁其利淫。"知刑当之难必也，从而救之以化，此上古之所务也。后之治狱者则不然，末讯罪人，则驱而致之，意谓之能。下不探狱之所由生为之分，而上求人主之微旨以为制，谓之忠。其当官也能，其事上也忠，则名利随而与之，驱世而陷，此以望道化之隆，亦不几矣。

凡听讼决狱，必原父子之亲，立君臣之义，权轻重之叙，测浅深之量。悉其聪明，致其忠爱，然后察之，疑则与众共之，众疑则从轻者，所以重之也，非为法不具也，以为法不独立，当须贤明共听断之也。故舜命皋繇曰："汝作士。惟刑之恤。"又复加之以三谇，众所谓善，然后断之，是以为法参之人情也。故《春秋》传曰："小大之狱，虽不能察，必以情。"而世俗拘愚苛刻之吏，以为情也者，取货赂者也，立爱憎者也，祐亲戚者也，陷怨雠者也，何世俗小吏之情与夫古人之悬远乎，无乃风化使之然邪。有司以此情疑之群吏，人主以此情疑之有司，是君臣上下不通相疑也，不通相疑，欲其尽忠立节，亦难矣。苟非忠节，免而无耻，免而无耻，以民安所厝其手足乎。

圣人治法已经很公正了,可是仍然担心尚有不公之处,所以说:"与其伤害贤善之人,宁可利于有罪之人。"他们深知量刑适当与否难以肯定,于是用道德教化来补救,这是上古时期的古圣先王所致力做的事情。后来审理案件的人就不是这样,还未审问犯人,先对案件臆测一番,等到审讯犯人时,就一步步诱使犯人落入他的主观臆断的陷阱中,却把这称之为有能耐;他们对下不去探求案件发生的根源,从而对案件的性质加以区分,而是向上揣摩君主隐而未露的心思来裁决案件,还将这称之为忠于职守。这样的人担任官职被认为是有能力,侍奉君主被认为是忠于职守,名利也就随之而来。这就驱使世人沉溺于这种风气,却希望道德教化能够兴盛,这也是不可能的。

凡是审案断案,一定要推究体察父子间的亲情,立足于君臣间的道义,权衡犯罪情节的轻重,检测罪行分量的深浅,用尽自己分辨是非的能力,竭尽自己的忠爱之心,然后对案件详加调查。如果自己觉得案件可疑的话就要和大家一同审理决定,如果大家都认为案件可疑的话就从轻处置。审断案件如此谨慎,不是因为相关法规不够详尽,而是因为法律不为一人一案而定,必须与贤明的人共同听审后作出判决。所以舜任命皋陶时说:"你做司法官,一定要慎重用刑。"又规定要反复审问三次(向群臣、群吏、民众三方征求意见),大家都说可以了,然后再判决,这样做是因为刑法要参考人情。所以《春秋传》说:"大大小小的案件,即使不能一一查清,也一定要合乎人情。"可是世间那些固执愚昧严厉刻薄的官吏,认为这人情就是索要贿赂、顺着自己的爱憎、庇佑亲人、陷害仇人,为什么如今世间小吏所说的人情与古人所说的人情相差这么远呢?恐怕是风气的变化造成的吧。主管官员因为这人情怀疑判案的官吏,君主因为这人情怀

春秋之时，王道浸坏，教化不行，子产相郑而铸刑书。偷薄之政，自此始矣。逮至战国，韩任申子，秦用商鞅，连相坐之法，造参夷之诛，至于始皇兼吞六国，遂灭礼义之官，专任刑罚，而奸邪并生，天下叛之。高祖约法三章，而天下大悦。及孝文即位，躬修玄默，议论务在宽厚，天下化之，有刑厝之风。至于孝武，征发烦数，百姓虚耗，穷民犯法，酷吏击断，奸宄不胜，于是张汤赵禹之属，条定法令，转相比况，禁罔积密，文书盈于机格，典者不能遍睹，奸吏因缘为市，议者咸怨伤之。

凡治狱之情，必本所犯之事以为之主，不放讯，不旁求，不贵多端，以见聪明也。故律正其举劾之法，参伍其辞，以求实也，非所以饰实也。但当参伍聪明之耳目，不使狱吏断练饰治成辞于手也。孔子曰："古之听狱，求所以生之也。今之听狱，求所以杀之也。故斥言以破律，诋案以成法，执左道以乱政，皆王诛之所必加也。"

疑主管官员，这是君臣上下缺乏沟通而相互猜疑。缺乏沟通而相互猜疑，想要大臣们尽忠立节也就也很难了。如果大臣们不能尽忠诚立节，那只求免于犯罪受惩却没有廉耻之心，如果大臣们只求免于犯罪受惩却没有廉耻之心，那么叫天下百姓怎么办呢？

春秋时期，以仁义治理天下的王道逐渐衰亡，伦理道德的教化不再施行。子产担任郑国国相，将《刑书》铸刻在鼎上，鄙陋浇薄的统治从此就开始了。及至战国时代，韩国任用申不害，秦国任用商鞅，制定连坐之法，实行诛灭三族的酷刑。待到秦始皇，兼吞六国，废除执掌礼义的官吏，专门运用刑法惩罚，于是狡诈恶毒一并产生，天下百姓都反叛他。汉高祖约法三章（只规定"杀人者死，伤人及盗抵罪"），天下之人都非常高兴。到孝文帝即位，亲自实行清静无为的治国之道，谈法议事，力求宽容厚道，于是天下太平，达到了置刑法而不用的程度。但是到了孝武帝时，政府征调频繁，百姓因此财力空竭；穷困百姓犯法，由酷吏自行决断，而违法作乱的人和事却数不胜数。于是张汤、赵禹之流制定法令，以各种案例辗转比照，使禁令之网日加细密，法律条文堆满桌案、格架，主管之人看都看不完，奸邪的官吏借机徇私舞弊，议论的人都为之怨恨不平。

凡是审理案件，必须依据违法犯罪的事实，并以此为中心，不随意审讯，不四处求证，不多方牵扯，以显示自己明察事理。因而要依据相关的法律，认真对照案情，为的是弄清事实，而不是夸大事实，但应当让那些耳目聪明的人分析比较案情，不使管理刑狱的官吏徇私舞弊、奸计得逞就是了。孔子说："古人审理案件，是为当事人寻找生存的理由；如今的官吏审理案件是想方设法将其置于死地。"所以对徇私枉法，出卖法令的；毁谤他人，加以弹劾造成法律后果的；秉持邪道，扰乱国政的，这些人都必须加入到国君诛杀的行列中去。

时务论

杨伟 撰

审查计谋

夫听察者,乃存亡之门户,安危之机要也。若人主听察不博,偏受所信,则谋有所漏,不尽良策,若博其观听,纳受无方,考察不精,则数有所乱矣。人主以独听之聪,考察成败之数,利害之说,杂而并至,以干窥听,如此,诚至精之难,在于人主耳,不在竭诚纳谋,尽己之策者也。若人主听察不差,纳受不谬则计济事全,利倍功大,治隆而国富,民强而敌灭矣。若过听不精,纳受不审,则计困事败,利丧功亏,国贫而兵弱,治乱而势危矣。听察之所考,不可不精,不可不审者,如此急也。

凡有国之主,不可谓举国无深谋之臣,阖朝无智策之士也,在听策所考精与不精,审与不审耳。何以验其然乎?在昔汉祖者,聪听之主也,纳陈恢之谋则下南阳,不用娄敬之计则困平城。广武君者,策谋之士也,韩信纳其计则燕、齐举,陈余不用其谋则泜水败。由此观之,汉祖之听,未必一暗一聪也,在于精与不精耳。广武之谋,非为一拙一工也,在用与不用耳。不可谓事济者有计策之士,覆败者无深谋之臣也。吴

审查计谋

　　君主对各种意见的听闻和考察,是国家存亡的门户和安危的关键。假若君主听察不广博,只听信宠臣的话,那么所做的谋略必定有所疏漏,不能尽知良好的计策;假如广泛地观察探听,但是接受的方法不正确,考察不深入,那么计策必然又会有所败坏。君主凭借独自听受的聪敏,去推断思考各种言论的成败、利害,若各种意见纷至沓来,必然会干扰君主的视听。如此看来,考察各种言论是否精密得当的难题,就落在君主身上了,而不在竭诚贡献谋略、尽己之策的臣子那里。假如君主听察得当,采纳的建议合乎情理,那么考虑的计策就会周全而有所成就,就能加倍获益,大功告成,政治兴隆,国家富强,百姓强大,而敌人破灭。假若不深入、审慎地听取和采纳建议,那么考虑问题就会陷入困境,所做事情就会失败,利益丧失,功劳全无,国家陷入贫穷,对外作战失败,国内政治混乱,形势危急了。听察的考证不能不深入,不能不审慎,就是如此之重要啊。

　　凡是做国君的,不能说举国上下都没有深谋远虑的臣子、朝廷内没有能出良策之士,而在于自身听察考证时精心不精心,审慎不审慎。如何证明这一点呢?过去汉高祖刘邦是明于辨察的君主,采纳陈恢的计谋,就攻制了南阳,不用娄敬的计策则困于平城。广武君李左车是善于出谋划策的人,韩信采纳了他的计谋则使燕齐不战而降,陈余不用他的计谋则遭泜水之败。由此看出,汉高祖的听取,未必就是一次糊涂一次聪明,而是在于是否听取得专心。广武君的计谋,不是一个拙劣一个工巧,而在于采用不采用。不能说事成了是因为有献

王夫差拒子胥之谋，纳宰嚭之说，国灭身亡者，不可谓无深谋之臣也。楚怀王拒屈原之计，纳靳尚之策，没秦而不反者，不可谓无计画之士也。虞公不用宫奇之谋，灭于晋。仇由不听赤章之言，亡于智氏。蹇叔之哭，不能济崤渑之覆。赵括之母，不能救长平之败。此皆人主之听不精不审耳。由此观之，天下之国，莫不皆有忠臣谋士也，或丧师败军，危身亡国者，诚在人主之听，不精不审。

断忠臣国

取忠臣，谋博士，将何国无之乎？臣以为，忠良虑治益国之臣，必竭诚纳谋，恳恻而不隐者，欲以究尽治乱之数，舒展安危之策耳。故准圣主明君，莫不皆有献可退否纳忠之臣也。昔者，帝舜大圣之君也，犹有咎繇献谟，夏禹纳戒。暨至殷之成汤，周之文、武，皆亦至圣之君也，然必俟伊尹为辅，吕尚为师，然后乃能兴功济业，混一天下者，诚视听之聪察，须忠良为耳目也。由此观之，忠良虑治益国之臣者，得不师踪往古，袭迹前圣，投命自尽，以辅佐视听乎。

夫人君者，以至尊之聪听，总万机而监之，以至贵之明

计献策之人,而事败是因为没有精于谋划之臣。吴王夫差拒不采纳伍子胥的计谋,却听取太宰伯嚭的邪说,终至国家灭亡,自己被杀,不能说是因为没有精于谋划的大臣。楚怀王拒绝接受屈原的计策,而采纳靳尚的策略,终陷秦国客死他乡,不能说是没有出谋献策之士。虞国国君虞公不用宫之奇之谋致使国家被晋国所灭,仇由国国君不听赤章曼枝之言导致国家亡于智伯,蹇叔之哭不能挽救崤渑之战的败局,赵括之母不能拯救长平之战的失败,这些都是由于君主的视听不专心和不审慎造成的。由此看来,天下所有的国家都是有忠臣和谋士的。倘若失去民心、战争失败、危及于身、国家灭亡,原因在于君主自身的视听不专心、不审慎。

断忠臣国

如果真想寻求忠良之臣、博学之士,会有哪个国家没有呢?人臣以为,作为忠诚贤良、一心谋划治国之道以求利于国家的臣子,一定是竭尽忠诚、进献谋略、心存诚恳恻隐之心且不隐瞒自己观点的人。他们深切地希望君主能够实施其国家治乱的计策,施展其关乎国家安定的政略。所以,凡是称得上圣主明君的,无一没有进献可行之策、斥退错误建议、奉上自己忠心的臣子。古昔之时,舜帝是很圣明的君主,还有咎繇献上谋略、夏禹奉上告诫。到了殷朝的成汤、周朝的文王、武王,也都是很圣明的君主,然而只到伊尹成了辅弼、吕尚做了军师,然后才得以建立功勋、完成大业、统一天下。可见,君主想要做到视听聪敏、详明,必须要有忠良之臣作为其耳目。由此看来,忠诚贤良、一心谋划治国之道、利于国家的臣子,怎能不效法、追随往古,沿袭前圣的脚印,舍弃性命而竭尽全力来辅助君主的视听呢?

作为君主,以至尊的听闻来总管各种政务并且进行监督,以最

察，料治乱而考焉，将当能皆穷究其孔要，料尽其门户乎？其数必用有所遗漏，不有忠臣良谋辅佐视听者，则凡百机微有所不闻矣。何以论其然乎？夫人君所以尊异于人者，顺志养真也。欢康之虞，则严乐盈耳，玩好足目，美色充欲，丽服适体，远眺迥望，则登云表之崇台，逍遥容豫，则历飞阁之高观，嬉乎绿水之清池，游乎桂林之芳园，弋凫与雁，从禽逐兽，行与毛嫱俱，入与西施处，将当何从体觉穷愁之戚悴，识鳏独之难堪乎，食则膳鼎几俎，庶羞兼品，酸甘盈备，珍馔充庭，奏乐而进，鸣钟而彻，闲馈代至，口不绝味，将当何从觉饥馁之厄艰，识困饿之难堪乎？暑则被雾谷，袭纤绤，处华屋之大厦，居重荫之玄堂，寨罗帷以来清风，裂凝冰以遏微暑，侍者御粉扇，典衣易轻裳，飘飘焉有秋日之凉，将当何从体觉炎夏之郁赫，识毒热之难堪乎，寒则服绵袍，袭轻裘，锦衾貂蓐，叠茵累席，居隩密之深室，处复帟之重幄，炽猛炭于室隅以起温，御玉卮之旨酒以御寒，餤餤焉有夏日之热，将当何从体觉隆冬之惨烈，识毒寒之难堪乎？此数者，诚无从得而知之者也，凡百机微如此，比类者，必用遗漏，有所未详也。如此，则至忠之臣者，得不辅佐视听以起寤遗忘乎？

尊贵的明察来考虑国家的治乱之策并且进行审察，难道就能完全参透事物核心的要点，看出所有问题的关键么？君主所用的方针政策必定有所遗漏，如果没有忠臣和谋士来辅助君主的视听，在处理众多政务时一定会有许多注意不到的细微之处。怎样证明这一点呢？君主的尊贵之所以不同于一般人，是因为他能顺其心志保持本性。怕的是当他想享受欢乐时，就有萦绕于耳的严肃雅乐、布满眼睛的古玩珍宝、满足欲望的美人、极其合体的漂亮衣服；想登高远眺时，就登临齐云高的崇台；想逍遥自在，就游历有飞阁的楼观。终日在绿水清池旁嬉戏，在桂林芳园中游玩，箭射凫雁，追逐禽兽，出门时与毛嫱在一起，回来则和西施在一处，又能从哪里体会到穷困忧愁的悲哀、了解鳏寡孤独的难以忍受呢？吃饭时用鼎烹煮食物，用俎盛放在桌子上；美味佳肴多种多样，五味俱全，珍美的食物充满厅堂；进膳时有音乐佐餐，吃完后敲响钟鼎撤走食具；其间又有一道道其他美食。口中美味不断，又能从哪里感受到饥饿的痛苦、困窘的难堪呢？夏天披着薄雾般的轻纱，穿上细葛布衣服，居住在华丽的大厦里；或身处有浓荫的大厅中，提起丝制帷幔感受清风的凉爽，打碎冰块以消除微微的暑热，侍从为之轻摇粉扇，典衣官为之换上轻薄的上衣，飘飘然好像秋天一样凉爽，又能从何体会炎夏之郁闷、了解暑热之难忍呢？冷了就穿上绵袍，披上轻暖的皮衣，铺盖绵被、貂皮褥子和层层叠叠的垫子，住在幽深的居室中，身在重重的帐幕里，在卧室一角烧旺炭火来取暖，饮下玉杯所盛的美酒来御寒，温暖得好像夏天一样，又能从何感受隆冬之惨烈，认识严寒之难熬呢？以上这些，是在君主自身无从得而知之的事情。大凡众多细微的事情这样来类比，就知道君主一定会有遗漏之处，未能详细明了和知晓。这样，最忠心的大臣怎么能不辅佐君主，开阔君主的视听，以使其醒悟并不会遗忘呢？

典语

陆景 撰

重爵

爵禄赏罚，人主之威柄，帝王之所以为尊者也。故爵禄不可不重，重之则居之者贵，轻之则处之者贱，居之者贵则君子慕义，取之者贱则小人觊觎，君子慕义，治道之兆，小人觊觎，乱政之渐也。《易》曰："圣人之大宝曰位。何以守位？曰仁。"故先王重于爵位，慎于官人，制爵必俟有德，班禄必施有功，是以见其爵者昭其德，闻其禄者知其功。然犹诫以威罚，劝以黜陟，显以锡命，耀以车服，故朝无旷官之讥，士无尸禄之责矣。

夫无功而受禄，君子犹不可，况小人乎？孔子所以耻禀丘之封，而恶季氏之富也。故曰："富与贵是人之所欲，不以其道得之，不处。"苟得其志，执鞭可为，苟非其道，卿相犹避。明君不可以虚授，人臣亦不可以苟受也。《书》曰："天工人其代之。"是以圣帝明王，重器与名，尤慎官人。故周褒申伯，吉甫著诵。祈父失职，诗人作刺。王商为宰，单于震畏。千秋登相，匈奴轻汉。推此言之，官人封爵，不可不慎也。官得其人，方类相求，虽在下位，士以为荣也。俗以货成，位失其守，虽则

重爵

　　官爵、俸禄和赏罚,是君主的威权,也是君王之所以为尊的原因。所以对于官爵俸禄不可不重视。爵禄丰厚,就能体现居其位者身份的尊贵。君王轻视它,往往选出不合格的人享其禄。居其位的人品德高,就会激励君子崇尚道义;享其禄的人品德低,就会惹得小人生出非分之想。君子崇尚道义,是国家治理的先兆;小人产生非分想法,是破坏政治的开始。《易经》说:"圣人最宝贵的是爵位,怎样保守爵位,则在于仁爱的美德。"所以先王重视爵位,谨慎任免。对有德之人才赏赐爵位,对有功之人颁发俸禄。这样一来,他的爵位高低显示了他德行的高低,他的俸禄多少就代表他功劳的大小。即使如此,仍然设置刑罚进行惩戒,用降职贬官的方式进行劝戒,用天子的诰命让他显达,用车子和朝服使他显耀。因而朝廷没有虚设官位而被讥讽,士大夫也不会因空拿俸禄而受到指责。

　　无功得禄,君子都没有资格,何况对于小人呢?所以孔子为禀丘的封赐感到羞耻,鄙视季孙氏的富有。孔子说:"富与贵是人人想求得的,但不能通过道义求得,宁可不要。"假如符合心中的道义,就是为人执鞭赶车也可以做。假如不符合道义,就是给予卿相的高位也要拒绝。君主贤明,就不会把封赏给才德不够的人,臣下贤明,就不会无功而随便接受赏赐。《尚书》说:"上天的职司由人(君主)代替执行。"所以圣明的君主,很重视礼器和名誉,对分封官员就更慎重了。所以周朝褒奖申伯时,尹吉甫就作诗赞颂;祈父失职时,诗人就作诗讽刺;王商做了宰相,单于就害怕;田千秋做了宰相,匈奴

三公,士以为辱也。故王阳在位,贡公弹冠,王许并立,班伯耻之。

清治

天子据率土之资,总三才之任,以制御六合,统理群生,固未易为也。是以圣帝明王,忧劳待旦,勤于日昃,未有不汲汲于求贤,勤勤于远恶者也。故大舜招二八于唐朝,投四凶于荒裔,殛鲧不嫌登禹,亲仁也。举子不为宥父,远恶也。以能昭德立化,为百王之命也。

夫世之治乱,国之安危,非由他也。俊乂在官,则治道清,奸佞干政,则祸乱作,故王者任人,不可不慎也。得人之道,盖在于敬贤而诛恶也。敬一贤则众贤悦,诛一恶则众恶惧。昔鲁诛少正,佞人变行,燕礼郭隗,群士向至。此非其效与!然人主处于深宫之中,生于禁闼之内,眼不亲见臣下之得失,耳不亲闻贤愚之否臧,焉知臣下谁忠谁否、谁是谁非?须当留意隐括,听言观行,验之以实,效之以事,能推事效实,则贤愚明而治道清矣。

就小看汉朝。这些都说明，任命官员，赏赐爵位，都要慎之又慎。任命了称职的官员，大家都会向他看齐，即使官位不高，士人也会以这个官位为荣。用贿赂的方法取得官位，官职就失去本来的意义，即使是位极三公，人们也会以此为耻。所以王阳在位时，贡公弹冠祝贺；与王太后和许皇后的子弟为伍时，班伯就感到耻辱。

清治

　　天子占有四海之内的资财，总揽天、地、人的职责，来掌握驾驭天下四方，统管众多的生灵，因此很不容易做好。所以圣明的帝王，忧虑操劳，通宵达旦，一直忙碌到太阳西斜，没有哪一个不急切地寻求贤德之人，并尽力地去远离邪恶之臣。因此舜帝招取"八恺"（指高阳氏八个才子）、"八元"（指高辛氏八个才子）于唐尧之朝，流放四凶（指共工、欢兜、三苗、鲧）到荒芜边远的地方。他诛杀鲧而不妨碍提升其儿子禹，这是亲近仁人；提拔儿子而不饶恕其父亲，这是远离邪恶。所以能够显示其道德，树立其教化，成为后代帝王的楷模。

　　天下的治乱，国家的安危，不是由于其他什么原因，只要贤能之人做官，则治理之道清明；奸诈谄媚之人参与政事，则灾祸、动乱发生。所以君王用人，不能不慎重。得到人才的办法，全在于尊敬贤才而诛弃邪恶。尊敬一位贤才，则众多贤才喜悦；诛弃一个恶人，则众多邪恶者恐惧。昔日鲁国诛杀少正卯，巧言谄媚之人则改变其行为；燕国尊敬郭隗，成群的士人向往而至。这不就是其效验吗？然而，君主居住于深宫之中，生活在禁地小门之内，眼不能亲自看到臣下的得失，耳不能亲自听到关于贤愚的评论，怎能知道臣下谁忠谁奸、谁是谁非？必须要留心思考，暗中访求，听其言语，观其行动，在实践中证明，在做事中校验。若能推证其事，验证其实，则是贤是愚可以分

君道

王者所以称天子者,以其号令政治法天而行故也。夫天之育万物也,耀之以日月,纪之以星辰,运之以阴阳,成之以寒暑,震之以雷霆,润之以云雨,天不亲事而万事归功者,以所任者得其宜也。然握璇玑,御七辰,调四时,制五行,此盖天子之所为任者也。孔子曰:"唯天为大,唯尧则之。"帝王之盛莫过虞,昔帝尧之末,洪水有滔天之灾,烝民有昏垫之忧,于是咨嗟四岳,举及侧陋,虞舜既登,百揆时叙,二八龙腾,并干唐朝,故能扬严亿载,冠德百王。舜既受终,并简俊德,咸列庶官,从容垂拱,身无一劳,而庶事归功,光炎百世者,所任得其人也。

臣职

天子所以立公卿大夫列士之官者,非但欲备员数,设虚位而已也。以天下至广,庶事总猥,非一人之身所能周理,故分官别职,各守其位。事有大小,故官有尊卑。人有优劣,故爵有等级。三公者,帝王之所杖也,自非天下之俊德,当世之

明，从而治理之道就清明了。

君道

君王之所以称为天子，是因为他发布政令，都是效法上天而行动。上天孕育万物，是用日月来照耀、用星辰来纪年、用阴阳来调运、用寒暑来化成、用雷霆来震慑、用云雨来滋润而成的。上天不亲躬理事，而万事都归功于天，是因为它所任者都很称职。然而，把握璇玑、驾驭北斗、调和四季、制定五行，这些都是天子所要承担的内容。孔子说："只有上天是最大的，只有尧效法上天。"帝业的昌盛没有超过虞舜的。昔日尧帝后期，有洪水滔天而来的灾祸，有众民困于水患的忧愁。人们咨嗟忧愁，于是尧帝询问"四岳"（指尧时的四个部落首领）谁能担当大任，于是"四岳"举荐了出身低微之人（虞舜）。虞舜当上冢宰后，百官顺承，"八恺""八元"等杰出人才被提拔，共同为唐尧朝廷做事。所以能够显扬威严于亿万年，使其美德在百王之上。虞舜在尧帝死后三年，接受了天下，遂选拔才智出众、德行高尚之人，担任各种官职。自己则从容不迫，垂拱而治，没有一点烦劳，而众多事业都归功于他，以至于光耀百世，其原因就在于他所任用的皆是贤德之人。

臣职

天子之所以设立公卿、大夫、列士等各种官职，不只是为凑人数、设虚位。以天下之大，国家事务林林总总，不是君主一个人能妥善料理的，所以要分官别职，使大臣各自恪守岗位。事务有大小，所以官职也有尊卑之别。因为人有德才的高低，所以爵位有等级之分。三公，是帝王所倚仗的。如果不是天下才智出众、美德淳厚的

良材,即不得而处其任,处其任者,必荷其责,在其任者,必知所职。夫匡辅社稷,佐日扬光,协齐七政,宣化四方,此三公之职。笾豆之事,则有司存,大臣不亲细事,犹周鼎不调小味也。故书曰:"元首丛脞哉,股肱惰哉,庶事堕哉。"此之谓也。陈平曰:"宰相者,上佐天子,下理阴阳,外无四夷诸侯,内亲附百姓,使卿大夫各得任其职也。"可谓知其任者也。

任贤

　　天下至广,万机至繁,人主以一人之身,处重闱之内,而御至广之士,听至繁之政,安知万国之声息,民俗之动静乎?故古之圣帝,立辅弼之臣,列官司之守,劝之以爵赏,诫之以刑罚,故明诫以效其功,考绩以核其能,德高者位尊,才优者位重,人主总君谟以观众智,杖忠贤而布政化,明耳目以来风声,进直言以求得失。夫如是,虽广必周,虽繁必理。何则?御之有此具也。夫君称元首,臣云股肱,明大臣与人主一体者也。尧明俊德,守位以人,所以强四支而辅体也,其为己用,岂细也哉。苟非其选,器不虚假,苟得其人,委之无疑,君之任臣,如身之信手,臣之事君,亦宜如手之系身,安则共乐,痛则同忧,其上下协心,以治世事,不俟命而自勤,不求容而自亲。何则?相信之忠著也。

人，不是当今世上的栋梁之才，就不能担任三公的职位。身在这个职位，就必须担负起这个职位的责任；在这个职位上，就必须了解自己的职责。匡扶辅佐君主治理国家，帮助天子发扬光辉，协调整治"七政"，宣扬教化四方百姓，这是三公的职责。祭祀的事情，则由专门官员负责。大臣不过问小事，就像周鼎不调制小味一样。所以《尚书》说："君主处理琐碎之事，大臣就会懒惰懈怠，政事就要荒废了。"就是这个意思。陈平说："宰相上要辅佐天子、下要调理阴阳，外要怀柔外夷、安抚诸侯，内要亲近和顺百姓，使公卿大夫各尽其责。"他称得上是知道自己职责的人了。

任贤

天下广大，事务繁多，君主一人身处深宫之内，要统御百官、听陈政事，怎么能够知道各诸侯国的情况、民间百姓的声音呢？所以，古代圣明的帝王设立辅弼国政的大臣，安排管理部门的职责，并用爵位、奖赏给以勉励，用刑律、责罚给以警诫。而且常常申明告诫以考核其功劳，考察政绩以核实其能力，使道德高尚者爵位尊贵、才能优秀者担当重任。君主总揽大政方略以观察众人的智慧，依靠忠心贤德之人来部署政事和教化，明其耳目以得到社会回馈讯息，引进忠直的谏言以求知道自己的得失。如此则地域虽广，必可遍及；事情虽多，必能管好。为什么管理得如此完备呢？就是因为有这些方法来驾驭的缘故。君主称作"头"，大臣称做大腿和手臂，这是表明大臣与君主同属一体呀！尧能辨明才能出众、道德高尚的人，并以这样的人来据守其位，就是为了强健四肢而辅助身体。这样量才用人不是很精细吗？如果不符合选拔的条件，不会白白地给予其官位；如果得到合宜的人，则托事于他而毫无怀疑。君主任用臣子，就像身体信任自

是以天子改容于大臣，所以重之也。人臣尽命于君上，所以报德也。宠之以爵级，而天下莫不尊其位，任之以重器，天下莫不敬其人，显之以车服，天下莫不瞻其荣者，以其荷光景于辰耀，登泰阶于天路也。若此之人，进退必足以动天地而应列宿也，故选不可以不精，任之不可以不信，进不可以不礼，退之不可以权辱，昔贾生常陈阶级，而文帝加重大臣，每贤其遗言，博引古今，文辞雅伟，真君人之至道，王臣之硕谟也。

料才

夫料才核能，治世之要也。凡人之才，用有所周，能有偏达，自非圣人，谁兼资百行，备贯众理乎？故明君圣主，裁而用焉，昔舜命群司，随才守位，汉述功臣，三杰异称，况非此俦，而可备责乎？且造父善御，师旷知音，皆古之至奇也。使其换事易伎，则彼此俱屈。何则？才有偏达也。人之才能，率皆此类，不可不料也。若任得其才，才堪其任，而国不治者，未之有也。或有用士而不能以治者，既任之不尽其才，不核其能，故功难成而世不治也。马无辇重之任，牛无千里之迹，违其本

己的手；臣子服务于君主，也应该像手触摸自己的身体，安则共同欢乐，痛则一起忧愁。君臣上下协同一心，治理国家事务，不等命令而自觉劳作，不求君主欢心而自发亲近。为什么会这样呢？是相互信任与忠诚的表现。

因此说，天子对大臣动容，是因为器重他；臣子对君主舍身尽力，是为了报答恩德。以给予爵位表示宠信，则天下没有不尊崇其职位的；以赏赐国家的宝器表示信任，则天下没有不尊重其人的；以相应的车辆、服饰使其显贵，天下没有不瞻视其荣耀的。这是因为他如同披着清晨闪耀的阳光，登上通天之路的台阶。像这样的人，进退行止一定能够感动天地而应合星宿。因此，挑选时不能不细心，任用后不能不信任，在朝时不能没有礼节，退位后不能随便侮辱。昔日，贾谊曾经陈述官吏薪俸的等级问题，汉文帝更加信任。大臣每每称赞其言论，认为其谏言广泛引用古今事例，文辞雅正宏伟，真是君主管理臣子的最好方法、统帅群臣的高超谋略。

料才

评估考核一个人的才质和能力，是治理国家的要务。凡是人的才能，用处有其范围，能力有所偏通。如果不是圣人，谁的天资能兼通百行百业，完全通晓所有的道理呢？所以圣明的君主，衡量其所长而用。昔日，虞舜任用众多部门的官吏，都是根据其才能安排职位。汉朝表彰其功臣，萧何、张良、韩信这三位杰出人物各因其长而给予不同的称号，何况不是这类杰出人物而去求全责备呢？造父善于驾车，师旷擅长音律，都是古代最少见的，但如果让他们研讨事理或交换献艺，则双方都会感到很勉强。为什么呢？其才能有所偏通呀！人的才能，大致都是如此，不能不加以评估。如果所任是适合于职位

性,责其效事,岂可得哉!使韩信下帷,仲舒当戎,于公驰说,陆贾听讼,必无曩时之勋,而显今日之名也。何则?素非才之所长也,推此论之,何可不料哉!

通变

政有宜于古而不利于今,有长于彼而不行于此者。风移俗易,每世则变。故结绳之治,五帝不行。三代损益,政法不同。随时改制,所以救弊也。易曰:"随时之义大矣哉。"孔子曰:"不教民战,是谓弃之。"司马法曰:"国虽大。好战必亡。天下虽安。忘战必危。"明用武有时。昔秦杖威用武,卒成王业,吞灭六国,帝有天下,而不斟酌唐、虞,以美其治,损益三代,以御其世,尔乃废先圣之教,任残酷之政,阻兵行威,暴虐海内,故百姓怨毒,雄桀奋起,至于二世,社稷湮灭。非武不能取,而所守之者非也。《传》曰:"夫兵犹火也,不戢将自焚。"秦无戢兵之虑,故有自焚之祸,好战必亡,此之谓也。徐偃王好行仁义,不修武备,楚人伐之,身死国灭,天下虽安,武不可废,况以区区之徐,处争夺之世乎!忘战必危,此之谓也。汉高帝发迹泗水,龙起丰、沛,仁以怀远,武以弭难,任

的人才，或者才能确实能担当大任，而国家却治理不好，这是没有过的。也有任用了有一定特长的人，但国家并没有因为他们而治理好的情况，那是因为虽然任用，却不能人尽其才，不仔细考察其才能长项，所以事业难成，国家不治啊。马没有运载重物的能力，牛没有奔驰千里的本事。如果违背其本性，却要求其成事，怎么能如愿呢？如果让韩信去帷幄中运筹，让董仲舒去抵挡入侵之敌，让公孙去游说，让陆贾去断案，他们肯定不会有昔日的功勋和今世显扬的名声。为什么呢？因为这向来就不是他们才能的长项。以此推论，怎么能不事先掌握其才能状况呢？

通变

为政的策略常有在古代适宜，但在当今却不可行的；有在彼地发挥了效应，在此地却难以实施的情况。这是因为风俗习惯有所变迁，每更换一个朝代，都会发生变化。所以，结绳记事时期的治理之道，五帝不推行；夏、商、周三代（体制相同）也是有增有减，政令法规不尽相同，随时代的变化而改变。这是为了补救一些弊端。《易经》上说："跟随时代的变化而变化，意义很重大啊！"孔子说："不教习人民作战之术就让他们去参战，这就是抛弃他们。"《司马法》说："国家虽然强大，若喜好战争，便一定会灭亡；天下虽然安定，若忘记战争，便一定很危险。"这都是明白使用武力必有其时机的道理。昔日秦国仗其威力而发动战争，很快地完成了统一天下的大业，吞并六国，称帝于天下。但却不斟酌运用唐尧虞舜的治国方略来完善其治理，不是在夏、商、周三代法规的基础上适当增减来驾驭社会，却废弃先朝圣贤的教诲，任用残酷的政治，依仗兵力炫耀武力，残暴肆虐于天下，以至于百姓怨恨，雄杰奋起，到秦二世，国家就灭亡了。

奇纳策，遂埽秦、项，被以惠泽，饰以文德，文武并作，祚流世长，此高帝之举也。

秦汉俱杖兵用武以取天下，汉何以昌？秦何以亡？秦知取而不知守，汉取守之具备矣乎？中世孝武以成功恢帝纲，元、成以儒术失皇纲，德不堪也。王莽之世，内尚文章，外缮师旅，立明堂之制，修辟廱之礼，招集儒学，思遵古道，文武之事备矣。然而命绝于渐台，支解于汉刃者，岂文、武之不能治世哉？而用之者拙也。班输骋功于利器，拙夫操刀而伤手，非利器有害于工匠，而夫膏梁旨馔，时或生疾，针艾药石，时或瘳疾，故体病则攻之以针艾，疾瘳则养之以膏梁，文武之道，亦犹是矣。世乱则威之以师旅，道治则被之以文德。

并不是武力不能夺取政权,而是用武力保持政权就错了。《左传》上写道:"用兵就像是火,不收敛就会招致自焚。"秦朝的统治者没有收敛用兵的打算,所以导致自己毁灭的灾祸。"好战者必然灭亡",说的就是这种情况。徐偃王喜欢实行仁义之政,不整治军备,结果,楚国出兵侵犯,自己被杀,国家灭亡。这是说即便是在天下安定的时候,军备也不可废弃,更何况像徐国这样的区区小国,且又处于你争我夺的时代呢?"忘记战争,国家一定就有危险",说的就是这种情况。汉高祖刘邦发迹于泗水,帝业起始于故乡沛县之丰邑,用仁爱来安抚远方之民,用武力来消除危难,任用奇士、采纳良谋,遂扫灭秦朝与项羽,施惠泽于天下,又以文德进行整治,文治武功并用,国祚传承而朝代长久。这是汉高祖创业治国的举措。

秦朝、汉朝同样都是依靠军事、使用武力来夺取天下,汉朝为什么会兴盛、秦朝为什么会灭亡呢?秦朝只知道夺取政权而不懂得守护政权,汉朝则夺取、守护两种方略都有。汉代中期,汉武帝运用文治武功,恢复了帝王治国的纲纪,元帝、成帝采用儒术,却失掉了帝王治国的纲纪,是其德行不称其任呀!王莽时代,对内崇尚礼乐法度,对外整饬军队,建立"天子适时、定点宣明政教"的制度,修建学校来进行礼仪教化,招集儒学之士,想遵从古代的治国之道,文治武治之事均已齐备。然而,王莽却命丧于渐台,身体被汉兵的刀刃肢解,这难道是文武结合不能治理国家吗?是因为使用这方法的人拙劣的缘故。鲁班能尽情施展其精巧,就在于有锋利的工具,但笨拙之人使用其刀具,却会砍伤手指,这并不是锋利的工具有害于工匠。况且,精美的食品,常常可能滋生疾病;针灸和药物,却常常可以治疗疾病。所以,身体生病则可以用针灸治之,疾病好转则可以用美食保养。文武结合治理国家的道理也像这样,社会混乱则以军队来震

恤民

天生烝民，授之以君，所以综理四海，收养品庶也。王者据天位，御万国，临兆民之众，有率土之资，此所以尊者也。然宫室壮观，出于民力，器服珍玩，生于民财，千乘万骑，由于民众。无此三者，则天子魁然独在，无所为尊者也，明主智君，阶民以为尊，国须政而后治。其恤民也，忧劳待旦，日侧忘飡，恕己及下，务在博爱，临御华殿，轩槛华美，则欲民皆有容身之宅，庐室之居，窈窕盈堂，美女侍侧，则欲民皆有配匹之偶，室家之好，肥肉淳酒，珠膳玉食，则欲民皆有余粮之资，充饥之饴，轻裘累暖，衣裳重茧，则欲民皆有温身之服，御寒之备。凡四者，生民之本性，人情所共有。故明主乐之于上，亦欲士女欢之于下。是以仁惠广洽，家安厥所，临军则士忘其死，御政则民戴其化，此先王之所以丰动祚享长期者也。若居无庇首之庐，家无配匹之偶，口无充饥之食，身无蔽形之衣，婚姻无以致娉，死葬无以相卹，饥寒入于肠骨，悲愁出于肝心，虽百舜不能杜其怨声，千尧不能成其治迹。是以明主御世，恤民养士，恕下以身，自近及远，化通宇宙，不惧民之不安，故能康厥世治，播其德教焉。

慑，天下太平则以文德来教化。

恤民

上天生养了万民，把他们授予给君主，所以君主综合治理天下，接纳养育众多庶民。做帝王者，处在最高地位，管理众多诸侯之国（封地），统治着亿万之多的民众，拥有四海之内的资财，这就是其所以尊贵的原因。然而，其壮观的宫殿屋宇，出自民众的劳动；用具服饰、珍玩之物，来之于民众的钱财；上千的车辆，上万的坐骑，都来自于民众。如果没有上述三者，天子就是巍然独处，没有什么尊贵可言了。明智的君主，知道凭借民众才得以尊贵，国家须有好的政策然后才能太平。他们怜悯民众，忧虑劳累而通宵达旦，日已西斜犹忘记进餐；以自己之所想来推想民众的心愿，致力于博爱大众。御驾来到华美的宫殿，看见长廊、栏杆光彩美观，则期望人民都有安身的宅院，有居住的房舍；窈窕的女子挤满了庭堂，美丽的佳人侍奉在身边，则期望人民都有适合的配偶、家室的温暖；吃着肥美的肉，喝着醇香的酒，餐用珍贵的膳食，则期望人民都有买粮的钱资、充饥的饮食；轻软的皮衣增加温暖，衣裳以重叠的丝绵絮成，则期望人民都有保暖身体的衣服，防御寒冷的储备。以上四个方面是人的本性，也是人情所共有。所以，明智的君主享乐于上，也希望天下男女欢喜于下。因此，其仁慈广泛润泽，家家安居其所。这样，他亲临军阵则兵士舍生忘死，治理国政则人民尊奉其教导。这就是先王之所以能够丰其福祉、享位长久的原因。如果百姓住没有遮风挡雨的住所，家中没有匹配的偶伴，口中没有充饥的食物，身上没有遮体的衣服；缔结婚姻无钱去行聘礼，死亡埋葬无钱吊唁；饥肠辘辘、严寒入骨，悲伤忧愁，摧心裂肝，即便有一百个虞舜也不能杜绝其怨恨的声音，有

一千个唐尧也不能成就其大治的事业。因此英明的君主治理国家,体恤民众,教育士人;自己以仁爱之心待下,由近及远,教化通达天地万物;不担忧人民不安乐,所以能使国家治理步入坦途,使其道德教化传播四方啊!

卷四十九 傅子

傅玄 撰

治体

治国有二柄：一曰赏，二曰罚。赏者，政之大德也；罚者，政之大威也。人所以畏天地者，以其能生而杀之也。为治审持二柄，能使杀生不妄，则其威德与天地并矣。信顺者，天地之正道也；诈逆者，天地之邪路也。民之所好莫甚于生，所恶莫甚于死，善治民者，开其正道，因所好而赏之，则民乐其德也。塞其邪路，因所恶而罚之，则民畏其威矣。善赏者，赏一善而天下之善皆劝；善罚者，罚一恶而天下之恶皆惧者何？赏公而罚不贰也。有善，虽疏贱必赏。有恶，虽贵近必诛。可不谓公而不贰乎？若赏一无功，则天下饰诈矣，罚一无罪，则天下怀疑矣。是以明德慎赏而不肯轻之，明德慎罚而不肯忍之，夫威德者，相须而济者也。故独任威刑而无德惠，则民不乐生；独任德惠而无威刑，则民不畏死。民不乐生，不可得而教也，民不畏死，不可得而制也，有国立政，能使其民可教可制者，其唯威德足以相济者乎。

治体

　　治理国家有两个根本手段：一是奖赏，二是惩罚。奖赏是政治的恩德展示，惩罚是政治的威严所在。人们之所以惧怕天地，就是因为天地掌握着生杀大权。治理国家，如果能谨慎掌握以上两个根本，能不乱用生杀之权，那么其恩德与威严就会与天地并存。诚信顺理是天地间的正道，欺诈背理是天地间的邪路。人所喜好的莫过于生存，最厌恶的莫过于死亡。善于治理百姓的人，开辟其正道，顺其所好给予奖赏，则人们就喜欢其恩德；杜绝其邪路，对其所厌恶的施以刑罚，则百姓就畏惧其威严。善于奖赏的人，赏一个好人就会让天下的善举都受到鼓励；善于使用刑罚的人，处罚一个坏人就会让天下作恶的人都会恐惧。这是为什么呢？是因为奖赏公正不偏，处罚依照法制。对做好事的人，即使关系疏远、出身卑微，也一定会奖赏；对干坏事的人，即使出身高贵、关系亲近，也一定会惩罚。这能不说是公正而坚持原则吗？如果奖赏一个无功的人，天下人就会作伪欺诈；处罚一个无罪的人，天下人就会怀有疑虑。所以贤明者慎于奖赏，不肯轻易施行；贤明者慎于处罚，而不肯隐忍不用。威严与恩德必须相辅相成。只有威严、惩罚，而无恩德、仁爱，百姓就不能幸福地生活；只讲恩德、仁爱，而没有威严、惩罚，百姓就不惧怕死亡。百姓不能幸福地生活，就不可能听从教化；百姓不惧怕死亡，就不能得以控制。拥有国家、制定政策，能使百姓易于教化、可以控制，这都是由于威严与恩德能够相辅相成啊！

举贤

贤者,圣人所与共治天下者也。故先王以举贤为急,举贤之本,莫大正身而一其听。身不正,听不一,则贤者不至,虽至不为之用矣。古之明君,简天下之良材,举天下之贤人,岂家至而户阅之乎?开至公之路,秉至平之心,执大象而致之,亦云诚而已矣。夫任诚,天地可感,而况于人乎?傅说,岩下之筑夫也,高宗引而相之。吕尚,屠钓之贱老也,文武尊而宗之。陈平,项氏之亡臣也,高祖以为腹心。四君不以小疵忘大德,三臣不以疏贱而自疑,其建帝王之业,不亦宜乎!文王内举周公旦,天下不以为私其子,外举太公望,天下称其公。周公诛弟而典刑立,桓公任雠而齐国治。苟其无私,他人之与骨肉,其于诛赏岂二法哉?唯至公然后可以举贤也。夏禹有言,知人则哲。惟帝其难之,因斯以谈,君莫贤于高祖,臣莫奇于韩信。高祖在巴汉,困矣。韩信去楚而亡,穷矣。夫以高祖之明,困而思士,信之奇材,穷而愿进,其相遭也,宜万里响应,不移景而将相可取矣。然信归汉历时而不见知,非徒不见知而已,又将案法而诛之,向不遇滕公,则身不免于戮死,不值萧何,则终不离于亡命。幸而得存,固水滨之饿夫,市中之怯子也,又安得市人可驱,而立乎天下之功也哉?萧何一言而不世之交合,定倾之功立。岂萧何知人之明绝于高祖。而韩信求进之意曲于萧何乎?尊卑之势异,而高下之处殊也。高祖势尊而处高,故思进者难,萧何势卑而处下,故自纳者易。然则居尊高之位者,其接人之道固难,而在卑下之地者,其相知之道固

举贤

　　贤人,是与天子共同治理天下的人。所以,先王以选拔贤人为最迫切的事。选拔贤能的根本问题,最重要的是端正自身、专一圣听。身不正,听不专,贤才就选拔不上来,即使选拔上来,也不会被重用。古代英明的国君,选拔天下贤才,难道都要去每家每户查问吗?只要开启公正之门,秉持公平之心,把握根本原则去招纳英才,也就是说很有诚心就可以了。若抱有诚意,天地都能被感动,何况人呢?傅说是一个在山洞筑墙之人,殷高宗武丁招纳他来辅佐自己。姜尚曾是一个屠宰、垂钓的微贱老者,周文王、周武王尊崇重用他。陈平是从项羽那儿逃走的人,汉高祖把他当作心腹之臣。上述四位君主不因臣子有小毛病而忽视大德,这三位大臣不因疏远微贱而缺乏自信。他们能成就帝王之大业,不是很应该吗?周文王在本家族中选任周公旦,国人不认为他是偏爱自己的儿子;在外姓中举拔姜尚,国人说他公正。周公诛杀其弟,典制刑律的威严得到确立;齐桓公任用仇人管仲,齐国得到大治。如果不徇私情,那么外人与亲骨肉,在奖赏与处罚上,难道会有两种法则吗?只有十分公正才可以选拔出贤才。夏禹说过,能够识别人才才是聪慧,即使是帝尧,尚且觉得很难。由此说来,国君没有谁比汉高祖更贤明的了,臣子没有谁比韩信更有奇才了。汉高祖在巴郡、汉中时很困窘呀,韩信离开楚而逃亡时也走投无路呀!以汉高祖的贤明,困难中又渴求贤士;以韩信的奇才,困窘中又希望进身。他们的相遇,应该是不远万里而彼此呼应,不费功夫便可得到将相之才。可是,韩信归汉后,长时间不被重用,不但不被重用,还打算按军法诛杀之。假如不是遇见滕公,韩信则免不了会被杀;假如不逢萧何,韩信最终不免流亡逃命。纵然有幸得以活命,这位昔日河边的饿汉、市井中的胆小者,又怎能遇到一个

易矣。

昔人知居上取士之难，故虚心而下听，知在下相接之易，故因人以致人。舜之举咎陶难，得咎陶致天下之士易；汤之举伊尹难，得伊尹致天下之士易。故举一人而听之者，王道也。举二人而听之者，霸道也。举三人而听之者，仅存之道也。听一人何以王也，任明而致信也。听二人何以霸也，任术而设疑也。听三人何以仅存也，从二而求一也。明主任人之道专，致人之道博。任人道专，故邪不得间；致人之道博，故下无所壅。任人之道不专，则谗说起而异心生；致人之道不博，则殊涂塞而良材屈。使舜未得咎陶，汤未得伊尹，而不求贤，则上下不交而大业废矣。既得咎陶，既得伊尹，而又人人自用，是代大匠斫也。君臣易位，劳神之道也。今之人或抵掌而言，称古多贤，患世无人，退不自三省，而坐诬一世，岂不甚耶！夫圣人者，不世而出者也，贤能之士，何世无之，何以知其然，舜兴而五臣显，武王兴而九贤进，齐桓之霸，管仲为之谋，秦孝之强，商君佐之以法，欲王则王佐至，欲霸则霸臣出，欲富国

(像刘邦那样的)市井之人能逼迫其建立闻名天下的功劳呢？萧何一番谏言，使这一非凡的交往得以遇合，使决定社稷稳定与倾覆的功勋得以建立。这难道是萧何知人之明胜过高祖，而韩信求进之心意委曲成全于萧何吗？这是因为尊卑的情势相异，高下的位置不同。高祖势尊，处在高位，所以想求得进身的人比较难以见到；萧何处在低位，所以接纳人就比较容易。这就是说，处在尊高地位的人接纳人的途径确实不易畅通，而处在低下地位的人彼此相知的途径确实容易畅通。

过去人都知道在上位者选取人才的艰难，所以虚心听取下级的意见；知道处于下位者相互接触比较容易，所以在上者凭借下边的人来招引人才。舜举拔皋陶难，但利用皋陶罗致天下之士容易；商汤举拔伊尹难，但利用伊尹罗致天下之士却容易。所以说，选拔一个人，又能听取其意见，这是能成就王业的治国之道；选拔两个人，并能分别听取他们的意见，这是能称霸诸侯的治国之道；选拔三个人，又能分别听取他们的意见，这仅仅是不亡国的治理办法。听一个人的进言为什么能成就王业呢？这是因为依仗其贤明且又能给予信任。听取两个人的进言为什么能成就霸业呢？这是因为依仗其策略，而又怀有疑虑。听取三个人的进言，为什么仅能不亡国呢？这是因为听从两人意见，又要征求另一人的意见。明智的君主，用人之道专一，招揽人才的途径宽广。用人之道专一，所以邪恶之徒不能离间；招揽人才的途径宽广，进才之路才不会被壅塞。用人之道不专一，谗言就会出现，异心就会产生；招揽人才的途径不宽广，则各条管道都会堵塞，而人才也会被埋没。假如舜没有得到皋陶、商汤没有得到伊尹，而又不去访求贤才，就会上下不遇合，而使大业衰败。既已得到皋陶，既已得到伊尹，却还每个人都由君主自己选用，这就是代替

强兵,则富国强兵之人往,求无不得,唱无不和,是以天下之不乏贤也。顾求与不求耳,何忧天下之无人乎!

授职

夫裁径尺之帛,刊方寸之木,不任左右,必求良工者,裁帛刊木非左右之所能故也。径尺之帛,方寸之木,薄物也,非良工不能裁之。况帝王之佐,经国之任,可不审择其人乎?故构大厦者,先择匠,然后简材;治国家者,先择佐,然后定民。大匠构屋,必大材为栋梁,小材为榱橑,苟有所中,尺寸之木无弃也。非独屋有栋梁,国家亦然。大德为宰相,此国之栋梁也,审其栋梁,则经国之本立矣。经国之本立,则庶官无旷,而天工时叙矣。

大工匠去砍制木器。国君和大臣易位,这是劳神之道。当今,有人合掌谈论,称赞古代贤人多,忧虑今世缺少有才能的人。不退身再三自省,却凭空诬蔑当世之人,岂不太过分了吗?圣人,不是任何时代都会有的;贤能的人,却任何时代都会有。凭什么知道是这样呢?虞舜兴起而五臣得以显贵,武王兴起而九贤进入朝廷。齐桓公称霸,是因为管仲给他出谋;秦孝公强大,靠的是商鞅变法。想成就王业,就会有辅佐其行王道的大臣前来;想成就霸业,就会有辅助他成霸业的臣子出现;想富国强兵,就会有帮助他富国强兵的人投奔。其所求没有得不到的,其宣导没有不回应的。因此说,天下不缺乏贤能的人,只看你求取不求取罢了,何必担忧天下会没有人才呢?

授职

剪裁一尺长的丝绸,雕刻方寸大的木器,不用自己身边的人,一定要用良工巧匠,这是因为剪裁丝绸、雕刻木器,不是自己身边之人所能够办得到的。径尺丝绸、方寸木材,都是较小的物件,离开了良工巧匠都不能裁制,更何况帝王的臣佐,担负着治国的重任,怎能不慎重选拔胜任的人呢?所以,建筑大厦的人,必先选择工匠,然后准备材料;治国的君主,须先选择良臣,然后才能治理好百姓。大的工匠建筑房屋,必用大的木材做栋梁、小的木材做椽橼。只要是能派上用场的材料,即使是尺寸的木料也不扔掉。不只是房屋有栋梁,国家也是同样的。让有大德的人担任宰相,这样的人正是国家的栋梁。慎重地选用国家的栋梁,治理国家的根本就奠定了。治国的根本奠定了,其他各种官职就会量才授任,就会四时和谐,不违自然。

核工

天下之害,莫甚于女饰。上之人不节其耳目之欲,殚生民之巧,以极天下之变。一首之饰,盈千金之资,婢妾之服,兼四海之珍。纵欲者无穷,用力者有尽,用有尽之力,逞无穷之欲,此汉灵之所以失其民也。上欲无节,众下肆情,淫奢并兴,而百姓受其殃毒矣。尝见汉末一笔之柙,雕以黄金,饰以和璧,缀以随珠,发以翠羽,此笔非文犀之梃,必象齿之管,丰狐之柱,秋兔之翰,用之者必被珠绣之衣,践雕玉之履。由是推之,其极靡不至矣。然公卿大夫刻石为碑,镌石为虎,碑虎崇伪,陈于三衢,妨功丧德,异端并起,众邪之乱正若此,岂不哀哉!夫经国立功之道有二:一曰息欲,二曰明制。欲息制明,而天下定矣。

检商贾

夫商贾者,所以伸盈虚而获天地之利,通有无而一四海之财。其人可甚贱,而其业不可废。盖众利之所充,而积伪之所生,不可不审察也。古者,民朴而化淳,上少欲而下尠伪,衣足以暖身,食足以充口,器足以给用,居足以避风雨,养以大道,而民乐其生,敦以大质,而下无逸心,日中为市,民交易而退,各得其所,盖化淳也。暨周世殷盛,承变极文,而重为之防,国有定制,下供常事,役赋有恒,而业不废,君臣相与一

核工

对国家有害的,莫过于对女人的装饰打扮。居高位的人,不节制耳目的欲望,竭尽天下的奇巧,耗尽天下的奇异之物。一头的首饰,就花费千金之资;婢妾的衣服,兼有四海的珍宝。纵欲的人欲望无穷,而百姓的物力有限。用有限的物力,去满足无穷尽的欲望,这是汉灵帝失去民心的原因。在上者欲望没有节制,下面的人肆情纵欲,荒淫奢侈之风并起,百姓就会遭殃受害。曾见到过汉朝末年一个盛笔的匣子,用黄金雕饰,用玉璧装扮,用珠宝点缀,贴着翠鸟的羽毛,笔管不是犀牛骨就是象牙,笔毫不是丰狐尾就是秋兔毛。使用的人一定得着装饰珠宝的刺绣美衣,穿镶有玉雕的鞋子。由此推断,其奢侈程度真是达到了极点。然而,朝里的公卿大夫,刻石立碑,镌石为虎,碑文虚假,虎形高大,陈列在大道边,伤功败德,邪乱之事并起。众多奸邪如此祸乱正事,岂不令人痛心吗?治理国家、建立功业的路子有两条:一是消除私欲,二是彰明法制。私欲消除,法制明确,天下一定会安定。

检商贾

所谓商业,是为了调剂物品的有余与不足,从而获取天地间的利益;流通有无,来均衡四方的财物。对经商的人,可使其社会地位低贱,但商业却不能没有。因为商业是众多利益的汇集之地,各种欺诈都从中产生,不能不加以审察。古代人民朴实,风俗淳厚,在上者贪欲少,居下者少伪诈。人们只求衣能暖身,食可充饥,器具可供使用,住房能避风雨。用正确的道理教化,则百姓安居乐业;用至美的纯朴督导,则下层无放荡之心。日中为市,百姓参加交易后归家,各得其所。这是教化淳厚的结果。到了周代,殷实富足,承前朝变乱,极

体,上下譬之形影,官恕民忠,而恩侔父子。上不征非常之物,下不供非常之求,君不索无用之宝,民不鬻无用之货。自公侯至于皂隶仆妾,尊卑殊礼,贵贱异等,万机运于上,百事动于下,而六合晏如者,分数定也。夫神农正其纲,先之以无欲,而咸安其道。周综其目,一之以中正,而民不越法。及秦乱四民而废常职,竞逐末利而弃本业,苟合一切之风起矣,于是士树奸于朝,贾穷伪于市,臣挟邪以罔其君,子怀利以诈其父,一人唱欲而亿兆和,上逞无厌之欲,下充无极之求,都有专市之贾,邑有倾世之商,商贾富乎公室,农夫伏于陇亩,而堕沟壑,上愈增无常之好以征下,下穷死而不知所归,哀夫!

且末流滥溢而本源竭,纤靡盈市而谷帛罄,其势然也。古言非典义,学士不以经心;事非田桑,农夫不以乱业;器非时用,工人不以措手;物非世资,商贾不以适市。士思其训,农思其务,工思其用,贾思其常,是以上用足而下不匮。故一野不如一市,一市不如一朝,一朝不如一用,一用不如上息欲,上息欲而下反真矣。不息欲于上,而欲于下之安静,此犹纵火焚林而索原野之不雕瘁,难矣。故明君止欲而宽下,急商而缓农,贵本而贱末,朝无蔽贤之臣,市无专利之贾,国无擅

力提倡礼乐教化，重在防范奢靡之风。国家有恒定的制度，下面按常规供奉，差役和赋税都有定规，事业不荒废。君臣互相协助，上下一体，如同形影不分，官员宽厚，百姓忠诚，恩同父子。在上者不征收奇巧的物品，下民不供奉额外的索求；国君不索取无用的珍宝，百姓不出卖无用的货物。从公侯到公差仆人以至小妾，尊卑礼仪不同，贵贱等级有别，国家大政运作于上，各种事务行动于下，天下安定，是因为一切都有一定的规矩。神农端正纲纪，首先宣导无欲，使大家都能遵守正道；周代整理各项条规，以"公正"使人心一致，百姓不越轨犯法。到了秦代，搞乱了士农工商之序，废弃了恒常之业，竞相追求工商之利，而放弃农业，苟且逐利之风兴起。于是，官吏在朝廷行奸，商人在市场弄虚作假，大臣用邪伪欺骗国君，儿子为私利欺诈父亲。君主一人宣导私欲，亿万人就会应和。君主恣肆永无满足的欲望，官员充满无穷尽的贪求，都城里有垄断市场的商人，城邑中有财倾一世的商贩，商人比王室还富有，农夫饿死在荒郊野外，葬身沟壑。在上者欲望无穷，对下无限征取，百姓困死都不知往哪里逃亡，可悲啊！

　　商业泛滥，农业遭破坏，奢侈品充满市场，粮食和布帛枯竭，这种形势是社会风气造成的。古时，言谈不符合典章义理的，学士不会留心；不是耕田养蚕之事，农夫不因之而扰乱本业；器具不适宜当时使用的，工人就不动手去做它；物品不是社会需要的，商人不把它运到市场。士人想着圣贤的训诲，农民想着务农，工人想着器物的实用，商人想着经营常用的物品。因此，在上者用度充足，百姓的需要也不缺乏。所以，限定民间不如限定集市，限定集市不如限定朝廷，限定朝廷不如限定用度，限定用度不如在上者减少欲望。在上者去除欲望，百姓就能返璞归真。在上者不去除奢欲，却想让百姓安稳

山泽之民。一臣蔽贤,则上下之道壅;商贾专利,则四方之资困;民擅山泽,则兼并之路开。兼并之路开,而上以无常役下,赋一物非民所生而请于商贾,则民财暴贱,民财暴贱而非常暴贵,非常暴贵则本竭而末盈,末盈本竭而国富民安,未之有矣。

仁论

昔者,圣人之崇仁也,将以兴天下之利也。利或不兴,须仁以济。天下有不得其所,若己推而委之于沟壑。然夫仁者盖推己以及人也,故己所不欲,无施于人;推己所欲,以及天下。推己心孝于父母以及天下。则天下之为人子者。不失其事亲之道矣。推己心有乐于妻子以及天下。则天下之为人父者不失其室家之欢矣。推己之不忍于饥寒以及天下之心。含生无冻馁之忧矣。此三者,非难见之理,非难行之事,唯不内推其心以恕乎人,未之思耳,夫何远之有哉!古之仁人,推所好以训天下,而民莫不尚德,推所恶以诫天下,而民莫不知耻。孔子曰:"仁远乎哉,我欲仁,斯仁至矣。"此之谓也。若子方惠及于老马,西巴不忍而放麑,皆仁之端也,推而广之,可以及乎远矣。

清静,这就如同纵火焚烧森林,还想使原野不凋零枯败,实在太难了!所以,英明的君主,遏止欲望,宽待百姓,对商业从严,而对农业宽松,重视农桑,不看重商业;朝廷中没有蒙蔽贤能的佞臣,集市上没有专利霸市的商人,国家没有擅自开发山泽的农夫。一个佞臣遮蔽贤能,君主与百姓的沟通就被堵塞;商贾垄断集市,四方的物资就会困缺;农夫擅自开发山泽,兼并土地的路子就被打开。兼并土地的风气兴起,则上层就不能按常规征役。百姓交纳的兵甲车马等,不是自己生产的,只能从商人那里购买。于是,农产品价格暴跌,而非常用的物品却暴涨。非常用的物品暴涨,农业就会衰竭,商人就会富裕。商人富裕、农业衰败却国富民安,这是从来没有的。

仁论

　　从前,圣人崇尚仁政,是用以为天下人兴利的。如果利民之事尚未兴办,就必须以仁政普济天下。若有不得其所的人,应看作是自己把他们丢弃到沟壑一般。仁爱的人,都将心比心以待人,所以己所不欲,不施于人;推想自己之所求,延及天下之人。推究己心之好恶来尽孝于父母,并延及天下的父母,那么,天下的子女就不会丧失侍奉双亲的准则;把自己对妻子、儿女的爱护推广到天下,天下做丈夫、做父亲的人就不会失去家庭的欢乐;用自己忍受不了饥寒的心情去想天下人之心,天下生灵就不会有冻馁之忧。这三点不是难懂的道理,也不是难以办到的事情,只是不能推己之心以宽诚待人。没有用心去思考罢了,哪里真的是很远不能办到呢?古代仁人,推求自己之所好去教诲天下的人,则百姓没有不崇尚道德的;推求自己之所恶以警诫天下的人,百姓就没有不知道耻辱的。孔子说:"仁难道很遥远吗?只要自己追求仁,仁就来到。"说的就是这个道理。田子方把仁

信义

　　盖天地著信而四时不悖,日月著信而昏明有常,王者体信而万国以安,诸侯秉信而境内以和,君子履信而厥身以立。古之圣君贤佐,将化世美俗,去信须臾,而能安上治民者,未之有也。夫象天则地,履信思顺,以一天下,此王者之信也。据法持正,行以不贰,此诸侯之信也。言出乎口,结乎心,以不移,以立其身,此君子之信也。讲信修义,而人道定矣。若君不信以御臣,臣不信以奉君,父不信以教子,子不信以事父,夫不信以遇妇,妇不信以承夫,则君臣相疑于朝,父子相疑于家,夫妇相疑于室矣,小大混然而怀奸心,上下纷然而竞相欺,人伦于是亡矣。

　　夫信由上而结者也。故君以信训其臣,则臣以信忠其君,父以信诲其子,则子以信孝其父,夫以信先其妇,则妇以信顺其夫。上秉常以化下,下服常而应上,其不化者,百未有一也。夫为人上,竭至诚,开信以待下,则怀信者欢然而乐进,不信者赧然而回意矣。老子不云乎:"信不足焉,有不信也。"故以信待人,不信思信,不信待人,信思不信。况本无信者乎?先王欲下之信也,故示之以款诚而民莫欺其上,申之以礼教而民笃于

爱施于老马,秦西巴于心不忍而放掉幼鹿,都是仁爱的开始,把这种仁爱推广开来,便可惠及长远。

信义

天地显现其诚信,则四季运行便不违背常规;日月显现其诚信,黑夜白昼便交替正常;君王体现其诚信,则各个诸侯国便安定;诸侯讲诚信,则国内和平;君子践行诚信,就可以立身于世。古代的明君贤臣,要美化世俗,如果片刻离开诚信,却能安定国家、治理好百姓的,从未有过。效法天地,践行诚信,顺应天理,使天下一心,这是帝王的诚信;依据法律,秉持公正,言行如一,这是诸侯的诚信;言出于口而牢记于心,守正不移,以之立身处世,这是君子的诚信。讲究诚信,培养正义,做人的准则就确定了。如果君主不以诚信来御使臣子,臣子不以诚信来侍奉君主,父亲不以诚信来教育儿子,儿子不以诚信来侍奉父亲,丈夫不以诚信对待妻子,妻子不以诚信对待丈夫,那么,君主和臣子就会在朝廷互相猜疑,父亲和儿子、丈夫和妻子就会在家中相互猜疑。若大小不分而各怀奸诈之心,上下纷杂而竞相欺骗,人间伦理就完全丧失了。

诚信是由在上者缔结的。所以,国君用诚信教诲大臣,大臣就用诚信效忠国君;父亲用诚信教育儿子,儿子就用诚信孝敬父亲;丈夫首先以诚信对待妻子,妻子就会用诚信顺从丈夫。若在上者秉持恒常之道来教化在下者,在下者服从恒常之道而侍奉上级,却不能使社会风气得到转化,那是百例中不会有一例的。在上位者,若竭尽至诚信义来对待在下者,则有诚信的人就会高兴并乐于进取;缺少诚信的人,也会羞愧而回心转意。老子说过:"是你诚信不足,才有不讲诚信的人。"所以,用诚信待人,不诚信的人也想着诚信;不以

义矣。夫以上接下而以不信随之,是亦日夜见灾也。周幽以诡烽灭国,齐襄以瓜时致杀,非其显乎?故祸莫大于无信,无信则不知所亲,不知所亲,则左右书己之所疑,况天下乎?信者亦疑,不信亦疑,则忠诚者丧心而结舌,怀奸者饰邪以自纳,此无信之祸也。

礼乐

　　傅子曰:"能以礼教兴天下者,其知大本之所立乎!"夫大本者,与天地并存,与人道俱设,虽蔽天地,不可以质文损益变也。大本有三:一曰君臣以立邦国,二曰父子以定家室,三曰夫妇以别内外。三本者立,则天下正,三本不立,则天下不可得而正。天下不可得而正,则有国有家者亟亡,而立人之道废矣。礼之大本,存乎三者,可不谓之近乎,用之而蔽天地,可不谓之远乎?由近以知远,推己以况人,此礼之情也。

　　商君始残礼乐,至乎始皇,遂灭其制,贼九族,破五教,独任其威刑酷暴之政,内去礼义之教,外无列国之辅,日纵桀纣之淫乐,君臣竞留意于刑书,虽荷戟百万,石城造天,威凌沧

诚信待人，诚信的人也会逐渐变得不诚信。何况根本就不讲诚信的人呢？先王想让民众有诚信，首先以诚恳待下，于是，民众没有人欺蒙主上；用礼教来训育，百姓就忠实遵守道义。上级对下级不讲诚信，随时可能有灾祸发生。周幽王点燃烽火，欺骗戏弄诸侯，遭到灭国之祸，齐襄公昏庸，对属下不守诺言而被杀，不是明显的实例吗？所以，祸患没有比不讲诚信更大的了。没有诚信，则不知谁该亲近。不知道谁该亲近，身边的人都会对自己产生怀疑，何况天下的人呢？讲诚信的人怀疑，不讲诚信的人也怀疑，那么忠诚者也会失去诚实从而结舌不语，怀奸心的人便会伪饰其奸恶而使自己被接纳。这就是不讲诚信招来的祸患。

礼乐

傅子说：能够用礼义教化而兴旺国家的，是知道治理国家的根本大道啊。大道，是与天地并存的，是与人伦共同设立的。即使天地被遮蔽了，治国的大道，其内容和形式都不能有所改变。大道有三：一是君臣关系，凭借其建国立邦；二是父子关系，凭借这安定家庭；三是夫妻关系，凭借这区分内外。这三种根本关系确立，则天下归于正道；这三种关系不能确立，天下就不能归于正道。天下不能归于正道，有国的诸侯、有家的士大夫会很快衰亡，立身做人的准则也会废弃。礼义的根本存在于这三个方面，能不说很切近吗？运用它则可以概括天地运行的法则，能不说意义很深远吗？由近以知远，推己以比人，这就是礼制的实情。

从商鞅开始毁坏礼法乐典，到秦始皇，便完全废除礼制，残害九族，破坏五常之教，只依靠严刑和残暴的政治。对内去除礼义教化，在外没有了诸侯国的辅助。每日如夏桀、殷纣那样放纵淫乐，君

海,胡越不动,身死未收,奸谋内发,而太子已死于外矣。胡亥不觉,二年而灭。曾无尽忠效节之臣以救其难,岂非敬义不立,和爱先亡之祸也哉!礼义者,先王之藩卫也。秦废礼义,是去其藩卫也。夫赍不訾之宝,独宿于野,其为危败,甚于累卵,方之于秦,犹有泰山之安,易曰:"上慢下暴,盗思伐之。"其秦之谓与。

法刑

立善防恶谓之礼,禁非立是谓之法。法者,所以正不法也。明书禁令曰法,诛杀威罚曰刑。治世之民,从善者多,上立德而下服其化,故先礼而后刑也。乱世之民,从善者少,上不能以德化之,故先刑而后礼也。《周书》曰:"小乃不可不杀,乃有大罪,非终,乃惟眚灾。"然则心恶者,虽小必诛,意善过误,虽大必赦,此先王所以立刑法之本也。礼法殊涂而同归,赏刑递用而相济矣。是故圣帝明王,惟刑之恤,惟敬五刑以成三德,若乃暴君昏主,刑残法酷,作五虐之刑,设炮烙之辟,而天下之民无所措其手足矣。故圣人伤之,乃建三典,殊其轻重,以定厥中,司寇行刑,君为之不举乐,哀矜之心至也,八辟议其故而宥之,仁爱之情笃也。

臣竟相关注于刑名之书。虽掌握持剑戟的百万甲士,石砌的城墙高可冲天,威风及于沧海,北胡南越未曾动兵,秦始皇身死而尚未安葬,奸谋便由内部而发,太子扶苏死于塞外。二世胡亥并不省悟,继位两年就亡国了,竟没有一个效忠尽节的臣子来挽救危难。这难道不是礼义未立、和睦仁爱先丧失造成的横祸吗?礼义,是先王治国的屏障,秦朝废除礼义,等于去除屏障。携带价值不可计量的珍宝,独自住宿在郊野,可能出现的危险,比累卵随时都会破碎还要严重。然而这与秦国的情况相比拟,却还是像泰山一样安稳。《易经》说:"在上者轻慢,在下者凶暴,连盗寇都想讨伐他。"说的就是秦国啊!

法刑

确立善举、杜绝坏事就叫做礼,禁止错误的行为、设置正确的纲纪就叫做法。法是用来矫正非法的。明确写出禁令叫做法,诛杀、威罚叫做刑。太平之世的百姓,做善事的多,君主树立大德,百姓服从他的教化,所以,先行礼义而后施刑罚。乱世的人,从善的少,君主不能用德教使其转化,所以先施刑罚,后行礼教。《周书》说:"故意犯错,小罪尚且不可不杀。及至有大罪,并非有意为之,只是一时过误,则不可杀。"既如此,那么对心怀恶意的人,虽犯小罪,也要诛罚;对心怀善意而有过失犯罪者,即使有大罪,也可赦免。这是先王制定刑法的原则。礼和法殊途同归,奖赏和刑罚交互使用,可相辅相成。因此,圣明的君主,担忧刑罚的乱用,慎重使用五种刑罚,成就三种美德。如果是残暴昏庸的君主,施行残酷的刑法,实行五种暴虐的刑罚,用炮烙等酷刑,就会使天下人手足无措。圣人怜惜人命,建立轻、中、重三类刑法,按犯罪不同,酌情处理,罚当其罪。司寇行刑时,国君不听音乐,这是哀怜之心到了极点;设立"八辟"的减

柔愿之主，闻先王之有哀矜仁爱、议狱缓死也，则妄轻其刑、而赦元恶。刑妄轻则威政堕而法易犯，元恶赦则奸人兴而善人困。刚猛之主，闻先王之以五刑纠万民，舜诛四凶而天下服也，于是峻法酷刑以侮天下，罪连三族，戮及善民，无辜而死者过半矣。下民怨而思叛，诸侯乘其弊而起，万乘之主，死于人手者，失其道也。齐秦之君，所以威制天下，而或不能自保其身，何也？法峻而教不设也。末儒见峻法之生叛，则去法而纯仁，偏法见弱法之失政，则去仁而任刑，此法所以世轻世重而恒失其中也。

重爵禄

　　爵禄者，国柄之本，而贵富之所由，不可以不重也。然则爵非德不授，禄非功不与。二教既立，则良士不敢以贱德受贵爵，劳臣不敢以微功受重禄，况无德无功而敢虚干爵禄之制乎。然则先王之用爵禄，不可谓轻矣。夫爵者位之级，而禄者官之实也。级有等而称其位，实足利而周其官，此立爵禄之分也。爵禄之分定，必明选其人而重用之，德贵功多者受重爵大位，厚禄尊官，德浅功寡者，受轻爵小位，薄禄卑官，厚足以卫

刑法，对亲人、故旧、贤臣等人尽量予以宽宥，这是仁爱之情无比深厚啊。

软弱老实的君主，听说先王怜悯、仁爱，处理狱讼宽缓其死罪，就胡乱减轻刑罚，从而赦免罪大恶极者。胡乱减轻刑罚，威严的政令就会被败坏，违法犯罪的人就增多。连最凶恶的首犯也赦免，邪恶奸诈的人就会兴起，好人反受困辱。刚勇严厉的君主，听说先王用五种严刑督察百姓、舜帝诛杀四凶而天下人顺服，于是，用严刑峻法镇压百姓，犯罪株连三族，杀及善良百姓，无罪而死的人超过处死者半数。民众怨愤想反叛，诸侯趁其混乱而起兵，以致万乘之尊的君主死在他人之手，这是丧失治理之道的恶果。齐国、秦国的君主，以威严治天下，却不能保全自身，是什么原因呢？是因为只讲严刑峻法，而不讲教化。末流的儒生只看到严刑峻法引起叛乱，就去掉刑法，只讲仁政；片面的法家，只看到削弱刑法使政令败坏，就去掉仁政，只用刑罚。这就是法制有的世代轻有的世代重，常常偏离中正之道的原因。

重爵禄

封爵授禄，是国家权力的根本，也是实现富贵的正路，不能不予以重视。既如此，就应是无德的不授爵位，无功的不给俸禄。这两条规矩确定了，贤良之士不敢以微德接受高贵的爵位，敬业的臣子不敢以微小功绩接受重禄，何况无德无功的人，怎敢白白地追求爵位和俸禄呢？可见先王封爵授禄，不能说是轻率的。爵是地位的等级，禄是官职的实际收入。品级有等差而各称其位，收入满足利益而合于其职，这是建立爵禄的原则。建立爵禄的原则既已确定，就一定要公开选用合适之人并予以重用。品德高尚、功劳大的人，就授

宗党，薄足以代其耕，居官奉职者坐而食于人，既食于人，不敢以私利经心，既受禄于官，而或营私利，则公法绳之于上，而显议废之于下，是以仁让之教存，廉耻之化行，贪鄙之路塞，嗜欲之情灭，百官各敬其职，大臣论道于朝，公议日兴，而私利日废矣。明君必顺善制而后致治，非善制之能独治也，必须良佐有以行之也。

　　欲治其民而不省其事，则事繁而职乱。知省其职而不知节其利，厚其禄也，则下力既竭而上犹未供。薄其禄也，则吏竞背公义。营私利，此教之所以必废而不行也。凡欲为治者，无不欲其吏之清也，不知所以致清而求其清，此犹淆其源而望其流之洁也。知所以致清，则虽举盗跖，不敢为非。不知所以致清，则虽举夷、叔，必犯其制矣。夫授夷、叔以事而薄其禄，近不足以济其身，远不足以及室家，父母饿于前，妻子馁于后，不营则骨肉之道亏，营之则奉公之制犯，骨肉之道亏，则怨毒之心生，怨毒之心生，则仁义之理衰矣。使夷、叔有父母存无以致养，必不采薇于首阳，顾公制而守死矣。由此言之，吏禄不重，则夷、叔必犯矣。夫弃家门委身于公朝，荣不足以庇宗人，禄不足以济家室，骨肉怨于内，交党离于外，仁孝之道亏，名誉之利损，能守志而不移者，鲜矣。人主不详察，闻其怨兴于内，而交离于外，薄其名，必时黜其身矣，家困而身黜，不移之士，不顾私门之怨，不惮远近之谪，死而后

予重爵高位，享受厚禄高官；德行浅薄、功劳少的人，就授予低爵小位，享有薄禄低官。使俸禄之厚足以庇护宗族之人，俸禄少者足够和自身耕种的收入相等。居官任职的人，靠百姓供养，不敢只图私利。既然做官享受俸禄，却有人营谋私利，就上有国法制裁，下有百姓议论而名声扫地。因此仁爱礼让的教化常存，知廉耻的风气畅行，贪婪邪鄙的路子被堵塞，奢求欲望之火被熄灭。百官敬业尽职，大臣在朝廷论政，公正议论之风盛行，追逐私利的行为日渐废止。明君必须推行善政，才能达到社会安定。并不是只有好的制度就能大治，还必须有贤臣去推行善政。

想治理百姓，却不精简政事，就会导致事务繁多而职责混乱。知道精简官职，却不知道节制财用，增加他们的俸禄，则在下位者财力已尽，而君上还没有充分的供给。这样俸禄微薄，则官吏竞相违背公义、谋求私利，这就是教化废弃不能推行的原因。凡是想治理国家的人，都想求得官吏清廉。不知怎样使官吏清廉，却茫然责求其清廉，这如同搅混水源，却希望河流清澈。知道如何使官吏清廉，即使举用盗跖为官，他也不敢做坏事；不知道怎样使官吏清廉，即使举用伯夷、叔齐，他们也定会违犯禁制。如果交给伯夷、叔齐政事，却只给微薄的俸禄，近不能养活自身，远不够赡养全家，父母受饿，妻子儿女没饭吃，他们不营谋私利则养家糊口都有亏缺，营谋私利则违犯奉公守法的规矩。养家糊口尚有亏缺，就会有怨恨之心。有怨恨之心，仁爱礼义的道理就丧失了。假如伯夷、叔齐有父母在，又无力赡养，他们一定不去首阳山采薇充饥、顾念公制而守节以死。由此说来，官吏俸禄不足，即使伯夷、叔齐也必犯禁令。官员们离开家庭，投身朝廷，如果荣耀不足以荫庇宗族，俸禄不足以赡养全家，亲骨肉在家里埋怨，朋辈与他分手，仁爱孝敬的做人原则亏欠，美名声誉受

已,不改其行,上不见信于君,下不见明于俗,遂委死沟壑而莫之能知也,岂不悲夫!天下知为清之若此,则改行而从俗矣。清者化而为浊,善者变而陷于非,若此而能以致治者,未之闻也。

平役赋

昔先王之兴役赋,所以安上济下,尽利用之宜,是故随时质文,不过其节,计民丰约而平均之,使力足以供事,财足以周用。乃立一定之制以为常典,甸都有常分,诸侯有常职焉。万国致其贡,器用殊其物。上不兴非常之赋,下不进非常之贡,上下同心,以奉常教,民虽输力致财,而莫怨其上者,所务公而制有常也。战国之际,弃德任威,竞相吞伐,而天下之民困矣。秦并海内,遂灭先王之制,行其暴政,内造阿房之宫,继以骊山之役,外筑长城之限,重以百越之戍,赋过太半,倾天下之财,不足以盈其欲,役及闾左,竭天下之力,不足以周其事,于是蓄怨积愤,同声而起,陈涉、项梁之畴,奋剑大呼,而天下之民响应以从之。骊山之墓未闭,而敌国已收其图籍矣。昔者,东野毕御尽其马之力,而颜回知其必败,况御天下而可尽人之力也哉!夫用人之力,岁不过三日者,谓治平无事之世,故周之典制载焉。

损，却还能坚持志节不动摇，这样的人实在太少了。君主不详细体察实情，听到其内有家人埋怨，外有朋友背离，便鄙薄其声名，一定会随时贬黜他们。家庭窘困且被贬黜，忠贞不移的人，不顾自己家族的埋怨，不怕遥远的贬谪，死而后已，不改其品行，结果上不被君主信任，下不被世俗理解，遂委身死于沟壑，没有谁能了解他，岂不可悲吗！天下人如果知道为官清正会如此，就会改变志行而顺从世俗了。清廉者变得污浊，贤良者改变操守而从事非义之事，如此而能达到天下太平，从未听说过。

平役赋

从前，先王制定劳役赋税，是用来安上利下，达到物尽其用的目的的，因此会随着实际情况调整有关法律条文，不越过应有的节制，计算百姓的收成多少，平衡调节，使服役的劳力能够满足国事的需要、征收的财资足够使用。于是，确立统一的规定，并作为常规制度。郊区、都城有固定的分限，诸侯有固定的赋税。各诸侯国进奉贡品，器物用度各不相同。君主不征取非常规的赋税，百姓不进奉非常规的贡物。上下一心，遵守固定的礼教。百姓虽服役出力、上交财物，却没有人埋怨君主，是因为赋役公允、制度规范。战国时，抛弃德教，仅凭威严，各国相互吞并，天下百姓穷困。秦王统一全国，于是毁坏先王的制度，推行暴政。内修阿房宫，接着征役夫在骊山修墓；外筑长城限敌，并加强对百越的防守。赋税大增，超过百姓收入的一半，竭尽天下的财富，尚不能满足他的欲望；劳役殃及贫苦人家，用尽天下的民力，也不能完成他的事务。于是，蓄积已久的怨愤，一齐爆发。陈涉、项梁一伙举剑高呼，天下百姓回应跟从。骊山的坟墓尚未完成，都城已被敌对者攻占。从前东野毕驾车，竭尽马的气力以争

若黄帝之时,外有赤帝、蚩尤之难,内设舟车门卫甲兵之备,六兴大役,再行天诛,居无安处,即天下之民,亦不得不劳也。劳而不怨,用之至平也。禹凿龙门,辟伊阙,筑九山,涤百川。过门不入,薄饮食,卑宫室,以率先天下,天下乐尽其力而不敢辞劳者,俭而有节,所趣公也。故世有事即役烦而赋重,世无事即役简而赋轻,役简赋轻,则奉上之礼宜崇,国家之制宜备,此周公所以定六典也。役烦赋重,即上宜损制以恤其下,事宜从省以致其用,此黄帝、夏禹之所以成其功也。后之为政,思黄帝之至平,夏禹之积俭,周制之有常,随时益损,而息耗之,庶几虽劳而不怨矣。

贵教

虎至猛也,可畏而服。鹿至粗也,可教而使。木至劲也,可柔而屈。石至坚也,可消而用。况人含五常之性,有善可因,有恶可改者乎?人之所重,莫重乎身,贵教之道行。士有伏节成义,死而不顾者矣。此先王因善教义,因义而立礼者也。因善教义,故义成而教行,因义立礼,故礼设而义通。若夫商、韩,

先，颜回知道他一定会失败。何况统治天下，而竭尽民力呢？使用民力，如果一年不超过三天，就称得上是太平安定的社会，所以周朝典制予以记载。

黄帝时，外有赤帝（《史记》中五帝之一）、蚩尤（《史记》中东方九族首领）之患，国内设置舟车、门卫、甲兵的防备，发起六次大战役，又替天行道讨伐叛逆。居住没有安定的处所，则天下百姓不得不异常辛劳，但辛劳却没有人埋怨，因为是用以实现天下太平。大禹凿通龙门，打开伊阙山，筑室于九山（即会稽山、泰山、王屋山、首山、太华山、岐山、太行山、羊肠山、孟门山），疏通百川，过家门而不入，饮食菲薄，宫室简陋，勤劳先于天下人，而天下人乐于尽力，不辞劳苦，是因为他凡事约束自己而有节制，其目的是为了公众利益。因此，国家有大事，劳役赋税就繁重；天下太平，劳役就少而赋税轻。劳役少而赋税轻，那么百姓侍奉君主的礼节应更为尊崇，国家的制度应更加完备，这是周公制定六典的原因。劳役赋税繁重，君主应减少政令而体恤百姓，事务应减少以求实用，这就是黄帝、夏禹成就其功业的原因。后世为政，想到黄帝的公平、夏禹的积蓄节俭、周代制度的稳定有常，结合时势改革税赋徭役制度而增减其征收程度，这样，百姓大概就会劳苦而不埋怨了。

贵教

老虎是最凶猛的野兽，可用威力制服；鹿是最粗笨的动物，可调教而役使；木头很强硬，可使其柔韧而弯曲；石头最坚硬，可销融而为人使用。何况人有仁、义、礼、智、信五性，是有善心能够依循、有恶习能够改正的呀！人所看重的，莫过于自己的躯体，但崇尚教化的风气盛行，士子中就有为节操杀身取义、死而无所顾惜者。这是先

孙、吴,知人性之贪得乐进,而不知兼济其善,于是束之以法,要之以功,使天下唯力是恃,唯争是务,恃力务争,至有探汤赴火而忘其身者,好利之心独用也。人怀好利之心,则善端没矣。中国所以常制四夷者,礼义之教行也,失其所以教,则同乎夷狄矣。其所以同,则同乎禽兽矣。不唯同乎禽兽,乱将甚焉。何者?禽兽保其性然者也,人以智役力者也,智役力而无教节,是智巧日用,而相残无极也。相残无极,乱孰大焉!不济其善,而唯力是恃,其不大乱几稀耳。人之性,避害从利。故利出于礼让,即修礼让。利出于力争,则任力争。修礼让则上安下顺而无侵夺,任力争则父子几乎相危,而况于悠悠者乎。

戒言

上好德则下修行,上好言则下饰辩。修行则仁义兴焉,饰辩则大伪起焉,此必然之征也。德者,难成而难见者也。言者,易撰而易悦者也。先王知言之易而悦之者众,故不尚焉。不尊贤尚德,举善以教,而以一言之悦取人,则天下之弃德饰辩以要其上者不勘矣。何者?德难为而言易饰也。夫贪荣重利,常人之性也。上之所好,荣利存焉。故上好之,下必趣之,

王依靠人的善心而教人以义、依靠义确立礼。顺其善心而教以义,所以人们从义而政教畅行;凭靠义来确立礼制,所以礼制设立而人人循礼而行。至于商鞅、韩非、孙子、吴起,知道人性贪得无厌、乐于进身,而不知同时助长其善的一面。因此,用刑法约束,用功名鼓励,使天下人只依靠强力,只致力于争夺。依仗强力、务求争夺,以至于有人赴汤蹈火而忘记死活,都是争利之心所驱使的。人人都抱着求利之心,人善良的一面就丧失了。中国能制服四夷的原因,是推行了礼义之教。丧失了礼义教化,就与夷狄没有了区别。跟夷狄相同,则也就和禽兽相同了。不仅是与禽兽相同,甚至比禽兽更混乱无序。这是因为禽兽保持自己的天性不变,人却是用巧智驾驭体力者。以巧智驾驭体力,而没有礼教加以节制,就会巧智日见使用,而彼此伤害无穷无尽。彼此相互伤害无穷无尽,祸乱哪有比这更大的!不帮助其向善,只凭借暴力,天下不发生大乱几乎是没有的。人的本性,是避害趋利。因此,利益出自于礼让,人们就会修习礼让;利益出自于强力,人们就会凭借强力争夺。人们修习礼让,则国家安定,百姓顺从,没有侵凌掠夺;凭借强力争夺,则父子难免相互危害,何况对于其他人呢?

戒言

君主重视美德,则臣下乐于修身洁行;君主喜好空谈,则臣下热衷粉饰巧辩。修身洁行,则仁义之道兴起;粉饰巧辩,则诡诈之风兴起。这是必然现象。美德难修成也难显现,空论容易撰写也容易讨人喜欢。古代圣王知道美言好说且多数人爱听,所以不崇尚。如果不尊重贤能、崇尚美德、宣导善行来进行教化,而是只凭使自己高兴的一句话来选拔人,那么,天下抛弃道德、粉饰巧辩并以此要求君主

趣之不已，虽死不避也。先王知人有好善尚德之性，而又贪荣而重利，故贵其所尚，而抑其所贪。贵其所尚，故礼让兴；抑其所贪，故廉耻存。夫荣利者，可抑而不可绝也，故明为显名高位丰禄厚赏，使天下希而慕之，不修行崇德，则不得此名，不居此位，不食此禄，不获此赏。此先王立教之大体也。夫德修之难，不积其实，不成其名。夫言撰之易，合所悦而大用，修之不久，所悦无常，故君子不贵也。

正心

　　立德之本，莫尚乎正心，心正而后身正，身正而后左右正，左右正而后朝廷正，朝廷正而后国家正，国家正而后天下正。故天下不正，修之国家，国家不正，修之朝廷，朝廷不正，修之左右，左右不正修之身，身不正修之心。所修弥近，而所济弥远。禹汤罪己，其兴也勃焉，正心之谓也。心者，神明之主，万理之统，动而不失正，天地可感，而况于人乎？况于万物乎？夫有正心必有正德，以正德临民，犹树表望影，不令而行。大雅云："仪形文王，万邦作孚。"此之谓也。有邪心必有枉行，以枉行临民，犹树曲表而望其影之直，若乃身坐廊庙之内，意驰云梦之野，临朝宰事，情系曲房之娱，心与体离，情与志乖，

封赏者便不会少见了。为什么呢？这是因为提高道德修养难而巧言伪饰容易。贪求荣誉、看重财利，是一般人的通性。君主的喜好中就有荣誉和财利。所以君主喜好的，百姓就会趋从且追求不止，即使死也不避开。先王知道人一方面有喜好善良、崇尚美德的本性，另一方面又有贪慕荣誉财利的习性，因此就重视其所崇尚的，而抑制其所贪求的。重视其所崇尚的，所以礼让之风兴起；抑制其所贪求的，所以人人都有廉耻之心。追求荣誉、财利可予以抑制却不能断绝，于是，公开定出显名高位、丰禄厚赏，让天下人追求并羡慕。不修养良好的德行，就不能获得显名；不处其职位，就不能享受相应的俸禄。这是先王树立教化的大纲。修养道德是困难的，不积累实际德行就不能成就其名声。言论的撰述容易，符合君主所喜欢的就可重用，然而因其研修不长久，君主所喜欢的也时有改变，所以君子不看重它。

正心

　　立德的根本是正心，心正之后才能身正。自身端正，身边办事的人才端正。身边办事的人端正，朝廷才端正。朝廷端正，国家才端正。国家端正，天下才端正。所以，天下不正就要整治国家，国家不正就要整治朝廷，朝廷不正就要整治身边的臣子，臣子不正就要加强自身修养，自身不正就首先要正心。所整治的越切近，所成就的越远大。夏禹、商汤常常检讨自己的错误，国家的兴盛就很快，这是正心的结果。心是精神的主宰，是各种理念的统率。行为端正，可感天动地，何况人呢？何况万物呢？心地端正就会有美德，以良好的品德君临天下，就如树立标竿观望影子，无须命令，影子也会围着移动。《诗·大雅》说："取法于文王，则万邦都会表示信服。"说的就是这个道理。有邪恶之心，必有不正的行为。以不正之行君临天下，就

形神且不相保,孰左右之能正乎哉!忠正仁理存乎心,则万品不失其伦矣。礼度仪法存乎体,则远迩内外,咸知所象矣。古之大君子,修身治人先正其心,自得而已矣,能自得,则无不得矣,苟自失,则无不失矣。无不得者,治天下有余。故否则保身居正,终年不失其和,达则兼善天下,物无不得其所。

无不失者,营妻子不足。故否则是己非人,而祸逮乎其身,达则纵情用物,而殃及乎天下。昔者,有虞氏弹五弦之琴,而天下乐其和者,自得也。秦始皇筑长城之塞以为固,祸机发于左右者,自失也。夫推心以及人,而四海蒙其佑,则文王其人也。不推心以虑用天下,则左右不可保,亡秦是也。秦之虪君,目玩倾城之色,天下男女怨旷而不肯恤也,耳淫亡国之声,天下小大哀怨而不知抚也。意盈四海之外,口穷天下之味,宫室造天而起,万国为之瘝瘁,犹未足以逞其欲,唯不推心以况人。故视用人如用草芥,使用人如用己,恶有不得其性者乎。古之达治者,知心为万事主,动而无节则乱,故先正其心,其心正于内,而后动静不妄,以率先天下,而后天下履正,而咸保其性也,斯远乎哉,求之心而已矣。

如同树立的标竿弯曲，却希望影子端直一样（是不可能的）。如果身在朝廷，心神却飞向云梦之野去游乐，虽临朝理事，情思却不忘幽隐密室之中的娱乐，心神与形体相分离，感情与意志相违背，自己的形体与精神都不能保持一致，身边的人怎能端正呢？忠诚、正直、仁爱、理义存在心中，则万物万事都不会失其伦常。礼义、制度、准则、法规体现于自身，那么，无论远近内外，都知道以其为榜样。古代圣明君子，修身治天下，首先端正自己的思想，要求自身行事得当而已。能使自己行事得当，则其他事无所不当。如果自身有失误，则会处处失误。做事无不得当者，治理天下就力有所余。因此，时运不通时则保全自身、遵循正道，终年持守中和；得志时则兼济天下，使万众各得其所。

　　处处违背道义的人，养妻育子尚有不足。因此，不顺利时则肯定自己、指责别人，以致灾祸降临自身；顺利时则放纵其情，挥霍无度，以至殃及天下。从前，舜弹奏五弦琴，天下乐于应和的原因，就是他自身行为得当。秦始皇修长城要塞，以为永固，而危机从身边产生，这是自身行为不当所造成的。推思己心去体察别人，就会使四海之内得其佑护，这是周文王的为人；不推思己心而去役使天下，连身边的人都不能保全，亡秦就是例证。秦朝的暴君眼中玩赏的是倾城美色，对天下的怨女旷夫却不肯体恤；耳里整天听着亡国的靡靡之音，对天下人的种种哀怨却不去抚慰。志得意满，享尽天下美味佳肴，宫室连天，天下人却疲惫憔悴，还不能满足他的欲望。这是不推己心去体谅他人，因此，其用人如用草芥。如果对待别人像对待自己，怎么会不顺应其本性的好恶呢？古代能通达治国之道者，明白心是万事的主宰，行为无节制，就会使国家动乱，所以首先端正自己之心。假如心性端正，无论动还是静，都不会胡作非为，自己做天下人的表

通志

夫能通天下之志者,莫大乎至公。能行至公者,莫要乎无忌心。唯至公,故近者安焉,远者归焉。枉直取正而天下信之,唯无忌心。故进者自尽,而退不怀疑,其道泰然,浸润之谮不敢干也。《虞书》曰:"辟四门,则天下之人辐凑其庭矣。明四目,则天下之人乐为之视矣。达四聪,则天下之人乐为之听矣。"江海所以能为百谷王者,以其不逆之也。苟有所逆,众流之不至者多矣。众流不至者多,则无以成其深矣。夫有公心必有公道,有公道必有公制,丹朱、商均,子也,不肖,尧舜黜之。管叔、蔡叔,弟也,为恶,周公诛之。苟不善,虽子弟不赦,则于天下无所私矣。鲧乱政,舜殛之,禹圣明,举用之,戮其父而授其子,则于天下无所忌矣。

石厚,子也,石碏诛之;冀缺,雠也,晋侯举之。是之谓公道。夫在人上,天下皆乐为之用,无远无近,苟所怀得达,死命可致也。唯患众流异源,清浊不同,爱恶相攻,而亲疏党别,上之人或有所好,所好之流独进,而所不好之流退矣。通者一而塞者万,则公道废而私道行矣,于是天下之志,塞而不

率,天下人就会践行正道,从而皆能保有其本性。这些要求遥远吗?不过是求之于自心而已呀!

通志

能使天下人同心的,没有比极其公正更好的办法。要做到极其公正,没有比自身无猜忌之心更重要的。只有无比公正,才能使近处的人安定,使远方的人归附。是非曲直都有一定的标准,就会得到天下人的信任。因为没有顾忌之心,入朝者能尽情说自己想说的话,退朝后不存疑虑,其治国之道安定无忧。即使有人想不断地进谗言,也不敢冒犯。《虞书》说:"打开通往四方之门,天下人会聚集到你的庭堂;明亮远观四方之目,天下人乐于为你观看;畅通你远及四方之所闻,天下人乐意为你听闻。"江海能成为百川之王的原因,是它不会拒绝百川的会归。如果它有所拒绝,众河流不流向大海的就多了。众河流不归于大海,就不会成就大海的深广。有公正之心,必有公正之道;有公正之道,必有公正之制。尧之子丹朱、舜之子商均不肖,尧舜贬退了他们。管叔、蔡叔,身为周公之弟,却作乱为恶,周公诛杀了他们。如果人品不好,即使是子弟也不宽赦,那么,治理天下就不会偏私了。鲧败乱国事,舜杀了他;禹圣明,舜就重用他。舜杀了禹的父亲而传帝位给禹,则对天下人也就无所猜忌了。

石碏杀了谋乱的儿子石厚,晋文公举用仇人冀缺,这就是公道。其在人上,天下人都乐于听从他的调用。如果抱负能得到施展,以死报效者无论远近都可招致而来。令人担忧的是众流非出一源,清浊不同,爱恶相互攻讦,形成亲疏党派之别。在上者有时会有所偏爱,所爱的那些人被进用,而所不喜欢的那些人就被贬退。一人亨通而多数人被阻塞,则公正之道废弛而利私之风盛行,于是天下人的

通。欲自纳者，因左右而达，则权移左右，而上势分矣。昧于利者，知趣左右之必通，必变业以求进矣。昧利者变业而觉成，正士守志而日否，则虽见者盈庭，而上之所闻实寡，外倦于人。而内寡间，此自闭之道也。故先王之教，进贤者为上赏，蔽贤者为上戮，顺礼者进，逆法者诛，设诽谤之木，容狂狷之人，任公而去私，内恕而无忌，是之谓公制也。公道行则天下之志通，公制立则私曲之情塞矣。

凡有血气，苟不相顺，皆有争心，隐而难分，微而害深者，莫甚于言矣。君人者，将和众定民而殊其善恶，以通天下之志者也。闻言不可不审也，闻言未审而以定善恶，则是非有错，而饰辩巧言之流起矣。故听言不如观事，观事不如观行。听言必审其本，观事必校其实，观行必考其迹，参三者而详之，近少失矣。问曰："汉之官制，皆用秦法，秦不二世而灭，汉二十余世而后亡者，何也？"答曰："其制则同，用之则异，秦任私而有忌心，法峻而恶闻其失，任私则达者怨，有忌心则天下疑，法峻则民不顺之，恶闻其失，则过不上闻，此秦之所以不二世而灭也。

汉初入秦，约法三章，论功定赏，先封所憎。约法三章，

志向都会堵塞不通。向君主自我献纳的人，凭借君主左右亲信而得志，于是权力就会旁移，君主的权力就会分散。贪冒私利的人，知道趋奉君主身边的人定能通达，必会变更原职业而求得进身。贪冒私利的人变换职业、结成朋党，正直的人坚守志向而仕途日益不通，则虽谒见的人充满朝廷，但君主所能听到的切实有用的言论其实很少。外部为党人所困，内部又无人进言，这是自我封闭的做法啊。所以，先王的教令，是举荐贤才的人给大赏，蒙蔽贤才的人处重罚；合乎礼法的进用，背逆礼法的诛罚；设立允许书写非议朝廷谤言的木牌，宽容狂傲耿介之人；凭借公正而去除偏私，内心宽恕而不忌恨。这就是所说的公正的制度。施行公正之道，则天下人的心志就得以上达。公正的制度确立，则谋私、偏邪的情况就被杜绝。

大凡有血性的人，如果彼此不和顺，都会有竞争之心。人们交往中隐讳而难以分辨、细小却有大害的，莫过于言语。做君主的要协调众人、安定百姓、分别善恶以通达天下人的心志，对听到的话就不能不详察。对听到的话不加详审，轻率判定善恶，就会把是非判错，使伪饰巧辩的风气流行。所以听其言不如观其所事，观其事不如观其品行。听言一定要审察其内心的实际想法，观事一定要查验其真实性，观察品行一定要考察其事迹。综合言、事、行三方面，并详加分析，就会很少有失误。有人会问："汉朝的官吏体制，都是沿用秦朝的办法。秦朝不到二世就灭亡，汉朝却延续了二十多代，这是为什么呢？"回答是："两朝制度大体相同，具体施用不同。秦朝任私党且有猜忌之心，刑法严峻而厌恶听批评的话。任用私党则招贤达生怨，有猜忌之心则人人生疑。刑法严峻则民心不顺从，厌恶听批评的话则君主就听不到为政的过错。这是秦朝不到二世就灭亡的原因。

汉高祖初入关中，与民约法三章；论功行赏，先封赏自己所憎恶

公而简也；先封所憎，无忌也。虽网漏吞舟，而百姓安之者，能通天下之志，得其略也。世尚宽简，尊儒贵学，政虽有失，能容直臣，简则不苟，宽则众归之，尊儒贵学，则民笃于义，能容直臣，则上之失不害于下，而民之所患上闻矣。自非圣人焉无失，失而能改，则所失少矣，心以为是，故言行由之，其或不是，不自知也。先王患人之不自知其失，而处尊者，天下之命在焉，顺之则生，逆之则死。顺而无节，则谄谀进；逆而畏死，则直道屈。明主患谀己者众而无由闻失也，故开敢谏之路，纳逆己之言，苟所言出于忠诚，虽事不尽是，犹欢然受之，所通直言之涂，引而致之，非为名也。以为直言不闻，则己之耳目塞，耳目塞于内，谀者顺之于外，此三季所以至亡而不自知也。周昌比高祖于桀纣，而高祖托以爱子，周亚夫申军令，而太宗为之不驱，朱云折槛，辛庆忌叩头流血，斯乃宽简之风，汉所以历年四百也。"

曲制

  天下之福，莫大于无欲。天下之祸，莫大于不知足。无欲则无求，无求者，所以成其俭也；不知足，则物莫能盈其欲矣。莫能盈其欲，则虽有天下，所求无已，所欲无极矣。海内

的人。约法三章，公正而简单明了；先封赏所憎恶的人，显示不怀猜忌。虽然法网宽大，百姓却安定，就是因为能顺应民心、方略得当。治国崇尚宽缓简约，尊儒重教；政令即使有失误，却能容留直言敢谏的臣子。政令简约则不轻率，政令宽缓则民众就归附；尊儒重教，百姓就忠诚守法；能容纳正直的臣子，则君主有失误也不会贻害百姓，而百姓的忧患君主也能听到。人非圣贤，怎能没有过失！有过失及时改正，失误就会减少。心里认为正确，言行就会表现出来。即使所想的不正确，自己也觉察不到。先王所担心的是人不了解自己的错误，且对处尊位者来说，天下人的性命在于自身，顺从自己则生，违逆自己则亡。顺从而不讲操守，则阿谀者会得势；违逆而又怕被处死，以正直之道事君者便会屈从。英明君主担心阿谀自己的人多，不能听到为政的失误，于是，敞开谏诤的言路，接受批评自己的言论。如果谏言出于忠诚，虽然不完全切合实事，仍然高兴地接受。敞开直言之路，招引他们进谏，不是为取得好名声，而是认为听不到正直的言论，自己就会耳目闭塞。自己耳目闭塞，阿谀的人又凡事顺从自己，这就是夏、商、周三代末年的君主灭亡的原因，而他们自己却不知道。周昌把汉高祖比作桀纣，高祖还是把爱子托付给他；周亚夫申明军令，汉文帝的车马因此不在军营中驱驰；汉朝朱云不服成帝，攀折殿槛，辛庆忌叩头流血营救，才免其一死，后被成帝称为直臣。这都是宽宏简约的政风。汉朝能够统治四百年，原因就在这里。"

曲制

天下最大的福祉就是无欲，天下最大的灾祸就是不知足。没有欲望，就没有贪求。没有贪求，就能够养成节俭。不知足，则物质追求永远满足不了欲望。不能满足他的欲望，即使占有天下，其贪求也

之物不益，万民之力有尽。纵无已之求，以灭不益之物；逞无极之欲，而役有尽之力。此殷士所以倒戈于牧野，秦民所以不期而周叛，曲论之好，奢而不足者，岂非天下之大祸耶。

安民

民富则安，贫则危，明主之治也。分其业而一其事，业分则不相乱，事一则各尽其力，而不相乱，则民必安矣。重亲民之吏而不数迁，重则乐其职，不数迁则志不流于他官，乐其职而志不流于他官，则尽心恤其下，尽心以恤其下，则民必安矣。附法以宽民者赏，克法以要名者诛。宽民者赏，则法不亏于下；克民者诛。而名不乱于上，则民必安矣。量时而置官，则吏省而民供，吏省则精，精则当才而不遗力。民则供顺，供顺则思义而不背上。上爱其下，下乐其上，则民必安矣。笃乡闾之教，则民存知相恤，而亡知相救，存相恤而亡相救，则邻居相恃，怀土而无迁志。邻居相恃，怀土无迁志，则民必安矣。度时宜而立制，量民力以役赋，役赋有常，上无横求，则事事有储，而并兼之隙塞。事有储，并兼之隙塞，则民必安矣。图远必验之近，兴事必度之民，知稼穑之艰难，重用其民，如保赤子，则民必安矣。

不会停止,其欲望仍会无穷无尽。全国物产不增多,万民之力有限度。放纵无休止的追求,耗尽有限的物产;放任无尽的欲望,役使有限的人力。这就是殷朝士卒在牧野倒戈、秦朝百姓不约而同起来反叛的原因。就此而言,追求奢侈而不知足,岂不是天下最大的祸害吗?

安民

　　百姓富足则安定,百姓贫困则忧惧。圣明的君主治理国家,给人们分配一定的职业,让人们专门从事本职工作。职业有分工就不互相扰乱,做事专一则各尽其力。各尽其力,不互相干扰,百姓必会安定。应重视切近百姓的基层官吏,不频繁调迁。重视则他们乐于尽职尽责,不频繁调迁则其心志不会转向其他官位。乐于其职,心志不转向其他官位,他们就会尽心体恤其辖区民众。尽心体恤其辖区民众,民众就安定。对依法办事、宽仁待民的官吏应奖赏,对执法苛刻、追求名声的官吏就惩罚。对宽厚待民的予以奖赏,则律法不会伤害百姓;对苛刻害民者给予惩罚,则其名声就不会使君主迷惑。这样,百姓必会安定。衡量时势设置官吏,则官吏少而百姓易于供给。官吏少则精干,精干就能人尽其材、不遗余力;百姓的供给合理,则怀念其恩谊而不背逆上级。上司爱护下民,下民喜欢上司,百姓一定会安定。重视乡间的教化,则百姓安定时懂得相互体恤,危急时知道相互救助。如此,则邻居间相互依仗,热爱故土不愿迁徙。相互依赖、怀恋故土而不愿迁徙,百姓一定会安定。分析时宜而定立制度,衡量民力来征役定税。徭役赋税有常规,上级不横征乱收,则各行各业皆有积储,兼并的漏洞就会被堵塞。如此,则百姓必然安定。谋求长远计画要用近期之事检验,兴办各种事业要考虑民力民意。懂得耕种收获的艰难,慎重使用民力,爱民如子,百姓必然安定。

职业无分，事务不一，职荒事废，相督不已。若是者民危。亲民之吏不重，有资者无劳而数迁，竞营私以害公，饰虚以求进，仕宦如寄，视用其民如用路人，若是者民危。以法宽民者不赏，克民为能者必进，下力尽矣，而用之不已，若是者民危。吏多而民不能供，上下不相乐，若是者民危。乡间无教，存不相恤，而亡不相救，若是者民危。不度时而立制，不量民而役赋无常，横求相仍，弱穷迫不堪其命，若是者民危。视远而忘近，兴事不度于民，不知稼穑艰难而转用之，如是者民危。安民而上危，民危而上安者，未之有也。《虞书》曰："安民则惠，黎民怀之。"其为治之要乎！今之刺史，古之牧伯也。今之郡县，古之诸侯也。州总其统，郡举其纲，县理其目，各有职守不得相干，治之经也。夫弹枉正邪，纠其不法，击一以警百者，刺史之职也。比物校成，考定能否，均其劳逸，同其得失，有大不可而后举之者，太守之职也。亲民授业，平理百事，猛以威吏，宽以容民者，令长之职也。然则令长者最亲民之吏，百姓之命也。国以民为本，亲民之吏，不可以不留意也。

孝仁

傅子曰："利天下者，天下亦利；害天下者，天下亦害之。

职业没有分工，事务不专一，以至职业荒废，督察不停止，如此则百姓一定会忧惧。不看重直接管理百姓的官员，有资财的人虽无功绩却多次迁升，官吏竟相营私利而危害公家，弄虚作假以求升官，做官如寄宿，使用百姓如役使路人，如此则百姓必定忧惧。按法行事、宽缓待民的人得不到奖赏，以苛刻虐待为能事的人迁升，民力已耗尽，征用还不停止，如此则百姓会忧惧。官吏多而百姓不能供给，上下都不高兴，如此则百姓一定忧惧。乡间闾里不行教化，平时彼此不体恤，外出时互相不救助，如此则百姓一定忧惧。不分析时势而定立制度，不估量民力而滥加赋役，横征乱收接连不断，穷弱之民受其逼迫而无法忍受，如此百姓一定忧惧。只图将来不顾眼前，办事不估量民力，不知耕作艰难，轮番役使民力，如此则百姓忧惧。百姓安定而君主却忧惧、百姓忧惧而君主能安稳，是从未有过的事。《虞书》说："安定百姓就是仁爱，黎民就会归向他。"这是治国的关键。当今的刺史相当于古代的州牧，现在的郡县相当于古代的诸侯国。州牧总领其大统，郡守掌握其纲要，县令管理好细目，各尽其职守，不能彼此干扰，这是治国的原则。批评纠正歪风邪气，检举不法分子，惩一以儆百，这是刺史的职责。与别人比较而查对其完成情况，考核确定其能力高低，均衡其辛劳与安闲，汇集其做事的得失，若有很不合宜者，然后向上举报，这是太守的职责。爱民授业，公平处理民事，严肃治理下级官吏，宽容地对待百姓，这是令长的职责。令长是最接近百姓的官吏，关系到百姓的性命。国家以民为根本，对直接亲近百姓的官吏不能不关注呀！

孝仁

傅子说："给天下人利益的人，天下人也给他利益；危害天下人

利则利,害则害,无有幽深隐微,无不报也。仁人在位,常为天下所归者,无他也,善为天下兴利而已矣。"

问政

刘子问政。傅子曰:"政在去私,私不去则公道亡,公道亡,则礼教无所立,礼教无所立,则刑赏不用情,赏刑不用情,而下从之者,未之有也。夫去私者所以立公道也,唯公然后可正天下。"

傅子曰:"善为政者,天地不能害也,而况于人乎!尧水汤旱,而人无菜色,犹太平也,不亦美乎!晋饥矣,懈而为秦所禽,人且害之,而况于天地乎!"

问刑

傅子曰:"秦始皇之无道,岂不甚哉!视杀人如杀狗彘,狗彘,仁人用之犹有节,始皇之杀人,触情而已,其不以道如是。而李斯又深刑峻法,随其指而妄杀人,秦不二世而灭,李斯无遗类,以不道遇人,人得以不道报之。人雠之,天绝之,行无道。未有不亡者也。或曰:"汉太宗除肉刑,可谓仁乎?"傅子曰:"匹夫之仁,非王天下之仁也。夫王天下者,大有济者也,非小不忍之谓也。先王之制,杀人者死,故生者惧。伤人者残其体,故终身惩。所刑者寡而所济者众,故天下称仁焉。

的，天下人也危害他。利人则对自己有利，害人则对自己有害。不管事情多么久远隐蔽，没有不报应的。仁爱之人在位，常使天下人都归顺，这没有别的原因，不过是因为他善为天下人兴利罢了。"

问 政

刘子问政，傅子回答说："为政在于去掉私欲。私欲不去除，公正就丧失。公正丧失，礼仪教化就难以树立。礼教难以树立，则惩罚、奖赏就不顾情理。惩罚奖赏不顾情理，而百姓会顺从的事，是从未有过的。去除私欲是为了树立公正之道。只有公正，才能使国家走上正轨。"

傅子说："善于处理政事的人，连天地都不能加害，何况人呢？尧时遭水灾、汤时遭旱灾，可是百姓未受饥寒，犹如处在太平时代，这岂不美好吗？晋国有饥荒，国君懈怠而被秦国所擒。连人都加害于他，何况天地呢？"

问 刑

傅子说："秦始皇残暴无道，难道不严重吗？杀人如同杀猪狗。猪狗，仁人虽然使用，却有节制。始皇杀人，只是因触怒了自己而已，其不按道义行事达到了如此程度。李斯又进一步施行严刑峻法，按自己意图胡乱杀人。结果秦朝不满两代就亡国，李斯也全族绝灭。他们不以仁道待人，别人也以不讲道义回报。人人仇视他，连上天也灭绝他，可见所行无道的人没有不灭亡的。"有人问："汉文帝废除摧残肉体的刑罚，可称为仁爱吗？"傅子说："那是普通人的仁爱，不是天子的仁爱。以仁道治天下者，是能有利于广大民众的，不是指微小的同情心。先王的法规是杀人者判死刑，所以活着的人惧

今不忍残人之体而忍杀之，既不类，伤人刑轻，是失其所以惩也。失其所以惩，则易伤人。人易相伤，乱之渐也。犹有不忍人心，故曰匹夫之仁也。"

通道

傅子曰："古之贤君，乐闻其过，故直言得至，以补其阙，古之忠臣，不敢隐君之过，故有过者知所以改，其或不改，以死继之，不亦至直乎！"

信直

傅子曰："至哉，季文子之事君也，使恶人不得行其境内，况在其君之侧乎？推公心而行直道，有臣若此，其君稀陷乎不义矣。"

骄违

傅子曰："正道之不行，常由佞人乱之也，故桀信其佞臣推役侈，以杀其正臣关龙逢，而夏以亡。纣信其佞臣恶来，以剖其正臣王子比干之心，而殷以亡。"曰："佞之不可用如此，何惑者之不息也？"傅子曰："佞人善养人私欲也，故多私欲者悦之。唯圣人无私欲，贤者能去私欲也。有见人之私欲，必

怕；伤人者要残损其肢体，使其终身受到惩处。所惩处的人少，而所获益者多，所以天下人称赞他仁爱。如今不忍心伤残人的肉体，却忍心杀人，这已经说不通，而伤人所受的刑罚很轻，这就失去了惩处的用意。失去了惩处的用意，就容易发生伤害人的事。容易发生彼此伤害的事，是叛乱的开端。然而还有同情之心，所以说只是'匹夫的仁爱'。"

通道

傅子说："古代的贤明君主，乐于听人指出自己的过失，所以能听到正直的话，借以补救缺点。古代的忠臣，不敢隐瞒君主的过错，所以君主有了过错，知道怎样改正。如果已告诫君主而其仍不改正，则继而以死进谏，这不是极其正直吗？"

信直

傅子说："季文子侍奉君主真是太好了！使恶人不能行走于国境之内，何况在君主周围呢？发扬公正之心，奉行正直之道，有这样的臣子在身边，君主就很少陷于不义的境地。"

骄违

傅子说："正直的主张难以实行，常常是因为君主受巧言谄媚之人的迷惑。夏桀听信其佞臣推侈之言，因而杀害了正直之臣关龙逄，结果夏朝灭亡；殷纣听信其佞臣恶来之言，因而剜割了正直之臣王子比干的心，结果殷朝灭亡。"有人说："蛊惑的奸佞之徒如此不可任用，为什么受其迷惑的人不断会有呢？"傅子说："巧言谄媚之徒善于培养人的私欲，因此私欲强的人喜欢他们。圣人没有私欲，贤

以正道矫之者，正人之徒也。违正而从之者，佞人之徒也。自察其心，斯知佞正之分矣。"

或问："佞孰为大？"傅子曰："行足以服俗，辨足以惑众，言必称乎仁义，隐其恶心，而不可卒见，伺主之欲微合之，得其志，敢以非道陷善人，称之有术，饰之有利，非圣人不能别，此大佞也。其次，心不欲为仁义，言亦必称之，行无大可非，动不违乎俗，合主所欲而不敢正也，有害之者，然后陷之。最下佞者，行不顾乎天下，唯求主心，使文巧辞自利而已，显然害善，行之不怍，若四凶，可谓大佞者也。若安昌侯张禹，可谓次佞也。若赵高、石显，可谓最下佞者也。大佞形隐为害深，下佞形露为害浅，形露犹不别之，可谓至暗也已。

治正

治人之谓治，正己之谓正。人不能自治，故设法以一之。身不正，虽有明法，即民或不从，故必正己以先之也。然即明法者，所以齐众也；正己者，所以率人也。夫法设而民从之者，得所故也，法独设而无主即不行，有主而不一则势分，一则顺，分则争，此自然之理也。

人能去除自己的私欲。看到别人有私欲，就用正确的思想去矫正的人，是正直的人；违背正直之道而顺从其私欲者，是奸佞之徒。自己仔细体察自己的内心，就会知道巧言谄媚之人与正直无私之人的区别。"

有人问："怎样的人才算最大的佞臣？"傅子回答："行为能适应世俗，诡辩能迷惑众人，言论必称仁义，隐藏作恶之心而人不能一下子看透，窥探君主的欲望而巧妙迎合，得志时敢用不道义的方式陷害好人，以一定的策略方法称叹君主，以有利益为由粉饰自己的害善之举，若不是圣人则不能识别，这种人是最大的佞臣。其次，内心不想实行仁义，言谈却必称仁义，行为没有大可非议的，行动也不违背世俗习惯，迎合君主的私欲而不敢去矫正，有危害自己的人则会加以陷害。最下等的佞臣，是其作为不顾忌天下人的非议，只求迎合君主心意，使用一些华美而虚浮不实的词句，以求于己有利而已，其言行显然有害于善举，但我行我素，毫不觉得愧怍。像虞舜时'四凶'（指共工、欢兜、三苗、鲧）那样的，可称为大佞臣；像汉成帝时的安昌侯张禹那样的，可称为次等奸佞；像赵高、石显那样的，可算是最下等的佞臣。大佞形色隐蔽，危害最大；下等佞臣形色显露，危害较小。如果佞臣的形色显露，却还不能识别，可称得上昏庸至极了。"

治正

管理人叫做治，端正自己叫做正。人们不能自己管好自己，所以制定法律来统一管理。处于上位的人本身行为不端正，虽然制定了明确的法令，民众中也有人会不遵从，因此，必须首先端正自己。这就是说，彰明法度是用来使众人一致的，端正自己是为了给众人做表率的。设置法规而民众服从其法，就是实现了立法的本意。只制定法令

假言

　　天地至神，不能同道而生万物；圣人至明，不能一检而治百姓。故以异致同者，天地之道也；因物制宜者，圣人之治也。既得其道，虽有诡常之变，相害之物，不伤乎治体矣。水火之性，相灭也，善用之者，陈釜鼎乎其间，爨之煮之，而能两尽其用，不相害也。五味以调，百品以成，天下之物为火水者多矣，若施釜鼎乎其间，则何忧乎相害，何患乎不尽其用也。

而没有人掌管，法令则不能实行；有人掌管，却不能统一施行，权力就分散。统一就和顺无争，分散就争斗，这是很自然的道理。

假言

　　天地最神奇，也不能用同一方法生出万物；圣人最贤明，不能以一种法则就能治理好百姓。所以，用不同的方法达到相同的目的，是天地的规律；根据事物的具体情况制定适宜的措施，是圣人的治国法则。既已得到适宜的治国方针，即使有异常的变故、互有伤害性的事物，也不会损害治国之根本。水火的特性是彼此相灭，善于运用水火的人，把釜鼎安放在水火之间，点火烧之，水火都可各尽其用，二者互不伤害，再用五味来烹调，则百样食物都能做成。天下事物，如同水火般相害的很多，如果安放"釜鼎"于它们之间，何必担忧它们彼此伤害呢？又何必担忧不能物尽其用呢？

卷五十　袁子正书

　　　　　　　　　　　　　　　　　袁准　撰

体政

　　治国之大体有四：一曰仁义，二曰礼制，三曰法令，四曰刑罚。四本者具，则帝王之功立矣。所谓仁者，爱人者也。爱人，父母之行也，为民父母，故能兴天下之利也。所谓义者，能辨物理者也，物得理，故能除天下之害也。兴利除害者，则贤人之业也。夫仁义礼制者，治之本也；法令刑罚者，治之末也。无本者不立，无末者不成。夫礼教之治，先之以仁义，示之以敬让，使民迁善，日用而不知也。儒者见其如此，因谓治国不须刑法，不知刑法承其下，而后仁义兴于上也。法令者赏善禁淫，居治之要会，商韩见其如此，因曰治国不待仁义。不知仁义为之体，故法令行于下也，是故导之以德，齐之以礼，则民有耻，导之以政，齐之以刑，则民苟免，是治之贵贱者也。先仁而后法，先教而后刑，是治之先后者也。

　　夫远物难明，而近理易知，故礼让缓而刑罚急，是治之缓急也。夫仁者使人有德，不能使人知禁，礼者使人知禁，不能使人必仁，故本之者仁，明之者礼也，必行之者刑罚也。先王为礼以达人之性，理刑以承礼之所不足，故以仁义为不足

体政

　　治理国家的纲要有四个方面：一是仁义，二是礼制，三是法令，四是刑罚。这四个方面具备了，帝王的功业也就确立了。所谓"仁"，就是爱人。爱人，是为人父母的品行。能做百姓的父母，所以能兴办有利于天下百姓的事。所谓"义"，是能认识事物的规律。做事合乎规律，所以能为天下百姓消除灾害。兴利除害，是贤人做的事情。仁义、礼制，是治理国家的根本。法令、刑罚，是治理国家的必要手段。没有根本则国家不能建立，没有手段则治国不会成功。礼教治国，首先要讲仁义。用恭敬谦让的品行做示范，使民心在不知不觉中改恶向善。儒家学者看到这个方面，就说治理国家不需要使用刑罚。不懂得要用刑法作为后盾，然后才能大兴仁义。法令是奖励善举、惩治恶行的，这是治理的要旨。商鞅、韩非之辈看到这个方面，就说治理国家不需要仁义。不知道仁义是治理国家的主体，因此才用法令来作为管理国家的后盾。所以用仁德来引导，用礼制来管理，百姓就会知廉耻。如果以政令来引导，用刑罚来治理，百姓就会只图免于刑罚。这是治国方略的高下之别。先讲仁政而后讲法治，先行教化而后行刑罚，这是治理国家的先后次序。

　　深远的道理不易明了，眼前的道理容易了解。所以恭敬礼让的教化要慢慢来，而刑法的治理讲究快，这是治理国家的缓急之别。有仁德的人可以使人有德行，却不能使人知道禁忌。讲礼法的人能使人知道禁忌，却不一定能使人懂得仁爱。所以仁义是教化的根本，显示仁义的是礼制，使人必须遵守礼制的是刑罚。古代先王制定

以治者，不知人性者也，是故失教。失教者，无本也。以刑法为不可用者，是不知情伪者也。是故失威，失威者不禁也。故有刑法而无仁义，久则民忽。民忽则怒也。有仁义而无刑法，则民慢。民慢则奸起也。故曰："本之以仁，成之以法，使两通而无偏重，则治之至也。"夫仁义虽弱而持久，刑杀虽强而速亡，自然之治也。

经国

先王之制，立爵五等，所以立蕃屏，利后嗣者也，是故国治而万世安。秦以列国之势而并天下，于是去五等之爵而置郡县，虽有亲子母弟，皆为匹夫，及其衰，一夫大呼而天下去。及至汉家，见亡秦之以孤特亡也，于是大封子弟，或连城数十，廓地千里，自关已东，皆为王国，力多而权重，故亦有七国之难。魏兴，以新承大乱之后，民人损减，不可则以古治，于是封建侯王，皆使寄地，空民而无其实，王国使有老兵百余人以卫其国，虽有王侯之号，而力侪于匹夫，县隔千里之外，无朝聘之仪，邻国无会同之制，诸侯游猎，不得过三十里，又为设防辅监国之官以司察之，王侯皆思为布衣不能得，既违宗国蕃屏之义，又亏亲戚骨肉之恩。

礼法来实现人们本性的仁义，调整刑罚来弥补礼制的不足。所以认为仁义不足以治国，是不懂得人性本善，于是就缺乏教化，缺乏教化的治理就失去了根本。认为刑罚不可以治国的，是不了解人习性的伪诈，于是就失去威慑，失去威慑就不能禁止恶行。所以有刑罚而没有仁义，时间久了百姓就会疏忽，百姓疏忽就会发生叛乱。有仁义而没有刑罚，百姓就会怠慢，百姓怠慢，就会作奸犯科。所以说，以仁义为根本，以法律为辅助，使两者结合而不偏重，这是治理国家的最高境界。仁义教化虽不显著，但是效果持久。刑罚效果显著，却会加速国家的灭亡。这是治理国家的自然之道啊。

经国

先王治理国家，之所以设立五等爵位（分封诸侯），是为了设立藩屏护卫朝廷、利益后世子嗣，因此国家大治，长久安定。秦朝趁着列国分立的形势而统一了天下，于是废除诸侯国，设立郡县。即使是自己的儿子、兄弟，都成为平民。等到秦国衰败，陈胜一人高呼而天下就离叛。到了汉朝，看到秦朝是因为孤立无援而快速灭亡，于是大肆分封刘氏子弟，有的封地连城数十个，领地千里，从函谷关向东全是诸王的封地。他们兵力众多权势很重，于是又发生了吴楚七国之乱。曹魏兴起在东汉末年的战乱之后，人口减少很多，不能沿袭古代的治国方法，于是对所分封的诸侯，都使他们有寄身的土地，空有王侯之名而没有实权。各个王国可以役使老弱士兵百余人，来护卫王国。虽然有王侯的名号，但是实力却跟普通人相似。封地远在都城千里以外，没有按期朝觐天子的礼仪，邻国也没有会合结盟的制度。诸侯游猎，不能超过边界三十里。又给他们配备了监察和辅助治理的官吏，专门负责监察诸王的行为。王侯都想做布衣百姓却不能如愿。（这

昔武王既克殷，下车而封子弟同姓之国五十余，然亦卜世三十，卜年七百。至乎王赧之后，海内无主，三十余年。故诸侯之治，则辅车相持，翼戴天子，以礼征伐。虽有乱君暴主，若吴楚之君者，不过恣睢其国，恶能为天下害乎。周以千乘之赋封诸侯，今也曾无一城之田，何周室之奢泰，而今日之俭少也？岂古今之道不同，而今日之势然哉？未之思耳，夫物莫不有弊，圣人者岂能无衰，能审终始之道，取其长者而已。今虽不能尽建五等，犹宜封诸亲戚，使少有土地，制朝聘会同之义，以合亲戚之恩，讲礼以明其职业，黜陟以讨其不然，如是则国有常守，兵有常强，保世延祚，长久而有家矣。

设官

　　古者三公论王职，六卿典事业。事大者官大，事小者官小。今三公之官，或无事，或职小，又有贵重之官，无治事之实，此官虚设者也。秦汉置丞相九卿之官，以治万机，其后天子不能与公卿造事，外之而置尚书，又外之而置中书，转相重累，稍执机事，制百官之本，公卿之职遂轻，则失体矣。又有

样做)既违背了同姓分封诸侯国作为藩屏护卫朝廷的本意，又损害了骨肉亲戚间的恩情。

过去周武王攻克了殷商，初登帝位就分封同姓子弟诸侯国五十多个，周朝国运延续了三十代，享国七百年。周赧王之后，国家没有君主，达三十余年之久。所以分封诸侯而治天下，则诸侯国与中央朝廷之间相互依存，相互扶持，诸侯拥戴天子，天子按照礼义进行征伐。即使有暴乱的君主，像吴国和楚国的君主那样，也不过在他们自己的封国内放任妄为，怎么能为害天下呢？周天子用拥有千乘兵车的大王国封赐诸侯，而现在的诸侯却连一座城池的土地都没有。为何周王室那么大方，而今天却少成这样？难道是因为古今的世道不同，今天的形势就是这样吗？是没有仔细思考罢了。世间的事物都有一定的弊端，圣人治国难道就能不衰败吗？不过是圣人能够明了事物兴亡的道理，从中选择有利的一面罢了。今天虽然不能完全建立五等爵位的制度，也还是应该分封王室亲属，使他们拥有少量的土地；制定定期和不定期朝觐的制度，以合乎亲属间的恩情；通过宣讲礼法来明确他们的本分，通过爵位等级的升降来惩治不守礼制的诸侯。这样的话，国家有稳定的制度，军队能长期保持强大，能够世代延续，国家长治久安，政权稳固。

设官

古代三公和君主讨论国家大事，六卿掌管国家具体的政事。职责重大的官职大，职责轻的官职小。如今的三公或者无事做，或者职责小。也有的位高权重的官员，却没有管理实质的事务，这样的官职就形同虚设了。秦朝和汉朝设置丞相和九卿的官职，来管理国家事务。其后，天子就不能再与公卿共同分担政事，于是九卿之外设置

兵士而封侯者。古之尊贵者，以职大故贵。今列侯无事，未有无职而空贵者也。世衰礼废，五等散亡，故有赐爵封侯之赏。既公且侯，失其制，今有卿相之才，居三公之位，修其治，政以安宁，国家未必封侯也。而今军政之法，斩一牙门将者封侯，夫斩一将之功，孰与安宁天下也。安宁天下者不爵，斩一将之功者封侯，失封赏之意矣，夫离古意制，外内不一，小大错贸，转相重累，是以人执异端，窥欲无极，此治道之所患也。先王置官，各有分职，使各以其属，达之于王，自己职事，则是非精练，百官敷奏，则下情不塞，先王之道也。

政略

夫有不急之官，则有不急之禄，国之蟊贼也。明主设官，使人当于事，人当于事，则吏少而民多。民多则归农者众，吏少则所奉者寡。使吏禄厚则养足，养足则无求于民。无求于民，奸轨息矣。禄足以代耕，则一心于职。一心于职则政理，政理则民不扰，民不扰则不乱其农矣。养生有制，送终有度，嫁娶宴享，皆有分节，衣服食味，皆有品裒，明设其礼而严其禁，如是则国无违法之民，财无无用之费矣。此富民之大略也。

了尚书,又在尚书之外设置了中书,辗转重叠,让他们稍稍能执掌国家机要事务,来制约百官的本职。公卿这样重要职位的职事就轻了,这就失去了设置这些职位的本意。甚至还有士兵被封侯的。古代尊贵的人,是因为职责重大才尊贵。如今列侯无事可做。从来没有无职权而凭空尊贵的。世道衰微,礼法废弛,五等爵位形同虚设,所以有赐爵封侯的奖赏。既封公又封侯,违背了爵制的意义。如今有才能可为卿为相的人,身居三公的官位,整治国事,使国家安宁,也未必能封侯。然而现在军队法规规定,斩杀敌军一个牙门将的就能封侯。斩杀一个敌将的功劳,能与安定天下相比吗?使天下安宁的人不赐给爵位,斩杀一个敌将却可以封侯,这就失去封赏的意义了。背离古代官爵的意义,凭着自己的想法,使得内外标准不一,大小错位,辗转重复,所以人们心怀鬼胎,觊觎权力,这是治理国家所要警惕的祸患啊!先王设置官位,各有不同的职权,让他们以各自的职务对君王负责,对自己的本分做到是非分明,百官上奏言事则下情就不会被堵塞,这就是先王的治国之道啊。

政略

有不必要的官职,就会有不必要的俸禄,这是国家的害虫。英明的君主设置官制,使人数和政事相称。人数和政事相称,就会让官吏减少而百姓增多。百姓多从事农业劳动的就多,官吏少拿俸禄的人就少。使官吏俸禄多则足以供给家用,这样官吏就不会再向民间索求。不向民间索求,违法作乱的事就停息了。俸禄足以供养家庭,官吏就会专心于职务。官吏专心于职务,政事就理顺了。政事理顺,百姓就不被侵扰。百姓不被侵扰,农业生产就不会被扰乱了。活着时供养有一定的规定,送终时有一定的节度;男婚女嫁、宴客祭祖,都有

非先王之法行不得行,非先王之法言不得道。名不可以虚求,贵不可以伪得,有天下坦然知所去就矣;本行而不本名,责义而不责功,行莫大于孝敬,义莫大于忠信,则天下之人知所以措身矣。此教之大略也。夫礼设则民贵行,分明则事不错,民贵行则所治寡,事不错则下静一。此富民致治之道也。礼重而刑轻则士劝,爱施而罚必则民服,士劝则忠信之人至,民服则犯法者寡,德全则教诚,教诚则感神,行深则著厚,著厚则流远,尚义则同利者相覆,尚法则贵公者相刻,相刻则无亲,相覆则无疏,措礼则政平,政平则民诚,设术则政险,政险则民伪。此礼义法术之情也。

论兵

夫为政失道,可思而更也。兵者,存亡之机,一死不可复生也。故曰:"天下难事在于兵。"今有人于此,力举重鼎,气盖三军,一怒而三军之士皆震,世俗见若人者,谓之能用兵矣。然以吾观之,此亡国之兵也。夫有气者,志先其谋,无策

一定的名分和礼节；服装、饮食，都有标准规制。明确设定相应的礼法，并严格禁止违礼的行为。这样，国家就没有违背法律的百姓，钱财就没有不必要的开支了。这是富裕百姓的大计啊。

不符合先王治国方略的事不能做，不符合先王治国方略的话不能说；名声不得靠弄虚作假求得，富贵不能靠谄谀欺骗求得。这样，有天下者就自然知道如何取舍行事了。根据行为而不根据名声，期求道义而不追求功绩；品行没有大过孝敬的，仁义没有大过忠信的。这样天下臣民就知道该怎么做了。这是教化百姓的大计啊。礼法制定了，百姓就会重视自己的品行；本分明确了，事情就不会错乱。百姓重视自身的品行，治民的法令就会减少；事情不错乱，下面的人就会专心致志。这是使百姓富足、天下安定的方法啊。礼义重而刑罚轻，士人就会得到劝勉；仁惠施行而有罪必罚，百姓就会服从。士人得到劝勉，忠信的人才就会来到；百姓服从，犯法的人就少了。品德齐备教化就会真诚，教化真诚就会感动神灵；德行深厚就会声名显著，声名显著就会流传深远。崇尚道义，即使同样好利的人也会相互庇护。崇尚法制，则即使看重公平的人也会刻薄。彼此刻薄就没有感情，相互庇护就不会疏远。施行礼法则政治就会平正，政治平正百姓就会诚实。玩弄权术政治就会危险，政治危险百姓就会喜欢欺诈。这就是礼法、道义、法律、权术各自实施的情况啊。

论兵

为政失去正道，还可以反思并改正。用兵是生死存亡的关键，人死是不会复生的。所以说，天下的难事在于用兵。假如现在有人在此能力举重鼎，气势盖过三军，一发怒三军将士都被震慑，普通人见到此人，会说他能统率军队。但是依我看来，这是一个亡国的武

而径往，怒心一奋，天下若无人焉。不量其力，而轻天下之物，偏遇可以幸胜，有数者御之，则必死矣。凡用兵正体不备，不可以全胜。故善用兵者，我谓之死，则民尽死；我谓之生，则民尽生；我使之勇，则民尽勇；我使之怯，则民尽怯。能死而不能生，能勇而不能怯，此兵之半，非全胜者也。

夫用战有四：有大体者，难与持久；有威刑者，难与争险；善柔者，待之以重；善任势者，御之以坚。用兵能使民坚重者，则可与之赴汤火，可与之避患难。进不可诡，退不可追，所在而民安，画地而守固，疑间不能入，权谲不能设也。坚重者，备物者也。备物者无偏形，无偏形故其变无不之也。故礼与法，首尾也；文与武，本末也。故礼正而后法明，文用而后武法，故用兵不知先为政，则亡国之兵也。

用人有四：一曰以功业期之，二曰与天下同利，三曰乐人之胜己，四曰因才而处任。以功业期之，则人尽其能；与天下同利，则民乐其业。乐人胜己，则下无隐情；因才择任，则众物备举。人各有能有不能也。是以智者不以一能求众善，不以一过掩众美，不遗小类，不弃小力，故能有为也。夫治天下者，其所以行之在一，一者何也？曰公而已矣。故公者，所以

夫。有怒气的人，情绪先于谋略，没有定好策略而直接用兵，怒火一发，天下好像没有敌得过他的人了。不能正确估量自己的实力，而傲视天下，偶然或许可以取胜，若遇到有谋略的人抵抗，他就必死无疑了。凡是用兵，正常的法式不完备，就不能获得全胜。所以善于用兵的人，想让士兵拼死，士兵就会拼死；想让士兵生还，士兵就会生还；想让士兵勇敢，士兵就会勇敢；想让士兵胆怯，士兵就会胆怯。能让士兵赴死而不能让他们求生，能让士兵奋勇而不能让他们胆怯，这是只知道用兵的一半，不会获得全胜。

作战有四个方面：对于有长久计画的敌人，不可与之久战；对于军纪严明的敌人，不能与之争险；对于善于以柔制胜的敌人，要慎重地对待；对于善于利用地形的敌人，则以壁垒与之对峙。用兵而能使己方将士信心坚定从容，就能与他们一起赴汤蹈火，可以和他们一起共度患难，进军时不会被欺诈，退军时敌人不能追击，所到之处百姓安宁，画定地界而防守坚固，谣言、离间不能入其心，弄权、欺诈的行为无法施展。所谓坚定从容，是事先做好了充足的准备。准备充足，就没有出乎意料的情况。没有出乎意料的情况，所以他用兵就能变化自如了。所以说，礼与法是头和尾的关系，文和武是本和末的关系。礼义端正了法度就会严明，文治运用后武力才能施展。所以用兵不知道先处理好政事，就是亡国之兵。

用人有四种方式：一是以建功立业为期许，二是和天下人共用利益，三是喜欢别人胜过自己，四是根据才能给予相应的职位。以建功立业相期许，就能人尽其能；与天下人共用利益，百姓就会乐于本职；喜欢别人胜过自己，下属就不会隐瞒实情；因才任职，就会万事得到整治。人才各有所能和所不能，因此有智慧的人不会责求一个人办成所有的事，也不会因为某方面的缺陷而掩盖他的长处。不忽

攻天下之邪，屏谗慝之萌。兵者倾危之物，死生之机，一物不至，则众乱兴矣。故以仁聚天下之心，以公塞天下之隙，心公而隙塞，则民专而可用矣。公心明故贤才至，一公则万事通，一私则万事闭。兵者死生之机也，是故贵公。

王子主失

有王子者，著《主失》之书，子张甚善之。为袁子称之曰："夫人之所以贵于大人者，非为其官爵也，以其言忠信，行笃敬。人主授之不虚，人臣受之不妄也。若居其位不论其能，赏其身不议其功，则私门之路通，而公正之道塞矣。"凡世之所患，非患人主之有过失也，患有过欲改而不能得也。是何也？夫奸臣之事君，固欲苟悦其心，夫物未尝无似象，似象之言，浸润之谀，非明者不能察也。奸臣因以似象之言而为之容说，人主不能别也，是而悦之，惑乱其心，举动日缪，而常自以为得道，此有国之常患也。夫佞邪之言，柔顺而有文；忠正之言，简直而多逆。使忠臣之言是也。人主固弗快之矣。今奸臣之言已掩于人主，不自以为非，忠臣以逆迕之言说之，人主方以为诬妄。何其言之见听哉？是以大者剖腹，小者见奴，忠臣涉危死而言不见听，奸臣飨荣利而言见悦，则天下奚蹈夫危死而不用，去夫荣乐而见听哉？故有被发而为狂，有窜伏于窟穴，

视小的方面，不放弃小的才能，所以能有作为。治理天下的人，他所以能够成功，在于一点。哪一点呢？就是公正罢了。公正，能够克制天下的私心邪心，抑制邪恶和奸佞的萌发。军队是能使天下倾覆的东西，是生死存亡的关键，一件事考虑不周，各种灾祸都会发生。所以要用仁德聚拢天下的民心，以公正阻塞天下的猜疑。心地公正，猜疑停止，百姓就会专心用命了。公正之心显明，贤才就会到来。一用公心，就万事亨通。一用私心，就万事遇阻。军队是国家生死存亡的关键，所以要重视公正。

王子主失

有位姓王的先生，写了一本名为《主失》的书，有张姓读书人认为写得很好，向我述说道："百姓之所以尊重做官的人，并非因为他显贵的官爵，而是因为他说话忠信，行为诚敬，君王没有虚授官爵，臣子也没有诈领爵位。如果授予官位而不考虑他的能力，奖赏他而不考虑他的功劳，徇私舞弊的路就打通了，公平正直的道路就阻塞了。"世人所担心的，不是担心君主会犯过失，而是担心君主有过想改却改不过来。这是什么原因呢？奸臣侍奉君主，本来就想讨君主欢心。事物都有似是而非的地方，表面看似有道理的话，慢慢渗透的谗言，不是贤明的人就听不出来。奸臣用看似有道理的话谄媚君主，君主不能辨别，并心生欢喜，迷失了自己的心，行为日益荒谬，却常常认为自己做得合乎道义。这是有国者的通病。那些奸佞邪恶的言语，委婉而有文采。忠诚正直的话，简朴直接而大多逆耳。假如忠臣的话是对的，那么君主（虽然认识到了自己的错误，但是）心里本来就会因此不太高兴。如今奸臣的话已经蒙蔽了君主，君主没有认识到自己的错误，忠臣再用逆耳的话劝说君主，君主就会认为是在诬陷自己，

此古今之常也。

凡奸臣者，好为难成之事，以徼幸成功之利，而能先得人主之心。上之人不能审察而悦其巧言，则见其赏而不见其罚矣。为人臣有礼未必尊，无礼未必卑，则奸臣知所以事主矣。虽有今日之失，必知明日所以复之涂也。故人主赏罚一不当，则邪人为巧滋生。其为奸滋甚，知者虽见其非而不敢言，为将不用也。夫先王之道，远而难明，当世之法，近而易知。凡人莫不违其疏而从其亲，见其小而暗其大，今贤者固远主矣，而执远而难明之物，奸人固近主矣。而执近而易知之理，则忠正之言奚时而得达哉？故主蔽于上，奸成于下，国亡而家破。伍子胥为吴破楚，令阖闾霸。及夫差立，鸱夷而浮之江。乐毅为燕王破强齐，报大耻。及惠王立，而驱逐之。夫二子之于国家，可谓有功矣。夫差，惠王足以知之矣。然犹不免于危死者，人主不能常明，而忠邪之道异故也。又况于草茅孤远之臣，而无二子之功，涉奸邪之门，经倾险之涂，欲其身达，不亦难哉！人虽有子产之贤，而无子皮之举，有解狐之德，而无祁奚之直，亦何由得达而进用哉？故有祁奚之直而无宣子之听，有子皮之贤而无当国之权，则虽荆山之璞，犹且见瓦耳。故有管仲之贤，有鲍叔之友，必遇桓公而后达。有陈平之智，有无

这些话又怎么能被君主听进去呢？所以忠臣重者被挖心剖腹，轻者被贬为奴隶。忠臣冒着死亡的危险进言，君主却听不进去；奸臣享受荣华富贵，谗言受君主喜爱。这样，天下人哪能再冒着死亡的危险进言，舍弃荣华富贵，仅仅为了让君主听进自己的话呢？所以有人披头散发装疯卖傻，有人躲进洞穴不肯出来，这样的现象古今都很常见。

凡是奸臣，喜欢做难以成功的事，凭着侥幸成功获得的利益，而能先得到君主的欢心。如果君主不能察明，而喜悦于他们的巧舌之言，他们就只会被封赏而不会被惩罚了。做臣子的有礼未必尊贵，无礼未必卑下，那么奸臣就知道如何能讨得君主的欢心了。即使今天有失误，明天也必能知道重新讨得君主欢心的方法。所以君主赏罚一失当，奸邪之人的伪诈行为就会滋长。明智的人虽然知道君主的过错却不敢说，因为说了怕不被采纳。先王的主张，遥远而难以明了。当世的方法，切近而容易知晓。普通人无不是违背他们疏远的而听从他们亲近的，只见到小的而看不见大的。如今贤才本来就被君主疏远，而且又坚持的是深奥难懂的东西；奸人本来就接近君主，而又说着浅薄易知的道理。这样，忠正的进言什么时候才能被君主听到呢？所以在上君主被蒙蔽，在下奸臣就会得逞，国破家亡的时刻就到了。伍子胥为吴国攻破楚国，使阖闾称霸，等到夫差即位，却用皮口袋装着他的尸体扔到江里。乐毅为燕王攻破强大的齐国，报了先前的耻辱，等到惠王即位，却把乐毅驱逐出境。这二人对于国家，可以说是有功的。夫差、惠王完全清楚二人的大功，然而二人仍然免不了被害被杀，是因为君主不能长期保持贤明，并且忠臣和奸臣处世之道不同的缘故啊！更何况是那些卑贱、疏远的臣子，没有立下像二人那样的大功，涉入奸邪之人的漩涡里，经历死难的途径，想要他们显贵，不是很难吗？如今，有人即使有子产般的贤能，却没有子皮那样的

知之友,必遇高祖而后听。桓公、高祖不可遇,虽有二子之才,夫奚得用哉?

厚德

恃门户之闭以禁盗者,不如明其刑也。明其刑,不如厚其德也。故有教禁,有刑禁,有物禁,圣人者兼而用之,故民知耻而无过行也。不能止民恶心,而欲以刀锯禁其外,虽日刑人于市,不能制也。明者知制之在于本,故退而修德,为男女之礼,妃匹之合,则不淫矣。为廉耻之教,知足之分,则不盗矣。以贤制爵,则民德厚矣。故圣人贵恒,恒者,德之固也。圣人久于其道而天下化成,未有不恒而可以成德,无德而可以持久者也。

用贤

治国有四:一曰尚德,二曰考能,三曰赏功,四曰罚罪。四者明则国治矣。夫论士不以其德而以其旧,考能不以其才而以其久,而求下之贵上,不可得也。赏可以势求,罚可以力避,而

"伯乐"举荐,即使有解狐那样的德行,却没有祁奚那样的正直之人相助,又怎么能进身而被任用呢?然而仅有祁奚的正直,而没有赵宣子的听信忠言,仅有子皮的贤德,而没有他掌管朝政的权力,即使是荆山的璞玉,也会被当成瓦砾啊。所以,有管仲的贤能,有鲍叔的友情,也必须要遇到齐桓公后才能显达。有陈平的智慧,有魏无知的友情,也必须要遇到汉高祖后才能被任用。如果不是遇到齐桓公、汉高祖,二人即使有贤才,又怎能被任用呢?

厚德

依靠关闭门户来防盗,不如明示刑法。明示刑法,不如加强道德教化。所以(约束的方法有三种)有礼教的约束,有刑法的约束,有物质的约束。圣人之道是三者兼而用之,所以百姓有羞耻心而无犯罪的行为。不能抑制百姓内心的邪念,而只想拿着刀锯在外部禁止,那即使每天在闹市处决犯人,也不能制止恶行。贤明的人知道治恶要治本,所以返回头去修养德行。制定男女间的礼法、夫妻结合的规范,就没有淫乱之事了。施行廉耻的教化,使百姓知足尽分,就不会有盗窃的事了。以贤良为标准授予爵位,就会使百姓道德淳厚。所以圣人贵有恒,只有持恒方能使德行坚固。圣人长久坚持德教,天下的教化才可成功。没有不长久坚持而可以成就德教的,也没有无德而可以长治久安的。

用贤

治国有四个要点:一是崇尚道德,二是考校人才,三是赏赐有功,四是惩罚犯罪。四者严明了,国家就太平了。如果评议士人不是着眼于他的德行而是看与他的交情,考量人才不是以他的才能而是以

求下之无奸,不可得也。为官长非苟相君也,治天下也。用贤非以役之,尚德也。行之以公,故天下归之。

故明王之使人有五:一曰以大体期之,二曰要其成功,三曰忠信不疑,四曰至公无私,五曰与天下同忧。以大体期之,则臣自重;要其成功,则臣勤惧;忠信不疑,则臣尽节;至公无私,则臣尽情;与天下同忧。则臣尽死。夫唯信而后可以使人。昔者,齐威王使章子将而伐魏,人言其反者三,威王不应也,自是之后,为齐将者无有自疑之心,是以兵强于终始也。唯君子为能信,一不信则终身之行废矣,故君子重之。汉高祖,山东之匹夫也,无有咫尺之土,十室之聚,能任天下之智力,举大体而不苟,故王天下,莫之能御也。项籍,楚之世将,有重于民,横行天下,然而卒死东城者。何也?有一范增不能用,意忌多疑,不信大臣故也。宽则得众用,贤则多功,信则人归之。

悦近

孔子曰:"为上不宽。吾何以观之。""苛政甚于猛虎。"诗人疾掊克在位。是以圣人体德居简,而以虚受人。夫有德则谦,谦则能让;虚则宽,宽则爱物。世俗以公刻为能,以苛察

他的资历，而期望下级尊重上级，那是办不到的。奖赏可以依靠势力取得，刑罚可以靠权力逃避，如此却希望臣下没有奸邪的行为，那是办不到的。为官不只是为了侍奉君主，而是为了治理天下。任用贤才不是为了驱使他，而是崇尚他的贤德。以公正行事，那么天下人都会归顺他。

所以明君用人有五个原则：一是以识大体相期许，二是希望他建功立业，三是信任而毫不怀疑，四是能大公无私，五是能与天下百姓同忧愁、共患难。以识大体相期许，臣子就会谨言慎行；希望他建功立业，臣子就会勤奋戒惧；对臣子坚信不疑，臣子就会尽节效命；大公无私，臣子就会尽心竭力；与天下同忧，臣子就会以死效忠。只有信任人，然后才可以使用人才。过去，齐威王任章子为将讨伐魏国，别人多次说章子会造反，齐威王都没有听信。从此之后，做齐国大将的就没有自疑之心了，所以齐国军队始终很强大。唯有君子能够讲信用，一次失信，一生的品行就完了。所以君子重视信用。汉高祖原是崤山以东的普通百姓，地无咫尺，人无十家，但能任用天下贤才的智慧和力量，掌握大义而不苛求小节，所以能统一天下，无人能够抵御他。项羽是楚国宿世将门之后，万众仰慕，横行天下，然而最终自刎于乌江，为什么呢？是因为他有一个贤才范增而不能任用，猜忌多疑，不能信任大臣的缘故啊。宽厚可以得到众人拥护，贤能可以成就众多功业，取信于人则天下归附。

悦近

孔子说："在上位者不宽厚待人，还有什么可看的呢？"又说："残暴的政治比老虎还要凶猛啊。"《诗经》中的作者痛恨搜刮民财的君主在位。所以圣人保持先天的德性，持身宽略，而虚心待人。凡

为明，以忌讳为深。三物具，则国危矣。故礼法欲其简，禁令欲其约，事业欲其希。简则易明，约则易从，希则有功。此圣贤之务也。

汉高祖，山东之匹夫也。起兵之日，天下英贤奔走而归之，贤士辐凑而乐为之用，是以王天下而莫之能御。唯其以简节宽大。受天下之物故也。是故宽则得众，虚则受物，信则不疑，不忌讳则下情达而人心安。夫高祖非能举必当也，唯以其心旷，故人不疑，况乎以至公处物而以聪明治人乎。

尧先亲九族，文王刑于寡妻，物莫不由内及外，由大信而结，由易简而上安，由仁厚而下亲。今诸侯王国之制，无一成之田，一旅之众，独坐空宫之中，民莫见其面，其所以防御之备，甚于仇雠。内无公族之辅，外无藩屏之援，是以兄弟无睦亲之教，百姓无光明之德。弊薄之俗兴，忠厚之礼衰，近者不亲，远者不附，人主孤立于上，而本根无庇荫之助，此天下之大患也。圣人者以仁义为本，以大信持之，根深而基厚，故风雨不愆伏也。

是有德的人自然就会谦虚,谦虚就能礼让;虚心就会宽容,宽容就会有爱人之心。世人以公正严苛为能事,以繁琐苛刻为明察,以懂得忌讳为高深。三者如果全了,国家就危险了。所以礼法要简单,禁令要简约,事务要扼要。简单就容易明白,简约就容易施行,扼要就容易见效。这是圣贤之人的追求。

汉高祖原是崤山以东的一个普通人,起兵之时,天下的英雄豪杰争先恐后地归顺他,贤良之人群聚乐于为他所用,所以能够统一天下,没有人能够抵挡他。这仅仅是因为他能够简略宽大、招纳天下的贤才罢了。所以宽厚就能够使民众亲附,虚心就能够广纳贤才。信任人就不会有猜疑,不忌讳就能下情上达、民心安定。汉高祖并非事事都做得恰当,只是因为他心胸豁达,所以人们才不会猜疑。更何况是那些以大公无私之心处理事务、以聪明智慧管理臣子的圣王呢?

尧帝先亲睦自己九族之内的人,周文王以身作则为自己的妻子树立榜样。做事情没有不是由内而外才成功的:由于信守对百姓的诺言而聚合民心,由于持事简明而使君主安定,由于仁爱厚德而使百姓亲附。当今诸侯王国的制度,诸侯没有十亩的田地,没有五百人的士卒,独坐在空宫之中,百姓都不能见到他的面。国家对诸侯的防备,甚至超过防范仇敌,以至于在内没有同族大臣的辅佐,在外没有诸侯王国的援助。因此使得世间的兄弟得不到和睦亲爱的教化,百姓得不到贤者风采的熏染。于是衰薄的风俗兴起,忠厚的礼义衰落。身边的人不亲近,远处的人不归附。国君在上孤立无援,皇室没有庇护的助力。这是国家的大患啊。圣人以仁义为根本,以取信天下来护持仁义,根基深厚,所以风调雨顺,国家太平。

贵公

治国之道万端，所以行之在一。一者何？曰："公而已矣。"唯公心而后可以有国，唯公心可以有家，唯公心可以有身。身也者，为国之本也。公也者，为身之本也。夫私，人之所欲，而治之所甚恶也。欲为国者一，不欲为国者万。凡有国而以私临之，则国分为万矣。故立天子所以治天下也，置三公所以佐其王也。观事故而立制，瞻民心而立法。制不可以轻重，较重即颇邪；法不可以私倚，私倚即奸起。古之人有当市繁之时而窃人金者，人问其故。曰："吾徒见金，不见人也。"故其爱者必有大迷。宋人有子甚丑，而以胜曾上之美，故心倚于私者，即所知少也。乱于色者，即目不别精粗沉于声者，则耳不别清浊；偏于爱者，即心不别是非。是以圣人节欲去私，故能与物无尤，与人无争也。明主知其然也，虽有天下之大，四海之富，而不敢私其亲，故百姓超然背私而向公。公道行，即邪私无所隐矣。向公即百姓之所道者一，向私即百姓之所道者万。一向公则明不劳而奸自息，一向私则繁刑罚而奸不禁。故公之为道，言甚约，而用之甚博。

贵公

　　治国的方法有千万种，施行的原则只有一个。这一个是什么呢？回答是：就是一个公字。唯有公心然后才能保有国家，唯有公心然后才能保有家族，唯有公心然后才能保全自身。自身是国家的根本，公心是立身的根本。私欲，是人人想追求的，是治理国家十分厌恶的。如果放任私心，想治理好国家的只有一人，不想治理好国家（而只想着为自己）的却成千上万。如果执政者用私心治理国家，则人人都会怀有私心，国家就会分裂成千万个小国。所以设立天子之职，是用来治理天下的；设置三公的职位，是用来辅佐天子的。观察事情而设立制度，察看民心而订立法制。设立制度不能有偏重，有偏重就会出现偏颇。制定法律不能偏私，偏私就会欺诈四起。古代有个在闹市偷人金子的人，人家问他偷金子的缘故，他说："我只看见金子，看不见人。"因此，人们因为贪爱必定会鬼迷心窍。宋国有个人的儿子很丑，他却认为自己儿子的美貌胜过曾上。所以心中偏私的人，他的智慧就会很小。被美色迷乱的人，就不能分辨事物的精粗；沉迷于靡靡之音的人，耳朵就不能分辨清音和浊音；偏于所爱的人，心里就不能分辨是非黑白了。所以圣人节制欲望、摒弃私心，才能够与物无怨、与人无争。英明的君主知道这个道理，虽然有天下之大、四海之富，也不敢偏私自己的亲属。所以百姓超脱世俗，都摒弃私心，一心为公。公道施行，偏邪的私利就没有藏身之地了。（所以君主之心）向公，百姓所追求的就会一致；（君主之心）挟私，百姓所追求的就千差万别。一心为公，明主不操劳，欺诈自然平息；一心向私，纵使刑罚繁多，奸邪的事也无法禁绝。所以以公心治国，说起来简单，但是作用很大。

治乱

治国之要有三:一曰食,二曰兵,三曰信。三者国之急务,存亡之机,明主之所重也。民之所恶者莫如死,岂独百姓之心然,虽尧舜亦然。民困衣食,将死亡,而望其奉法从教,不可得也。夫唯君子而后能固穷。故有国而不务食,是责天下之人而为君子之行也。伯夷饿死于首阳之山,伤性也;管仲分财自取多,伤义也。夫有伯夷之节,故可以不食而死;有管仲之才,故可以不让而取。然死不如生,争不如让,故有民而国贫者,则君子伤道,小人伤行矣。君子伤道则教亏,小人伤行则奸起。夫民者君之所求用也,民富则所求尽得,民贫则所求尽失。用而不得。,无强兵。求而皆失,故无兴国。明主知为国之不可以不富也,故率民于农。

富国有八政:一曰俭以足用,二曰时以生利,三曰贵农贱商,四曰常民之业,五曰出入有度,六曰以货均财,七曰抑谈说之士,八曰塞朋党之门。夫俭则能广,时则农修,贵农则谷重,贱商则货轻,有常则民一,有度则不散,货布则并兼塞,抑谈说之士则百姓不淫,塞朋党之门,则天下归本。知此八者,国虽小必王,不知此八者,国虽大必亡。

治乱

　　治国的关键有三点：一是吃饭，二是军队，三是信用。这三者是国家的要务、存亡的关键，是英明君主所重视的事。百姓所厌恶的莫过于死亡，岂只是百姓是这样，就连尧舜也是这样。百姓衣食困乏，将要死了，还希望他们能遵守法律服从教化，是做不到的。只有君子能固守贫穷，所以治理国家而不为百姓谋衣食，就是责求天下人都要具有君子的品行啊。伯夷饿死在首阳山上，那是有伤人性的行为。管仲在分财时自己多拿，那是有损于道义的做法。有伯夷那样的气节，才可以不吃饭饿死。有管仲那样的才能，才可以不用谦让而多取钱财。但是死了不如活着，竞争不如谦让。所以拥有民众而国家贫困，君子就会损伤道义（而去谋利），百姓就会损伤品行（而去犯罪）。君子损伤道义，教化就会亏缺；百姓损伤品行，就会欺诈四起。百姓，是君主要求满足自己用度的对象。百姓富庶，君主所要求的都能满足；百姓贫穷，君主所要求的都会落空。想役使却办不到，所以就没有强大的军队。所求都落空，所以国家无法兴旺。明主知道治理国家不能不使百姓富裕，所以率领百姓发展农业。

　　富国的政策有八项：一是生活节俭只求满足基本用度，二是根据时节安排农事，三是重农抑商，四是使百姓有稳定职业，五是收支有度，六是以货币调节财富，七是抑制好空谈的人，八是堵塞交结朋党之门。节俭就会扩充积蓄，按照时节劳作就会农业保收，重视农业粮食就会增加，抑制商人就会使货物价格平抑，有固定职业百姓就会专一不二，开支有度就会使财富不散，财富平均就会抑制兼并发生，摒弃空谈的人就会使百姓不迷惑混乱，堵塞朋党之门则天下就会归顺君主。懂得这八者，国家虽小，必定能称王。不懂这八者，国家虽大，最后必定灭亡。

凡上之所以能制其下者，以有利权也。贫者能富之之谓利，有罪者能罚之之谓权。今为国不明其威禁，使刑赏利禄，一出于己，则国贫而家富，离上而趣下矣。夫处至贵之上，有一国之富，不可以不明其威刑而纳公实之言，此国之所以治乱也。至贵者人夺之，至富者人取之，是以明君不敢恃其尊，以道为尊；不敢恃其强，以法为强。亲道不亲人，故天下皆亲也；爱义不爱近。故万里为近也。天下同道，万里一心，是故以人治人，以国治国，以天下治天下，圣王之道也。

　　凡有国者，患在壅塞，故不可以不公；患在虚巧，故不可以不实；患在诈伪，故不可以不信。三者明则国安，三者不明则国危。苟功之所在，虽疏远必赏，苟罪之所在，虽亲近必罚。辨智无所横其辞，左右无所开其说，君子卿大夫其敬惧如布衣之虑，故百姓蹈法而无徼幸之心。君制而臣从，令行而禁止，壅塞之路闭，而人主安太山矣。

　　夫礼者，所以正君子也；法者，所以治小人也。治在于君子，功在于小人。故为国而不以礼，则君子不让；制民而不以法。则小人不惧。君子不让，则治不立；小人不惧，则功不成。是以圣人之法，使贵贱不同礼，贤愚不同法，毁法者诛，有罪

凡是在上位者能制约下面的人,是因为有利益和权力啊。能使贫穷的人富起来叫做"利",能使有罪之人得到惩罚叫做"权"。如果治理国家不彰明禁令,使赏罚利禄都由自己决定,国家就会贫穷,私人就会富有,百姓就会舍弃君主、依附私人。处在君主至尊的位置上,拥有一国的财富,不能不严明刑罚,采纳公正的言论。这是国家之所以有治有乱的原因啊。至尊的地位,人们都想争夺;至多的财富,人们都想取得。所以明君不敢倚仗自己的尊贵,而是以道为尊;不敢凭借自己的强大,而是以公正的法律为强。亲近道义,不亲近私人,所以天下人都爱戴他;喜爱仁义,不宠爱亲近的人,所以即使百姓在万里之遥都像在他身边一样。天下同道,万里一心,所以能够用人来治理人,以国家来治理国家,以天下来治理天下,这是圣王的治国之道啊。

凡是治理国家的人,担心人才上升、下情上达之路阻塞,所以不能不公正;担心弄虚作假,所以不能不诚实;担心虚伪欺诈,就不能不守信。这三者如果得以彰明,国家就安定了。这三者如果昏暗不明,国家就危险了。如果是有功劳,即使对于疏远的人,必定要赏赐;如果是犯了罪,就是对于亲近的人,也必定要惩罚。即使巧舌如簧的人,也不能找到托辞说情;即使左右亲近的人,也不能为其开脱罪责。君主和公卿大夫像老百姓一样敬畏法律,这样百姓就会遵守法律而不心存侥幸了。君主制定法律而臣下听从,有令必行,有禁必止,阻塞人才上升、下情上达的障碍打开,君主就会安如泰山了。

礼义是用来匡正君子的,法律是用来治理百姓的。治理好坏在于君子,成效如何在于百姓。所以治理国家不依靠礼法,君子就不会谦让;治理百姓不依靠法律,百姓就没有敬畏。君子不谦让,治理就不会有效;百姓不敬畏,治国就无法成功。所以圣人治理天下的方

者罚。爵位以其才行，不计本末；刑赏以其功过，不计轻重。言必出于公实，行必落于法理。是以百姓乐义，不敢为非也。太上，使民知道；其次，使民知心；其下，使民不得为非。使民知道者，德也；使民知心者，义也；使民不得为非者，威禁也。威禁者，赏必行，刑必断之谓也。此三道者，治天下之具也。欲王而王，欲霸而霸，欲强而强，在人主所志也。

损益

　　夫服物不称，则贵贱无等，于是富者逾侈，贫者不及。小人乘君子之器，贾竖袭卿士之服，被文绣，佩银黄，重门而玉食其中，左右叱咄，颐指而使。是故有财者光荣，无财者卑辱，上接卿相，下雄齐民，珍宝旁流，而刑放于贿，下而法侵，能无亏乎。

世治

　　天地之道贵大，圣人之道贵宽。无分寸之曲。至直也，以是绳之，则工不足于材矣。无纤分之短，至善也，以是规之，则人主不足于人矣。故凡用人者，不求备于一人。桓公之于宁戚也，知之矣。夫有近会者无远期。今之为法曰："选举之官，

法,是使尊贵的人和卑贱的人遵行不同的礼制,使贤良的人和愚笨的人适用不同的法律;犯法的必定责罚,有罪的必定惩罚。爵位按品行才能评定,不计出身贵贱;刑赏以功过制定,不论职位轻重。说话必定合乎公平信实,行为必定合乎礼法事理。所以百姓就乐于遵行道义,不敢违犯法律。最上之策,是使百姓懂得道义,其次是让百姓懂得仁心,最下的是让百姓不做坏事。使百姓懂得道义,靠的是尊崇道德;使百姓懂得仁心,靠的是提倡仁义;使百姓不做坏事,靠的是威严禁令。所谓威严禁令,就是有功必赏、有罪必罚。这三种道理,是治理天下的手段。(奉持这三者)想称王就能称王,想称霸就能称霸,想强盛就能强盛,这就要看君主的志向了。

损益

如果衣服器物与身份不相称,贵贱就没有区别了。于是富人过度奢华,而穷人却得不到应有的温饱。百姓使用官员才应使用的器物,商人穿着公卿才应穿的衣服,身穿锦服丽袍,佩戴着金银环佩,住着深宅大院,吃着珍馐佳肴,呵斥左右佣人,颐指气使。所以有钱的人荣耀,没钱的人卑贱。富人在上结交卿相,在下欺凌百姓。珍宝财富都流失到富人手中,刑法因为贿赂成为摆设。法律的公平被破坏了,国家能不灭亡吗?

世治

天地之道贵在广大,圣人之道贵在宽容。没有丝毫弯曲,是最笔直的了,用这个标准为准绳,工匠就找不到合适的材料了。没有一丝缺点,可以说是至善,依照这个标准,君主就找不到合适的人才了。凡是用人,不求各种才能一人兼备。齐桓公对于宁戚的任用,可

不得见人,"曰以绝奸私也。夫处深宫之中,而选天下之人,以为明,奚从而知之。夫交接,人之道,不可绝也。故圣人求所以治交,而不求绝交,人莫问不交,以人禁人,是以私禁私也。先王之用人不然,不论贵贱,不禁交游,以德底爵,以能底官,以功底禄,具赏罚以待其归,虽使交游,谁敢离道哉。

刑法

礼法明则民无私虑,事业专则民无邪伪,百官具则民不要功。故有国者,为法欲其正也,事业欲其久也,百官欲其常也。天下之事,以次为爵禄,以次进士,君子以精德显。夫德有次则行修,官有次则人静,事有次则民安。农夫思其疆畔,百工思其规矩,士君子思其德行,群臣百官思其分职,上之人思其一道,侵官无所由,离业无所至。夫然,故天下之道正而民一。

夫变化者,圣人之事也。非常者,上智之任也。此入于权道,非贤者之所窥也。才智至明而好为异事者,乱之端也。是以圣人甚恶奇功。

天下有可赦之心,而有可赦之罪,无可赦之心,而无可赦

以算是明白这一道理了。眼前遇到贤才就不必去远方寻求。今天的法律说，担任选举人才的官员，不得跟当事人接触，说是为了杜绝舞弊。身处深宫之中，而从全天下之人中选取被认为贤明的人，这又是从何而知的呢？交际往来是人的正常需要，不可断绝。所以圣人研求完善交往的方法，而不是断绝交往。没有考察询问过的人就不能交往，这样人为地禁止与人交往，就像以私心来禁止私心一样。先王用人则不然，不论贵贱，都不禁止往来结交，（而是）按品德赏赐爵位，按能力授予官职，按功劳发放俸禄。完备赏罚之法等待人才的归附，即使让人们互相交游，谁又敢偏离正道呢？

刑法

　　礼法彰明百姓就没有私心杂念，事业专一百姓就没有奸邪伪诈，百官设置完备百姓就不会邀功。所以治理国家的人，制定法律希望它公正，创立事业希望它长久，授予官位希望官员能够恒常守职。治理天下，要按次序授予爵位俸禄，按次序招贤纳士，这样君子美好的德行就会得以显现。进德有次序，士人就会致力于修身；晋升有次序，官员就安分；事业有次序，人民就安居乐业。农夫想的是田地里的活，工匠想的是他们的手工技巧，士人、君子想的是自己的德行，群臣想的是他们自己的职分，君主想的是一以贯之的治国方法，侵犯官员职守的事就不会出现，摒弃正业的事也不会发生。只有这样，对天下的治理才能走上正道，百姓才能用心专一。

　　随机变通是圣人的事，处理非常之事是上智之人的责任。这些已经属于权变之道，不是贤者所能窥见的。才智超群却好做异乎寻常之事的人，这是祸乱的源头。所以圣人厌恶奇功。

　　天下有了可以赦免罪行的心思，就有了可以赦免的罪行；没有

之罪。明王之不赦罪,非乐杀而恶生也,以为乐生之实在于此物也。夫思可赦之法,则法出入,法出入则奸邪得容其议,奸邪得容其议则法日乱,犯罪者多,而私议并兴,则虽欲无赦不可已。夫数赏则贤能不劝,数赦则罪人徼幸。明主知之,故不为也。夫可赦之罪,千百之一也,得之于一而伤之于万,治道不取也。故先王知赦罪不可为也,故所俘虏一断之于法,务求所以立法,而不求可赦之法也。

法立令行,则民不犯法。法不立,令不行,则民多触死。故曰:"能杀而后能生,能断而后仁立。"国之治乱,在于定法。定法则民心定,移法则民心移。法者,所以正之事者也。一出而正,再出而邪,三出而乱。法出而不正,是无法也。法正而不行,是无君也。是以明君将有行也,必先求之于心,虑先定而后书之于策,言出而不可易也,令下而不反也。如阴阳之动,如四时之行,如风雨之施,所至而化,所育而长。夫天之不可逆者时也,君之不可逆者法也。使四时而可逆,则非天也;法令而可违,是非君也。今有十人彍弩于百万之众,未有不震怖者也,夫十矢之不能杀百万人可知也。然一军皆震者,以为唯无向则已,所中必死也。明君正其礼,明其法,严其刑,持满不发,以牧万民,犯礼者死,逆法者诛,赏无不信,刑无不必,

可以赦免罪行的心思,也就没有可以赦免的罪行。明主之所以不赦免罪行,并非喜欢杀人而厌恶让人存活,而是认为乐于使人存活的实际措施,就在于此(以刑止恶)。如果寻思赦免的方法,那么法律就会出现偏差,法律有偏差,奸邪之人就会参与议论。奸邪之人干政,那么法律就一天天地混乱,犯罪的人就会增多,同时私议也会兴起,到那时就是不想赦免都不可能了。奖赏太频繁了,贤能的人就不能得到勉励;赦免的次数多了,罪人就心存侥幸。明主知道这一弊端,所以不做这样的事。可以赦免的罪,千百个才有一个,赦免了一个人,却损坏了千百万人对法律的敬畏心,这在治理之道上是不足取的。所以先王知道赦免罪行这种事是不能做的,因此对于犯罪嫌疑人统统按照法律进行处置,务求以此建立法律的威信,而不研求赦免罪行的方法。

法律确立,政令施行,百姓就不会犯法。法律不确立,政令不施行,百姓就敢于触犯死罪。所以说,能诛杀然后才能保全更多的人,能够断除恶行然后仁德才能建立。国家是治还是乱,取决于有无固定的法律。法律确定民心就安定了,法律变更百姓心就不安了。法律是规范各种事务之间关系的,首次颁布法律是公正合理的,再次颁布就会出现偏差,多次颁布就会出现混乱。法律颁布而不能做到公正,等于没有法律。法律公正但是不能施行,等于没有君王。所以明主有所举措,必定先在心中反复思考,思虑成熟后形成文书,一言既出就不能再改动,法令一经下达就不要收回。就像阴阳变化、四季的运行,又像春风化雨,所到之处无不变化,万物都生长发育。天不可逆转的,是季节;君主不可逆转的,是法律。假若季节可以逆转,就不是天了;法令可违反,就不是君主了。现在有十个人,拉弓对准百万军队,没有人不害怕。十支箭不能杀百万人,这是谁都清楚

则暴乱之人莫敢试矣。故中人必死，一矢可以惧万人，有罪必诛，一刑可以禁天下，是以明君重法慎令。

人主

人主莫不欲得贤而用之，而所用者不免于不肖；莫不欲得奸而除之，而所除者不免于罚贤。若是者，赏罚之不当，任使之所由也。人主之所赏，非谓其不可赏也，必以为当矣。人主之所罪，非以为不可罚也，必以为信矣。智不能见是非之理，明不能察浸润之言，所任者不必智，所用者不必忠，故有赏贤罚暴之名，而有戮能养奸之实，此天下之大患也。

致贤

虽有离娄之目，不能两视而明；夔旷之耳，不能两听而聪；仲尼之智，不能两虑而察。夫以天下之至明至智，犹不能参听而俱存之，而况于凡人乎？故以目虽至明，有所不知，以因，虽凡人无所不得。故善学者假先王以论道，善因者借外智以接物。故假人之目以视，奚适夫两见；假人之耳以听，奚适夫两闻；假人之智以虑，奚适夫两察。故夫处天下之大道而

的，然而整个军队都震惊，是认为弓箭没有瞄准自己也就罢了，一旦射中必定死亡。明主匡正礼法，彰明法令，严格刑罚，像拉满弓而不射箭一样，以此来统治万民。违反礼教的要处死，触犯刑罚的要诛杀。奖赏无不守信，责罚无不执行，这样想行凶作乱的人就不敢尝试了。所以说中箭之人必死，一支箭就能震慑万人；有罪必定惩罚，一次刑罚就可以严禁天下人作恶。所以明主看重法律而慎行政令。

人主

君主无不想得到贤才并任用他们，但所任用的人中难免有不贤的人；君主无不想抓到奸人而铲除他们，但所铲除的人中不免有贤能的人。像这种情况出现，是因为赏罚失当、委任官员不妥造成的。君主所奖赏的，并非说对其不能奖赏，只是必须十分恰当才可以。君主所惩罚的，并非说对其不能惩罚，而是必须要能够取信于人。智慧不能分辨是非曲直，贤明不能识别渐渐渗透的谗言，所任用的人又未必聪明，所信赖的人又未必忠诚，所以虽然名义上是赏赐贤能而惩罚暴徒，实际上却是惩罚了贤能者而姑息了奸邪之人。这是天下的大患啊。

致贤

即使有离娄那样明亮的眼睛，也不能同时看清楚两个东西。即使有夔和师旷那样的耳朵，也不能同时听清楚两个声音。即使有孔子那样的智慧，也不能同时考虑两件事情。以天下最贤明和最智慧的人，尚且不能同时明察多方面的事情，何况是凡夫俗子呢？所以依靠最明亮的眼睛，仍然有不知道的，而如果有所凭借，即使平凡人也能无所不知。所以善于治学的人，借助古圣先王来阐述道义；善于借助

智不穷，兴天下之大业而虑不竭，统齐群言之类而口不劳，兼听古今之辨而志不倦者，其唯用贤乎。

明赏罚

夫干禄者，唯利所在，智足以取当世，而不能日月不违仁。当其用智以御世，贤者有不如也。圣人明于此道，故张仁义以开天下之门，抑情伪以塞天下之户，相赏罚以随之。赏足荣而罚可畏，智者知荣辱之必至，是故劝善之心生，而不轨之奸息，赏一人而天下知所从，罚一人而天下知所避。明开塞之路，使百姓晓然知轨迹之所由，是以贤者不忧，知者不惧，干禄者不邪，是故仁者安仁，智者利仁，畏罪者强仁。天下尽为仁，明法之谓。

死者，人之所甚恶也；杀人者，仁人之所不忍也。人之于利欲，有犯死罪而为之，先王制肉刑，断人之体，彻膳去乐。谘嗟而行之者，不得已也。刑不断则不威，避亲贵则法日弊，如是则奸不禁而犯罪者多，惠施一人之身，而伤天下生

外物的人，借助他人的智慧来了解外物。所以借助别人的眼睛来看，又何止是看清楚两方面的事物；借助他人的耳朵来听，又何止是听到两方面的声音；借助别人的智慧，又何止是能明察两方面的事理。所以想要立足于天下大道而智慧不会穷尽，兴办天下的大业而思想不会枯竭，统一百家之言而口舌不会劳累，兼听古今的言论而心志不会疲倦，只有使用贤才这一个办法。

明赏罚

　　求官的人追求的是利益，其智慧足以在当世取得成功，却不能做到每时每刻都不违背仁德。当他们运用智慧来管理天下时，贤能的人也有比不上他们的地方。圣人明白这个道理，所以宣导仁义来打开天下进取之门，抑制巧智来阻塞天下侥幸求利之户，并辅助以赏罚，赏赐足以使他们觉得荣耀，惩罚足以让他们觉得畏惧。有才智的人知道荣耀和耻辱必会（伴随着自己善或恶的行为而）到来，所以向善的心就产生了，图谋不轨的念头就停息了。奖赏一个人，天下人都知道以他为榜样而跟从；惩罚一个人，天下人都知道以他为教训而躲避。明确能做的和不能做的，使百姓知道应该走什么样的道路。所以贤人就不担心，聪明的人就不害怕，追求官禄的人也不会走上邪路。所以仁爱的人恪守仁义，有才智的人为利益而顺应仁义，害怕罪责的人也会勉强履行仁义。全天下的人都能行仁，这就是法律严明的结果。

　　死亡是人人所厌恶的，杀人是仁者不忍心做的。但是有人为了获得利益、满足欲望，不惜犯死罪去做。古圣先王制定了肉刑，在伤残罪人的肢体时，他自己停止饮食、撤掉音乐、叹着气去施行刑罚，这是出于不得已啊。刑罚不果断就没有威慑力，规避亲戚权贵，法律

也。圣人计之于利害,故行之不疑,是故刑杀者,乃爱人之心也。涕泣而行之,故天下明其仁也;虽贵重不得免,故天下知其断也。仁见故民不怨,立断下不犯,圣王之所以禁奸也。先王制为八议赦宥之差,断之以三槐九棘之听,服念五六日至于旬时,全正义也。而后断之,仁心如此之厚,故至刑可为也。

就会日渐败坏。这样将导致奸邪不能禁止，犯罪的人日渐增多。如果恩惠施与一个人，却会伤及天下人的性命，那么圣人会衡量其中的利害关系，从而毫不迟疑地施行刑罚。因此施行刑罚杀戮，实际是爱人之心使然。君主流着泪施行刑罚，所以天下人都能明白他的仁心；即使是权贵重臣犯罪了也不赦免，所以天下人都能知道他的果断。刑罚体现着仁爱，所以百姓心无怨恨；判罚果断，所以百姓不敢再犯，这是圣王之所以能够抑制奸邪的原因。先王制定"八议"之法，对亲属、贤者、大臣等减免刑罚，三公九卿参与审议，议论五六天甚至十天，符合道义了，然后才加以裁定。仁爱之心如此宽厚，所以即使重刑也可以推行。

抱朴子

葛洪 撰

酒诫

抱朴子曰：目之所好，不可从也；耳之所乐，不可不慎也；鼻之所喜，不可任也；口之所嗜，不可随也；心之所欲，不可恣也。故惑目者必逸容鲜藻也，惑耳者必妍音淫声也，惑鼻者必芷蕙芥馥也，惑口者必珍羞嘉旨也，惑心者必势利功名也。五者毕惑，则或承之祸，为身患者，不亦信哉。是以其抑情也，剧乎隄防之备决，其御性也。过乎腐辔之乘奔，故能内保永年，外免羃累也。

夫酒醴之近味，生病之毒物，无豪锋之细益，有丘山之巨损，君子以之败德，小人以之速罪，耽之惑之，尠不及祸。世之士人，亦知其然，既莫能绝，又不肯节，纵口心之近欲，轻召灾之根原，似热肠之恣冷，虽适己而身危，小大乱丧，亦罔非酒。

然而俗人是酣是洏，其初筵也。抑抑济济，言希容整，咏湛露之厌厌，歌在镐之恺乐，举万寿之觞，诵温克之义，日未移晷，体轻耳热，流离海螺之器并用，满酌罚余之令遂急，醉而不出，拔辖投井。

酒诫

　　抱朴子说：眼睛所看到的好东西，不可依从；耳朵所听到的欢乐声，不可顺应；鼻子闻到的好东西，不能放任；口舌所贪吃的，不可随意进食；心里贪求的，不可恣意放肆。因为，能迷惑眼睛的，必定是美貌锦衣；能迷惑耳朵的，必定是靡靡之音；能迷惑鼻子的，必定是芬芳馥郁；能迷惑口舌的，必定是珍馐佳肴；能迷惑心性的，必定是权利功名。五者都被迷惑了，接下来可能就是灾祸加身了。不是确实如此吗？因此，人们控制自己的情绪，应当比防备堤坝决口还要慎重；驾驭自己的性情，应当比乘着缰绳不结实的快马还要小心。这样才能内保长寿，外避灾祸。

　　酒和醴的味道相近，却都是致病的毒药，无丝毫的好处，却有像山一样大的坏处。君子因为它败坏了德行，小人因为它招来罪过。沉迷于酒醴中的人，很少不惹祸上身的。世上的士子也知道饮酒的危害，但是既不能戒除，也不肯节制，放任内心和口腹之欲，忽略了招致灾祸的根源。这就像干渴时恣意喝冷饮，虽然自己感觉舒服，但身体健康却被伤害了。小到个人祸患，大到国家灭亡，无不是因为酒造成的啊。

　　但是世俗之人依然畅快地饮酒，并沉湎其中。宴席初开时，他们济济一堂，谨慎庄重，言语稀少，容貌端严。朗诵起《湛露》的"厌厌"诗篇，歌唱起"在镐"、"恺乐"的曲调，举杯恭祝"万寿无疆"，喝醉了还能蕴藉自持。可是没过多久，却觉得身体飘飘然，两耳发热。于是琉璃海螺等酒器全都满上了，酒令喊得更带劲了。醉酒之后

于是口涌鼻溢，濡首及乱，屡舞仙仙，舍其座迁，载号载呶，如沸如羹。或争辞尚胜，或哑哑独笑，或无对而谈，或呕吐机筵，或颠蹶梁倡，或冠脱带解。

贞良者流华督之顾盼，怯懦者效庆忌之蕃捷，迟重者蓬转而波扰，整肃者鹿踊而鱼跃，口讷于寒暑者，皆抚掌以谐声，谦卑而不竞者，悉裨瞻以高交，廉耻之仪毁，而荒错之疢发，阘茸之性露，而傲狠之态出。

精浊神乱，臧否颠倒，或奔车走马，赴坑谷而不惮，以九折之阪为蚁封也。或登危蹋颓，虽堕坠而不觉，以吕梁之渊为牛迹也。或肆忿于器物，或酗酱于妻子。加柱酷于臣仆，用剡锋乎六畜，炽火烈于室庐，迁威怒于路人，加暴害于士友，亵严主以夷戮者有矣，犯凶人而受困者有矣。

言虽尚辞，烦而叛理，拜伏徒多，劳而非敬。臣子失礼于君亲之前，幼贱悖慢于老宿之座。谓清谈为诋訾，以忠告为侵己。于是白刃抽而忘思难之虑，棒杖奋而罔顾乎先后，构酒之雠血，招大辟之祸。

以少陵长，则邦党加重责矣。辱人父兄，则子弟将推刃矣。发人所讳，则壮士不能堪矣。计数深刻，则醒者不能恕矣。起众患于须臾，结百痾于膏肓，奔驷不能追既往之悔，

仍不愿离去,拔掉车轴上的车键投掷入井,使车轮都脱落了。

这时候醉得嘴里吐出秽物、鼻子流出鼻涕,污秽满面狼狈混乱,手舞足蹈,在席间走来走去,边叫边闹,像开锅的水,又像沸腾的汤。有的争辩求胜,有的独自傻笑,有的自言自语,有的狂吐不止、弄脏桌席,有的跌倒爬起而步履跟跄,有的摘掉帽子并解开衣带。

此时原本坚贞善良的人,变得像华督一样四处乱看;胆小懦弱的人,像庆忌一样频繁显示能耐;性格稳健的人,如飞蓬旋转,像波浪一样搅扰;端庄严肃的人,也如鹿跳鱼跃一样活跃。连终年都不善言谈的人,也抚掌来附和;谦恭而与世无争的人,都变得趋炎附势。这样,廉耻的礼仪毁了,荒唐错乱的毛病产生了,卑劣的嘴脸显露了,傲慢凶恶的态度出现了。

精神错乱,善恶颠倒。有的驾驶车马奔向山谷,毫不惧怕,把高低不平的山坡当成蚁穴;有的登高临危,脚踏危岩,快要坠落毫无感觉,把悬崖深渊当成牛蹄印;有的拿器物来泄愤,有的对妻子儿女发酒疯;有的对奴仆乱用酷刑,有的用利刃刺杀牲口,有的在屋里点起烈火,有的迁怒于路人,有的甚至加害于朋友;有的人因为轻慢了严厉的主人而被杀,有的人因为触犯了恶人而陷入了险境。

有的虽说的是崇敬的言词,说了很多却背离常理;跪拜的礼节虽多,徒劳而毫无敬意;臣子在君王面前礼节有失,年幼卑贱之人在尊长面前无礼轻慢。把清谈说成是诋毁辱骂,把忠告当成是侵犯自己。于是,拔刀相向不思后果,挥动棍棒不顾前后,结下了血海深仇,招来了杀身之祸。

年轻人欺侮了长者,那么乡里必加重责罚;侮辱别人的父兄,那么他的子弟就会举刀报仇;揭发别人所忌讳的隐私,即使壮士也不能容忍;心机过于深沉,即使是清醒的人也不会原谅。瞬间就引

思改而无自反之蹊。盖知者所深防,而庸人所不免也。其为祸败,不可胜载。

然而欢集莫之或释,举白盈耳,不论能否,料沥罍于小余,以稽迟为轻己,倾筐注于所敬,殷勤变而成薄,劝之不持,督之不尽,恶色丑音,所由而发也。

夫风经府藏,使人忽欢,或遇斯疾,莫不忧惧,吞苦忍痛,欲其速愈。至于醉之病性,何异于兹。而独居密以逃风,不能割情以节酒,若畏酒如畏风,憎醉如憎病,则荒沉之咎塞,而流连之失止矣。夫风之为病,犹展攻治,酒之为变,在乎呼噏,及其闷乱,若存若亡,视泰山如弹丸,见沧海如盘盂,仰哗天堕,俯呼地陷,卧待虎狼,投井赴火而不谓恶也。夫用身之如此,亦安能惜敬恭之礼,护喜怒之失哉。

昔仪狄既疏,大禹以兴。糟丘酒池,辛。癸以亡。丰侯得罪,以戴樽衔杯。景升荒坏,以三雅之爵。赵武之失众,子反之诛戮,灌夫之灭族,季布之疏斥,子建之免退,徐邈之禁言,皆是物也。世人之好之乐之者甚多,而戒之畏之者至少,彼众我寡,良箴安施,且愿君子节之而已。

起许多祸患，好像身体里结下很多难以治愈的沉疴。就是骑上飞快的马，也无法追回令人悔恨的事，想要改正又无路返回过去。这就是聪明人必须严加防范，而普通人无法避免的。酒所引起的灾祸，多得难以记载。

然而人们欢聚的时候，没有人舍得弃酒不用。举杯之声不绝于耳，不管能不能喝，都开怀畅饮。把残留的酒滴说成没喝完的剩酒，把喝得慢当成轻视自己，把满碗的酒倒给所敬的人，殷勤变成轻薄。劝酒不肯举杯，催促不肯饮尽，难看的脸色和难听的话，由此发生了。

风邪侵入脏腑，使人精神恍惚。如果患上这种病，没有人不担心害怕的，忍受着痛苦，想让它快点痊愈。至于喝醉酒昏迷恍惚的状况，又和这有什么差别呢？人们可以独居密室以躲避风邪，而不能抑制欲望来节制饮酒。如果人们畏惧酒像畏惧风邪一样，那么沉湎于饮酒的错误就会被遏制，留恋美酒的过失就会结止。风邪造成的疾病，尚且需要进行医治，更何况醺酒造成的病变，只在于呼吸之间啊。等到喝醉的时候，他们昏昏沉沉神智不清，把泰山看成弹丸，把大海看成盘盂；仰头大叫可让天掉下来，低头呼喊可让地陷下去；躺在地上等待虎狼到来，投入井里、跳到火中也毫不害怕。对待自己的身体尚且如此，又怎能以珍视恭敬的礼仪来防备喜怒无常带来的过失呢？

从前仪狄进献美酒被大禹疏远了，夏朝因而兴起；酒糟成山，美酒满池，商纣、夏桀因此亡国。丰侯获罪，是因为头顶酒樽口衔酒杯；刘表政事荒废、颓败，是因为珍藏"伯雅"、"仲雅"、"季雅"三酒爵；赵文子失去众人的拥戴、子反被诛杀、灌夫被灭族、季布被疏远排斥、曹植被免官、徐邈被禁言，全都是因为酒啊。世人喜爱饮酒

疾谬

抱朴子曰:"世故继有,礼教斯颓,敬让莫崇,傲慢成俗,畴类饮会,或蹲或踞,暑夏之月,露首袒体。盛务唯在樗蒲弹棊,所论极于声色之间,举足不离绮襦纨袴之侧,游步不去势利酒客之门,不闻清言讲道之言,专以丑辞嘲弄为先。以如此者为高远,以不尔者为骏野。"

"于是驰逐之庸民,偶俗之近人,慕之者犹宵虫之赴明烛,学之者犹轻毛之应飙风。嘲戏之言,或上及祖考,或下逮妇女,往者务其深焉,报者恐不重焉,唱之者不虑见答之后患,和之者耻于言轻之不塞,以不应者为拙劣,以先止者为负败。如此交恶之辞,焉得嘿哉。"

"其有才思者之为之也,犹善于依因机会,言微理举,雅而可笑,中而不伤。若夫疏拙者之为之也,则枉曲直凑,使人愕然,妍之与蚩,其于宜绝,岂唯无益而已哉。"

"乃有使酒之客,及于难侵之性,不能堪之,拂衣拔棘,而手足相及,丑言加于所尊,欢心变而成雠,绝交坏厚,构隙致祸。以杯螺相掷者有矣,以阴私相讦者有矣。昔陈灵之被矢,。灌氏之泯族,匪降自天,口实为之,枢机之发,荣辱之主,三缄之戒,岂欺我哉。"

并以饮酒为乐的人很多,而能戒酒怕酒的人很少。乐之者多,戒之者少,规劝又如何生效呢?只能希望君子能节制一点罢了。

疾谬

抱朴子说:"世间祸患不断,礼教渐渐衰败,没有人崇尚恭敬谦让,傲慢无礼已成风气。同类的人聚会饮酒,有的蹲着,有的坐着;盛夏季节,裸身露体;盛行的只是赌博、下棋,所谈论的也只是音乐、女色之类;出行不离纨绔子弟左右,交游也不离权贵、酒徒之门;听不到高雅的言谈和深刻的道理,专门以说难听的话嘲弄别人为先。认为这样做是高明有远见,不这样做就被认为是愚笨鄙陋。"

"于是,奔走钻营的平庸之人,迎合世俗的受宠之人,羡慕他们的如飞蛾扑火,效仿他们的人如轻毛随飓风飞升。嘲笑戏弄的话,有的向上谈及祖先,有的向下论及妇女。嘲弄的话以尖刻为能,反驳的话唯恐出言不重。先出言的从不顾忌后果,反驳的人则以不能言辞苛刻使人语塞为耻。不应对的人被认为笨拙,先停下来的人被当做认输。这样相互咒骂的话,谁能够无声忍受呢?"

"那些有才思的人说出的讽刺话语,还善于寻找恰当的时机,言语含蓄简约、理由完备、文雅而诙谐幽默,中肯而不伤害对方。至于那些蠢笨之人说出的话,则不论是非曲直,使人惊愕。这些伤害人的话,无论言辞美丑,都应该断绝,岂止是言辞拙劣而已呢?"

"又有那些喝酒使性子的人,有不可侵犯的性格,不能忍受,于是撩起衣襟,拔出刀剑,拳脚相加。用难听的话辱骂所尊敬的人,欢心变成仇恨,恩断义绝,仇隙日增,招来灾祸。用酒杯相互掷击的有之,用隐私互相攻讦的有之。从前陈灵公被射死,灌夫被灭族,灾难不是从天而降,而是祸从口出。言语表述,事关荣辱。古人三缄其口、

"激电不能追既往之失辞,班输不能磨斯言之既玷,虽不能三思而吐情谈,犹可息谑调以杜祸萌也。然而迷谬者无自见之明,触情者讳逆耳之规,疢美而无直亮之针艾,群惑而无指南以自反,谄媚小人,欢笑以赞善,面从之徒,拊节以称功,益使惑者不觉其非,自谓有端晏之捷,过人之辨,而不寤斯乃招患之旌,召害之符也。岂徒减其方策之令问,亏其没世之德音而已哉!"

"然敢为此者,非必笃顽也,率多冠盖之后,势援之门。素颇力行善事,以窃虚名,名既粗立,本情便放。或假财色以交权豪,或因时运以叨荣位,或以婚姻而成贵戚。故弄毁誉以合威柄,器盈志溢,态发病出,党成交广,道通步高,清论所不能复制,绳墨所不能复弹。遂成鹰头之蝇,庙垣之鼠。"

"所未及者,则低眉扫地以奉望之;其下者,作威作福以鞿御之。故胜己者则不得闻,闻亦阳不知也;减己者则不敢言,言亦不能禁也。"

出言谨慎的训诫,难道是骗人的吗?"

"快速的闪电,也不能追回说过的错话;鲁班这样的能工巧匠,也不能把侮辱了人的语言除去。即使不能反复思考而讲出得体的话,还可以停止戏谑调笑,杜绝灾祸的萌生。但是迷惑于错误言论的人,没有自知之明;触动感情的人,听不进逆耳的劝告。美化自己的弊病,却没有正直诚实的人来帮助他;很多人迷惑,却没有人指点而使其迷途知返。谄媚的小人,总是笑著称赞叫好;当面奉承的人,拍掌称赞功德。更使迷惑的人觉察不出他的错误,自以为有子贡、晏子一样才智、超人的辩才,却一点都不醒悟。这才是招来灾祸的丧旗、造成灾祸的符箓啊。难道仅仅是损害他们在史册中的好名声、损害身后的仁德吗?"

"但是敢于这样做的人,并非全是蠢笨顽固的人,大多还是官宦子弟、权势人家。他们平时尽力多行善事,以求虚名,但是一旦攒了点名声,恶劣的嘴脸就暴露了。有的借金钱、美女来巴结权贵豪门,有的依靠时机、运气来窃取尊贵的地位,有的借婚姻关系跻身贵族行列。于是玩弄权术、毁誉并施来迎合权贵。他们志骄意满、故态复萌,毛病全都显露出来了。勾结同党,广结羽翼,仕途通畅,步步高升。公正的议论不能限制他们、法律制度也不能再约束他们。于是他们变成了鹰头上的苍蝇、庙堂里的硕鼠。"

"对于地位高的人,他们低眉顺眼、极尽奉承;对于地位低的人,就作威作福、加以控制。于是,那些地位在其之上的,听不到他们的劣性,即使听到也假装不知道;那些地位不如他们的,则不敢劝说他们,说了也不能制止他们。"

刺骄

盖劳谦虚己,则附之者众;骄慢倨傲,则去之者多矣。附之者众,则安之征也;去之者多,则危之诊也。

存亡之机,于是乎在。轻而为之,不亦蔽哉?自尊重之道,乃在乎以贵下贱,卑以自牧也。非此之谓也,乃衰薄之弊俗,膏肓之废疾,安共为之可悲者也?不修善事,即为恶人,无事于大。则为小人。纣为无道,见称独夫;仲尼陪臣,谓为素王。即君子不在乎富贵矣。今为犯礼之行,而不喜闻遄死之讥。是负豕而憎人说其臭,投泥而讳人言其污也。

夫节士不能使人敬之,而志不可夺也;不能使人不憎之,而道不可屈也;不能令人不辱之,而荣在我也;不能令人不摈之,而操之不可改也。故分定计决,劝沮不能干;乐天知命,忧惧不能入。困瘁而益坚,穷否而不悔。诚能用心如此者,亦安肯草靡萍浮,效礼之所弃者之所为哉?

俗之伤破人伦,剧于寇贼之来,不能经久。其所损坏,一时而已。若夫贵门子孙,及在位之士,不惜典刑,而皆科头袒体,踞见宾客,毁辱天官,又移染庸民。后生晚出,见彼或已经清资,或叨窃虚名,而躬自为之,则凡夫便谓立身当世,莫此之为美也。夫守礼防者苦且难,而其人多穷贱焉。恣骄放

刺骄

大凡有功劳却仍谦逊的人，归附他的人就多；骄狂傲慢的人，背离他的人就多。归附的人多，是平安的征兆；背离的人多，是危险的信号。

存亡的关键，就在于此。轻率地这样做，不是太糊涂了吗？自尊的方法，就在于以尊贵的身份谦下低贱的人，用谦卑来培养自己的美德。如果不是这样，就是世风衰败的鄙陋习俗、进入膏肓的重病，怎么能都做这样的事，真是可悲啊！不做好事就是坏人，不做大事就是普通人。商纣王为君无道，被人称为"独夫"；孔子身为诸侯的大夫，却被称为"素王"。这说明君子并不在于是否有权势和财富。如今干了违规越礼的事，却不喜欢听"人而无礼，胡不遄死"的批语。这就等于自己背着一头猪却讨厌别人说他臭，自己跳到泥坑里却忌讳别人说他脏一样。

那些有节操的人，虽不能让别人尊敬，但他的志向不会被改变；虽不能让别人不厌恶，但他所遵循的道义也不会改变；虽不能让别人不侮辱自己，但荣誉还在于他自身；虽不能让别人不抛弃自己，但他的节操始终不变。因此本分既定，鼓励和阻扰都不能造成影响；乐天知命，忧愁和恐惧都不能入乎其心。困苦却更加坚强，穷困与否都不后悔。如果真能够用心如此，又怎能像草一样随风摇摆、像浮萍一样随波逐流，去效法那些抛弃礼法之人的行为呢？

世俗习惯对人伦的破坏，比外敌、强盗的入侵还要厉害。外敌的入侵不能持久，他们的损害只是一时而已。至于权贵子孙和在位的高官们，不顾礼法，全都束发去帽，裸露身体，叉腿坐着会见客人，这样既辱没了自己的官职，又污染了平民百姓。那些年轻晚辈们，看到他们中有的获得了高位，有的窃取了虚名，于是自己也照着做。于

者乐且易,而为者皆速达焉,于是俗人莫不委此而就彼矣。

世间或有少无清白之操业,长以买官而富贵,或亦其所知足以自饰也,其党与足以相引也。而无行之子,便指以为证曰,彼纵清恣欲,而不妨其赫奕矣。此整身履道,而不免于贫贱矣,而不知荣显者有幸,而顿沦者不遇,皆不由其行也。

博喻

抱朴子曰:民财匮矣,而求不已;下力极矣,而役不休。欲怨叹之不生,规其宁之惟永,犹断根以续枝,剜背以裨腹,刻目以广明,割耳以开聪也。

抱子曰:法无一定,而慕权宜之随时;功不倍前,而好屡变以偶俗,犹剸高马以适卑车,削跗踝以就褊履,断长剑以赴短鞞,剖尺璧以纳促匣也。

抱朴子曰:禁令不明,而严刑以静乱;庙筹不精,而穷兵以侵邻。犹钐禾以计蝗虫,伐木以杀蛞蝎,食毒以中蚤虱,撤舍以逐雀鼠也。

是普通百姓便以为在社会上安身处事，没有比这样做更好的了，恪守礼法的生活即辛苦又很难做到，而且这些人大多贫苦卑贱。恣意放纵过得逍遥快活又简单易行，并且这样做的人很快都官爵显耀。于是乎世人无不抛弃遵守礼法而追求恣意放纵了。

世上还有那些人，年轻时就无清白的操守，长大后通过买官而获得富贵。也许是他们的知识足以自我掩饰，他们的朋党也完全有力量互相包庇吧。于是那些品行不端的人便以此为证，说这些人放纵欲望，并不妨害他们的名位显赫，这都是那些严格要求自己以行正道的人，不免穷困贫贱的原因，却不懂得荣耀显贵的人受宠幸、困顿沉沦的人不受赏识，都不是由他们的品行决定的啊！

博喻

抱朴子说："人民的财力已经很匮乏了，还在搜刮不止；人民的力气已经用到极点了，还在役使不停。还想使老百姓不生怨恨伤叹的情绪，劝告他们要永远安定守法，这就好比截断树根来接长树枝、剜割后背上的肉来补肚子、割开眼眶来开阔视野、割掉耳朵来增强听力一样。"

抱朴子说："法律未能成为定规，却追求随时应变的权宜之计；功业不能超过前代，却喜欢不断应变以迎合世俗。这就好比砍断高头大马的腿来适应矮小的马车、削掉脚背和踝骨来穿小鞋、折断长剑以便插进剑鞘、把一尺大小的玉璧切小放进狭小的匣子一样。"

抱朴子说："禁令不明确，却用严刑来平定祸乱；朝廷的筹画不精细，却竭尽兵力去侵犯邻国。这就好比割掉禾苗来灭蝗虫，砍倒大树来杀蛀虫，吃进毒药来除去虱子和跳蚤，拆倒房子来驱赶麻雀和老鼠一样。"

广譬

抱朴子曰：三辰蔽于天，则清景暗于地；根荄蹶于此，则柯条瘁于彼。道失于近，则祸及于远。政缪于上，而民困于下。

抱朴子曰：贵远而贱近者，常人之用情也；信耳而疑目者，古今之所患也。是以秦王叹息于韩非之书，而想其为人；汉武慷慨于相如之文，而恨不同世。及既得之，终不能拔，或纳谗而诛之，或放之乎尢散。此盖叶公之好伪形，见真龙而失色也。

广譬

抱朴子说:"日、月、星被天上云雾遮住了,地上的光明就会暗淡;树根这里受损伤,枝条那里就会干枯。现在的无道行为,会招致以后的祸患。上边执政有错误,下边百姓就会遭受穷困。"

抱朴子说:"重视远方之物而轻视近处之物,这是人们常有的心理;相信听闻而怀疑眼见,是古人、今人都常犯的毛病。因此,秦王对着韩非子著的书赞叹,而希望见到他本人;汉武帝感慨司马相如的辞赋,而恨不能处在同时。等到见到他们以后,却始终不能重用。韩非子因为秦王采纳谗言被杀掉了;司马相如则被安置在闲散之职。这大概就是叶公好龙,见到真龙反而大惊失色吧。"